Julius Karl Josef Schilling

Spanische Grammatik

Mit Berücksichtigung des gesellschaftlichen und geschäftlichen Verkehrs

Julius Karl Josef Schilling

Spanische Grammatik
Mit Berücksichtigung des gesellschaftlichen und geschäftlichen Verkehrs

ISBN/EAN: 9783743652040

Hergestellt in Europa, USA, Kanada, Australien, Japan

Cover: Foto ©Andreas Hilbeck / pixelio.de

Weitere Bücher finden Sie auf **www.hansebooks.com**

Spanische Grammatik

mit Berücksichtigung

des gesellschaftlichen und geschäftlichen Verkehrs

von

J. Schilling,
Lehrer der Spanischen Sprache am Kaufmännischen Verein Zürich.

Zweite, gründlich revidierte Auflage.

Leipzig,
Verlag von G. A. Gloeckner.
1884.

Buchdruckerei Julius Klinkhardt, Leipzig.

Vorwort zur ersten Auflage.

Der Spanier sagt in seinem Sprichwort "el buen paño en el arca se vende", zu deutsch: das gute Tuch wird im Kasten verkauft (b. h. ohne Reklame); und so mag sich denn auch vorliegende Grammatik selbst empfehlen. Ich werde mich darauf beschränken, das Entstehen meiner Arbeit zu begründen und den Zweck derselben auseinanderzusetzen. —

Nach einem fünfzehnjährigen Aufenthalt in Spanien nach der Schweiz zurückgekehrt, wurde ich gebeten, den spanischen Unterricht am kaufmännischen Verein Zürich zu übernehmen. Leider fand ich trotz längeren Suchens und Prüfens das passende Lehrmittel nicht, um meine Schüler auf systematischem Wege baldmöglichst ins wirkliche, lebendige Spanisch einzuführen, so wie es heutzutage im Lande selbst geschrieben und gesprochen wird. Jeder Autor verfolgt eben seine Spezialzwecke und so waren denn die einen Lehrbücher zu gelehrt, oder zu wenig praktisch für unsre Bedürfnisse, die andern zu voluminös und wieder andre voller Fehler und ungebräuchlicher Redensarten, die eine gänzliche Unkenntnis der lebendigen Sprache vermuten ließen.

So machte ich mich denn selbst daran, ein Lehrbuch zu schaffen, das für Solche geschrieben ist, die weder das Denken, noch das fleißige Arbeiten scheuen, um „die Sprache der Götter", wie Karl V. sie nennt, in kürzester Zeit gründlich zu erlernen.

Ich habe getrachtet, soweit es eben in diesem engen Rahmen möglich, den Schüler in den Geist und die Denkweise des spanischen Volkes einzuführen und scheute mich nicht, hie und da, namentlich in den Konversations=Übungen, Anklänge an die Volkssprache zu geben und landläufige Sprichwörter und Redensarten zu citieren, wie man sie im Munde des Kastiliers tagtäglich hört: ich glaubte damit, in die Eintönigkeit der gewöhnlichen Sprachlehrsätze eine wohlthuende und anregende Abwechselung zu bringen und den lernbegierigen Schüler frisch zu erhalten, sowie ich überhaupt darauf bedacht war, dem gesellschaftlichen und geschäftlichen Verkehr Rechnung zu tragen.

Was die Methode anbelangt, so habe ich in 41 Lektionen die 11 Redeteile in systematischer Reihenfolge behandelt, und denselben in weitern 9 Lektionen eingehendere syntaktische Bemerkungen folgen lassen. Es war mein Bestreben, die Regeln möglichst kurz zu fassen, sie aber mit zahlreichen und schlagenden Beispielen zu belegen und dadurch zum Verständnis zu bringen. In den jeder Lektion folgenden Übungen, Aufgaben und Konversationen, denen ich je 40—60 neue Vokabeln vorausschicke, halte ich mich streng an bereits gelernte Regeln, auf die ich mich hin und wieder berufe; nur im Notfalle überschreite ich diese Grenze unter jeweiliger Verweisung auf den betreffenden Passus, so daß die Grammatik auch als Nachschlagebuch dient, wozu das am Schlusse angebrachte Sachregister wesentlich beiträgt.

Auf die Übersichtlichkeit des Ganzen, besonders aber auf die der Paradigmen, habe ich die größte Sorgfalt verwendet: Lehrer und Lernende werden sich von dem praktischen Nutzen derselben überzeugen und erlaube ich mir an dieser Stelle, das schriftliche Konjugieren der Zeitwörter warm zu empfehlen. Ich pflege meinen Schülern zu diesem Zwecke autographierte Schemas zu geben, in welche sie die Zeitwörter einschreiben, erst vollständig, später aber nur noch die unregelmäßigen Formen und ich erziele dabei glänzende Resultate.

Bei dieser Gelegenheit habe ich zu bemerken, daß die spanische Akademie für das Imperfekt des Konjunktiv 3 Formen angenommen hat, die ich, übereinstimmend mit Franceson, Wiggers und einigen andern, in Konditional des Indikativ, Imperfekt des Konjunktiv und Konditional des Konjunktiv einreihe, nicht allein der leichtern Übersicht und Erlernung der so verwickelt scheinenden Unterschiede und Formen wegen, sondern weil ich dies als das einzig Richtige und der Natur dieser Zeiten am meisten Entsprechende betrachte.

Wörterverzeichnis habe ich der Grammatik keines beigefügt, da mich die Erfahrung lehrt, daß sich der Lernende ein eigenes anlegen soll.

Zum Schluß sei mir noch gestattet, allen denjenigen, die mich bei meiner Arbeit unterstützten, meinen besten Dank auszusprechen.

Zürich, im Mai 1882.

Der Verfasser.

Vorwort zur zweiten Auflage.

Wenn nach kaum zwei Jahren eine neue Auflage meiner Grammatik nötig wurde, so ist dies wohl ein Beweis, daß meine kleine Arbeit Anklang gefunden. Das Buch hat sich in der That in Privat- und Schulkreisen eingebürgert und sich zahlreiche Freunde erworben, mit deren Hilfe es möglich wurde, diejenigen Verbesserungen darin vorzunehmen, die sich während des Unterrichtes als notwendig erwiesen. Letztere beziehen sich hauptsächlich auf präcisere Fassung einiger Regeln und auf Vermehrung schlagender Belege für dieselben; namentlich ist es Herr Kollege Ed. Rossig in Hamburg, der sich bei der Revision durch scharfen Blick, strenge Kritik und unermüdliches Schaffen auszeichnete. —

Die Erfahrung lehrt, daß es von großem Vorteil ist, wenn sich der Studierende daran gewöhnt, in der Sprache, die er lernt, zu denken: um dies anzuregen, fordere ich schon bei Lektion 26 den Schüler auf, mit seinem Wortvorrat selbständige Sätze zu bilden.

Ist die Grammatik absolviert, so mag der Lernende sie wiederholen, die Lektüre des Gil Blas im Original fortsetzen, andre spanische Bücher oder Zeitungen lesen und sich im selbständigen schriftlichen Ausdrucke üben. Eine aus dem modernen Volksleben geschöpfte Erzählung: "Los pobres de Madrid" von Don Wenceslao Ayguals de Izco. Madrid 1857 ist, wegen der mannigfaltigen Redensarten und Ausdrucksweisen, die sich darin vorfinden, sehr zu empfehlen.

Schon bei Herausgabe der ersten Auflage beabsichtigte ich, dem Buche eine kurze Anleitung zum mündlichen und schriftlichen Verkehr beizugeben, allein Unvorhergesehenes vereitelte damals meinen Plan. In der Zwischenzeit wurde der projektierte Anhang noch bedeutend ausgearbeitet; doch auch diesmal mußte er wegbleiben, da die Grammatik dadurch zu voluminös geworden wäre. Ich beabsichtige jedoch, denselben binnen kurzem separat im Drucke erscheinen zu lassen, und hoffe damit einem von Privaten und Kaufleuten vielseitig geäußerten Wunsche zu entsprechen.

Indem ich auch diesmal um gef. Mitteilung gemachter Erfahrungen während des Unterrichtes bitte, spreche ich allen denen, die sich so lebhaft für mein Buch interessierten, meinen verbindlichsten Dank aus.

Zürich, im Mai 1884.

Der Verfasser.

Inhaltsverzeichnis. Indice.

Druckfehlerverzeichnis. Fé de erratas.

Seite	Zeile	von	soll heißen	statt
7	3	oben	continuó	contin.
35	9	unten	señora	seoñra.
54	12	oben	¿Cuándo	¿Cuánda.
61	3	unten	manteca	mantecà.
61	4	„	plaza	plazà.
227	16	oben	invertir fondos	invertir fondes.
288	16	„	á fin	áfin.
288	27	„	Ojalá	O jalá.
315	17	„	que	quo.

1. Lektion. Leccion primera.

Von der Aussprache. De la pronunciacion.

Es gibt wenige Sprachen, deren Aussprache so leicht zu erlernen ist wie die des Spanischen, weil alle Buchstaben, mit Ausnahme von c und g, ganz bestimmte Laute haben und weil jeder Buchstabe ausgesprochen wird, ausgenommen das u in que und qui (fe, fi), gue und gui (ge, gi).

Eigentliche Diphthonge, wie das deutsche ä, ö, ü, oder das französische au, eau, ai, eu, oeu, gibt es im Spanischen nicht; jeder Vokal ist für sich hörbar; z. B.

Europa, baul, reino, neutro, bailar, buey, sprich E-uropa, ba-ul, re-ino, ne-utro, ba-ilar, bu-ey.

Das spanische Alphabet. El alfabeto español.

Die spanische Sprache hat 27 Buchstaben (letras): 5 Vokale und 22 Konsonanten; sie heißen:

A,	a,	a	I,	i,	i	Q,	q,	ggu
B,	b,	b	J,	j,	chota	R,	r,	erre
C,	c,	vergl. c (the)	L,	l,	elle	S,	s,	effe
Ch,	ch,	tsche	Ll,	ll,	elje	T,	t,	bbe
D,	d,	de	M,	m,	eme	U,	u,	u
E,	e,	e	N,	n,	ene	V,	v,	we
F,	f,	effe	Ñ,	ñ,	enje	X,	x,	eggis
G,	g,	che	O,	o,	o	Y,	y,	i-griega
H,	h,	atsche	P,	p,	bbe	Z,	z,	vergl. z (thedda).

NB. Die Buchstaben k und w kommen nur in Fremdwörtern vor, wie kau, kilómetro, wiste; statt dessen braucht man zwar c, qu und v; z. B. can, quilómetro, viste.

Schriftzeichen. Signos ortográficos.

Es gibt deren im Spanischen drei:

1) **Der Accent** (el acento), ein von rechts nach links geführter Bei=
strich (´) über dem zu betonenden Vokal;

2) das über dem ñ befindliche Häubchen, tilde genannt (siehe diesen
Buchstaben), und

3) das sogenannte crema (¨), zwei Punkte über dem u (siehe unter
güe und güi Seite 3).

Der Apostroph kommt im Spanischen nicht vor.

Die großen Buchstaben. Letras mayúsculas.

Diese stehen am Anfange der Sätze und eines jeden Verses; außer=
dem werden groß geschrieben: die Eigennamen und Titel, sowie die Über=
schriften und die dabei stehenden Adjektive; z. B. Alfonso, Duero, Nuestro
Señor, unser Gott, Santisimo Padre, heiliger Vater, Ilustre Ayuntamiento, löbliche Gemeindebehörde, Casa Editorial de G. A. Gloeckner,
Leipzig, Verlagsbuchhandlung von G. A. Gloeckner, Leipzig, Circulo
Mercantil, Kaufmännischer Verein.

Alle übrigen Hauptwörter, selbst die Namen der Völker, werden
mit kleinen Anfangsbuchstaben (letras minúsculas) geschrieben; z. B. los
alemanes, los españoles, los rusos, los holandeses, los suizos etc.

Die Aussprache der Vokale. La pronunciacion de las vocales.

Die spanischen Selbstlaute a, e, i, o, u sind immer sehr rein aus=
zusprechen. Zweierlei Aussprache haben:

E, entweder **rein**, wie im Worte Esel, See; z. B. fe, afeitar, dedo,
pero, oder dann wie ä vor rr; z. B. perro, errar, yerro etc., sprich
bbärro, ärrar, järro.

O, ebenfalls sehr rein, wie in Lob; z. B. oigo, como etc.; am Ende
eines Wortes jedoch ist es kaum hörbar, wenn das folgende mit Vokal
beginnt; z. B. ¿cómo está usted? (wie befinden Sie sich?)

In den Endsilben or und os dagegen wird das o etwas breiter,
nach a ziehend, ausgesprochen, wie in dem französischen Worte encore,
oder dem englischen horse; z. B. Dios, nos, amamos, error, honor.

Die Aussprache der Konsonanten. La pronunciacion de las consonantes.

B (auch .v larga) lautet vor Konsonanten wie das deutsche **b**; vor Vokalen aber, und besonders in der Mitte eines Wortes, mit einem leichten Übergange in **w**; z. B. beber, spr. beẅer, escribir, escriẅir.

C vor **a, o, u** und vor Konsonanten entspricht dem deutschen **gg** in Egge; z. B. canto, como, culto, color, claro, crédito; spr. ggomo ꝛc., vor **e** und **i** hat es große Ähnlichkeit mit dem englischen **th** in they oder think. Der Laut wird dadurch gebildet, daß man die Zungenspitze gegen die obere Zahnreihe legt und „s" auszusprechen trachtet; z. B. ciento, cifra, nacion, cencerro, spr. thiento, thifra, nathion, thentherro.

Ch wird als Mitlaut betrachtet und lautet wie **tsch** in den Wörtern Tschudi, Etsch oder deutsch; z. B. chalan, chico, Sancho, noche, muchacho, spr. tschalan, tschiggo, Santscho, notsche ꝛc.

D wie im Deutschen. Am Ende eines Wortes aber klingt es ähnlich dem englischen th, jedoch so weich, daß das ungeübte Ohr es kaum zu hören vermag; z. B. Madrid, verdad, calidad, amistad, spr. Madri=th, werda=th, ggaliba=th, amisbba=th.

F wie im Deutschen: filosofia, fósforo, Filadelfia statt philosophia etc.

G vor **a, o, u** und vor Konsonanten gleicht dem deutschen g im Worte Gold; z. B. gato, gorro, guarda, guano, globo, grande etc.;

vor **e** und **i** hat es einen tiefen, kräftigen Kehllaut, wie das süddeutsche **ch** in den Wörtern: machen, Sache, doch, Bach ꝛc.; z. B. gente, gigante, general, region etc., spr. chente, chigante, cheneral, rechion.

In den Silben **gue** und **gui** ist das u stumm und dient bloß als Schriftzeichen, um den reinen g=Laut zu erhalten; z. B. guerra, guia, guinda, spr. gerra, gia, ginda.

Soll jedoch das u in gue und gui ausgesprochen werden, so wird es mit dem crema (··) bezeichnet; dann ist es aber nicht etwa wie das deutsche ü auszusprechen (dieser Umlaut kommt im Spanischen gar nicht vor); z. B. agüero, ungüento, argüir, spr. aguero, unguento, arguir.

gn verschmilzt nie in einen Laut, wie im Französischen, sondern jeder Buchstabe ist für sich hörbar, wie im Deutschen in Agnes oder Magnet, oder in dem englischen Worte dignity; z. B. digno, benigno, maligno, signo, spr. digno, benigno, maligno, signo.

1*

H ist im Spanischen stumm und nur vor der Silbe ue wird es mit
  einem schwachen Anflug von g hörbar; z. B. hueso, huevo, huerta etc.

J hat immer denselben kräftigen, tiefen Kehllaut wie g vor e und i,
  z. B. jardin, junta, Méjico, Quijote, spr. chardin, chunta, Mechiggo,
  Ggichote.[1])

L ganz wie im Deutschen; z. B. libro, blanco, letra.

Ll lautet wie lj, z. B. llave, llegar, lluvia, caballo, ella, ello, spr.
   ljawe, ljegar, ljuwia, ggabaljo, eilja, ciljo.

M ganz wie im Deutschen; z. B. mamá, médio, mitad, moda etc.

N ebenfalls wie im Deutschen; z. B. nada, noble, nunca etc.

Ñ (oder n con tilde) lautet wie nj oder das französische gn in cam-
   pagne; z. B. niña, señor, doña, dueño, spr. ninja, senjor, donja,
   duenjo.

P lautet etwas weicher als im Deutschen, ungefähr wie bb in Ebbe;
  z. B. padre, papá, perro, pipa, Pedro etc.

Q steht nur in Verbindung mit ue und ui und hat ungefähr den Laut
  von gg in Egge; z. B. quedar, quinta, químico, quiebra, Quijote,
  spr. ggedar, gginta, ggimiggo, ggiebra, Ggichote, aber ja nicht
  „kedar" 2c.

R ist durch Vibration der Zungenspitze, also nicht als Kehllaut zu geben,
  und hat am Anfang eines Wortes sowie nach den Konsonanten l, n,
  r und s einen sehr scharfen und schnarrenden Ton; z. B. rico, raro,
  rojo, malrota, honra, perro, Israel etc., spr. rriggo, rraro, rrocho 2c.

S zwischen zwei Vokalen klingt genau wie das deutsche ss; z. B. casa,
  masa, rosa, spr. ggassa, massa, rrossa; auch am Anfang einer Silbe
  ist es schärfer als im Deutschen; z. B. sol, sitio, señor, Soto.[2])

T etwas weicher als im Deutschen; z. B. tasa, tio, tinta, quinta, spr.
  ddassa, ddio, ddindba, gginbda, aber ja nicht „Tassa" 2c.

V corta (auch U de corazon) steht nie vor Konsonanten und lautet
  wie ein weiches w; z. B. valer, verde, vida, volar, ave, spr. waler,
  werde, wida, wolar, awe.

X Dieser früher häufig gebrauchte Buchstabe wird in der neuern Orthographie teilweise durch j und s ersetzt,[3]) und findet sich nur noch in

---

[1]) Méjico, Quijote, Jeréz, früher México, Quixote, Xeréz. In neuerer Zeit
wird auch g vor e und i sehr oft durch j ersetzt.
[2]) Doppelkonsonanten gibt es im Spanischen wenige; ss kommt gar nicht vor.
[3]) Z. B. reloxero, Xeréz, México, extrangero werden jetzt relojero, Jeréz,
Méjico, estrangero geschrieben.

einigen lateinischen Formen, wo es dann den Laut des deutschen x hat; z. B. axioma, éxito, exámen, fénix.

Y ist Konsonant; wird als solcher nie betont und lautet wie das deutsche i; z. B. rey, ley, muy, hoy; vor und zwischen Vokalen entspricht es dem deutschen j; z. B. ya, yegua, ayuda, yo, spr. ja, jegua, ajuda, jo.⁴)

Z lautet stets wie c vor e und i, d. h. ähnlich dem englischen th; z. B. caza, zagal, zorra, zebra, azul, izquierda, feliz, juez, spr. ggatha, thagal, thorra, thebra, athul, ithggierda, felith, djueth.⁵)

Leseübung. Ejercicio de lectura.

a e i o u sprich a e i o u

#							
1	ba	be	bi	bo	bu	ba	bárba, bebída, bóbo, brúto.⁶)
2	pa	pe	pi	po	pu	bba	Papá, Pépe, pípa, pótro, púlso.
3	ca	que	qui	co	cu	gga	cacáo, quéso, quinqué, cólico, cúco.
4	cua	cue	cui	cuo	—	ggua	cuándo, cuénta, cuidádo, cuociénte.
5	cha	che	chi	cho	chu	tscha	muchácho, léche, chícha, nóche, chúlo.
6	da	de	di	do	du	da	dádiva, Dón, debér, dinéro, dúque.
7	ta	te	ti	to	tu	bba	Táto, téla, tía, tínta, tóro, túnica.
8	ga	gue	gui	go	gu	ga	gálgo, guérra, guínda, górdo, gústo.
9	gua	güe	güi	guo	—	gua	Aguádo, ungüénto, antíguo, argüír.
10	ja	je	ji	jo	ju	cha	Jeréz, jéfe, jícara, jóya, Júlio.
11	ja	ge	gi	jo	juf	cha	Jacóbo, génte, gitáno, Jórge, judío.
12	lla	lle	lli	llo	llu	lja	lláve, llevár, apellído, llovér, llúvia.
13	ña	ñe	ñi	ño	ñu	nja	Dóña, níña, Núñez, ñiquiñáque, áño.
14	za	ce	ci	zo	zu	tha	zarzuéla, Cicerón, cencérro, azúl.
15	za	ze	zi	zo	zu	th	zagál, zéda, zizáña, zórra, zurrón.

}das engl.

---

⁴) In neuester Zeit schreiben Einige, besonders die Südamerikaner, ganz eigenmächtig rei, lei, mui, hoi etc., was die spanische Akademie jedoch nicht billigt.
⁵) Die frühere Orthographie setzte in diesem Falle ç; z. B. çagal statt zagal etc. In Andalusien und besonders in Südamerika werden z und c vor e und i wie s ausgesprochen, z. B. corazon, cifra, juez, sprich: corason, sifra, jues.
⁶) Die Vokale, auf welche der Ton gelegt werden soll, sind in obigen Wörtern mit Accent (′) bezeichnet.

2. Lektion. Leccion segunda.

Vom prosodischen Accent. Del acento prosódico.

Dieser liegt auf der letzten oder vorletzten, seltener auf der drittletzten
Silbe und heißt:

voz aguda (scharfer Accent), wenn die letzte Silbe,

voz comun (gewöhnlicher Accent), wenn die vorletzte Silbe, und

voz esdrújula (abgleitender Accent), wenn die drittletzte Silbe betont wird.

Regel 1. Wörter, die auf einen **Konsonanten** endigen, haben den
Ton auf der letzten Silbe (voz aguda); z. B. Madrid, Santander,
Irun, mujer, reloj[1]), señor, holgazan, aleman, ingles, frances, español,
Ferrol, amistad, caridad, virtud, salud, rigor, pudor, madurez, vejez,
singular y plural, continuar, tener, escribir; spr. Madrid, Santandér,
Jrún etc.

Ausnahme bilden die Eigennamen auf s und z, bei welchen der
Accent auf der vorletzten Silbe ruht (voz comun); z. B. Carlos, Cervantes, Nuñez, Manzanares, Gimenez, Hernandez, Sanchez, Martinez,
spr. Cárlos, Cervántes, Núñez, Manzanáres, Sánchez, Martinez.

Regel 2. Wörter, die mit einem **Vokal** enden, haben den Accent
auf der **vorletzten** Silbe (voz comun); z. B. lio, rio, tia, mia, padre,
madre, Sancho Panza, hermano, caballo, ninguno, alguno, Granada,
Sevilla, Barcelona, Bilbao; spr. pádre, ningúno, Granáda, Bilbáo.

Die Endungen **ia, ie, io, ua, ue, uo** bilden bei mehrsilbigen
Wörtern gewöhnlich **eine Silbe;** der Accent liegt somit nach Regel 2
ebenfalls auf der **vorletzten** Silbe; z. B. concordia, iglesia, nadie,
palacio, Julio, Antonio, India, industria, agua, antiguo, mutuo, continuo; spr. concórdia, Júlio, indústria, contínuo etc.

Eine Ausnahme hiervon bilden alle Zeitformen auf **ia** (statt des
ursprünglichen **iba**), bei welchen der Ton auf dem **i** liegt; z. B. habia,
tenia, habria, tendria (früher lauteten sie: habiba, teniba, habriba etc.).[2])

Regel 3. Jede Abweichung von diesen Hauptregeln wird mit
geschriebenem Accent bezeichnet, worüber folgende Beispiele:

---

[1]) j am Ende eines Wortes ist kaum hörbar.
[2]) In neuester Zeit accentuieren einige Schriftsteller auch diese.

Beispiele mit voz aguda:

papá, mamá, sofá, café, allí, traspié, rondó, bisturí, rubí, tahalí, hablé, amó, escribí, contin — Jesús, Solís, Avilés, Agudiéz, Tomás, Nicolás.

Beispiele mit voz comun:

árbol, alférez, azúcar, cárcel, exámen, imágen, órden, lápiz, Cristóbal — astronomía, filosofía, fotografía, homeopatía, litografía, mineralogía, nostalgía, ortografía, poesía, telegrafía, tipografía, judío, Azúa, fluctúa, continúo.

Beispiele mit voz esdrújula:

Ávila, Málaga, Córdova, América, ánimo, atónito, artículo, botánico, capítulo, catálogo, diálogo, escándalo, género, filósofo, lógica, pérdida, príncipe, poético, rústico, ridículo, república, simpático, telégrafo, tipográfico etc.

Anmerkung. Die Endungen s und es als Mehrzahlbildung des Hauptwortes (vide Lektion 4 § 2), sowie die Flexionskonsonanten s und n in der Konjugation des Zeitwortes, üben keinen Einfluß auf die Betonung aus; z. B. padre, padres, Vater, Väter; jardin, jardines, Garten, Gärten; amo ich liebe, amas du liebst, amamos wir lieben, aman sie lieben; habia ich hatte, habias du hattest, habian sie hatten; tienes du hast, tenemos wir haben, tenias du hattest, tenian sie hatten; spr. pádres, jardínes, ámas, amámos, habían, tenías etc.

Lescübung. Ejercicio de lectura.

Que España es una de las naciones[3]) mas privilegiadas del globo, es cosa comunmente recibida, y no porque así lo digan[3]) y proclamen sus propios hijos: que en esto mas que en otras cosas, el amor de la patria hace cerrar los ojos y tener cada uno la nacion á que pertenece por la mas perfecta y envidiable; sinó, porque esta es la opinion de todos los que han visitado su fértil suelo, gozado de sus varios climas, saboreado sus esquisitas é innumerables producciones, admirado sus bellisimos paisajes, visto sus caudalosos y cristalinos rios, sus altísimas cordilleras, sus frondosos valles, sus extensas llanuras, sus pintorescas poblaciones, sus grandiosos monumentos: y sobre todo, la belleza de sus mujeres, la sinceridad de sus habitantes y el ingenio que tienen para toda suerte de trabajos, ciencias, artes é industrias: así como su valor en las guerras, su mansedumbre en la paz, su liberalidad en los tratos, su hidalguía en sus obras, su firmeza

---

[3]) Die meisten s- und es-Endungen in diesem Lesestück sind Mehrzahlbildungen und als solche zu behandeln; die Flexionen s und n der Zeitwörter sind größer gedruckt.

de carácter, su llaneza de vida, su sobriedad en la mesa, su paciencia
en los trabajos y su sensatez y discrecion así en el próspero como
en el contrario viento de la fortuna.

Tan cierto es esto, que quienes mayores alabanzas la prodigan,
hasta llegar á los límites de lo hiperbólico, son los estrangeros que
á ella vienen, que en todo ven motivo de admiracion y extremos, si
llegan á residir algun espacio de tiempo y saborear las delicias de
su apacible cielo y trato de sus moradores.

3. Lektion. Leccion tercera.

Der Artikel. El artículo.

§ 1. Die spanische Sprache kennt, wie alle romanischen Sprachen,
eigentlich nur zwei Geschlechter, das männliche (el género másculino)
und das weibliche (el género femenino); doch besitzt sie auch ein sächliches
Geschlecht (el género neutro), und zwar für substantivisch gebrauchte
Eigenschafts=, Für= oder Zahlwörter, wo es sich weder um eine
Person, noch um eine Sache, sondern um einen ganz allgemeinen Be=
griff handelt.

§ 2. Zur Bezeichnung des Geschlechtes dient hauptsächlich:

a) Der bestimmte Artikel. El artículo definido.

Einzahl. Singular.	Mehrzahl. Plural.
masculino (m.) el der	los die
femenino (f.) la die	las die
neutro (n.) lo das	hat keinen Plural.

b) Der unbestimmte Artikel. El artículo indefinido.

(m.) un ein	unos einige
(f.) una eine	unas einige.

NB. Der Plural unos — unas — einige, gehört eigentlich zu den unbestimmten
Beiwörtern (Leccion 10).

Género masculino.

El padre der Vater,	un hombre ein Mensch,
el hijo der Sohn,	un potro ein Füllen,
el niño der Knabe, das Kind,	un libro ein Buch.

Género femenino.

La madre die Mutter, | una hija eine Tochter,
la muchacha das Mädchen, | una casa ein Haus,
la niña das Mädchen, das Kind, | una niña ein Mädchen.

Género neutro.

Lo bueno das Gute, | lo mio das Meinige,
lo malo das Schlechte, das Böse, | lo tuyo das Deinige,
lo bonito das Schöne, | lo suyo das Seinige,
lo feo das Häßliche, | lo primero das Erste,
lo azul das Blau, | lo segundo das Zweite,
lo pardo das Grau, | lo único das Einzige 2c.

§ 3. Ist jedoch der Begriff bei letztern nicht vollkommen abstrakt, oder denkt man sich ein Hauptwort dazu, so wird der entsprechende Artikel gesetzt; z. B.

El malo der Böse (Mensch). | La hermosa die Schöne (Frau).
El mio der Meinige (Hund). | La tuya die Deinige (Tante).
El primero der Erste (Schüler). | La segunda die Zweite (Thüre);

ferner: El español das Spanische oder der Spanier; el ingles das Englische oder der Engländer; el aleman das Deutsche oder der Deutsche; el frances das Französische oder der Franzose, wenn hier nämlich el idioma die Sprache, oder el hombre der Mensch, hinzugedacht wird.

§ 4. Alle übrigen Wortarten, die nicht Adjektive sind, bekommen, wenn substantivisch gebraucht, den männlichen Artikel; z. B.

El sí das Ja. | El porqué das Warum.
El no das Nein. | El deber y el haber das Soll und Haben.
El cómo das Wie. | El amar das Lieben 2c.

§ 5. Weibliche Hauptwörter, die mit betontem a oder ha beginnen, nehmen des Wohlklanges wegen den männlichen Artikel zu sich; z. B.

El ala der Flügel. | El águila der Adler.
El ama die Haushälterin. | El ánima die Seele (eines Verstorbenen).
El hambre der Hunger. | El arma die Waffe;
statt: La ala, la ama, la arma, la águila etc.

In der Mehrzahl dagegen (L. 4) tritt der weibliche Artikel wieder ein: Las alas, las armas, las águilas etc.

Das Gleiche gilt für den unbestimmten Artikel und für die Wörter alguna und ninguna (L. 10. § 3—4); z. B. Un ala, un ama, un águila, unas oder algunas (einige) alas, amas, águilas etc.

§ 6. Beginnt aber das betreffende Hauptwort mit einem nicht betonten a oder ha, oder steht vor demselben irgend ein Adjektiv, so wird der weibliche Artikel beibehalten; z. B.

La ancha ala der breite Flügel.　Una buena ama eine gute Haushälterin.
La alta torre der hohe Turm.　Una alta torre ein hoher Turm;

dagegen:

El ala izquierda der linke Flügel.　Un ala grande ein großer Flügel.

NB. Das Adjektiv steht im Spanischen oft nach dem Hauptworte (Näheres L. 17 § 8 etc.).

Übung zur Bezeichnung des Geschlechtes mit bestimmtem und unbestimmtem Artikel.

Amigo Freund,	amiga Freundin,
abuelo Großvater,	abuela Großmutter,
alma f. Seele,	mano f. Hand,
idioma m. Sprache,	fusil m. Gewehr,
tio Onkel,	tia Tante,
caballo m. Pferd,	potro m. Füllen,
yegua Stute,	soldado Soldat,
jardinero Gärtner,	jardinera Gärtnerin,
sombrero m. Hut,	árbol m. Baum,
escopeta f. Jagdflinte,	tesoro m. Schatz,
flor f. Blume,	ave f. Vogel,
hacienda f. Grundbesitz, Vermögen und Staatsschatz,	pan m. Brot,
	veleta f. Wetterfahne,
torre f. Turm,	habitacion f. Wohnung,
casa f. Haus,	arca f. Geldschrank, Kasten,
mercader Kaufmann,	arpa f. Harfe,
anguila f. Aal,	aria f. Arie,
araña f. Spinne und Kronleuchter,	agua f. Wasser,
abeja f. Biene,	ciudad f. Stadt,
jardin m. Garten,	lacre m. Siegellack,
haba f. Bohne,	oveja f. Schaf,
señor Herr und mein Herr,	señora Frau, Madame,
rey König,	reina Königin,
hermano Bruder,	hermana Schwester.

mi mein, meine,	y und (vor i oder hi = é),
no[1]) nein, nicht,	en in, auf,
sí ja.	qué was?

---

[1]) Die Verneinungspartikel no steht immer direkt vor dem Zeitwort; z. B. yo no tengo, oder ¿no tengo yo?

Tener haben, besitzen.

Singular.	Plural.
Yo tengo ich habe	nosotros (m.) / nosotras (f.) tenemos wir haben
tú tienes du hast	vosotros / vosotras }³) teneis ihr habt
él) er hat	ellos (m.) sie haben
ella } tiene sie hat	ellas }(f.) tienen sie haben
Vd.²)) Sie haben	Vds.) Sie haben.

NB. Nominativ und Akkusativ sind im Spanischen immer gleich, und somit heißt el águila der und den Adler, la luna der und den Mond.

Ejercicio (m.). Übung.

Yo tengo un amigo. Tú tienes un caballo. El jardinero tiene una escopeta. Nosotros tenemos una hacienda. Vosotras teneis un árbol. Ellas tienen una flor. ¿Tiene⁴) el mercader un arca? ¿Tienes tú un potro? ¿Tiene la torre una veleta? Nosotras tenemos un bonito jardin. ¿No tiene Vd. una abuela? Ellas tienen una oveja. Nosotros tenemos un tio y una tia. Vosotras teneis una casa grande. ¿Tiene Vd. un arpa? El tio tiene un ave. ¿Tiene el jardinero agua en el jardin? El soldado tiene mi fusil. Mi hermana tiene una muchacha. El niño no tiene el libro. La reina tiene un águila. La ciudad tiene una alta torre. Vd. tiene mi escopeta.

Tema (m.). Aufgabe.

Ich habe ein Gewehr. Du hast einen Adler. Er hat einen Geldschrank. Sie haben eine Harfe. Der Gärtner hat ein Schaf. Wir (m.) haben einen Aal. Das Kind hat das Buch. Der Onkel hat das Haus. Wir (f.) haben einen Vater und eine Mutter. Ihr habt eine Stute. Ich habe die Spinne. Hast du eine Wohnung? Haben die Tanten ein Pferd? Hat der Großvater den Schatz? Habt Ihr (f.) einen Grundbesitz? Hat das Kind den Hut

---

²) Das im Deutschen groß geschriebene „Sie" wird im Spanischen durch Vd. (sprich usted), Mehrzahl Vds. (= ustedes) ausgedrückt und steht das begleitende Verb immer in der 3. Person Einzahl oder Mehrzahl. Einige Sprachforscher leiten das Vd. von dem arabischen usta (Herr) ab, andere dagegen glauben, es sei eine Abkürzung von vuestra merced (Euer Gnaden). Die frühere Schreibweise war auch Vmd. und Plural Vmds. oder Ud. und Uds.; heute schreibt es sich mit großem V. oder Vd., Plural Vs. oder Vds.

³) „Wir" und „ihr" erscheinen im Spanischen, abweichend von den andern romanischen Sprachen, mit Unterscheidung des männlichen und weiblichen Geschlechtes.

⁴) Frage- und Ausrufezeichen setzt der Spanier am Anfang und am Ende der betreffenden Sätze, im Anfang jedoch verkehrt ¿—?, ¡—!

nicht? Der Herr hat eine Jagdflinte. Die Frau hat keine (nicht eine) Blume. Hat die Stadt nicht einen hohen Turm? Die Freundin hat das Kind. Hat das Haus nicht eine Wetterfahne? Der König und die Königin haben eine Tochter. Sie haben eine große Wohnung.

Conversacion (f.).

¿Qué tiene la torre? — La torre tiene una veleta.

¿Tiene Vd. mi libro? — No señor, (yo)⁵) no tengo el libro de Vd.

¿Tiene mi hermana la anguila? — No señora, (ella)⁵) tiene la oveja.

¿Qué tiene Carlos? — Carlos tiene una araña.

¿Qué tengo yo? — Vd. tiene una amiga.

¿Tenemos nosotros agua? — Sí, tenemos agua y pan.

¿Qué teneis vosotras? — Nosotras tenemos hambre.

¿Tienen ellas un jardin? — Sí, ellas tienen una casa y un jardin.

¿Tiene la ciudad una torre? — Sí señor, tiene una bonita torre.

¿Tienen el rey y la reina un tesoro? — Sí, tienen un tesoro en la ciudad.

---

4. Lektion. Leccion cuarta.

Geschlecht und Mehrzahlbildung des Hauptwortes.
Género y número del substantivo.

Das Geschlecht des Hauptwortes bekundet sich zuerst durch den Artikel oder das Adjektiv; steht es aber allein, so mag Folgendes zur Orientierung dienen:

§ 1. Die meisten Hauptwörter (ebenfalls Eigenschaftswörter), welche auf a endigen, sind weiblich, fast alle auf o männlich.¹) Von letztern läßt sich das weibliche Geschlecht, wenn überhaupt zulässig, sehr leicht her=stellen, indem das o in a umgewandelt wird und umgekehrt; z. B.

---

⁵) Die persönlichen Fürwörter fallen vor dem Zeitworte oft aus, besonders wenn die Endung die Person erkennen läßt; Ausnahme bilden Vd. und Vds. (L. 13 § 3.).

¹) Ausnahme bilden: el clima, das Klima; el cura, der Pfarrer; el cometa, der Komet; el dia, der Tag; el diploma, das Diplom; el dogma, das Dogma; el drama, das Drama; el espía, der Spion; el idioma, die Sprache; el jesuita, der Jesuit; el mapa, die Landkarte; el planeta, der Planet; el poema, das Gedicht; el sofá, das Sofa; dagegen: la mano, die Hand; la nao, das Schiff, (veraltet).

Hijo Sohn, hija Tochter, niño Knabe (Kind), niña Mädchen, hermano Bruder, hermana Schwester, bueno-a gut, feo-a häßlich, hermoso-a schön, prächtig ꝛc.

§ 2.　Haupt= und Eigenschaftswörter bilden ihre Mehrzahl durch Anfügung von s, wenn sie mit Vokal, durch Anfügung von es, wenn sie mit Konsonant endigen; die Betonung verbleibt immer auf der Silbe, auf welcher sie in der Einzahl ruht[2]); z. B.

El padre, los padres; la flor, las flores; el agua fresca (frisch), las aguas frescas; el rey malo (schlecht), los reyes malos etc.

Ausnahmen. Excepciones (f.).

El bajá der Pascha,	los bajáes die Pascha,
el biricú das Wehr=, Degengehänge,	los biricúes die Wehr=, Degengehänge,
el alelí die Levkoje,	los alelíes die Levkojen,
el sí das Ja, Jawort,	los síes die Jaworte,

la b, la p, la d, la t = las bées, las pées, las dées, las tées; ebenso: baladí geringfügig, baladíes.

§ 3.　Wörter, welche auf z endigen, verwandeln das z in c; z. B.

La luz das Licht,	las luces die Lichter,
el pez der Fisch,	los peces die Fische,
la pez das Pech,	
la paz der Friede,	(hacer las paces Friede machen,)
la voz die Stimme,	las voces der Hilferuf,
el lápiz der Bleistift,	los lápices die Bleistifte,

ebenso: feliz glücklich, felices etc.

§ 4.　Die Hauptwörter auf s, deren letzte Silbe nicht betont ist, bleiben im Plural unverändert, desgl. die Eigennamen auf s und z; z. B.

El und los lúnes der und die Montag=e,
el und los mártes der und die Dienstag=e,
el und los Dominguez, Hernandez, Martinez, Sanchez.

§ 5.　Die Grußformeln: Guten Tag, guten Abend, gute Nacht, erscheinen im Spanischen nur im Plural; z. B.

Buenos dias guten Tag, buenas tardes guten Abend, buenas noches gute Nacht; ebenso: las tijeras die Schere, las despabiladeras die Lichtschere ꝛc.

§ 6.　Einzelne Hauptwörter haben in der Mehrzahl eine doppelte Bedeutung; z. B.

El hijo der Sohn,	los hijos die Söhne und die Kinder,
el padre der Vater,	los padres die Väter und die Eltern,

---

[2]) Ausnahme: carácter, Charakter, pl. caractéres.

el hermano der Bruder,	los hermanos die Brüder und die Geschwister,
el niño der Knabe,	los niños die Knaben und die Kinder,
el abuelo der Großvater,	los abuelos die Großväter und die Großeltern,
el anteojo das Fernglas,	los anteojos die Ferngläser und die Brille,
el café der Kaffee, das Kaffeehaus,	los cafés die Kaffeehäuser,
la nariz die Nase,	las narices die Nasen u. die Nasenlöcher,
la voz die Stimme,	las voces die Stimmen, der Hilferuf.

Vocablos (m.). Wörter.

El barquero der Schiffer,	el tintero das Tintenfaß,
el batel der Kahn,	el vapor der Dampf, Dampfer,
el buey der Ochse,	el vecino der Nachbar,
el buque das Schiff,	la carta der Brief,
el caballero der Herr, Ritter,	la cruz das Kreuz,
el capitan der Hauptmann, Kapitän,	la noche die Nacht,
el médico der Arzt,	la oblea die Oblate,
el navio das Schiff,	la pluma die Feder,
el palacio der Palast,	la rosa die Rose,
el papel das Papier,	la tarde der Nachmittag,
el papel sellado das Stempelpapier,	la tarjeta die Adreßkarte,
el perro der Hund,	la tarjeta postal die Postkarte,
el pescador der Fischer,	la tinta die Tinte,
el pié der Fuß,	la visita der Besuch,
el reloj die Uhr,	muy sehr,
el sello de correo die Briefmarke,	mucho viel,
el sobre das Briefkouvert, die Adresse,	pero aber.

Yo tenia[3]) ich hatte	nosotros-as teniamos[3]) wir hatten
tú tenias du hattest	vosotros-as teniais ihr hattet
él ⎫	ellos ⎫
ella ⎬ tenia sie hatte (L. 3[5].)	ellas ⎬ tenian sie hatten (L. 3[5].)
Vd. ⎭ Sie hatten	Vds. ⎭ Sie hatten.

Ejercicio.

Yo tenia un perro. Él tenia muchas armas. Nosotros teniamos lápices y sellos de correo. Tú tenias muy buenos padres, y Vd. tiene buenos tios. Vosotras teníais bonitas rosas. Él tenia un buque. El capitan tiene unos anteojos y buenos relojes. El abuelo tiene un vapor. El bajá tiene muchos palacios. Los papás

---

[3]) Altspanisch teniba, teníbamos, teníbais etc.

tienen un batel. ¿No tenia el tio un navío? El señor Sanchez tiene buenos bueyes. La señora Solís tiene muy bonitos sofás. Mi hermana tiene la luz y las¸despabiladeras. La abuela tiene un tintero azul. El vecino tiene muy buena voz.⁴) El potro tiene grandes piés. ¡Buenos dias, señor Aguado! ¡Buenos dias, caballero! ¿Tenia el español grandes cruces? Mi hermana tiene visita los lúnes. Nosotros tenemos muchos libros, papel, plumas y tinta. Mi amigo tiene un café. ¿Qué tienen Vds.? Tenemos sobres, obleas y tarjetas postales. Alfonso tenia una mala noche.

Tema.

Ich hatte einen Kahn. Mein Bruder hat einen Hund. Die Paſchas haben Pferde. Die Kaufleute haben Schätze. Mein Füllen hat hübſche Füße. Das Mädchen hatte einen Brief. Die Mutter hatte einige Levkojen. Der Fiſcher hat einige Aale. Die Königin hatte viele Freundinnen. Die Eltern haben ſehr gute Kinder. Hatten Sie einen Arzt? Der Kapitän hatte eine Uhr und der Arzt eine Brille. Die Freundinnen hatten Papier, Tinte, Federn, Adreßkarten und Oblaten, aber ſie hatten keine (nicht) Briefmarken. Der Kauf= mann hatte viele Uhren und ſehr große Bücher. Der Nachbar hatte hübſche Waffen. Guten Tag, Frau Martinez! Hatte das Mädchen eine gute Nacht? Hat die Schweſter die Schere? Der Schiffer hat viele Kähne. Wir haben die Briefe und die Bücher. Mein Gärtner hat eine Spinne in dem Hauſe und die Nachbarin hat viele Bienen. Was hatten Sie? (Plur.) Wir hatten Siegel= lack, Poſtkarten und Briefkouverts, aber wir hatten kein Stempelpapier.

Conversacion.

¿Tenias tú flores? — Sí señora, tenia rosas y alelíes.

¿Tiene el capitan un buque? — Sí señor, tiene un vapor y unos bateles.

¿Tienes tú las despabiladeras? — Yo no; la hermana tiene la luz y las despabiladeras.

¿Tenia el señor Vadillo un caballo? — Sí señor, tenia muchos caballos, yeguas y potros.

¿Qué ovejas tienen Vds.? — Tenemos hermosas ovejas.

¿Tenian los soldados cruces? — Sí señor, tenian y tienen cruces y muy buenas armas.

¡Buenas noches, caballero! — ¡Buenas noches, señora!

¿Tiene el hermano las plumas? — No, nosotros tenemos el

---

⁴) Der unbeſtimmte Artikel fällt im Spaniſchen oft aus.

tintero, las plumas, el papel, los sobres, las obleas y las tarjetas postales.

¿Tenia el bajá tesoros? — Tenia palacios y grandes tesoros.
¿No teníamos nosotros abejas? — Sí, teníamos abejas, aves y flores.
¿No tenia el médico un lápiz? — El médico tenia muchos lápices.
¿Tenia el capitan un caballo? — No señor, no tenia caballo, pero tenia un buque y muchos bateles.
¿Qué tenia el tio en la hacienda? — Tenia bueyes, ovejas, caballos y perros.
¿Tiene la abuela visita los mártes? — Sí señora, tiene visita los lúnes y los mártes.
¡Buenas noches, señores! — ¡Buenas noches, caballero!

5. Lektion. Leccion quinta.

Die Deklination. La declinacion.

Der Spanier bildet seine Deklination nicht durch Umgestaltung (Flexion) des Haupt=, Eigenschafts= und Geschlechtswortes 2c., wie der Deutsche, sondern es werden die Biegungsfälle durch Vorwörter gebildet, der Genitiv mit de, der Dativ mit á. Mit dem bestimmten Artikel el verschmelzen diese des Wohlklanges wegen in del und al; z. B.

Singular. Einzahl.

Masculino.		Femenino.
Nominativo.	el árbol der Baum,	la madre die Mutter,
Genitivo.	del árbol des Baumes,	de la madre der Mutter,
Dativo.	al árbol dem Baume,	á la madre der Mutter,
Acusativo.	el (al) árbol den Baum.	la (á la) madre die Mutter.

Neutro.

Nominativo.	lo bueno das Gute,
Genitivo.	de lo bueno des Guten,
Dativo.	á lo bueno dem Guten,
Acusativo.	lo bueno das Gute.

Plural. Mehrzahl.

Masculino.		Femenino.		Neutro.
Nom. los	die Väter,	las	die Mütter,	
Gen. de los	der Väter,	de las	der Mütter,	fehlt.
Dat. á los	den Vätern,	á las	den Müttern,	
Ac. los (á los)	die Väter.	las (á las)	die Mütter.	

(padres) · *(madres)*

Deklination mit unbestimmtem Artikel.

Singular.

Nom. un	ein Hund,	una	eine Rose,
Gen. de un	eines Hundes,	de una	einer Rose,
Dat. á un	einem Hunde,	á una	einer Rose,
Ac. un (á un)	einen Hund.	una (á una)	eine Rose.

(perro) · *(rosa)*

Plural.

Nom. unos	einige Männer,	unas	einige Bienen,
Gen. de unos	einiger Männer,	de unas	einiger Bienen,
Dat. á unos	einigen Männern,	á unas	einigen Bienen,
Ac. unos(á unos)	einige Männer.	unas (á unas)	einige Bienen.

(hombres) · *(abejas)*

§ 1. Eine eigentümliche Erscheinung der spanischen Sprache ist der persönliche Akkusativ. Wenn nämlich ein Substantiv, das eine Person bezeichnet, als direktes Objekt im Deutschen im Akkusativ steht, so wird im Spanischen die Dativform gebraucht; z. B.

El padre ama al hijo (statt el hijo).	Der Vater liebt den Sohn.
La hija ama á la abuela (statt la abuela).	Die Tochter liebt die Großmutter.

Dagegen:

El padre ama la paz.	Der Vater liebt den Frieden.
Yo veo la mar y el palacio.	Ich sehe das Meer und den Palast.

§ 2. Wendet man den persönlichen Akkusativ bei Tieren oder gar leblosen Dingen an, so werden dieselben dadurch gleichsam personifiziert; z. B.

El niño pega al perro.	Der Knabe schlägt den Hund.
El perro muerde á la oveja.	Der Hund beißt das Schaf.

§ 3. Nach dem Zeitwort **tener** (haben, besitzen) kommt der persönliche Akkusativ nie in Anwendung; z. B.

Tengo un padre, un hijo y una mujer.	Ich habe einen Vater, einen Sohn und eine Frau.

(Also nicht: tengo á un padre, á un hijo etc.)

§ 4. Der persönliche Akkusativ wird auch weggelassen, wenn das Objekt des Satzes in einem ganz allgemeinen Sinne aufzufassen ist; z. B.

Busco un criado y una cocinera.	Ich suche einen Knecht und eine Köchin.
Busco discípulos.	Ich suche Schüler.

Dagegen:

Busco á un criado, á una cocinera, á un discipulo.	Ich suche einen (bestimmten) Knecht, eine Köchin, einen Schüler.

Vocablos.

El amo der Herr, Gebieter,	amado geliebt,
el batallon das Bataillon,	comprado gekauft,
el criado der Knecht,	conocido gekannt, erkannt,
el discípulo der Schüler,	dado gegeben,
el hombre der Mensch, Mann,	oido gehört,
el pájaro der Vogel,	perdido verloren,
el primo der Vetter,	tenido gehabt,
la cocinera die Köchin,	visto gesehen,
la mujer die Frau, das Weib,	pobre arm,
la plaza der Platz, Marktplatz,	rico reich,
la puerta die Thüre, das Thor,	ayer gestern,
la sal das Salz,	anteayer oder ántes de ayer vorgestern.

su { sein, seine, ihr, ihre¹),	sus { seine, ihre,
este, esta dieser, diese,	estos, estas diese,
aquel, aquella jener, jene,	aquellos, aquellas jene,
es ist,	son sind,

él, ella ama er, sie liebt, ellos, ellas aman sie lieben.

Haber, haben.²) (Hilfsverb.)

Yo he²) ich habe,	nosotros-as hemos wir haben,
tú has du hast,	vosotros-as habeis ihr habt,
él, ella } ha er, sie hat, Vd. } Sie haben,	ellos-as } han sie haben, Vds. } Sie haben.

Ejercicio.

He visto ayer al primo del mercader. Yo tenia los libros y las cartas de aquel señor español. Hemos visto al señor Castelar y á

---

¹) Su, sus, este, aquel etc. werden ebenfalls mit de und á dekliniert.
²) Haber ist vorläufig nur für zusammengesetzte Zeiten zu gebrauchen; z. B. he tenido ich habe gehabt, hemos visto wir haben gesehen. Das mit haber konjugierte Partizip bleibt stets unverändert und darf nicht von haber getrennt werden; z. B. él, ella, Vd. ha tenido; ellos, ellas, Vds. han visto, oder ¿ha tenido él, ella, Vd.? etc., aber ja nicht: ¿ha él visto, oder han Vds. dado? etc. (L. 13. § 4. NB.).

la señora Sanchez. Mi hermana ha perdido ayer mártes el tintero azul del ama. Este palacio es muy bonito, pero esta puerta es muy fea. ¿Qué ha dado Vd. á los padres del soldado? Los bajáes han comprado los caballos de los mercaderes ingleses. Hemos oido la voz de un pájaro. La mujer del médico ha visto una araña en mi casa. ¿No es azul el papel de esta carta? Este pobre niño no ha conocido á sus padres. La cocinera de la reina ha tenido las tijeras de mi hermana. María tiene en el jardin de su madre muchas y bonitas rosas. La hija del pescador ama á los niños de este barquero. Hemos visto en el café frances al rey de Portugal. ¿Han visto Vds. al pobre capitan? La jardinera ha dado á mi niña estos alelíes y unas rosas. Este caballero rico ha dado un batel al pobre pescador (L. 17.⁴). Mis padres han conocido á la madre de aquella mujer. ¿Habeis visto al señor Aguado? El jardinero del rey ha visto aquellas bonitas flores. Los soldados aman al capitan. El perro de este hombre ha tenido muchos amos. La abuela de este muchacho es muy rica. El águila es la reina de las aves. ¿Ha visto Vd. á la cocinera del vecino?

Tema.

Die Kinder des Vetters haben die Bücher und das Tintenfaß des Großvaters. Ich hatte die Vögel der Gärtnerin. Du hast dem Kapitän den Brief gegeben. Wir haben das Dampfschiff des Königs gesehen. Diese Frau liebt das Gute und das Schöne. Die Schwestern des Schiffers haben die Haushälterin dieses Herrn gekannt. Dieser Hauptmann ist der Kommandant (comandante) des linken Flügels jenes Bataillons. Die Tinte jener Schülerinnen ist nicht blau. Haben Sie diesem Knaben jene hübschen Federn und Bleistifte gegeben? Habt ihr die Brille jenes Mannes? Wir haben den Hut des Pascha gesehen. Einige Herren haben den Hilferuf dieser armen Frauen gehört. Jene Fischer haben große Aale. Das Wasser des Meeres hat viel Salz. Der König hat dem Kapitän jene Flinte und jenes Fernrohr gegeben. Ich habe die Stute des Nachbars gesehen. Der Vetter meines Onkels hat die Füllen des Herrn Arguefo gekauft; er ist sehr reich.

Conversacion.

¿Qué has visto tú ayer? — He visto el águila del señor Sanchez.

¿Tiene aquella mujer niños? — Sí señor, tiene un niño y una niña.

¿Tiene el señor Soto grandes tesoros? — No señor, no tiene tesoros, pero su hacienda es muy grande.

2*

¿Ha visto el rey las altas torres de esta ciudad? — Sí señor, el rey y la reina han visto los palacios, las torres y las plazas.

¿Qué tenia la prima del mercader? — Tenia lápices, plumas, papel, tinta, lacre, sobres y tarjetas postales.

¿Qué ha oido esta muchacha? — Ha oido las voces de aquellos pobres.

¿Qué ha comprado el hijo del capitan? — Ha comprado un sombrero y una escopeta.

¿Qué ha dado la señora á aquel muchacho? — La señora ha dado á aquel muchacho su tintero y sus plumas.

¿Qué teníamos el lúnes? — Teníamos la visita de unos caballeros franceses y de la señora alemana.

¿Qué ha visto el niño de aquella mujer? — Ha visto criados, ovejas, bueyes, caballos, aves y abejas.

¿Qué han comprado los hermanos en la ciudad? — Han comprado un reloj y muchos libros.

¿Es grande el palacio? — Sí señor, el palacio es muy grande.

¡Antonio! ¿Qué ha perdido Vd. en el jardin el lúnes? — He perdido el reloj y los anteojos de mi tio.

6. Lektion. Leccion sesta.

Das Hauptwort ohne Artikel. El substantivo sin artículo.

§ 1. Der Spanier wie der Deutsche setzt keinen Artikel:

a) Bei Eigennamen (nombres propios), wenn diese ohne Adjektiv stehen; z. B.

Nom.	Enrique	Heinrich,	la buena Teresa die gute Therese,
Gen.	de Enrique	Heinrichs,	de la buena Teresa der guten Therese,
Dat.	á Enrique dem Heinrich,		á la buena Teresa der guten Therese,
Ac.	(á) Enrique	Heinrich,	la (á la) buena Teresa die gute Therese.

Eine Ausnahme bildet das Adjektiv santo, heilig; z. B.

Santo Tomás y Santa Teresa der heilige Thomas und die heilige Therese ꝛc.

b) Wenn von einer unbestimmten Anzahl, Masse oder Ge=
wicht teilbarer Gegenstände (partitivos) die Rede ist; z. B.

Tengo pan, vino, queso, carne ich habe Brot, Wein, Käse, Fleisch, oder:
Tengo poco pan wenig Brot, mucho vino viel Wein, bastante queso genug
Käse, buena carne gutes Fleisch.

§ 2. Gegenstände, die nicht zerlegbar sind, ohne ihren Cha=
rakter zu verlieren, erscheinen im gegebenen Falle entweder in der Mehr=
zahl ohne Artikel, oder aber in der Einzahl mit unbestimmtem
Artikel, also genau wie im Deutschen; z. B.

Tengo flores, libros, plumas y caballos. oder	Ich habe Blumen, Bücher, Federn und Pferde.
Tengo una flor, un libro, un caballo, una pluma.	Ich habe eine Blume, ein Buch, ein Pferd, eine Feder.

§ 3. Wird jedoch das betreffende Hauptwort von einem Haupt=,
Zeit= oder Eigenschaftswort regiert, dann wird de gesetzt (vide L. 24²);
z. B.

Un vaso de vino ein Glas Wein.	Unas tazas de café einige Tassen Kaffee.
Un pedazo de pan ein Stück Brot.	Cargado de libros mit Büchern beladen.
Un poco de carne ein wenig Fleisch.	Vestido de pobre als Armer gekleidet.
Un si es no es de queso ein bißchen, ein klein wenig Käse.	Ciego de cólera blind vor Zorn.
Unos vasos de agua einige Gläser Wasser.	Digno de compasion des Mitleids würdig.
	Lleno de agua voll Wasser.

§ 4. Die zusammengesetzten deutschen Hauptwörter, sowie die Stoff=
und Nationaladjektive werden ebenfalls mit de umschrieben; z. B.

El maestro de escuela der Schulmeister.	El arca de hierro die eiserne Geldkiste.
El profesor de lenguas der Sprachlehrer.	Vino de España spanischer Wein.
Un buque de vela ein Segelschiff.	Seda de Italia italienische Seide.
El título de doctor der Doktortitel.	Acero de América amerikanischer Stahl.
Un reloj de oro eine goldene Uhr.	Un pájaro de canto ein Singvogel.

§ 5. De haben auch die Namen der Städte, Provinzen und Könige=
reiche, wenn die Wörter ciudad, provincia (Provinz) oder reino (König=
reich) vorangehen; z. B.

La ciudad de Sevilla, la provincia de Ávila, el reino de Portugal,
la ciudad (villa) de Madrid (Madrid führt den Titel „villa", eigentlich Dorf,
Flecken).

§ 6. Die Namen der Länder stehen gewöhnlich ohne Artikel; mit
Artikel dagegen immer, wenn das betreffende Land als Nation, als
Staat aufzufassen ist; z. B.

Juan es de Alemania, y su mujer de Inglaterra.	Johann ist aus Deutschland und seine Frau aus England.
El suelo de España es muy fértil.	Der Boden Spaniens ist sehr fruchtbar.
La situacion de Francia es muy favorable al comercio.	Die geographische Lage Frankreichs ist für den Handel sehr günstig.

Dagegen:

La situacion de la España es poco satisfactoria.	Die politische Lage Spaniens ist wenig befriedigend.
Los esfuerzos de la Rusia y de la Turquía son grandes.	Die Anstrengungen Rußlands und der Türkei sind groß.

§ 7. Folgende Städte= und Ländernamen stehen meistens mit Artikel.

El Brasil Brasilien,	La China China,
el Canadá Canada,	la Coruña Corunna,
el Ferrol Ferrol,	la Flórida Florida,
el Indostan Hindostan,	la Gran Bretaña Großbritanien,
el Japon Japan,	la Habana Havana,
el Paraguay Paraguay,	la Jamaica Jamaika,
el Perú Peru,	la Mancha die Mancha,
el Tirol Tirol.	la Suiza die Schweiz.

z. B.

Pedro es del Tirol, pero su señora es de la Suiza.	Peter ist aus Tirol, aber seine Frau ist aus der Schweiz.

Um nun die politische Lage obiger Länder von der geographischen zu unterscheiden, werden die Abjektive **político** oder **geográfico** beigefügt; z. B.

La situacion política del Canadá es satisfactoria, pero su situacion geográfica es poco favorable al comercio.	Die politische Lage von Canada ist befriedigend, aber seine geographische Lage ist wenig günstig für den Handel.

§ 8. Der im Deutschen voranstehende Genitiv des Besitzes steht im Spanischen, wie in andern romanischen Sprachen, immer nach; z. B. Karls Flinte la escopeta de Carlos; Heinrichs Pferd el caballo de Enrique; Marias Buch el libro de María etc. (L. 39 § 4).

Vocablos.

Don[1]) Herr,	Cataluña Katalonien,
Doña Frau, auch Fräulein[1]),	el comerciante der Kaufmann,
Emilio Emil,	el convento (monasterio) das Kloster,
Fernando Ferdinand,	el esfuerzo die Anstrengung,

---

[1]) Don und Doña sind Titel bei der Anrede, nur vor Taufnamen und stets ohne Artikel zu gebrauchen. (L. 45 § 1 h.)

el hierro das Eisen,
el limon die Zitrone,
el molino die Mühle,
el pollo das Küchlein, junge Huhn,
   (Herrchen),
el oro das Gold,
el suelo der Boden,
el trigo das Korn, Getreide,
el viento der Wind,
la aceituna die Olive,
la botella die Flasche,
la cadena die Kette,
la capital die Hauptstadt,
la carne das Fleisch,
la cólera der Zorn,
la colonia die Kolonie,
la escuela die Schule,
la fruta das Obst,
la granada der Granatapfel,
la guerra der Krieg,
la iglesia die Kirche,
la leche die Milch,
la lengua die Zunge, Sprache,
la manteca die Butter,
la naranja die Orange,

la patria das Vaterland,
una vez ein mal,
declarado erklärt, deklariert,
fundado be= und gegründet,
honesto ehrbar, sittsam,
honrado geehrt, ehrenwert, ehrlich,
instruido gebildet, gelehrt,
llegó kam an,
produce erzeugt,
se llama heißt,
á la vez zugleich,
barato-a billig,
bastante ziemlich viel, genug,
bastante lleno ziemlich voll, voll genug,
caro-a teuer,
con mit, durch,
otro-a ein andrer, eine andre,
otros-as andre,
poco-a wenig,
propio-a eigen,
¿quién wer?
¿cómo wie?
porque weil, denn,
¿porqué warum?

Ejercicio.

Tengo una botella de vino y un pedazo de pan. El pan de Mingoria es muy bueno. Mi hermano ha dado un pájaro á Maria. El señor Aguado tiene una casa y grandes jardines en la ciudad de Ávila. Don Emilio Castelar es un caballero muy instruido y muy honrado. Doña Blanca es la hija de Don Fernando García. La buena Teresa tenía una escuela de niños. Santo Tomás y Santa Teresa han fundado muchos conventos en las provincias de Ávila, Salamanca y Segovia. Yo tengo pan, bastante queso y un vaso de leche. La Rusia ha declarado la guerra á la Turquía. Este pobre maestro de escuela es digno de compasion. El buque llegó cargado de naranjas, limones, aceitunas, granadas y otras frutas. Fernando tenia una cadena de oro. He comprado unas plumas de acero y unos sellos de correo. Las plumas de oro no son baratas, pero muy buenas. Yo he visto los molinos de viento en la Mancha, patria de Don Quijote. Zurich tenia torres muy feas. Aquel señor tenia un comercio de seda. El jardinero del vecino ha dado al pobre soldado unas aceitunas, un pedazo de pan 'y una botella de vino. El barquero tiene buenas y grandes cadenas de hierro. Hemos visto al capitan muchas veces en el jardin de Enrique. El reloj de Don Fernando es muy bonito y bastante barato. La Rusia ha comprado muchos buques de guerra. Petersburgo es la capital de Rusia. Cataluña y la Mancha son provincias de España muy fértiles.

Tema.

Mein Bruder hat (dem) Heinrich eine amerikanische Flinte gegeben. Der Kapitän langte an mit einem Schiffe voll spanischer Orangen, Zitronen und Oliven. Die Tochter des Herrn Ferdinand Garcia ist des Mitleids würdig. Der heilige Thomas hat ein Kloster in jener Stadt gegründet. Der arme Schullehrer hat viele Kinder und wenig Brot. Die Mancha ist eine spanische Provinz. Der Sprachlehrer hat viele Schüler und Schülerinnen. Die spanischen und portugiesischen Früchte sind sehr gut. Der Fischer hat ein Stück Brot, ein bißchen Käse und ein Glas Milch. Dieser Handelsmann hat Uhren, Ketten und Brillen. Der König hat dem Kapitän jenes Segelschiff gegeben. Madrid ist die Hauptstadt Spaniens. Mein Oheim hat ein Besitztum in der Havana. Die (politische) Lage Spaniens ist nicht sehr befriedigend. Die chinesische Seide ist sehr gut. Die Schweiz erzeugt Milch, Butter, Käse und ein wenig Getreide. Die Anstrengungen der Schiffer sind groß. Die Orangen und die Zitronen sind schöne Früchte. Dieser Kirchturm ist hoch und schön. Mein Freund ist Professor und hat den Doktortitel. Die Lage (geographische) Spaniens ist für den Handel sehr günstig. Jener Sprachlehrer ist nicht reich, aber sehr gelehrt. Der Kruppsche Stahl ist sehr gut. Der spanische Boden ist sehr fruchtbar und das Brot ist ziemlich billig.

Conversacion.

¿Quién es digno de compasion? — Aquel pobre maestro de escuela.

¿Y porqué? — Porque tiene muchos hijos y no tiene pan.

¿Tiene Vd. el sombrero de Carlos? — Yo no, yo tengo el sombrero de Emilio.

¿Qué has comprado tú en París? — He comprado un reloj y una cadena de oro.

¿Habeis visto los molinos de viento de la Mancha? — No señor, pero hemos visto molinos de viento en la Normandia.

¿Quién ha visto á Don Fernando Garcia? — Yo he visto á Don Fernando muchas veces en su casa.

¿No es barata la casa que hemos comprado? — Sí señor, es bastante barata y á la vez bonita.

¿Cómo se llama la patria de Don Quijote? — La patria de Don Quijote es la Mancha.

¿Cómo es la situacion de la Francia? — No es muy satisfactoria.

¿Quién ha dado al niño estas naranjas? — Mi amigo Don Emilio llegó ayer, y ha dado á los niños estas naranjas y otras frutas.

¿Qué tenia Enrique ayer? — Tenia un pedazo de pan, un poco de leche y un si es no es de manteca, pero bastante queso.

¿Quién es Don Emilio Castelar? — Es un caballero muy honrado de Madrid.

¿Y quién es Doña Blanca? — Es la mujer de Don Carlos.

¿Cómo se llama la capital de Rusia? — Se llama Petersburgo

¿Quién ha fundado los conventos de Ávila y de Salamanca? — Santo Tomás y Santa Teresa.

¿Cómo se llaman estas frutas? — Estas son naranjas, estos limones y aquellas otras son aceitunas.

¿Produce naranjas la Suiza? — No señor, la Suiza produce leche, manteca, queso, bastante vino, y un poco de trigo.

¿Quién ha declarado la guerra? — La Rusia ha declarado la guerra á la Turquía.

¿Quién es aquel señor? — Es un caballero muy rico de América.

---

7. Lektion. Leccion sétima.

Modifikation des Hauptwortes. Modificaciones del substantivo.

Die spanische Sprache vermag durch Anhängen gewisser Endsilben an das Hauptwort (oder Eigenschaftswort) dasselbe so zu modifizieren, daß es im Begriffe größer oder kleiner, ansehnlich oder verächtlich, ja sogar ganz andrer Bedeutung wird.

§ 1. Endigt das betreffende Wort mit Konsonant, so wird die Modifikationssilbe bloß angehängt; endigt es auf einen Vokal, so wird derselbe vorerst elidiert.

§ 2. Die gebräuchlichsten Vergrößerungssilben (aumentativos) sind: on, azo, ote für das männliche, ona, aza, ota für das weibliche Geschlecht; z. B.

Un hombre — hombron —hombrazo,	ein großer, gewaltiger Mann.
Una mujer — mujerona —mujeróta,	eine sehr große, dicke Frau.
Un animal — animalazo —animalote,	ein großes, plumpes Tier.

In „hombrote, mujeraza, mujerota und animalote" liegt gleichzeitig eine gewisse Mißachtung.

§ 3. Wird azo dem Namen eines Instrumentes ꝛc. angehängt, so wird dadurch die Wirkung desselben bezeichnet; das so neugebildete Wort ist immer männlich; z. B.

El fusil das Gewehr,	el fusilazo der Gewehrschuß.
La escopeta die Flinte,	el escopetazo der Flintenschuß.
El cañon die Kanone,	el cañonazo der Kanonenschuß.
La botella die Flasche,	el botellazo der Schlag mit einer Flasche.
La naranja die Orange,	un naranjazo ein Wurf mit einer Orange.
Un martillo ein Hammer,	un martillazo ein Hammerschlag.
El cuchillo das Messer,	un cuchillazo ein Messerstich.

NB. Einigen Wörtern wird die Endsilbe ada angehängt, und sind diese Neubildungen alsdann weiblich.

El cencerro die Schelle,	la cencerrada die Katzenmusik.
El puñal der Dolch,	la puñalada der Dolchstich.
La nieve der Schnee,	la nevada oder el nevazo der Schneefall.
La piedra der Stein,	la pedrada der Steinwurf.
La palma die flache Hand, die Palme,	la palmada der Schlag mit der flachen Hand, auch Händeklatschen.

§ 4. Die gebräuchlichsten Verkleinerungssilben (diminutivos) sind: ito, illo, ejo (m.) und ita, illa, eja (f.).

Neben dem sehr Kleinen bezeichnet ito-a, illo-a das jugendlich Niedliche; ejo-a dagegen hat einen Nebenbegriff des Verächtlichen; z. B.

Señor[1]) Herr, señorito Herrchen, junger Herr; Señora Frau, señorita[1]) Fräulein; Fernando Ferdinand, Fernandito, Fernandillo Ferdinandchen; Teresa, Teresita; Santo, Santito, etc.; amigo, amiguito,[2]) manteca Butter, Schmalz, mantequilla[2]) frische Butter; perro, perr(in)ito-illo sehr nettes, niedliches Hündchen.

---

[1]) In der Anrede ohne, sonst mit Artikel gebraucht.

[2]) Um den ursprünglichen Laut zu behalten, verwandelt sich c in qu, g in gu und z in c; z. B. vaca, vaquero Viehhirt; bodega, bodeguero Kellermeister.

Dagegen:

Libro Buch, un librejo ein schlechtes Buch; batel Kahn, un batelejo ein schlechter Kahn ꝛc.

§ 5. Die Namen von Handwerkern und Künstlern werden oft von den Namen der Dinge abgeleitet, mit welchen sie sich beschäftigen, indem auf gleiche Weise, wie bei § 1 die Silbe **cro, cra** angehängt wird; z. B.

Jardin, jardinero-a Gärtner=in.
Reloj, relojero-a Uhrmacher=in.
Carta, cartero-a Briefträger=in.
Batel, batelero-a Kahnführer=in.
Barco, barquero-a²) Schiffer=in.
Leche, lechero-a Milchhändler=in.
Caja, cajero-a Kassierer, Kasten=macher=in.
Arca, arquero-a²) Kassierer=in am Staatshaushalt.

Libro, librero-a Buchhändler=in.
Naranja, naranjero-a Orangenhänd=ler=in. [in.
Limon, limonero-a Zitronenhändler=
Guerra, guerrero-a Krieger=in.
Casa, casero-a Hausherr=in.
Niño, niñera Kindermädchen.
Sombrero, sombrerero-a Hutmacher=in.
Caballo, caballero Reiter, Ritter und (mein) Herr.

§ 6. Auf gleiche Weise werden viele Namen von Gefäßen und Be=hältern von der Benennung ihres gewöhnlichen Inhaltes abgeleitet; z. B.

La tinta, el tintero das Tintenfaß.
La fruta, el frutero der Obstkorb, Obsthändler.
El azúcar, el azucarero die Zuckerdose.
La sal, el salero das Salzfaß.
La carta, la cartera die Brieftasche.
El perro, la perrera der Hundestall.

El sombrero, la sombrerera die Hut=schachtel.
La sopa, la sopera die Suppen=schüssel.
El aceite, la aceitera die Ölflasche.
El vinagre, la vinagrera die Essig=flasche.

NB. Einsilbige Wörter oder solche, die durch die Elision einsilbig wurden, nehmen oft die diminutivos-**ecito, ecillo, ecico** und **ezuelo** zu sich; z. B. el pez²) Fisch, el pececito, pececillo, pecezuelo das Fischchen. La luz²) das Licht, la lucecita, luce-cilla das Lichtchen. La flor die Blume, florecita, florecilla das Blümchen. El rey der König, reyecito — ecillo — ezuelo der Zaunkönig. El barco der Kahn, barque-cito — ecillo — ezuelo das Kähnchen. El hombre der Mann, hombrecito — ecillo — ezuelo das Männlein. El pobre der Arme, pobrecito — ecillo — ezuelo der arme Teufel. Grande groß, grandecito — ecillo ziemlich groß.

Von den diminutivos können wieder andre gebildet werden, was wir im Deutschen ohne Umschreibung nicht auszudrücken vermögen; z. B. chico klein, chiquito, un chiquillo, chiquillito, chiquitillo, un chiquitito, chiquiritin, chiquiritito, chiquiri-tillo, chiquiritiluelo etc., ein wunderniedlich kleiner, schöner Junge, Vogel ꝛc. — Es werden sogar von den aumentativos diminutivos gebildet, um eine Liebkosung auszudrücken; z. B. picaro du kleiner Schelm! picaron du großer kleiner Schelm! picaroncillo du allerliebster kleiner Schelm! picaronzuelo du schlimmer kleiner Kerl du! Alles Nähere ergibt sich bei aufmerksamer Lektüre, doch ist dem Anfänger Vorsicht zu empfehlen, da sich die Endsilben nicht willkürlich anhängen lassen, so z. B. sind Tere-silla, amiguillo, perrejo, caseja etc. nicht gebräuchlich.

Vocablos.

Juan-a Johann-a,
Pablo Paul,
el dinero das Geld,
el elefante der Elefant,
el ganado das Vieh, die Herde,
el guante der Handschuh,
el platero der Goldschmied,
el toro der Stier,
el viaje die Reise,
el vidrio das Glas,
el zapato der Schuh,
la barba der Bart,
la bodega der Weinkeller,

la camisa das Hemd,
la campana die Glocke,
la cocina die Küche,
la cuadra der Stall,
la mañana der Morgen,
la plata das Silber,
la sarten die Pfanne,
la vaca die Kuh,
entrado eingetreten,
vendido verkauft,
pequeño[3]) klein,
chico[3]) nieblich, klein,
para für, zu gunsten, um.

Ejercicio.

La señorita Emilia tiene muchos pajarillos. Mi tia ha comprado un perrito muy pequeñito para sus niños. Doña Juana tiene un relojito de plata. La vecina del sombrerero ha perdido una cadenita de oro. La señorita ha dado la sopera á la cocinera. El elefante es un animalazo muy bueno. Hemos oido esta tarde cañonazos y fusilazos. El molinero ha dado un botellazo al cartero. La cocinera ha vendido unas sartenejas, y ha comprado un botellon para el agua. La niñera de mi prima es una muchachita muy honrada. El barquero llegó ayer con un buque de vela cargado de trigo. Esta mujeraza tiene una lengua muy mala. La hija del vecino tiene un relojito muy pequeñito de oro. El platero ha vendido unas campanillas de plata. El vidriero ha entrado esta mañana en casa[4]) de Don Pedro. Mi barbero tiene bastante dinero, y ha comprado una casita pequeñita. Este viajero llegó esta mañana de París. El ganadero tiene caballos, vacas, bueyes y toros en su cuadra. El zapatero tiene una bodega como un comerciante de vinos. Cúchares, el Tato y Calderon son toreros muy conocidos. Don Federico es el guantero, Don Pablo el bodeguero, Don Juan el camisero y Don

---

³) Mehrere Adjektive nehmen, wie die Substantive, aumentativos und diminutivos zu sich; z. B. poco wenig, poquito sehr wenig; pequeño klein, pequeñito sehr klein; grande groß, grandote sehr groß, grandecito ziemlich groß; feo häßlich, feon sehr häßlich, feote abscheulich.
⁴) Bei casa und palacio fällt der Artikel gewöhnlich aus, wenn diese näher bezeichnet werden (L. 45 § 2 e).

Fernando el barbero del rey. Mi abuelita ha vendido su salero
y la vinagrera de plata. El barbero y el zapatero son los amigotes
del barquero. Los padres de mi casero tienen un palacio en Murcia. El librero tiene muchos libros ingleses y franceses.

Tema.

Die Obsthändlerin hat sehr kleine Orangen. Der Hembenmacher und
der Handschuhmacher sind sehr reich. Hast du die goldene Zuckerbose der
Königin gesehen? Die Milchhändler haben gestern schlechte Milch verkauft.
Diese Reisenden haben schöne Kreuze in Sevilla gekauft. Mein Vetter hat
dem Kassierer des Kaufmanns viel Geld gegeben. Das Gläschen des kleinen
Knaben ist blau. Der Glaser hat die Stimme jenes (verkommenen) Mannes
erkannt. Der große Hund jenes Hundestalles ist ein sehr häßliches Tier.
Dieser Herr hat Röschen, Levkojen und andre Blumen für seine Kinder gekauft. Der Viehbesitzer hat Pferde, Füllen, Stiere, Ochsen, Kühe und Schafe.
Mein Oheim hat sein Geld und sein Besitztum durch den Krieg verloren.
Der Schuhmacher, der Goldschmied, der Hutmacher und der Hembenmacher
haben Mitleid mit den Armen. Der Zitronenhändler ist ein (stämmiger) Mann
und seine Frau ist sehr klein. Hänschen hat seinen Vater im Garten nicht gesehen. Gestern haben wir die Kanonen- und die Gewehrschüsse der Franzosen
gehört. Das Hündchen der Buchhändlerin ist hübsch, aber es ist sehr böse.
Die ersten Stierfechter Spaniens sind Cúchares, el Tato und Calderon. Wir
haben das Bäumchen meiner kleinen Schwester gesehen. Meine Haushälterin
hatte schlechte Pfannen aus Eisen in ihrer Küche. Dieses Herrchen hat ein
eigenes Pferdchen im Stall. Die Spinne und die Biene sind kleine Tierchen.
Der Glöckner hat seine Wohnung im Kirchturm. Die Frau des Doktors ist
sehr häßlich, aber sehr gebildet. Meine Freundin hat diesen Morgen ein
Uhrchen und ein goldenes Kettchen für ihre Mutter gekauft.

Conversacion.

¿Quién es aquel señor? — Es Don Francisco, (un) [L. 45 § 3]
ganadero muy rico de Ávila.

¿Cómo es la situacion de aquella mujer? — Es muy digna de
compasion, porque no tiene dinero, y sus niños tienen hambre.

¿No ama Juan á su vecinita? — Sí señor, la señorita Teresa
es su primita.

¿No son baratas estas cadenitas de plata? — No señor, pero
estas tijeritas son muy baratas.

¿Quién ha entrado en la casita del pescador? — Juan, el hijo
del vaquero.

¿Qué tiene la prima del maestro de escuela en la mano? —
Tiene unas naranjitas y el azucarero.

¿Ha visto Vd. el águila del campanero? — No señor, pero he visto su pajarera, llena de pajaritos y una campanita de plata. ¿Qué ha vendido la jardinera? — Ha vendido rositas, limones y aceitunas. ¿Tiene el barbero muchos hijos? — No señor, tiene un niño y una niña pequeñita. ¿Ha visto Don Enrique á Pedro el vidriero? — Sí señor, Don Enrique ha visto á su amigo ayer. ¿Cómo se llama este animalote? — Oh, este animalote (ober animalazo) es un elefante. ¿Quién ha comprado las casas de Don Fernando? — Don Pedro, el capitan, y su hermano, Don Federico. ¿Tiene el cajero del mercader casa propia? — Sí señor, tiene una casita muy bonita y un jardin bastante grande. ¿Para quién son estas camisas, estos zapatos y este dinero? — Son para los hijos del bodeguero de Don Juan. ¿Qué produce la España? — La España produce limones, naranjas, aceitunas, granadas, trigo y mucho vino. ¿De quién son estas ovejas, estas vacas y aquellos caballos? — Este ganado es del señor Don Pedro Hernandez, el ganadero. ¿Qué ha comprado la zapatera? — Ha comprado pan, vino, queso, carne, sal, manteca, aceite y vinagre.

8. Lektion. Leccion octava.

Das Beiwort. El adjetivo.

Das Beiwort bezeichnet die nähern Umstände, Verhältnisse und die Eigenschaften eines Hauptwortes. Wir unterscheiden daher zwei Arten Beiwörter, nämlich:

1) Bestimmungswörter (adjetivos determinativos) und
2) Eigenschaftswörter (adjetivos calificativos) (vid. L. 17).

Los adjetivos determinativos.

Die Bestimmungswörter stehen immer beim Hauptwort, welches sie näher bezeichnen, und werden in fünf Klassen eingeteilt:

a) Adjectivos demostrativos hinweisende Bestimmungswörter,
b) „ interrogativos fragende „
c) „ posesivos besitzanzeigende „
d) „ indefinidos unbestimmt lassende „ und
e) „ numerales Zahlwörter.

a) Adjetivos demostrativos.

§ 1. Die hinweisenden Bestimmungswörter deklinieren mit de und á; alleinstehend, d. h. ohne Hauptwort gebraucht, sind es Fürwörter (videL.22.).

Singular.	Plural.
Este, esta, esto dieser, diese, dieses hier,	estos, estas diese,
ese, esa, eso { dieser, diese, dieses da, dort, jener, jene, jenes da, dort,	esos, esas { diese da, dort, jene da, dort,
aquel, aquella, aquello jener, jene, jenes,	aquellos, aquellas jene.

Este bezieht sich auf einen Gegenstand, welcher sich in der Nähe des Sprechenden befindet; z. B.

Este hombre, esta rosa, estos zapatos dieser — hier.

Ese weist auf einen Gegenstand hin, welcher dem Angesprochenen am nächsten liegt (in Briefen: auf dortigem Platz); z. B.

Ese libro dieses Buch da (das in Ihrer Nähe liegt).
Esa ciudad jene Stadt (in der Sie wohnen) 2c.

Aquel bezieht sich auf einen Gegenstand, welcher sowohl von dem Sprechenden als von dem Angesprochenen entfernt ist; z. B.

Aquel árbol,	jener Baum,
aquella mujer,	jene Frau,
aquellos pájaros,	jene Vögel,
aquellas casas,	jene Häuser.

§ 2. Die neutralen Formen **esto, eso** und **aquello** dieses, jenes, werden nur als Fürwörter gebraucht (L. 22); z. B.

¿Ha comprado Vd. eso?	Haben Sie das gekauft (das Ding da)?
No he comprado esto, sinó aquello.	Ich habe nicht dieses, sondern jenes gekauft.

§ 3. Das Adjektiv **mismo-a** gleich, selbst richtet sich in Geschlecht und Zahl nach dem Substantiv oder Fürwort, zu dem es gehört. Mit einem Artikel oder hinweisenden Bestimmungswort steht es vor dem Substantiv und bedeutet: der, die, das=selbe, — nämliche, — gleiche.

El mismo muchacho,	derselbe, der nämliche Knabe,
la misma camisa,	dasselbe, das nämliche Hemd,
este mismo torero,	dieser nämliche Stierfechter,

esa misma seda,	diese nämliche Seide (die Sie da haben),
estos mismos caballeros,	diese gleichen, dieselbigen Herren,
aquellas mismas señoras,	jene gleichen — selben Damen,
un mismo traje,	eine gleiche Kleibertracht (Kleidung),
una misma idea,	eine gleiche Idee.

Lo mismo, eso- esto- und aquello mismo sind neutrale Formen und bedeuten: das Nämliche.

§ 4. Steht jedoch **mismo-a** nach einem Haupt= oder Fürwort, so bedeutet es selbst, sogar (L. 38 § 10); z. B.

Yo mismo-a.	Ich selbst.
Ellos mismos-as.	Sie selbst ober sogar.
He visto al jardinero mismo.	Ich habe den Gärtner selbst gesehen.
He visto al mismo jardinero.	Ich habe denselben Gärtner gesehen.
Yo mismo he visto al jardinero.	Ich selbst ob. sogar habe den G. gesehen.
Nosotras mismas hemos oido las voces del mismo hombre.	Wir sogar haben den Hilferuf des nämlichen Mannes gehört.

b) Adjetivos interrogativos.

Die fragenden Bestimmungswörter deklinieren ebenfalls mit de und á, haben stets geschriebenen Accent und heißen:

Qué und cúal welcher, =e, =es,	cuánto wie viel?

§ 5. **Qué** welcher, =e, =es, was für ein, =e? ist in Geschlecht und Zahl unveränderlich; z. B.

¿Qué hombre, qué mujer y qué niños han venido?	Welcher Mann, welche Frau und welche Kinder sind gekommen?

§ 6. **Qué** ist auch ausrufend; z. B.

¡Qué campana! qué toro!	Welche Glocke! was für ein Stier!
¡Qué mujeraza!	Was für ein Weib!

Folgt aber auf das Hauptwort noch ein Eigenschaftswort, so wird vor letzteres „tan", abgekürzt von tanto (L. 10) „so sehr" gesetzt; z. B.

¡Qué niña tan bonita!	Welch schönes Mädchen!
¡Qué casita tan pequeñita!	Welch kleines Häuschen!
¡Qué letra tan mala!	Welch schlechte Schrift!

§ 7. Der in Lektion 5 § 1 erwähnte persönliche Akkusativ findet bei **qué** keine Anwendung; man sagt also nicht:

¿Á qué soldados has visto?	Was für, welche Soldaten hast du
sondern ¿qué soldados has visto?	gesehen?

NB. Das ohne Accent geschriebene que welcher, =e, =es ist Relativ=Pronomen (vid. L. 23); z. B.

¿Qué caballo has comprado?
He comprado el[1]) que has visto ayer en la plaza.

Welches Pferd hast du gekauft?
Ich habe dasjenige gekauft, welches du gestern auf dem Platze gesehen hast.

§ 8. **Cuál-es** welcher, =e, =es, was für ein, ꝛc.? ist für beide Ge= schlechter gleich und kommt hauptsächlich zur Anwendung, wenn eine Auswahl zu treffen ist; z. B.

¿Cuál rosa, cuál hombre, cuáles libros?

Was für eine Rose, was für ein Mann, was für Bücher?

Cuál wird jedoch meistens alleinstehend, d. h. als fragendes Für= wort, gebraucht; z. B.

Don Juan ha vendido unos caballos. ¿Cuáles? welche?
Emilio ama á su tio. ¿Á cuál? welchen?
Das fragende Fürwort ¿Qué was? (vid. L. 22 § 5).

§ 9. **Cuánto-a-os-as** wie viel=e? z. B.

¿Cuánto dinero y cuántas alhajas tienes?

Wie viel Geld und wie viel Schmuck hast du?

Dem „**cuánto** wie viel", entspricht tanto-a-os-as soviel, ebensoviel; beide sind gleichzeitig ausrufend; z. B.

¡Cuántos niños, cuántas luces!
¡Tántos niños, tántas luces!

Wieviele Kinder, wieviel Lichter!
Soviele Kinder, soviel Lichter! (v. L. 10.)

Vocablos.

El almacen das Magazin,
el almacenista der Magazinbesitzer,
el banquero der Banquier,
el color die Farbe,
el diccionario das Wörterbuch,
el ferro-carril die Eisenbahn,
el lujo der Luxus,
el martillo der Hammer,
el oficial } der Offizier, der Geselle,
el trabajo die Arbeit,
el trabajador der Arbeiter,
el uniforme die Uniform,
los alrededores die Umgebung, =gegend,
las cercanías die Nähe (Nachbarschaft),

la accion die Aktie, That, Handlung,
la alhaja das Kleinod, der Schmuck,
la gramática die Grammatik,
la lectura die Lektüre,
la llave der Schlüssel,
la persona die Person,
aplicado fleißig,
difícil schwer, schwierig,
fácil leicht,
fuerte stark, kräftig,
hecho gemacht,
lujoso luxuriös,
llegado angelangt,
pegado geschlagen,
sin ohne.

[1]) Der bestimmte Artikel wird im Spanischen als hinweisendes Fürwort gebraucht (L. 22 § 3) el, la, lo, los, las, der=, die=, dasjenige und diejenigen; vor dem Relativ= pronomen que wird im Spanischen kein Komma gesetzt. (L. 44 § 3.)

Schilling, Spanische Grammatik. 3

Ejercicio.

Este ejercicio no es difícil. Aquel oficial ha pegado á este pobre soldado. Los almacenes de esa ciudad son muy bonitos. He visto aquellas mismas vacas de esta mañana. Aquel perro es muy malo, muerde al amo mismo²). ¿No tienen un mismo uniforme aquellos oficiales? Los alrededores de esta ciudad son muy bonitos. ¡Qué hombres tan aplicados y fuertes son esos trabajadores! Esta misma idea ha tenido aquel caballero. Nosotras mismas hemos visto al rey y á la reina. ¡Qué martillazos tan fuertes pega Juan á la puerta! ¡Qué pájaros tan chiquitos han comprado Vds., y qué bonitos! Federico ha comprado esta gramática, ese diccionario y aquel libro de lectura. Aquel caballero es un banquero muy rico de París. Este señor ha perdido su hacienda con acciones de ferro-carril. ¡Qué frutas tan hermosas y tan buenas! Estas mismas personas han llegado esta mañana. Mi traje es del mismo color como el de Vds. Estos libros son gramáticas y aquellos son diccionarios. ¿Qué casas son las que Vd. ha vendido? Un cartero ha perdido estas llaves en mi casa. ¿Cuál (de los carteros)? Yo veo lo mismo con esos anteojos como sin ellos. ¡Qué lujo en esos almacenes! ¿Qué banquero ha visto Vd.? ¡Qué animalote tan grande! ¿Qué han hecho esos trabajadores del ferro-carril? ¡Qué libro de lectura tan fácil! Esta accion no es (digna) de un hombre honrado. ¿Cuántas ovejas tiene mi padre, y cuántos caballos?

Tema.

Diese Aufgabe ist sehr groß und jene ist sehr schwer. Ich habe die gleiche Kleidung gekauft, wie Sie. Die Häuser dieser Stadt sind sehr häßlich, aber die Umgebung ist sehr schön. Was für einen Brief hat Karl verloren? Jene Grammatik ist nicht groß, aber sie ist sehr gut. Gestern haben wir die gleichen Offiziere gesehen. Hast du den Brief dem Herrn selbst gegeben? Jener Hund ist sehr böse; er beißt die Kinder. Welch große Flaschen haben Sie gekauft! Was für einen guten Wein Sie haben! Hat Karl dieselbe Grammatik wie du? Jene Schüler sind sehr fleißig, aber diese Schülerinnen haben ihre Aufgabe nicht gemacht. Haben Sie die Eisenbahnaktien jenem Kaufmann gegeben? Jener Schuhmacher hat viel Luxus in seinem Magazin. Gestern haben wir denselben Bankier im Hause des Nachbars gesehen. Jene Provinz erzeugt Seide, Wein, Orangen, Oliven und andre Früchte. Diese Arbeiter da haben Hemden von

---

²) Al mismo amo hieße: den eigenen Herrn (vergl. § 4).

der gleichen Farbe. Jene Schüler haben eine gleiche Uniform. Welche Person haben Sie im Kaffeehaus gesehen? Ich habe eine Blume von der gleichen Farbe. Jener Herr ist (ha) angekommen mit der Eisenbahn. Die Köchin hat die Schlüssel der Wohnung verloren. Dieselben Personen haben die gleichen Hammerschläge diesen Morgen gehört. Haben Sie das gleiche Wörterbuch und dasselbe Lesebuch wie ich? Welch starker Mann ist jener arme Arbeiter! Was für ein böser Knabe, welcher das gemacht hat! Diese Aufgabe ist sehr leicht. Welch schlechte That! Welch große Aufgabe!

Conversacion.

¿Es difícil ese ejercicio? — El ejercicio es fácil, pero el tema es bastante difícil.

¿Cómo se llama este café? — Este es el café de Orsini.

¿Quién pega esos martillazos tan fuertes? — Son los oficiales del zapatero.

¿Quiénes³) son aquellos hombres tan aplicados? — Son los trabajadores del ferro-carril.

¿Son estos los uniformes para los soldados? — Sí señor, esos son para los soldados, y estos para los oficiales.

¿Quién es aquel señor frances? — Es un banquero de París, que tiene muchas acciones de ferro-carril.

¿Qué libros han comprado Vds.? — Hemos comprado esta gramática, ese diccionario y aquel libro de lectura.

¡Qué vino tan bueno es este, y qué barato! — Sí señor, este vino es muy bueno, es de las cercanías de Madrid.

¿Es bonita la ciudad de Madrid? — Sí señor, la ciudad misma es muy bonita, pero sus alrededores no son bonitos.

¿Quién ha llegado con el ferro-carril? — Aquellas personas han llegado de París.

¿Ha visto Vd. plumas tan bonitas como esta? — Sí seoñra, tengo la misma pluma, que he comprado en casa del platero.

¿Son los españoles trabajadores muy aplicados? — Sí señor, son muy aplicados y fuertes.

¿Qué llaves son estas? — Son las llaves de la bodega.

¿Qué platero ha hecho este azucarero tan lujoso? — Es el que Vd. ha visto esta mañana en mi casa.

¡Cuántas mujeres! — ¡Y qué feas!

---

³) Quiénes wer, Plural von quién (L. 22³).

¿Ha visto Vd. á la señora y á las hijas del banquero, que han llegado esta mañana de Sevilla? — No señora, no he visto á las señoras, pero si al banquero, que ha hecho una visita á mi abuelo. ¿Quién de vosotros ha conocido á aquel señor que ha comprado la hacienda de nuestros primos? — Mi hermana y yo hemos conocido al señor Rubio en Murcia; sus padres eran (waren) los únicos amigos de nuestra cara tia Juana.

¡Juanito! ¿tienes tú el lacre y las tarjetas postales de Don Fernando? — No papá, pero he visto á mi hermanita que tenia unos papeles y un pedazo de lacre en sus manos.

¿Quién ha tenido compasion del pobre chiquitin que ha perdido (L. 27.³) su madre? — Es la señora del Doctor Blanco, que es mujer muy rica y llena de compasion para los pobres.

9. Lektion. Leccion nona.

c. Adjetivos posesivos.

Die besitzanzeigenden Bestimmungswörter werden im Spanischen in zwei Klassen eingeteilt, nämlich in alleinstehende (absolutos) und verbundene (conjuntivos).

§ 1. Die verbundenen Bestimmungswörter stehen immer vor dem Hauptwort, beklinieren mit de und á und lauten:

Singular.	Plural.
Mi mein, meine (Vater, Mutter),	mis meine (Eltern),
tu dein, deine,	tus deine,
su sein, seine; ihr ihre,	sus seine, ihre,
nuestro-a unser, unsre,	nuestros-as unsre,
vuestro-a euer, eure,	vuestros-as eure,
su ihr, ihre,	sus ihre.

§ 2. Sämtliche posesivos richten sich in Geschlecht und Zahl nach dem dazu gehörigen Hauptworte; mi, tu, su jedoch, und deren Mehrzahl haben, wie wir sehen, keine eigene Form für das weibliche Geschlecht; z. B.

Mi amigo mein Freund.	Mis amigos meine Freunde.
Mi amiga meine Freundin.	Mis amigas meine Freundinnen.
Tu hijo dein Sohn.	Tus hijas deine Töchter.
Nuestro perro unser Hund.	Nuestros perros unsre Hunde.
Vuestra yegua eure Stute.	Vuestras yeguas eure Stuten.
Su libro sein und ihr Buch.	Sus libros seine und ihre Bücher.

§ 3. Die posesivos „su, sus, sein, seine, ihr, ihre" drücken den Begriff zuweilen sehr unklar aus; man übersetzt nämlich „sein und ihr Freund" mit su amigo, „seine und ihre Freunde" mit sus amigos. Tengo su libro heißt: Ich habe sein (m.), ihr (f.), Ihr und ihr (mehrerer Personen) Buch zc.

In solchen Fällen, oder wenn irgend eine Unklarheit obwalten sollte, wird das betreffende persönliche Fürwort im Genitiv nachgesetzt und dadurch jede Zweideutigkeit vermieden; z. B.

Tengo su libro
de él	ich habe sein Buch, eigentl. von ihm
de ella	„ „ ihr „ „ „ ihr
de Vd.	„ „ Ihr „ „ „ Ihnen
de ellos	„ „ ihr „ „ „ ihnen (m.)
de ellas	„ „ ihr „ „ „ ihnen (f.)
de Vds.	„ „ Ihr „ „ „ Ihnen (Pl.)

Tengo sus libros
de él	ich habe seine Bücher, eigentlich von ihm
de ella	„ „ ihre „ „ „ ihr
de Vd.	„ „ Ihre „ „ „ Ihnen
de ellos	„ „ ihre „ „ „ ihnen (m.)
de ellas	„ „ ihre „ „ „ ihnen (f.)
de Vds.	„ „ Ihre „ „ „ Ihnen(Pl.)

Man kann in diesem Falle allerdings statt su oder sus den Artikel setzen, bei Vd. und Vds. ist dies jedoch weniger elegant und nicht gebräuchlich; z. B.

Tengo el libro de él, de ella, de ellos oder de Juan etc.;

Dagegen:

Tengo su libro de Vd. — de Vds., wenn nämlich das Vd. nicht unmittelbar vorausging, wie in:

¿Tiene Vd. su libro (de Vd.)? No señor, tengo su libro de Vd. oder de Vds. oder tengo sus libros de Vd. oder de Vds.

§ 4. Die absoluten Bestimmungswörter werden dem Hauptwort nachgestellt, richten sich in Geschlecht und Zahl nach demselben, sind aber nicht deklinierbar, und lauten:

Singular.	Plural.
Mio-a mein, meine,	mios-as meine
tuyo-a dein, deine,	tuyos-as deine,
suyo-a fein, feine; ihr, ihre.	suyos-as feine, ihre,
nuestro-a unfer, unfre,	nuestros-as unfre,
vuestro-a euer, eure,	vuestros-as eure,
suyo-a ihr, ihre,	suyos-as ihre.

Diese Form wird angewandt:

a) Wenn man einen besondern Nachdruck auf das Possessiv legen will; z. B.

Juana es cocinera mia y no tuya.	Johanna ist meine und nicht deine Köchin.
Aquellos son discípulos tuyos y mios.	Jenes sind deine und meine Schüler.
Es culpa suya y no mia.	Es ist seine Schuld u. nicht meine.
Es costumbre suya de pagar al contado.	Es ist seine Gewohnheit, bar zu bezahlen.

b) Wenn nicht sowohl ein eigentlicher Besitz, als vielmehr persön=liche Beziehungen ausgedrückt werden sollen, wo der Deutsche persönliche Fürwörter setzt; z. B.

Carlos es (un) amigo mio y tuyo.	Karl ist ein Freund von mir u. von dir.
Esta composicion es mia.	Diese Komposition ist von mir.
¿Es Don Juan pariente tuyo?	Ist Herr Johann ein Verwandter von dir?
Si señor, es uno de mis primos.	Ja, mein Herr, er ist einer meiner Vetter.

(Un amigo de mí oder de tí wäre durchaus nicht spanisch.)

c) Bei der Übersetzung des deutschen „mein" in der Anrede oder beim Ausrufe; z. B.

¡Señor mio, hijo mio, Dios mio!	Mein Herr, — Sohn, — Gott!
¡Querido amigo mio!	Mein teurer Freund!
¡Padre nuestro!	Vater Unser!

d) Wenn das Verb „ser, fein" gleichbedeutend ist mit „gehören", wo der Deutsche zuweilen ein persönliches Fürwort gebraucht; z. B.

Esta casa es mia.	Dieses Haus gehört mir.
Este cuadro es suyo.	Dieses Gemälde gehört ihm.
Esta carta es nuestra.	Dieser Brief gehört uns (vid. L. 15, § 3).

§ 5. Wenn im Deutschen bei einem Hauptwort mit zwei Stoff=Adjektiven (L. 6 § 4) das gleiche Possessiv gebraucht wird, so setzt der Spanier, anstatt dasselbe mit dem Hauptwort zu wiederholen, den ent=sprechenden Artikel; z. B.

Mi reloj de oro y el de plata.	Meine goldene und meine silberne Uhr.
Tu cadena de hierro y la de acero.	Deine eiserne und deine stählerne Kette.

§ 6. Stehen mehrere Poffessiva bei einem und demfelben Haupt=
worte, fo wird im Spanischen nur eines vorausgefetzt; die übrigen folgen
als Possessivpronomen (vid. L. 22 § 9 u. 10); z. B.

Mi casa, la tuya y la suya.	Mein, dein und fein Haus.
Nuestro hermano, el vuestro y el de Vd.	Unfer, euer und Ihr Bruder.

Vocablos.

Dios Gott,
castellano Kaftilier, kaftilifch, fpanifch,
italiano Italiener, italienisch,
el cobre das Kupfer,
el cuadro das Gemälde,
el cuidado { bie Sorgfalt, / Sorge, Angst,
el gitano der Zigeuner,
el mantenimiento der Unterhalt,
el padrino der Pate,
el pariente der Verwandte,
el sobrino der Neffe,
la causa der Grund, die Urfache,
la composicion die Kompofition,
la costumbre die Sitte, Gewohnheit,
la culpa die Schuld,
la desgracia das Unglück, die Ungnade,
la educacion die Erziehung,

la falta der Fehler, Mangel,
la madrina die Patin,
la obra die Arbeit, das Werk,
la sortija der Ring,
la tienda der Laden,
aprendido gelernt,
cuidar, cuidado, forgen, geforgt,
estudiado ftubiert,
hablar fprechen, hablado gefprochen,
pegado gefchlagen,
robado geraubt, geftohlen,
traducido überfetzt,
bien gut (adv.) wohl,
si wenn, ob,
si no wenn nicht,
sinó fondern, fonft,
alguno-a-os-as irgend ein=e, einige.

Ejercicio.

Yo he traducido mi tema. Mi amigo y su hermano de Vd. han
entrado en el jardin. Nuestro caballo ha pegado á su niño de Vd.
Esta madre ha perdido á sus hijos (vid. L. 27³). Mi hermano ha
vendido sus perros y¹) escopetas. Estos niños aman á sus padres
y parientes. Es culpa tuya, si no has aprendido el castellano. Mi
padre ha hablado con mi tio y con tu primo. Esta tienda es mia,
y aquella cuadra es²) de mi hermano. Unos italianos han entrado
en nuestra casa, y han pegado á mi abuelo. Mi madre y tus primos
han llegado con mi tio de su hacienda. Don Pedro Aguado es amigo
mio, y Don Julian es su sobrino. ¡Madre mia! ¿porqué pega Vd. á

---

¹) Sind mehrere Subftantive gleicher Zahl durch y verbunden, fo kann das Possessiv
ausfallen.
²) Das Verb „ser fein", fynonym mit „gehören", regiert im Spanischen den
Genitiv (vgl. § 4 b); z. B. esto es de mi padre das gehört meinem Vater 2c.

su perrito? Este caballero, vecino mio, es hombre muy instruido.
He visto algunas obras suyas que son muy buenas. Mis discipulos
han estudiado sus lecciones muy bien. Algunas traducciones suyas
no tienen faltas. He vendido mis sortijas de plata y las de oro.
Juan es amigo nuestro. Unos gitanos han robado nuestras sartenes
de hierro y las de cobre. Mi criado, el tuyo, el de Vd. y el de
Don Pablo no han hecho mucho esta tarde. Nuestros tios y padrinos
han cuidado del mantenimiento y de la educacion nuestra. Mis
cuadros, los tuyos y los de Don Enrique son de Murillo. Los niños
de mi vecino han perdido sus flores. Discipulos mios han estudiado
composiciones de Wagner. Sus sobrinos de Vd. son la causa de
nuestra desgracia. Lo siento (es thut mir leid), pero no es culpa
mia. ¡Amigos mios, ya (nun) es bastante!

Tema.

Mein Sohn und meine Töchter lieben ihre Tante. Du hast dein Haus
und deine Pferde verkauft. Wir haben unsre Pferde und unsre Gemälde ver=
kauft, aber das Haus nicht. Der Kapitän hat seine Soldaten sehr gut unter=
richtet. Wir haben mit seinem Arzt und mit dem meinigen gesprochen. Die
Italiener haben unsre Eisenbahnen gebaut (hecho). Mein Onkel hat für
meinen Unterhalt und für meine Erziehung nicht gesorgt. Es ist nicht meine
Schuld, wenn du deine Aufgabe nicht gelernt hast. Die Ursache deines Un=
glücks ist dein Sohn selbst. Dieser Herr ist unser Lehrer und Lehrer unsrer
Freunde. Dieser Laden gehört uns und jenes Haus ihrem Neffen. Dieser
Kaufmann hat sein Geld verloren, und ohne seine Schuld. Die Zigeuner haben
unsre Pferde und eure Kühe aus dem Stalle gestohlen. Eure Kinder haben
ihre Aufgabe übersetzt. Mein Sohn, warum hast du deinen Ring verkauft?
Jene Banquiers haben meine, deine und seine Aktien gekauft. Mein Taufpate
und der deinige sind Freunde deines Neffen. Der Kassierer hat seine eiserne
und seine stählerne Kasse verkauft. Ich habe meine, deine und Ihre Grammatik
studiert. Meine Tante hat mit ihrer Tochter eine kupferne Pfanne gekauft.
Mein werter Freund, was hast (du) gethan! Es ist nicht seine, sondern es ist
meine Schuld. Warum haben Sie meinen Sohn geschlagen? Das ist nicht
sein, sondern mein Werk. Dein Neffe ist die Ursache des Unglücks meines
Freundes. Es ist seine Schuld, wenn er viele Fehler gemacht hat.

Conversacion.

¿Cuál es la causa de su desgracia? — El poco cuidado que
ellos tenian.

¿Es chiquita su casa de Vd.? — No señor, mi casa es muy
grande.

¿Es este señor un amigo tuyo? — Sí, es amigo y primo mio.

¿Porqué pega Vd. á este niño? — Porque ha robado unos anteojos mios de oro.

¿De quién son estas tiendas? — Esta tienda es mia, y esa es de su primo de Vd.

¿Porqué no han estudiado sus niños de Vd. la leccion? — Porque ha llegado su tio de América.

¿Quién ha entrado en mi casa? — Es papá con un amigo suyo.

¿Qué culpa tengo yo, si no habeis aprendido el frances? — Caballero, la culpa es nuestra.

¿De qué cuidan (forgen) buenos padres? — Del mantenimiento y de la educacion de sus hijos.

¿Ha visto Vd. las composiciones de mi amigo? — Sí señor, son bastante buenas, pero no es obra suya.

¿Ha vendido Vd. sus escopetas? — Sí, he vendido mis caballos, perros y escopetas.

¿Quién ha hecho esto? — Mi hermano, el tuyo y yo.

¿Quién es aquel señor? — Es un amigo de mi padre y de su tio de Vd.[3])

¿Y aquella señora, quién es? — Es Doña Juana, la madrina de mi hermanito.

¿Quién ha robado al (L. 5, § 2) hermoso San Francisco del convento? — Unos gitanos son los que han robado aquel hermoso cuadro, y le (ihn) han vendido á Inglaterra.

---

10. Lektion. Leccion décima.

---

d. Adjetivos indefinidos.

Die unbestimmten Beiwörter stimmen mit dem Hauptwort, zu dem sie gehören, überein; allein gebraucht, sind einige derselben Fürwörter (vid. L. 24). Sie deklinieren mit „de" und „á" und heißen:

---

[3]) Su tio de Vd. Ihr Herr Onkel. — Das „Vd." macht das „señor" überflüssig.

<table>
<tr><td>Singular.</td><td>Plural.</td></tr>
</table>

Singular.	Plural.
Cada jeder, =e, =es,	unos-as einige,
todo-a jeder, =e, ganz, all,	todos-as alle,
alguno-a[1]) irgend ein, =e,	algunos-as einige,
ninguno-a keiner, =e,	ningunos-as keine,
cierto-a ein gewiſſer, =e,	ciertos-as gewiſſe,
cualquiera irgend welcher, =e, =es,	cualesquiera irgend welche,
tal ein ſolcher, =e,	tales ſolche,
otro-a ein andrer, =e,	otros-as andre,
tanto-a ſo viel,[2])	tantos-as ſo viele,
mucho-a viel,	muchos-as viele,
demasiado-a zu viel,	demasiados-as zu viele,
poco-a wenig,	pocos-as wenige,
demasiado poco-a zu wenig,[3])	demasiado pocos-as zu wenige,
bastante genug,	bastantes genug,
mismo-a[4]) ſelbſt, der=, dieſelbe,	mismos-as ſelbſt, dieſelben,

los demas die übrigen, andern.

§ 1. Cada, jeder, =e, =es, iſt unveränderlich und wird, wie im Deutſchen, nur im Singular gebraucht; z. B.

Cada hombre.	Jeder Mann, Menſch.
Cada mujer.	Jede Frau.
Cada niño.	Jedes Kind.
Cada dos dias.	Alle zwei Tage.
Cada tercer dia.	Jeder dritte Tag.
Cada uno-a.	Ein Jeder, =e.

§ 2. Todo-a, in der Einzahl gebraucht, heißt ebenfalls j e d e r, =e; z. B.

Todo hombre es mortal.	Jeder Menſch iſt ſterblich.
Toda guerra es mala.	Jeder Krieg iſt ſchlimm.

Todo-a pl. **todos-as** in der adverbialen Bedeutung von g a n z, pl. a l l e, führen immer den Artikel oder ein Beſtimmungswort nach ſich; z. B.

Todo el dia.	Den ganzen Tag.
Todo el mundo.	Die ganze Welt, jedermann.
Todo un mes.	Einen ganzen Monat.
Toda una noche.	Eine ganze Nacht.
Todos los dias.	Alle Tage.
Todos estos y mis cuadros.	Alle dieſe und meine Gemälde.

---

[1]) L. 3 § 4.
[2]) vid. L. 8 § 6 und 9.
[3]) demasiado bleibt in Zuſammenſetzungen unverändert. (L. 10 NB.)
[4]) vid. L. 8 § 3 und 4.

Wird jedoch **todo** dem Hauptwort nachgeſtellt, ſo wird es dadurch mehr hervorgehoben; z. B.

Su desgracia toda consiste en que no tiene padres.	Sein ganzes Unglück beſteht darin, daß er keine Eltern hat.
Hemos perdido nuestra hacienda toda.	Wir haben unſer ganzes Beſitztum verloren.
Hemos perdido todo, heißt:	Wir haben alles verloren.

§ 3. Alguno-a-os-as irgend ein, =e, einige.

Vor männlichen Subſtantiven wirft es im Singular das „o" ab; z. B.

Algun comerciante.	Irgend ein Kaufmann.
Algun arpa.	Irgend eine Harfe.
Algunos toreros.	Einige Stierfechter.
Algunas arpas.	Einige Harfen.

§ 4. Ganz ſo verhält es ſich mit:

Ninguno-a-os-as, keiner, =e, keine; z. B.

Ningun buey kein Ochſe.	Ninguna campana keine Glocke.
Ningun águila kein Adler.	Ningunas águilas keine Adler.

Steht „ninguno" nach dem Verbum, ſo muß es ſtets verneint werden; vor demſelben jedoch nie; z. B.

Esto no es de ningun valor.	Das iſt von keinem Wert.
Aquello no tiene ninguna importancia.	Jenes hat keine Bedeutung.

oder: de ningun valor es esto, y ninguna importancia tiene.

Bei dem Satze: esto no es de valor alguno iſt die Verneinung noch kräftiger, und heißt: „das iſt von gar keinem Wert."

§ 5. Cierto-a-os-as, ein gewiſſer, =e, gewiſſe iſt ſtets ohne Artikel zu gebrauchen; z. B.

Cierto capitan ha perdido ciertos papeles.	Ein gewiſſer Hauptmann hat gewiſſe Papiere verloren.
Cierta señorita ha estudiado latin.	Ein gewiſſes Fräulein hat Latein ſtudiert.

§ 6. Cualquiera, irgend welcher, jeder, =e, =es, pl. **cualesquiera,** irgend welche, gilt für beide Geſchlechter; das „Schluß-a" kann elidiert werden; z. B.

Cualquier hombre oder mujer. Cualquiera „ „ „	Irgend welcher Mann ob. irgend welche Frau.
Cualesquiera libros ó plantas. Cualesquier „ „ „	Irgend welche Bücher oder Pflanzen.

§ 7. Tal-es, ein ſolcher, =e, pl. ſolche iſt unveränderlich und kann vor oder nach dem Subſtantiv ſtehen; z. B.

Tal águila no he visto.	Solchen Adler habe ich nicht geſehen.
Un tal señor Gomez.	Ein gewiſſer (ſogenannter) Herr G.
El tal doctor Sangrado.	Der beſagte oder berüchtigte Doktor S.
Tal amo, tal criado. (Sprichwort.)	Wie der Herr, ſo der Knecht.
Tales reglas no existen.	Solche Regeln exiſtieren nicht.

Steht „tal“ nach dem Subſtantiv, ſo wird es dadurch beſonders hervorgehoben; z. B.

Una situacion tal ob. situaciones tales.	Eine ſolche Situation, oder ſolche ꝛc.

§ 8. Otro-a-os-as, ein andrer, =e, =es, andre, darf nie mit dem unbeſtimmten Artikel gebraucht werden; z. B.

He comprado otro caballo.	Ich habe ein andres Pferd gekauft.

(Uno y otro heißt: der eine und der andre (L. 24).

§ 9. Los demas, die übrigen, die andern, iſt unveränder= lich und ſteht nur mit beſtimmtem Artikel bei Subſtantiven in der Mehr= zahl; z. B.

Los demas caballeros.	Die übrigen, andern Herren — Ritter.
Esta y las demas reglas.	Dieſe und die übrigen Regeln.

§ 10. Tanto-a-os-as, ſo viel, =e; z. B.

Tengo tanto pan y tanta sopa.	Ich habe ſo viel Brot und ſo viel Suppe.
¿Ha visto Vd. á tantos hombres y á tantas mujeres en su casa de Vd.?	Haben Sie ſo viele Männer und ſo viele Frauen in Ihrem Hauſe geſehen?
No señor, no he visto á tantos.	Nein, mein Herr, ich habe nicht ſo viele geſehen.

§ 11. Demasiado-a-os-as, zu viel, =e; z. B.

Demasiado dinero y demasiada tinta.	Zu viel Geld und zu viel Tinte.
Demasiados perros.	Zu viele Hunde.
Demasiadas ovejas.	Zu viele Schafe.

NB. Demasiado mit Abjektiv heißt „zu“, und iſt demasiado in dieſem Falle adverbialiſch gebraucht und unveränderlich; ſo ſagt man alſo:

Demasiado poca leche.	Zu wenig Milch.
Demasiado pocos caballos.	Zu wenige Pferde.

§ 12. Bastante, pl. **bastantes,** genug, dient für beide Ge= ſchlechter; z. B.

Bastante vino, genug Wein.	Bastante agua, genug Waſſer.	Bastantes limones, genug Zitronen.

Vocablos.

El cambio der Tauſch, das Agio,	el estado der Zuſtand, Staat,
el capital das Kapital,	el madrileño der Madrider,
el enemigo der Feind,	el pais das Land,

el tiempo die Zeit, das Wetter,
el valor der Wert, Mut,
el vestido das Kleid,
la comida das Mittageſſen, die Speiſe,
la capital die Hauptſtadt,
la dificultad die Schwierigkeit,
la excepcion die Ausnahme,
la facilidad die Leichtigkeit,
la fortuna das Glück, Vermögen,
la letra die Schrift, der Wechſel,
la letra de cambio der Wechſel,
la lástima das Mitleiden, das Erbarmen,
la ocasion die Gelegenheit,
la planta die Pflanze,
la regla die Regel,
la renta die Rente, der Zins,

la verdad die Wahrheit,
aprender lernen,
bailado getanzt,
costado gekoſtet,
dicho geſagt,
herido verwundet,
morir ſterben,
pagan ſie bezahlen,
vivir leben,
anoche geſtern abend,
en general im allgemeinen,
falso falſch,
hambriento hungrig,
venenoso giftig,
que daß,
ni-ni weder — noch.

Ejercicio.

Cada idioma tiene sus reglas, y muchas reglas sus excepciones.
Cada comerciante tiene sus libros. Cada uno de estos caballos ha
costado un capital. Todo caballo que muerde es malo. Aquellas
niñas han bailado toda la noche. Todos mis discípulos han estudiado mucho. Hemos tenido guerra en todo tiempo. Todos estos
vapores han llegado ayer. Un tal señor García ha perdido sus
plumas y lápices. Algunos banqueros han hecho letras falsas. Juana
ha comprado algunas cruces. Algunas personas tienen facilidad
para (zu) aprender idiomas. Ningun diccionario es sin falta alguna.
No he visto ningun cuadro tan bonito. Esta letra es falsa, y no
es de ningun valor. No hemos aprendido[5]) ni una ni otra leccion.
Ciertos ferro-carriles no pagan renta alguna. Ciertas plantas son
venenosas. Cualquier comida es buena para el hambriento. En (bei)
cualquier ocasion hemos dicho la verdad. Cualesquiera libros no son para
los niños. ¡Tal padre, tal hijo! Tales costumbres no han llegado á
nuestro pais. Un tal Don Diego ha estudiado algunas lenguas. Los
bourbakis[6]) y los demas soldados han llegado á nuestra Suiza en un
estado tal, que daba lástima (welcher Mitleid erregte). Estas ovejas
son mias, y los demas animales son de mi primo. Vd. ha dado
demasiado dinero á su hijo. Otro caballero ha dicho que es dema-

---

[5]) Steht ni-ni nach dem Zeitwort, ſo muß die Verneinung no vorangehen.
[6]) El bourbaki der Soldat unter Bourbakis Kommando.

siado poco. Los rusos tienen bastantes soldados, pero no tienen
bastante dinero. ¡Tanto cambio pagan Vds. por esa letra! ¡Cuántas
reglas, y qué difíciles! ¡Qué lástima! (Wie schade!)

Tema.

Jedes Land hat seine Sitten. Jede Person hat ihre Fehler. Ein jeder
dieser Offiziere hat sein Pferd. Meine Schüler sind alle sehr fleißig und haben
die Regeln gelernt. Einige meiner Bekannten haben den ganzen Tag und die
ganze Nacht getanzt. Jeder verwundete Soldat ist des Mitleids würdig.
Jener Mann hat Geld verloren mit den Eisenbahnen. Einige meiner Nach=
barn haben ihr ganzes Vermögen verloren. Irgend ein Kind hat diese Blume
verloren. Einige Kaufleute haben falsche Wechsel verkauft. Ich habe einige
Bücher gekauft. Gestern ist kein Schiff angelangt. Zu (en) keiner Zeit habe
ich ein so schönes Pferd gesehen. Bei (en) keiner Gelegenheit hat er die
Wahrheit gesagt. Gewisse Kompositionen von Wagner sind sehr gut. Diese
Aktien haben gar keinen Wert. Gewisse Tiere sind giftig. Ein gewisser
Herr Izquierdo hat diese Gemälde gemacht. Dieser Knabe hat (eine) gewisse
Leichtigkeit Sprachen zu lernen. Irgend ein Feind hat meine Ochsen gestohlen.
Irgend welche Feder ist gut für meinen Bruder. Nicht jeder Schüler hat
Leichtigkeit zum Lernen. Irgend welche Wohnung ist gut, wenn (sie) ist groß
genug. Solche Aufgaben sind nicht schwer. Solches Essen haben wir nicht
zu Hause. Solche Federn und solche Bleistifte habe ich nicht gesehen. Wie
der Baum, so die Frucht. Ein sogenannter Sultan beißt jedermann. Solchen
Wert hat dieses Haus nicht. Solche Zeiten haben wir nicht gehabt. Ein
gewisser Herr Fernandez hat alle seine Schafe verloren. Ich habe diese und
die übrigen Regeln studiert. Dieser Herr hat den Kapitän und die übrigen
Offiziere gesehen. Dieses Kleid hat zu viel Geld gekostet. Eure Schüler haben
zu wenig gelernt. Er hat zu viel Wein gehabt. Wir haben genug Übungen
gemacht. Meine Vetter haben einen Tausch gemacht mit ihren Häusern.

Conversacion.

¿Es difícil esta lengua (oder este idioma)? — Todo idioma
tiene sus dificultades, pero algunas personas tienen mucha facilidad
para aprender lenguas.

¿Es grande la capital de España? — No tenemos ninguna
ciudad tan grande en toda la Suiza.

¿Tienen los madrileños buenas costumbres? — Los madrileños
en general son muy honrados.

¿Qué han estudiado sus niños de Vd.? — Cada uno ha estudiado otro idioma.

¿Ha visto Vd. mis escopetas y plantas de América? — No
señor, no he visto ni unas ni otras.

¿Quién es digno de compasion? — Cualquier soldado hambriento
ó ⁷) herido.
¿Qué es bueno en cualquier tiempo? — Un vaso de vino en
todo tiempo es bueno.
¿Quién ha llegado anoche? — Un tal doctor Sangrado con
otro caballero.
¿Quién tiene la culpa de esta desgracia? — Ciertas personas
han dicho que es un tal Lopez.
¿Qué valor tiene esta letra (de cambio)? — Esta letra es falsa,
y no tiene valor alguno.
¿Han aprendido mis hijos bastante español? — Han estudiado
mucho, pero no han aprendido lo bastante.
¿Tiene el capitan bastantes caballos y soldados? — Sí señor,
pero no tiene bastante dinero.
¿Tiene Vd. bastantes rentas? — Tengo demasiadas para morir
de hambre, y demasiado pocas para vivir.

11. Lektion. Leccion undécima.

e. Adjetivos numerales.

Die Zahlwörter bezeichnen die Anzahl oder den Rang der Dinge
und werden deshalb in zwei Hauptklassen geteilt, nämlich:
1) Grundzahlen, números cardinales,
2) Ordnungszahlen, números ordinales.

1) Los números cardinales.

Die Grundzahlen sind im Spanischen unveränderlich, ausgenommen
„uno-a, ciento-a, cientos-as (cien), millon-es"; sie heißen:

Cero Null,		siete	7
uno (un)-a eins, ein, =e,		ocho	8
dos	2	nueve	9
tres	3	diez	10
cuatro	4	once	11
cinco	5	doce	12
seis	6	trece	13

⁷) ó oder, wird durch ú ersetzt, wenn das nächstfolgende Wort mit o oder ho
beginnt; z. B. plata ú oro; mujer ú hombre. Des Wohlklangs wegen auch: oro ú plata.

catorce	14	cuatrocientos-as		400
quince	15	quinientos-as		500
diez y seis	16	seiscientos-as ⎫		
diez y siete	17	seicientos-as ⎭		600
diez y ocho	18	setecientos-as		700
diez y nueve	19	ochocientos-as		800
veinte [1])	20	novecientos-as		900
veinte y uno-a	21	mil		1000
„ y dos	22	mil y uno-a (un)		1001
„ y tres	23	„ y dos		1002
„ y cuatro	24	„ y tres		1003
„ y cinco	25	„ ciento y uno-a		1101
„ y seis	26	„ doscientos-as		1200
„ y siete	27	dos mil		2000
„ y ocho	28	dos mil trescientos y		
„ y nueve	29	cuarenta		2340
treinta	30	tres mil		3000
„ y uno-a	31	cuatro mil		4000
cuarenta	40	cinco mil		5000
cincuenta	50	cinco mil quinientos-as		5500
sesenta	60	diez mil		10 000
setenta	70	cien mil		100 000
ochenta	80	ciento cincuenta mil		150 000
noventa	90	doscientos-as mil		200 000
ciento (cien)	100	quinientos-as mil		500 000
„ y uno-a	101	un millon		1 000 000
„ y dos	102	un millon quinientos-as mil		1 500 000
„ y treinta y cinco	135	dos millones		2 000 000
doscientos-as ⎫		dos millones trescientos		
docientos-as ⎭	200	cincuenta mil, ciento y		
trescientos-as ⎫		veinte		2 350 120
trecientos-as ⎭	300	una millarda eine Milliarde.		

§ 1. **Uno-a** stimmt mit dem betreffenden Substantiv im Geschlecht überein; es verliert sein „o“, so oft es vor einem männlichen Substantiv oder dessen begleitendem Adjektiv steht; z. B.

Un hombre, una mujer y un niño.	Ein Mann, eine Frau und ein Kind.
Tengo uno ó dos limones, y una ó dos naranjas.	Ich habe eine oder zwei Zitronen und eine oder zwei Orangen.
Uno de los libros es mio.	Eines der Bücher gehört mir.
Un buen amigo es bastante para mi hijo.	Ein guter Freund ist genug für meinen Sohn.

[1]) Die neuere Schreibweise elidiert bei Zusammensetzungen mit veinte das „Schluß=e“, verwandelt das Bindewort „y“ in „i“ und schreibt: veintiuno, veintidos, veintitres etc.

§ 2. Ciento verwandelt sich in **cien,** so oft es unmittelbar vor einem Hauptwort oder Adjektiv steht, sei dieses männlich oder weiblich; z. B.

Cien hombres,	cien mujeres y	cien niños,
100 Männer,	100 Frauen und	100 Kinder, oder:
Cien bonitos caballos.		100 hübsche Pferde.
Cien buenas yeguas.		100 gute Stuten.

Folgt jedoch ein Zahlwort, so bleibt ciento unverändert, ausgenommen vor mil; z. B.

Tengo ciento ó ciento y tres vacas,	Ich habe 100 oder 103 Kühe,
ciento (y) veinte buques y cien	120 Schiffe und 100 000 Gewehre.
mil fusiles.	

Zwei oder mehrere „cientos-as" aber müssen mit dem Substantiv übereinstimmen und dürfen nicht abgekürzt werden; z. B.

Doscientos soldados heridos.	200 verwundete Soldaten.
Doscientas y treinta escopetas.	230 Flinten.
Doscientos y tantos fusiles.	200 und so und so viele Gewehre.
Doscientas treinta y tantas escopetas.	230 und so und so viele Flinten.

NB. Die deutsche Ausdrucksweise „zwölf Hundert, achtzehn Hundert ꝛc." muß im Spanischen stets mit „mil doscientos-as, mil ochocientos-as" gegeben werden.

§ 3. Vor ciento und mil darf kein „un" gesetzt werden wie im Deutschen, es sei denn zur Vermeidung von Mißverständnissen; z. B.

Cien mil soldados y fusiles.	100 000 Soldaten und Gewehre.
Mil y cien plantas.	1100 Pflanzen.
Doscientas y un mil escopetas.	201 000 Flinten.
Doscientas y mil escopetas.	200 und 1000 Flinten.
Doscientas mil escopetas.	200 000 Flinten.

§ 4. Ciento y mil und andre Zahlwörter, als Hauptwörter gebraucht, sind immer männlich und nehmen die Pluralform an; folgt ein andres Hauptwort, so wird die Präposition „de" gesetzt (vid. L. 6 § 4); z. B.

Unos cientos ó miles de duros.	Einige Hunderte o. Tausende v. Thalern.
Algunos cientos ó miles de vacas.	Einige Hunderte ob. Tausende v. Kühen.

NB. Unos cien oder unos mil duros heißt: ungefähr 100 oder 1000 Thaler.

Unas doscientas oder unas dos mil escopetas.	Annähernd 200 oder 2000 Flinten.
Algunas mil escopetas.	Etliche 1000 Flinten.

§ 5. Mit Ausnahme von **primero,** der erste, benutzt der Spanier bei Angabe des Datums stets die Grundzahlen, während sich der Deutsche zu diesem Zwecke der Ordnungszahlen bedient; z. B.

Schilling, Spanische Grammatik. 4

¿Qué dia del mes tenemos hoy? | Welchen Tag des Monats, oder besser:
¿Á cuántos del mes estamos hoy? | Den wievielten haben wir heute?
Tenemos el primero, el diez, | Wir haben den 1ten, den 10ten,
el quince de mayo 1878. | den 15ten Mai 1878, oder:
Estamos á primero, á diez, | Wir sind am 1ten, 10ten,
á quince de mayo de 1878. | 15ten Mai 1878.
Estamos en el año de 1883, á once | Wir sind im Jahre 1883, am 11ten
de Junio, á las doce de la noche. | Juni, 12 Uhr nachts.

§ 6. Die Altersstufen drückt der Spanier gewöhnlich mit dem Hauptwort „edad (f.) Alter" und dem Verb tener aus; z. B.

¿Qué edad tiene Vd.? oder | Welches Alter haben Sie? ⎫ wie alt
¿Cuál es su edad de Vd.? oder | Welches ist Ihr Alter? ⎬ sind
¿Cuántos años tiene Vd.? | Wie viel Jahre haben Sie? ⎭ Sie?
Tengo cuarenta y cinco años (de | Ich habe 45 Jahre Alters, d. h. ich
edad). | bin 45 Jahre alt.
Mi hermana tiene 30 años y medio. | Meine Schwester ist 30$^{1/2}$ Jahre alt.
Otra hermana murió á los tres años | Eine andre Schwester starb im dritten
de su edad. | Altersjahre.

Auch hier benutzt der Spanier die Grundzahlen.

§ 7. Die Stunden des Tages werden ausgedrückt, indem man die Grundzahl mit dem Artikel la oder las setzt und sich das Wort hora-s (Stunde=n) dazu denkt; z. B.

¿Qué hora es? | Wie viel Uhr ist es? (Welche Stunde
 | ist es?)

Es la una (hora). | Es ist ein Uhr (die eine Stunde).
Es la una y cuarto^2). | Es ist ein Uhr und ein Viertel ($^{1/4}$ auf
 | 2 Uhr).
Es la una y media^2). | Es ist 1$^{1/2}$ oder halb 2 Uhr.
Son las dos. | Es ist 2 Uhr (es sind die 2 Stunden).
Son las tres ménos cuarto. | Es ist 3 weniger ein Viertel.
Son los tres cuartos para las tres. | Es ist $^{3/4}$ auf 3 Uhr.
Son las cinco ménos cinco minutos. | Es ist 5 Uhr weniger fünf Minuten.
Juan vendrá hácia las doce y cuarto. | Johann wird gegen 12$^{1/4}$ Uhr kommen.

Ellos vendrán | Sie werden kommen
á la hora fija. | zur bestimmten Stunde.
á las doce en punto. | Schlag oder Punkt 12 Uhr.
para mediodia. | gegen Mittag (Mitte des Tages).
para medianoche. | gegen Mitternacht.
por la mañana y no por la tarde. | morgens und nicht abends.
á las seis de la mañana. | um 6 Uhr morgens.
á las cinco de la tarde. | um 5 Uhr abends.
á las once de la noche. | um 11 Uhr nachts.

---

^{2}) Bei der Bezeichnung von $^{1/4}$ und $^{1/2}$ wird das un weggelassen; cuarto ist hier Hauptwort, während medio-a, als Adjektiv gebraucht, sich nach hora richtet.

NB. „Es wird gleich 11 Uhr schlagen" heißt:

Las once están para dar.	Die 11 sind zum schlagen (geben), ober
Pronto darán las once.	Bald werden sie schlagen die elf.

„Es hat soeben 8 Uhr geschlagen" heißt:

Acaban de dar las ocho.	Sie hören auf zu schlagen die acht.

§ 8. Die Ausbrücke $1/_4$=, $1/_2$=, $3/_4$=, $5/_4$ ꝛc. Jahre, gibt der Spanier stets in Monaten:

Tres meses, seis meses, nueve meses, quince meses, ober un año y tres meses; $1/_2$ Jahr kann jedoch mit medio año überseßt werden: $1^1/_2$ Jahre heißt año y medio.

§ 9. Die verschiedenen Sorten, also das deutsche 3=, 4=, 5=, 8= ober 10=erlei, bezeichnet der Spanier mit Grundzahlen und dem Worte especie ober clase; z. B.

De una especie ó clase,	einerlei.
De toda especie ó clase,	jeglicher Art.
De dos, cuatro, cinco especies,	2, 4, 5erlei Sorten ober Klassen.

§ 10. „Beide" heißt: los ober las dos ober ambos-as und verstärkt: ambos-as á dos. Beide zu 2 ober zusammen: los dos juntos-as; z. B.

He visto á ambos á dos en el jardin.	Ich habe beide zusammen im Garten gesehen.
Las dos juntas han llegado ayer.	Beide sind gestern miteinander angelangt.

Vocablos.

Lóndres		London,
(El) Enero[3])	(ber)	Januar,
„ febrero	„	Februar,
„ marzo	„	März,
„ abril	„	April,
„ mayo	„	Mai,
„ junio	„	Juni,
„ julio	„	Juli,
„ agosto	„	August,
„ setiembre	„	September,
„ octubre	„	Oktober,
„ noviembre	„	November,
„ diciembre	„	Dezember,
„ lúnes	„	Montag,
„ mártes	„	Dienstag,
„ miércoles	„	Mittwoch,
„ juéves	„	Donnerstag,

(El) viérnes (ber)	Freitag,
„ sábado (ber)	Samstag,
„ domingo (ber)	Sonntag,
el árbol frutal ber	Obstbaum,
el arrabal bie	Vorstadt,
el comerciante de vinos ober } der Wein=
el vinatero } händler,
el farol bie Laterne,
el habitante der Einwohner, Bewohner,
el hospital bas Spital,
el millonario ber Millionär,
el nombre ber Name,
el puente bie Brücke,
el segundo bie Sekunde,
el teatro bas Theater,
la data } bas Datum,
la fecha }

³) In Korrespondenzen, Zeitungen ꝛc. oft mit großen Anfangsbuchstaben.

4*

la semana die Woche,
la calle die Straße,
un duro ein span. Thaler,
un franco ein Franken,
una peseta eine Peseta, ein span. Franc,
un real ein Real (¹/₄ Fr.),
ahora jetzt,

cuándo wann?
diferente verschieden,
fijo bestimmt, festgesetzt,
hácia gegen (Richtung),
hoy heute,
por für, durch,
pronto bald.

Ejercicio.

Yo tengo tres hijos, un niño y dos niñas. Una semana tiene siete dias. Un año tiene trescientos sesenta y cinco dias, seis horas, cuatro minutos y algunos segundos. Cincuenta y dos semanas es un año. Mi hermano ha comprado diez y ocho caballos, quince yeguas, trece bueyes, unas ciento ochenta ovejas, diez vacas, cinco potros, un toro y siete perros. Esa capital tiene un millon novecientos mil habitantes, mil calles, cincuenta y un mil casas, cuatrocientas iglesias, unos treinta hospitales, veinte y tres puentes, treinta y cinco teatros y unos cincuenta mil faroles. Tenemos cuarenta y un árboles frutales, pero Vd. tiene ciento y cuarenta y uno. Hoy he visto cien caballos y doscientos soldados heridos en la plaza. Aquel banquero ha vendido ayer ciento ó ciento y veinte y una acciones del San Gotardo. ¿Cuántos miles de francos has pagado por tu casa? Mi casa ha costado unos cien mil quinientos treinta y tantos francos. Algunos millones han costado los ferro-carriles de la Suiza, y algunas familias han perdido todo lo que (das, was) tenian. Sí, es verdad, algunos cientos de miles de reales ha perdido mi vecino. Hoy estamos á treinta y uno de mayo, y mañana, sábado, es el primero de junio de mil ochocientos setenta y ocho. Una niña mia murió (starb) á la edad de trece meses, dos semanas y algunos dias. Yo tengo leccion de castellano á las siete de la tarde, y ahora son las cinco ó cinco y cuarto. No señor, son las seis ménos cuarto; su reloj de Vd. va mal (geht schlecht). El discípulo es muy aplicado, y vendrá á las siete en punto. Tengo lecciones de una á dos y de siete á ocho los lúnes, miércoles, juéves y sábados, y el mes que entra (nächsten Monat) los dias 3, 5, 7, 10, 12, 14, 17, 19, 21, 24, 26, 28 y 30. Las seis están para dar. Acaban de dar las seis y media. Don Juan ha aprendido bastante castellano en 15 meses. Un vecino mio tiene 30 diferentes clases de vino; otro tiene unas cien ó ciento y tantas especies de plantas.

Mi hermano vendrá á las diez y media de la noche, á las ocho de la mañana, ó á las cuatro y cuarto de la tarde. Esta carta tiene la fecha Salamanca 18 de agosto 1598. Ambos son gitanos. Ambas á dos han dicho la verdad. Estos muchachos han estudiado los dos juntos.

Tema.

Ein (spanischer) Thaler hat 20 Realen; 19 Realen sind 5 Franken. 100 Franken sind 380 Realen und 100 spanische Franken sind 400 Realen. Mein Oheim hat 12 Pferde, 6 Stuten, 25 Kühe, 177 Schafe, 3 Füllen, 6 Ochsen, 1 Stier und 5 Hunde. Die Stadt London hat 8000 Straßen, 500 000 Laternen, 500 Kirchen, einige 50 Spitäler, 50 und so und soviele Theater, 301 000 Häuser und 2 700 000 Einwohner. Wir haben 21 Obst=bäume in unserm Garten, aber Johann hat 511. Heute habe ich 150 ver=wundete Pferde und einige hundert Soldaten in der Stadt gesehen. Die Russen haben 100 000 Gewehre, 100 Kanonen und einige Kriegsschiffe gekauft. Das Haus, welches ich gekauft habe, hat mich (me ha) 920 000 und einige 100 Realen gekostet. Heute haben wir den 1. Juni 1878. Lord John Russel starb in der Nacht vom 28. auf den (del-al) 29. Mai 1878, im Alter von 86 Jahren. Ich habe Spanisch=Stunden heute von 6—8 Uhr und es ist jetzt ³/₄ auf 5 Uhr. Nein, mein Herr, es ist ¹/₄ auf 6 Uhr; Ihre Uhr geht schlecht. Die Schüler, welche heute Stunde haben, sind sehr fleißig und werden Schlag 6 Uhr kommen. Es hat soeben 5¹/₄ Uhr geschlagen. Unser Lehrer wird um ¹/₂ 7 Uhr kommen. Nein, (mein) Herr, er hat heute keine Stunde und wird morgen, Freitag, kommen. Wir haben jeden Montag, Mitt=woch, Donnerstag und Samstag Stunde. Vier Stunden wöchentlich (por semana) ist genug, um eine Sprache zu lernen. Karl ist heute um 6 Uhr angelangt und der Vater wird morgen kommen. Wir haben 16erlei Obst=bäume in unserm Garten. Alle Straßen der Stadt haben Namen und jedes Haus hat seine Nummer. Der Goldschmied hat heute goldene Ringe verkauft für einige Tausende von Franken. Dieser Uhrmacher hat einige hundert goldene Uhren in seinem Laden. Der Weinhändler hat 20erlei Weine in seinem Keller. Das Jahr hat 12 Monate und die Monate haben verschiedene Anzahl Tage. Dieser Herr hat 2 Knaben und beide sind sehr fleißig. Gomez und der andre, beide miteinander, haben falsche Wechsel gemacht.

Conversacion.

¿Qué dia tenemos hoy? — Hoy es domingo (y) 2 de junio 1878.

¿Cuántos habitantes tiene esta ciudad? — Esta ciudad tiene unos 56 000 habitantes con sus arrabales.

¿Cuántos hijos tiene Vd.? — Tengo 3 hijos, un niño y 2 niñas.

¿Qué edad tienen? — El niño tiene 6 años y medio, una de

las niñas 3 años y 4 meses, y la chiquita tiene 8 meses y algunos dias.

¿Estamos hoy á 1ᵉʳᵒ de junio? — No señor, hoy tenemos el 30 de mayo.

¿Qué edad tiene su padre de Vd.? — Hoy mismo tiene 75 años.

¿Ha visto Vd. los soldados de Bourbaki? — Sí señor, de 80 000 que han entrado en Suiza, he visto unos veinte y tantos mil.

¿Cuánto ganado ha comprado Vd.? — He comprado 10 bueyes, 15 ovejas, 1 caballo y 3 yeguas.

¿Cuánto tiempo has estado en España? — He estado en España 14 años y 9 meses.

¿Cuánda murió Pio nono? — Murió el 7 de febrero de 1878 á la edad de 85 años, 8 meses y 24 dias.

¿Cuánto tiempo ha estado su hermano de Vd. en América? — Ha estado $6^1/_2$ años en Boston, y 3 años y tres meses en New-York.

¿Qué hora es ahora? — Ahora son las 7 ménos tres minutos.

¿No acaba de dar la hora? — Mi reloj tiene las nueve y cuarto.

¿Cuándo vendrá su prima de Vd.? — Vendrá hácia las $2^1/_4$ de la tarde ó á las $3^1/_2$.

¿Cuántas lecciones tiene Don Carlos por semana? — Tiene 6 lecciones por semana: 1 de italiano, 2 de frances y 3 de castellano.

¿Ha visto Vd. á los hijos de Don Pablo? — Sí señor, he visto á los dos juntos en el teatro.

¿Qué fecha tiene esa carta? — Esta carta está fechada: Santander 18 de setiembre 1776.

¿Ha estudiado Juan ingles? — Sí señor, ha aprendido el ingles en 18 meses y el castellano en el mismo tiempo.

¿Cuántas especies de árboles frutales tiene Vd. en su jardin? — Tengo 120 y tantas diferentes clases de árboles.

¿Ha perdido Vd. uno ó dos hijos? — He perdido 1 niña que murió á la edad de 3 años y algunas semanas.

¿Cuáles son los números pares (gerabe)? — Los números pares son 2, 4, 6, 8, 10, 12, 14, 16, 18 etc.

¿Y cuáles son los nones (ungerabe Zahlen)? — Números nones son 1, 3, 5, 7, 9, 11. 13, 15, 17 etc.

12. Lektion. Leccion duodécima.

— — - -

2. *Los números ordinales.*

Die Ordnungszahlen bezeichnen die Reihenfolge, welche die Gegen=
stände unter sich einnehmen; sie stimmen mit dem Hauptwort, worauf sie
sich beziehen, in Geschlecht und Zahl überein, haben den Artikel bei sich
und lauten:

El primero der erste,
la primera die erste,
lo primero das erste,
el segundo der zweite,
el tercero der dritte,
el cuarto der vierte,
el quinto der fünfte,
el sexto ⎫ der sechste,
el sesto ⎭
el séptimo ⎫ der siebente,
el sétimo ⎭
el octavo der achte,
el nono der neunte,
el décimo der zehnte,
el undécimo[1]) der elfte,
el duodécimo der 12te,
el décimo tercero ⎫ der 13te,
el décimo tercio ⎭
el décimo cuarto der 14te,
el décimo quinto der 15te,
el décimo sesto der 16te,
el décimo sétimo der 17te,
el décimo octavo der 18te,
el décimo nono der 19te,
el vigésimo der 20fte,
el vigésimo primero der 21fte,
el vigésimo segundo der 22fte,

el vigésimo tercero der 23fte,
el vigésimo cuarto der 24fte,
el vigésimo quinto der 25fte,
el vigésimo sesto der 26fte,
el vigésimo sétimo der 27fte,
el vigésimo octavo der 28fte,
el vigésimo nono der 29fte,
el trigésimo der 30fte,
el trigésimo primero der 31fte,
el cuadragésimo der 40fte,
el quincuagésimo der 50fte,
el sexagésimo der 60fte,
el septuagésimo der 70fte,
el octogésimo der 80fte,
el nonagésimo der 90fte,
el centésimo der 100fte,
el centésimo primero der 101te,
el centésimo segundo der 102te,
el docentésimo der 200fte,
el trecentésimo der 300fte,
el cuadragentésimo ⎫ der 400fte,
el cuadringentésimo ⎭
el quingentésimo der 500fte,
el sexcentésimo der 600fte,
el septingentésimo der 700fte,
el octogentésimo ⎫ der 800fte,
el octingentésimo ⎭

---

[1]) Die obigen Formen der Ordnungszahlen sind die gebräuchlichsten; die nicht
zusammengesetzten Zahlen von 10 aufwärts haben außerdem eine 2te Endung in „eno";
z. B. El deceno der 10te, el onceno 11te, doceno 12te, treceno 13te, catorceno 14te,
quinceno 15te, veinteno 20fte, treinteno 30fte, cuarenteno 40fte, cincuenteno 50fte,
sesenteno 60fte, setenteno 70fte, ochenteno 80fte, noventeno 90fte, centeno 100fte,
jedoch nie diez y seiseno oder veinte y ocheno etc., weil dies zusammengesetzte
Zahlen sind.

el nonagentésimo der 900ᶠᵗᵉ,
el milésimo der 1000ᶠᵗᵉ,
el milésimo primero der 1001ᵗᵉ,
el millonésimo der 1 000 000ᵗᵉ,

el último der letzte,
el penúltimo der vorletzte,
el antepenúltimo der drittletzte,
el postrero der letzte (Wille).

§ 1. Primero, tercero und postrero verlieren das „o“ in der Einzahl vor männlichen Hauptwörtern immer; es kann sogar die weibliche Form in „primer“ abgekürzt werden; z. B.

El primer dia.	Der erste Tag.
El tercer libro.	Das dritte Buch.
El postrer poema.	Das letzte Gedicht.
La primera oder la primer mañana.	Der erste Morgen.
La tercera oder la tercer leccion.	Die dritte Lektion.
La postrera oder la postrer voluntad.	Der letzte Wille.
Á primera oder á primer vista.	Auf den ersten Blick,

bedeutet auch nach Sicht bei Wechseln.

In der Mehrzahl dagegen stehen sie ohne Abkürzung; z. B.

los primeros dias, las primeras noches etc.

§ 2. Wie bereits (L. 11 § 5) erklärt, benutzt der Spanier die Grundzahlen zur Bezeichnung des Datums, ausgenommen der erste; die Reihenfolge der Regenten aber bezeichnet er mit Ordnungszahlen, wie der Deutsche, jedoch ohne Artikel; z. B.

Felipe segundo	Philipp der Zweite,
Carlos tercero	Karl III.,
Fernando sétimo	Ferdinand VII.

Pio nono, Leo décimo tercero etc.

Es können aber auch, von undécimo an, zur Bezeichnung von Seiten, Versen, Kapiteln, Paragraphen, Abschnitten, Gesängen ꝛc. die Grundzahlen gebraucht werden; ebenso bei Regentennamen von der Zahl 15 an; in diesem Falle ist jedoch das Zahlwort ohne Artikel dem Hauptwort nachzustellen; z. B.

Tomo primero, página veinte y dos, salmo 44, 1. Band, 22. Seite, 44. Psalm.
Regla segunda, leccion duodécima oder doce, 2 Regel, 12. Lektion.
Luis décimo sexto oder Luis diez y seis Ludwig XVI.

Brüche. Numerales fraccionarios oder números quebrados.

§ 3. Diese werden ebenfalls durch Ordnungszahlen ausgedrückt, nebst folgenden besondern Formen:

El todo das Ganze,		dos tercios	$^2/_{3\cdot}$
un entero ein Ganzes (ohne Bruch),		tres cuartos	$^3/_{4\cdot}$
— medio	$^1/_2$ (L. 11[2])	cuatro quintos	$^4/_{5\cdot}$
un tercio	$^1/_{3\cdot}$	cinco sextos	$^5/_{6\cdot}$
un cuarto	$^1/_{4\cdot}$	seis séptimos	$^6/_{7\cdot}$
un quinto	$^1/_{5\cdot}$	siete octavos	$^7/_{8\cdot}$
un sexto (sesto)	$^1/_{6\cdot}$	ocho nonos	$^8/_{9\cdot}$
un séptimo	$^1/_{7\cdot}$	nueve décimos	$^9/_{10\cdot}$
un octavo	$^1/_{8\cdot}$	diez décimos	$^{10}/_{10\cdot}$
un nono	$^1/_{9\cdot}$	un centésimo	$^1/_{100\cdot}$
un décimo	$^1/_{10\cdot}$	dos centésimos	$^2/_{100}$ etc.

Die Bruchzahlen von $^1/_{11}$—x/$_{199}$stel werden aus den Grundzahlen ge=
bildet, indem der letzte Vokal elidiert und die Silbe „avo-s" angehängt
wird; die alsdann auf „e" endigenden Zahlen, z. B. once 11, doce 12,
trece 13 etc. verwandeln das „e" in „z"[2]).

Un onzavo	$^1/_{11\cdot}$	tres onzavos	$^3/_{11\cdot}$
un dozavo	$^1/_{12\cdot}$	cuatro veintavos	$^4/_{20\cdot}$
un trezavo	$^1/_{13\cdot}$	cinco treinta y unavos[2])	$^5/_{31\cdot}$
un catorzavo	$^1/_{14\cdot}$	seis cuarenta y dosavos	$^6/_{42\cdot}$
un quinzavo	$^1/_{15\cdot}$	siete cincuenta y tresavos	$^7/_{53\cdot}$
un diez y seisavo	$^1/_{16\cdot}$	ocho sesenta y cuatroavos	$^8/_{64\cdot}$
un diez y sieteavo[2])	$^1/_{17\cdot}$	nueve setenta y cincavos[2])	$^9/_{75\cdot}$
un diez y ochoavo	$^1/_{18\cdot}$	diez ochenta y seisavos	$^{10}/_{86\cdot}$
un diez y nueveavo	$^1/_{19\cdot}$	once noventa y sieteavos	$^{11}/_{97\cdot}$
un veintavo[2])	$^1/_{20\cdot}$	doce ciento y ochoavos	$^{12}/_{180\cdot}$
un treintavo	$^1/_{30\cdot}$	trece ciento y noventa y	
un cienavo ⎫		nueveavos	$^{13}/_{199\cdot}$
un centavo ⎬	$^1/_{100\cdot}$	un docentésimo[3])	$^1/_{200\cdot}$
un centésimo ⎭		un milésimo	$^1/_{1000\cdot}$

Freilich sagt man häufig, statt:
El oder un tercio, la oder una tercera parte der oder $^1/_3$ (Teil),
El oder un cuarto, la oder una cuarta parte der oder $^1/_4$ (Teil),
Los tres quintos, las tres quintas partes die $^3/_5$ (Teil),
El oder un dozavo, la oder una dozava parte der oder $^1/_{12}$ (Teil).

---

[2]) Nur die mit uno und cinco zusammengesetzten Zahlen (z. B. 21, 35, 41 ꝛc.)
elidieren den Schlußvokal, ebenso die runden Zahlen 20, 30, 40, 50, 60 ꝛc.
[3]) Bei $^1/_{200}$ und aufwärts treten die gewöhnlichen Ordnungszahlen wieder ein;
somit sagt man un docentésimo und nicht un docentavo; hieraus ergibt sich, daß
der Spanier nicht $^1/_{338}$stel, sondern un trecentésimo trigésimo octavo, oder $^{120}/_{2745}$stel
ciento veinte, dos milésimos septingentésimos cuadragésimos quintos sagen muß.
Dieser Schwerfälligkeit wird jedoch dadurch ausgewichen, daß man z. B. $^{120}/_{2748}$stel mit
ciento veinte dividido por (dividiert durch) dos mil setecientos cuarenta y ocho,
also mit Grundzahlen wiedergibt. Die Dezimalbrüche werden wie im Deutschen
mit Grundzahlen behandelt; z. B. 4,3481 = cuatro (coma), tres cuatro ocho uno.

Bruchteile von Maß und Gewicht werden folgendermaßen be=
zeichnet:

Un cuartillo ¹/₄ Maß oder 1 Schoppen,   media libra ¹/₂ Pfund,
un litro 1 Liter,   una arroba 1 @ = 25 Pfund,
un decilitro 1 Deciliter,   un quintal (métrico) ein Zentner,
un hectólitro ein Hektoliter,   un gramo 1 Gramm,
un cuarteron ¹/₄ Pfund (ein Vierling),   un kilógramo 1 Kilogramm.

Una tercia ¹/₃ una cuarta ¹/₄, wenn nämlich „vara Elle" darunter ver=
standen wird.

Un pié 1 Fuß, medio metro ¹/₂ Meter, un kilómetro 1 Kilometer.

El diezmo ist der Zehnte des Ertrages als Steuer.

§ 4. Die Vervielfältigungszahlen (números multiplicativos) sind
meist nach dem Lateinischen gebildet:

simple einfach,   séstuplo sechsfach,
doble oder duplo zweifach, doppelt,   séptuplo siebenfach,
triple tríplice dreifach,   óctuplo achtfach,
cuádruplo vierfach,   décuplo zehnfach,
quintuplo fünffach,   céntuplo hundertfach.

Bei allen übrigen multiplicativos bedient man sich besser
der Grundzahlen mit den Wörtern veces-tanto; statt nónuplo sagt man
nueve veces tanto 9mal so viel, veinte veces mayor 20mal größer,
cien veces tanto 100fach oder 100mal so viel ꝛc.

Gleiches kann auch mit den in § 4 genannten geschehen; z. B.
1, 2, 3, 4, 5 etc. veces tanto. | 1, 2, 3, 4, 5=fach oder mal so viel.

§ 5. Die Zahladverbien (numerales adverbiales) werden gewöhn=
lich durch Ordnungszahlen mit dem Worte lugar (Ort, Stelle) ausge=
drückt. Neben primeramente sagt man auch:

En primer lugar erstlich,   en sesto lugar sechstens,
en segundo lugar zweitens,   en décimo lugar zehntens,
en tercer lugar drittens,   en vigésimo lugar zwanzigstens,
en cuarto lugar viertens,   últimamente schließlich, kürzlich,
en quinto lugar fünftens,   y por último zuletzt, endlich.

§ 6. Die Sammelzahlen (numerales colectivos) drücken eine be=
stimmte Menge von Einheiten als ein zusammengehöriges Ganzes aus; z. B.

Un par (de) ein Paar,   una docena ein Dutzend,
un terno eine Anzahl von 3,   media docena ¹/₂ Dutzend,
un cuaterno eine Anzahl von 4,   una quincena 15 Stücke (14 Tage),
un quinterno eine Anzahl von 5,   una veintena 20 Stücke,
una decena eine Anzahl von 10,   una sesentena 60 Stücke, 1 Schock,

una centena 100 Stücke,
un centenar-es 100 Stücke, Hunderte,
un millar-es Tausend=e,
un millon-es 1 Million=en,

uno y medio 1$\frac{1}{2}$,
dos y medio dritthalb,
una mano de papel 1 Buch Papier,
una resma ein Ries (Papier).

Vocablos.

Augusto August (Vorname),
Francisco Franz,
Guillermo Wilhelm,
Inglaterra England,
Isabel Isabella,
Jorge Georg,
Silvestre Silvester,
el cigarro die Zigarre,
el fuego das Feuer,
el heno das Heu,
el monarca der Monarch,
el paño das Tuch,
el pañuelo das Taschentuch,
el piso das Stockwerk,
el politécnico das Polytechnikum,
el príncipe der Fürst,
el siglo das Jahrhundert,
la bota } der Stiefel, Weinschlauch,
       } das Faß, z. Transport,
la exposicion die Ausstellung,
la mar (el oder la) das Meer (L. 5),
la media der Strumpf,
la mitad die Hälfte,

la paja das Stroh,
la ropa die Kleidung,
era, eran war, waren,
bebido getrunken,
comido gegessen,
ganado gewonnen, verdient,
leido gelesen,
pagado bezahlt,
premiado prämiiert,
recibido erhalten,
regalado geschenkt,
vive lebt, wohnt,
vivimos wir leben, wohnen,
aun noch,
casi fast, beinahe,
caro-a teuer,
generalmente gewöhnlich,
maduro-a reif,
nuevo-a neu,
tempestuoso-a stürmisch,
á la derecha rechts,
á la izquierda links,
quince dias 14 Tage.

Ejercicio.

El primer dia del año es el dia de año nuevo; el último dia
se llama Silvestre. El hijo de mi vecino es el primero de su clase.
La tercer clase es muy aplicada, pero la sexta no lo (es) es. Vivimos ahora en la segunda mitad del siglo diez y nueve. Jorge
primero, rey de Inglaterra, era el padre de Guillermo cuarto. Isabel
segunda, reina de España, era la hija de Fernando VII. Esta
primera (letra) de cambio es á primer vista. Mi hermana ha perdido el 2do tomo del Quijote. El señor Don Pedro Aguado vive
calle de la Magdalena No. 22 piso 2do. La mitad de doce diez y
seisavos es tres octavos. El céntimo es la centésima parte de un
franco. El antepenúltimo dia del año 1878 era domingo el 29 de

diciembre, y el penúltimo lúnes el treinta. — Un sexto y un dozavo son tres dozavos ó sea (gleich) un cuarto. Juan (se) ha comido un pan entero, y Enrique (se) ha bebido el vino todo. La docentésima parte de un quintal es media libra, ó sean doscientos cincuenta gramos. He comprado media libra de café, un cuarteron de azúcar y dos cuartillos de leche. Mi hermana ha regalado cuarta y media de paño á María. Mi abuelo ha pagado aun el diezmo al príncipe de Fürstenberg. El cuádruplo de 20 son 80, y 9 veces tanto (20) son 180. El politécnico de Zurich es grande, pero el convento del Escorial es 10 veces mayor. Las primeras frutas son malas, en primer lugar son muy caras, y en segundo lugar no son maduras generalmente. Con el fuego hemos perdido, mi hermano un par de bueyes, una decena de vacas, una veintena de ovejas, centenares de quintales de heno y paja, y casi todo lo que tenia en su casa; yo he perdido 2 pares de botas, un par de zapatos, media docena de camisas, una treintena de pañuelos, muchos pares de medias y toda la ropa que tenia. El real es la vigésima parte de un duro? ¿Cuántos reales tiene un duro? El napoleon (so nennt.der Spanier die 5=Frankstücke) es el 5% (cinco por ciento) ménos' que un duro. ¿Cuántos reales tiene el napoleon?

Tema.

Der 1. Tag des Jahres 1878 war ein Dienstag. Der letzte Tag eines jeden Jahres ist der Silvester. Ich habe einen Brief erhalten, datiert Madrid, den 20. Juni 1878. Franz I. war der 58. König von Frankreich, Philipp, August war der 42., Heinrich IV., der Große genannt (llamado el grande), der 63., Ludwig XVI. der 67. und Napoleon III. war der letzte Monarch (monarca) Frankreichs. Den wievielten haben wir heute? Heute haben wir den 12., 21., 30. September. Der 1. Tag des Jahres heißt Neujahrstag. Peter ist der 1., Johann der 4., aber dessen (su) Bruder ist der letzte der Klasse. Der 1. Tag und die 1. Nacht auf dem Meere waren sehr schön, aber die übrigen der Reise waren sehr stürmisch. Hast du den 2. Band des Don Quijote gelesen? Ich habe beide Bände gelesen. Dies ist die 12. Lektion 60te Seite. Der Monat ist der 12. Teil, die Woche der 52. und ein Tag der 365. Teil des Jahres. Johann hat $1/6^{\text{tel}}$, $2/8^{\text{tel}}$ und $3/10^{\text{tel}}$ der prämiierten Nummer gewonnen. $2/5^{\text{tel}}$ sind $8/20^{\text{tel}}$; $12/20^{\text{tel}}$ und $4/10^{\text{tel}}$ sind ein Ganzes. Die Hälfte von $18/30^{\text{tel}}$ ist $9/30^{\text{tel}}$; und $1/3^{\text{tel}}$ von $9/15^{\text{tel}}$ ist $3/15^{\text{tel}} = 1/5^{\text{tel}}$. Mein Freund A. wohnt Alcalá=Straße Nr. 33 im 3. Stock. Das Zweifache von 14 ist 28, das Fünffache von 10 und das Zehnfache von 5 ist 50. Madrid ist 10mal größer als Zürich mit seinen Vorstädten. Mein Bruder hat die Ausstellung von Paris nicht gesehen; erstens hatte er keine Zeit, zweitens fein Geld und drittens hatte er keine Luft (no tenia gana). Mein Onkel hat ein Paar neue Stiefel, 2 Paar Schuhe, 1 Dutzend Hemden, (etwa) 20 Paar Strümpfe, 30 Stück Taschentücher, einige 100 Zigarren und einige 15 Flaschen Wein, das Ganze von einem Wert von ungefähr 200 Franken (L. 11 § 4 NB.) gekauft. Ein Thaler hat 5 Pesetas oder 2 Escudos oder 20 Realen. 19 Realen sind 5 Franken. 1 Escudo ist 2½ Pesetas oder 10 Realen. 1 Peseta hat 4 Realen. Wieviel Pesetas und Realen haben 5 Franken?

Conversacion.

¿Cómo se llama el primer dia del año? — El 1er dia del año se llama el dia de año nuevo.

¿Tiene Vd. el 1ero y el 2do tomo del (Don) Quijote? — Sí señor, tengo toda la obra.

¿En qué clase están tus niños? — María está en la 1era y Pedro en la 3er clase.

¿Qué dia era el 13 de este mes? — Era un viérnes.

¿Quién era el último monarca de la Francia? — Era Napoleon III.

¿Quién es Papa ahora? — El Papa de hoy es Leo XIII.

¿Cuándo viene su hermano de Vd.? — Ha dicho que vendrá el primer dia de la tercer semana del mes de octubre.

¿Qué edad tiene tu abuelo? — Ha entrado en sus 78 años.

¿De quién era hija Isabel II.? — Isabel II. era hija de Fernando VII. y de María Cristina.

¿Cuándo murió Napoleon I.? — Murió en el año 1821 á la edad de 51 años.

¿Cuánto son 4 veces 124? — 4 por 124 son 496.

¿Cuál es la 52. parte de un año? — La 52. parte de un año es una semana.

¿El cuánto es Juanito en la escuela? — Es el 8º ó el 9º de su clase.

¿Cuándo murió Luis XVI, rey de Francia? — Murió el 21 de enero 1793.

¿En qué calle vive Don Enrique Alcoy? — Vive calle del príncipe No. 54 piso 3º á la derecha.

¿Qué ha comprado Vd. en la plazà? — He comprado media arroba de peras, libra y media de mantecà, un cuarteron de azúcar, litro y medio de leche, una vara y tres cuartas de paño y un par de zapatos.

¿Ha recibido Vd. una carta de su amigo en Madrid? — Sí señor, ha llegado tarde, pero llegó; tiene la fecha del 28 del mes de agosto.

¿Habeis perdido mucho con el fuego de la calle de San Juan? — Sí señor, hemos perdido 2 caballos, mucha paja y unos 500 quintales de heno y toda la ropa.

¿Es grande la ciudad de Ávila? — No señor, no es muy grande, es como la mitad de Zurich con sus arrabales.

¿Cuánto es la 5ª parte de un duro? — La 5ª parte de un duro es una peseta.

¿Cuántos reales tiene un napoleon? — Un napoleon tiene un valor de 19 reales.

¿Cuánto ha pagado Vd. por una mano de papel? — No he comprado una mano de papel, sinó una resma, por 5 francos 70 céntimos.

¿Cuántas manos tiene una resma? — La mano es la vigésima parte de una resma, y su valor 28 céntimos y medio.

¿Has aprendido tu leccion de frances? — No señor, primeramente no he tenido tiempo, en 2do lugar no me (mir) ha dado Juan el libro, y por último no he acabado aun mi leccion de castellano.

¿Habeis tenido buen tiempo en el viaje de ober por mar? — Los 1os dias eran muy buenos, pero la 2ª mitad del viaje eran dias muy tempestuosos.

¿Cuánto es la mitad de 175560, y cuánto es la diez y sieteava parte de esa mitad? — La mitad de 175560 son 87780, y la 17ª parte de esto son 5163 $^9/_{17}$.

¿Cuánto es el 5 $^0/_0$ de 1240 reales? — El 5 $^0/_0$ de 1240 reales son 62 reales.

¿Cuántas pesetas son 1240 reales? — Es la $^1/_4$ parte ó sean 310 pesetas.

¿Y cuántos francos son 1240 reales? — 19 reales son 5 francos y 1240 × (por) $^5/_{19}$ son 326 francos con 31 $^{11}/_{19}$ de céntimos.

Arithmetische Übung. Ejercicio aritmético.

Die vier Hauptrechnungsarten (modos de aritmética) sind:

1. La adicion (das Zusammenzählen) oder la operacion de sumar.
5 y 4 son 9; 6 y 9 son 15; 17 y 22 son 39.

2. La sustraccion (das Abziehen) oder la operacion de restar. Die Zahl, von welcher abgezogen werden soll, heißt el minuendo, die abzu=ziehende el sustraendo, das Ergebnis la resta oder la diferencia; z. B.

17 — 4 (17 ménos 4) quedan (bleiben) 13 oder
4 de 17 restan 13.

3. La multiplicacion (die Vermehrung) oder la operacion de multiplicar. El multiplicando heißt die zu vermehrende Zahl, el multiplicador, diejenige, mit welcher vermehrt wird; z. B.

5 × 30 = 150 heißt:
5 multiplicado por 30 son 150 oder kürzer 5 por 30 son 150.

4. La division (das Teilen) oder la operacion de dividir. Die zu teilende Summe heißt el dividendo, diejenige, mit welcher geteilt wird, el divisor, das Ergebnis el cuociente, und der Beweis la demo-stracion; z. B.

200 : 4 heißt 200 dividido por 4 son 50 oder
4 en 200 va (geht) 50 veces.

---

13. Lektion. Leccion décima tercera.

Die Hilfszeitwörter. Los verbos auxiliares.

Zur leichtern Erlernung aller regelmäßigen, unregelmäßigen und Hilfszeitwörter diene Folgendes:[1]

§ 1. Die 1. Person des Imperfecto, Futuro und Condicional del Subjuntivo wird aus der 3. Person Mehrzahl des Definido gebildet, indem bei sämtlichen Zeitwörtern die Endung „ron" in se, re und ra verwandelt wird; z. B.

---

[1] Das schriftliche Konjugieren der Verben ist unbestreitbar das beste Mittel, sich dieselben rasch und gründlich anzueignen.

Indicativo.	Subjuntivo.		
Definido.	**Imperfecto.**	**Futuro.**	**Condicional.**
hubie-ron	hubie-se	hubie-re	hubie-ra
sie hatten.	(wenn) ich hätte.	(wenn) ich haben werde oder sollte.	(wenn) ich hätte oder haben würde.
tuvie-ron	tuvie-se	tuvie-re	tuvie-ra
sie hatten oder sie besaßen.	(wenn) ich hätte	(wenn) ich haben werde oder sollte.	(wenn) ich hätte oder haben würde.
ama-ron	ama-se	ama-re	ama-ra
sie liebten.	(wenn) ich liebte.	(wenn) ich lieben werde oder sollte.	(wenn) ich liebte oder lieben würde.
fue-ron	fue-se	fue-re	fue-ra
sie waren.	(wenn) ich wäre.	(wenn) ich sein werde.	(wenn) ich sein würde.

§ 2. Der **bejahende Imperativ** hat im Spanischen nur für die zweite Person (Einzahl und Mehrzahl) eigene Formen; die übrigen sind diejenigen des Presente Subjuntivo und es werden diese auch für **alle** Personen des **verneinenden Imperativs** gebraucht; z. B.

¡ama! liebe (du)!	¡no ames! liebe nicht!
¡amad! liebet (ihr)!	¡no ameis! liebet nicht!

¡ame él oder Vd.! liebe er oder lieben Sie!
¡no ame él oder Vd.! liebe er oder lieben Sie nicht! ꝛc.

§ 3. Die persönlichen Fürwörter yo, tú, él etc. fallen im Spanischen vor dem Zeitwort gewöhnlich aus, ausgenommen wenn ein besonderer Nachdruck darauf gelegt werden soll, oder aber, wenn durch deren Weglassung ein Mißverständnis entstehen könnte; das Anredewort **Vd.** oder **Vds.** jedoch wird **immer** gesetzt und gilt diese Regel auch für den spanischen Imperativ. (L. 21 § 1.)

Conjugacion del verbo auxiliar „Haber, haben".
Infinitivo. Grundform.

Haber haben; haber habido gehabt haben; haber de haber haben sollen.

Gerundio. Mittelwort der Gegenwart.

Presente: Habiendo habend, indem man hat.
Perfecto: Habiendo habido gehabt habend, indem man gehabt hat.
Futuro: Habiendo de haber indem man haben soll, muß oder wird.

Participio pasado. Mittelwort der Vergangenheit.

Habido gehabt.

Indicativo. Bestimmte Aussageart. | **Subjuntivo.** Unbestimmte Aussageart.

Tiempos simples. Einfache Zeiten.

Presente. Gegenwart.

Yo he (§ 3) ich habe,	Que yo haya daß ich habe,
tú has du hast,	Que tú hayas daß du habest,
él, ella ha er, sie hat,	Que él, ella haya daß er, sie habe,
Vd. ha Sie haben,	Que Vd. haya daß Sie haben,
nosotros-as hemos wir haben;	Que nosotros-as hayamos daß wir haben,
vosotros-as habeis ihr habt,	Que vosotros-as hayais daß ihr habet,
ellos, ellas han sie haben,	Que ellos-as hayan daß sie haben,
Vds. (L. 3²⁾) han Sie haben.	Que Vds. hayan daß Sie haben.

Imperfecto. Halbvergangenheit.

(Yo, tú, él etc.)	Que oder si (yo) — daß oder wenn
Habia ich hatte,	hubiese ich hätte,
habias du hattest,	hubieses du hättest,
habia er, 2c. hatte,	hubiese er, 2c. hätte,
habíamos wir hatten,	hubiésemos wir hätten,
habíais ihr hattet,	hubiéseis ihr hättet,
habian sie hatten.	hubiesen sie hätten.

Definido. Bestimmte historische Vergangenheit.

Hube ich hatte,	
hubiste du hattest,	
hubo er 2c. hatte,	(kommt nicht vor.)
hubimos' wir hatten,	
hubísteis ihr hattet,	
hubieron sie hatten (L. 13 § 1).	

Futuro. Zukunft.

	Que oder si (yo) — daß oder wenn
Habré ich werde haben,	hubiere ich werde haben,
habrás du wirst haben,	hubieres du werdest haben,
habrá er wird haben,	hubiere er werde haben,
habremos wir werden haben,	hubiéremos wir werden haben,
habreis ihr werdet haben,	hubiéreis ihr werdet haben,
habrán sie werden haben.	hubieren sie werden haben.

Indicativo.	Subjuntivo.
Condicional. Bedingende Form.	

Que oder si (yo) — daß oder wenn

Habria ich würde haben,
habrias du würdest haben,
habria er würde haben,
habríamos wir würden haben,

habríais ihr würdet haben,
habrian sie würden haben.

hubiera ich würde haben oder ich hätte,
hubieras du würdest haben ob. du hättest,
hubiera er würde haben oder er hätte,
hubiéramos wir würden haben oder
 wir hätten,
hubiérais ihr würdet haben ob. ihr hättet,
hubieran sie würden haben ob. sie hätten.

Tiempos compuestos. Zusammengesetzte Zeiten.

Perfecto indefinido. Fortdauernde Vergangenheit.

He habido ich habe gehabt,
has habido du hast gehabt,
ha habido er hat gehabt,
hemos habido wir haben gehabt,
habeis habido ihr habt gehabt,
han habido sie haben gehabt.

Que (yo)
haya habido daß ich gehabt habe,
hayas habido daß du gehabt habest,
haya habido daß er gehabt habe,
hayamos habido daß wir gehabt haben,
hayais habido daß ihr gehabt habet,
hayan habido daß sie gehabt haben.

Pluscuamperfecto. Längstvergangenheit.

Habia habido ich hatte gehabt,
habias habido du hattest gehabt,
habia habido er hatte gehabt,
habíamos habido wir hatten gehabt,
habíais habido ihr hattet gehabt,
habian habido sie hatten gehabt.

Que oder si (yo) — daß oder wenn
hubiese habido ich gehabt hätte,
hubieses habido du gehabt hättest,
hubiese habido er gehabt hätte,
hubiésemos habido wir gehabt hätten,
hubiéseis habido ihr gehabt hättet,
hubiesen habido sie gehabt hätten.

Perfecto anterior. Historische Längstvergangenheit.

Hube habido ich hatte gehabt,
hubiste habido du hattest gehabt,
hubo habido er hatte gehabt,
hubimos habido wir hatten gehabt,
hubísteis habido ihr hattet gehabt,
hubieron habido sie hatten gehabt.

(kommt nicht vor.)

Indicativo.	Subjuntivo.

Futuro perfecto. Vergangen gedachte Zukunft.

	Si (yo)
Habré habido ich werde gehabt haben,	hubiere habido wenn ich gehabt haben werde,
habrás habido du wirst gehabt haben,	hubieres habido wenn du gehabt haben werdest,
habrá habido er wird gehabt haben,	hubiere habido wenn er gehabt haben werde,
habremos habido wir werden gehabt haben,	hubiéremos habido wenn wir gehabt haben werden,
habreis habido ihr werdet gehabt haben,	hubiéreis habido wenn ihr gehabt haben werdet,
habrán habido sie werden gehabt haben.	hubieren habido wenn sie gehabt haben werden.

Condicional perfecto. Vergangen gedachte Bedingungsform.

	Que oder si (yo) — daß oder wenn
Habría habido ich würde gehabt haben,	hubiera habido ich gehabt hätte oder gehabt haben würde,
habrias habido du würdest gehabt haben,	hubieras habido du gehabt hättest oder gehabt haben würdest,
habria habido er würde gehabt haben,	hubiera habido er gehabt hätte oder gehabt haben würde,
habríamos habido wir würden gehabt haben,	hubiéramos habido wir gehabt hätten oder gehabt haben würden,
habriais habido ihr würdet gehabt haben,	hubiérais habido ihr gehabt hättet oder gehabt haben würdet,
habrian habido sie würden gehabt haben.	hubieran habido sie gehabt hätten oder gehabt haben würden.

Imperativo. Befehlende Form.

Afirmativo. Bejahend.	Negativo. Verneinend.
¡Habe! habe du!	¡No hayas! habe nicht!
¡haya Vd.! haben Sie!	¡no haya Vd.! haben Sie nicht!
¡hayamos! laßt uns haben!	¡no hayamos! laßt uns nicht haben!
¡habed! habet (ihr)!	¡no hayais! habet nicht!
¡hayan Vds.! haben Sie!	¡no hayan Vds.! haben Sie nicht!

§ 4. **Haber** ist das eigentliche Hilfszeitwort, indem es dazu dient, die zusammengesetzten Zeiten aller aktiven Zeitwörter zu bilden, auch wenn sie im Deutschen mit „sein" konjugiert werden, und bleibt das mit haber verbundene Partizip stets unverändert, gleichviel, ob

5*

das Subjekt des Satzes männlich oder weiblich sei, in der Einzahl oder
Mehrzahl stehe; z. B.

Nosotros-as hemos venido de París.	Wir sind von Paris gekommen.
¿Han estado Vds. á la exposicion de Filadelfia?	Sind Sie an der Ausstellung von Philadelphia gewesen?
Vosotros-as habiais entrado.	Ihr waret eingetreten.
Ellos-as, Vds. habrian llegado.	sie, Sie würden angelangt sein.
¿Han llegado Vds. solas?	Sind Sie (f.) allein angelangt?
¿Han sido bonitos los trajes que tenian los indios?	Sind die Kleider schön gewesen, welche die Indianer hatten?

NB. Im Indefinido darf das Partizip nicht von haber getrennt werden; z. B.
él, ella, Vd. ha venido oder ¿ha venido él, ella, Vd.? aber ja nicht ¿ha él venido?
oder ¿han ellos, Vds. venido? etc.

§ 5. **Haber** erscheint häufig als unpersönliches Zeitwort im Sinne
von „es ist", „es gibt", „es gab" ꝛc. oder in der Bedeutung von
„vorhanden sein", „feiern", „stattfinden"; es entspricht dem fran=
zösischen „il y a", „il y avait" etc. oder dem englischen „there is",
„there are" etc.; selbstverständlich kommt in diesem Falle immer nur die
3. Person Einzahl in Anwendung, lautet aber dann im Presente
nicht „ha", sondern „hay"; z. B.

Presente: Hay hombres en el jardin.	Es gibt Menschen oder es sind Männer im Garten.
Imperfecto: Habia fiestas en la ciudad.	Es gab oder man feierte Festlichkeiten in der Stadt.
Definido: Hubo baile en palacio ayer.	Es fand gestern ein Ball im Palaste statt.
Futuro: Habrá siempre guerra en España.	Es wird immer Krieg in Spanien geben.
Condicional: Habria paz en Fran- cia, si	Es gäbe oder es wäre Friede in Frank= reich, wenn . . . .

Nur in diesem unpersönlichen Sinne wird „habido", das Partizip
von haber, gebraucht; das Indefinido lautet jedoch nicht „hay habido",
sondern „ha habido", es hat gegeben; habia-, hubo-, habrá- etc. habido,
es hatte gegeben, es wird gegeben haben u. s. w.

§ 6. Durch haber wird ebenfalls die Entfernung ausgedrückt; z. B.

¿Qué distancia hay de aqui á Berna?	Welche Entfernung oder wie weit ist es von hier bis Bern?
Hay treinta y tantas leguas.	Es sind 30 und so und so viel Meilen.
No hay mucha distancia.	Es ist nicht sehr weit.

§ 7. Zeitbestimmungen, besonders unser deutsches „vor" bei Zeit=
angaben, werden ebenfalls mit haber gegeben; das Presente lautet in

diesem Falle hay und há; letzteres wird immer accentuiert und der Zeit=angabe nachgestellt; z. B.

¿Cuánto tiempo hay que están Vds. aquí?	Wie lange sind Sie schon hier?
Hay muy poco tiempo que hemos llegado.	Es ist ganz kurze Zeit, daß wir an=gelangt sind.
Muy poco (tiempo) há que hemos llegado, oder hemos llegado muy poco há.	Wir sind vor ganz kurzer Zeit an=gelangt.
Ocho dias há que le he visto.	Vor 8 Tagen habe ich ihn gesehen.
Hay 8 dias que le he visto.	Es sind 8 Tage her, daß ich ihn gesehen habe.
El lúnes habia un mes que etc.	Am Montag war es ein Monat, daß 2c.
Habrá 10 años que hemos llegado.	Es werden 10 Jahre sein, daß wir angelangt sind.

Verschiedener Bedeutung sind:

Para tu hijo es tiempo de aprender el piano.	Für deinen Sohn ist es (höchste) Zeit, das Klavierspiel zu lernen.
Hay tiempo oder tiempo hay.	Es ist Zeit genug.
Tiempo há que yo he aprendido esto.	Es ist geraume Zeit, daß ich das ge=lernt habe.[3]

§ 8. **Haben** in der Bedeutung von „halten, besitzen" wird stets durch **tener** ausgedrückt: z. B.

Tengo mujer é[4] hijos.	Ich habe eine Frau und Kinder.
Tengo pan, vino, queso, carne.	Ich habe Brot, Wein, Käse, Fleisch.
Tengo mi perro en casa.	Ich habe meinen Hund zu Hause.
¡Tenga Vd. mi caballo!	Halten Sie mein Pferd!

Aber nicht allein der positive Besitz, sondern auch der figürliche, sowie Zustände von Personen und Sachen, werden durch **tener** bezeichnet; z. B.

Tengo compasion, visita, hambre.	Ich habe Mitleid, Besuch, Hunger.
Tengo sueño, sed (f.).	Ich habe Schlaf, Durst.
Tengo calor (m.) (Wärme).	Es ist mir warm.
Tengo frio (Kälte).	Ich friere, es friert mich.
Este rio tiene 180 piés de ancho.	Dieser Fluß ist 180 Fuß breit; wört=lich: Dieser Fluß hat 180 Fuß Breite.

§ 9. Wird **tener** als Hilfszeitwort gebraucht, so richtet sich das damit verbundene Participio pasado in Geschlecht und Zahl nach dem Objekt des Satzes; z. B.

---

[3] Zeitabschnitte gibt der Spanier jedoch auch mit „hacer, machen" (L. 16 § 4); z. B. hace mucho tiempo que, es ist lange her, daß...
[4] é wird vor i oder hi statt y gesetzt, nicht aber vor hie z. B. frances é ingles, padre é hijo, acero y hierro. französisch und englisch, Vater und Sohn, Stahl und Eisen.

He escrito muchas cartas.	Ich habe viele Briefe geschrieben.
Tengo escritas muchas cartas ya.	Ich habe schon viele Briefe geschrieben.
Juan ha leido muchos libros.	Johann hat viele Bücher gelesen.
¿No tengo yo leidos tantos como él?	Habe ich nicht ebensoviele gelesen wie er?
¿Ha oido Vd. lo que ha hecho su sobrino de Vd.?	Haben Sie gehört, was Ihr Neffe gemacht hat?
Ya lo tengo oido y visto.	Ich habe es schon gehört und gesehen.

Tener drückt in diesem Falle das endgültige Resultat, „das Zustande= gekommensein" aus, oder auch eine gewisse Mißstimmung.

§ 10. **Haber de** mit nachfolgendem Infinitiv entspricht dem deut= schen „sollen, müssen, die Absicht haben", während **tener que** das Sollen, Müssen als Notwendigkeit, Pflicht erscheinen läßt; z. B.

He de hacer (machen) la correspon- dencia.	Ich soll, d. h. ich habe die Absicht, die Korrespondenz zu besorgen.
Juana ha de hacer la cocina hoy.	Johanna muß heute die Küche be= sorgen.
Tengo que hacer.	Ich habe zu thun (Notwendigkeit).
Tenias que hacer una visita hoy.	Du solltest heute einen Besuch machen (Pflicht).
Ellos tenian que hacer las paces.	Sie mußten Friede machen.

14. Lektion.   Leccion décima cuarta.

Conjugacion del verbo „Tener, haben, halten, besitzen".

Infinitivo.
Tener haben, haber tenido gehabt haben, haber de tener haben sollen.

Gerundio.
Presente: Teniendo habend, indem man hat.
Perfecto: Habiendo tenido gehabt habend, indem man gehabt hat.
Futuro: Habiendo de tener indem man haben soll, muß oder wird.

Participio pasado.
Tenido gehabt, gehalten, besessen.

Indicativo.	Subjuntivo.

Tiempos simples.

Presente.

	Que (yo) — daß
Tengo ich habe,	tenga ich habe,
tienes du hast,	tengas du habest,
tiene er, sie hat,	tenga er, sie habe,
tenemos wir haben,	tengamos wir haben,
teneis ihr habt,	tengais ihr habet,
tienen sie haben.	tengan sie haben.

Imperfecto.

	Que oder si (yo) — daß oder wenn
Tenia ich hatte, hielt,	tuviese ich hätte,
tenias du hattest, hieltest,	tuvieses du hättest,
tenia er hatte, hielt,	tuviese er hätte,
teníamos wir hatten, hielten,	tuviésemos wir hätten,
teníais ihr hattet, hieltet,	tuviéseis ihr hättet,
tenian sie hatten, hielten.	tuviesen sie hätten.

Definido.

Tuve ich hatte, hielt,	
tuviste du hattest, hieltest,	
tuvo er hatte, hielt,	(kommt nicht vor.)
tuvimos wir hatten, hielten,	
tuvisteis ihr hattet, hieltet,	
tuvieron sie hatten, hielten.	

Futuro.

	Que oder si (yo) — daß oder wenn
Tendré ich werde haben,	tuviere ich haben, besitzen, halten werde oder sollte,
tendrás du wirst haben,	tuvieres du haben, besitzen, halten werdest oder solltest,
tendrá er wird haben,	tuviere er haben, besitzen, halten werde oder sollte,
tendremos wir werden haben,	tuviéremos wir haben, besitzen, halten werden oder sollten,
tendreis ihr werdet haben,	tuviéreis ihr haben, besitzen, halten werdet oder solltet,
tendrán sie werden haben.	tuvieren sie haben, besitzen, halten werden oder sollten.

Indicativo.　　　　Subjuntivo.

Tiempos simples.

Condicional.

Tendria ich würde haben, besitzen oder halten,	Que oder si (yo) — daß oder wenn tuviera ich haben würde, hätte oder besäße,
tendrias du würdest haben, besitzen oder halten,	tuvieras du haben würdest, hättest oder besäßest,
tendria er würde haben, besitzen oder halten,	tuviera er haben würde, hätte oder besäße,
tendríamos wir würden haben, besitzen oder halten,	tuviéramos wir haben würden, hätten oder besäßen,
tendriais ihr würdet haben, besitzen oder halten,	tuviérais ihr haben würdet, hättet oder besäßet,
tendrian sie würden haben, besitzen oder halten.	tuvieran sie haben würden, hätten oder besäßen.

Tiempos compuestos.

Perfecto indefinido.

He tenido ich habe gehabt,	Que (yo) — daß haya tenido ich gehabt habe,
has tenido du hast gehabt,	hayas tenido du gehabt habest,
ha tenido er hat gehabt,	haya tenido er gehabt habe,
hemos tenido wir haben gehabt,	hayamos tenido wir gehabt haben,
habeis tenido ihr habt gehabt,	hayais tenido ihr gehabt habet,
han tenido sie haben gehabt.	hayan tenido sie gehabt haben.

Pluscuamperfecto.

Habia tenido ich hatte gehabt,	Que oder si (yo) — daß oder wenn hubiese tenido ich gehabt hätte,
habias tenido du hattest gehabt,	hubieses tenido du gehabt hättest,
habia tenido er hatte gehabt,	hubiese tenido er gehabt hätte,
habiamos tenido wir hatten gehabt,	hubiésemos tenido wir gehabt hätten,
habiais tenido ihr hattet gehabt,	hubiéseis tenido ihr gehabt hättet,
habian tenido sie hatten gehabt.	hubiesen tenido sie gehabt hätten.

Perfecto anterior.

Hube tenido ich hatte gehabt,	
hubiste tenido du hattest gehabt,	
hubo tenido er hatte gehabt,	(kommt nicht vor.)
hubimos tenido wir hatten gehabt,	
hubisteis tenido ihr hattet gehabt,	
hubieron tenido sie hatten gehabt.	

Indicativo.   Subjuntivo.

Tiempos compuestos.

Futuro perfecto.

Que oder si (yo) — daß oder wenn

Habré tenido ich werde gehabt haben,
habrás tenido du wirst gehabt haben,
habrá tenido er wird gehabt haben,
habremos tenido wir werden gehabt haben,
habreis tenido ihr werdet gehabt haben,
habrán tenido sie werden gehabt haben.

hubiere tenido ich gehabt haben werde,
hubieres tenido du gehabt haben werdest,
hubiere tenido er gehabt haben werde,
hubiéremos tenido wir gehabt haben werden,
hubiéreis tenido ihr gehabt haben werdet,
hubieren tenido sie gehabt haben werden.

Condicional perfecto.

Que oder si (yo) — daß oder wenn

Habria tenido ich würde gehabt haben,

habrias tenido du würdest gehabt haben,
habria tenido er würde gehabt haben,

habriamos tenido wir würden gehabt haben,
habriais tenido ihr würdet gehabt haben,
habrian tenido sie würden gehabt haben.

hubiera tenido ich gehabt haben würde oder gehabt hätte,
hubieras tenido du gehabt haben würdest oder gehabt hättest,
hubiera tenido er gehabt haben würde oder gehabt hätte,
hubiéramos tenido wir gehabt haben würden oder gehabt hätten,
hubiérais tenido ihr gehabt haben würdet oder gehabt hättet,
hubieran tenido sie gehabt haben würden oder gehabt hätten.

Imperativo.[1])

Afirmativo.   Negativo.

¡Ten (tú)[1])! habe, halte!
¡tenga Vd.! haben, halten Sie!
¡tengamos! laßt uns halten!
¡tened! habet, haltet!
¡tengan Vds.! haben, halten Sie!

¡No tengas! habe, halte nicht!
¡no tenga Vd.! halten Sie nicht!
¡no tengamos! laßt uns nicht haben!
¡no tengais! habet nicht!
¡no tengan Vds.! haben, halten Sie nicht!

[1]) vid. L. 13 § 2.

Allgemeine Anmerkungen. Observaciones generales.

§ 1. Verben und Redensarten, die ein Wünschen, Wollen, Befehlen, Fürchten oder eine Ungewißheit ausdrücken, regieren im Spanischen den **Subjuntivo**; z. B.

Quiero que tengais cuidado.	Ich will, daß Ihr Sorge traget.
Es muy fácil que mi primo no tenga razon.	Es ist leicht möglich, daß mein Vetter nicht Recht (Unrecht) habe.
Pero tambien seria muy fácil que mi primo tuviese razon.	Aber es wäre auch leicht möglich, daß mein Vetter Recht hätte oder haben würde.

§ 2. Das **Condicional perfecto** des **Indicativo** kann in einzelnen Fällen mit dem des **Subjuntivo** ausgetauscht werden, ohne den Sinn wesentlich zu ändern; z. B.

Yo habria oder hubiera pedido un diccionario, si hubiese sabido que Vd. tenia[2]) uno.	Ich würde ein Wörterbuch verlangt haben, wenn ich gewußt hätte, daß Sie eines haben, besitzen.

Habria pedido heißt: ich würde mit Bestimmtheit verlangt haben; hubiera pedido dagegen heißt: ich würde möglicherweise verlangt haben. — Die Absicht des Sprechenden entscheidet.

§ 3. Enthält der Hauptsatz ein **Condicional Indicativo**, so folgt im Bedingungssatze ein **Imperfecto** ob. **Condicional Subjuntivo**. (Näheres L. 43 § 16); z. B.

Si tuviera oder tuviese dinero, compraria mas libros.	Wenn ich Geld hätte, so[3]) würde ich mehr Bücher kaufen.

§ 4. Das **Definido** wird angewandt, um eine einmalige, vorübergehende und in bestimmtem Zeitraume vollbrachte Handlung zu bezeichnen (L. 43 § 9); z. B.

Ayer tuvimos carta de nuestro hijo.	Gestern hatten wir einen Brief von unserm Sohne.
Anoche hubo fuego en la exposicion.	Gestern abend brach in der Ausstellung Feuer aus.
Anteayer murió Don Enrique Juarez.	Vorgestern starb Herr Heinrich Juarez.

---

[2]) Der Spanier setzt in diesem Falle das Imperfecto statt des deutschen Presente Indicativo. Näheres L. 43 § 2.
[3]) Das Bindewort „so" wird nicht übersetzt.

Vocablos.

Japoneses Japanesen,
Turcos Türken,
el ánimo der Mut,
el animal das Tier,
el buen tiempo das schöne Wetter,
el calor die Wärme,
el crédito der Krebit,
el estudiante der Student,
el duque der Herzog,
el frio die Kälte,
el género die Ware,
el hombre de bien der (rechtschaffene)
    Mensch, der Ehrenmann,
el juego das Spiel,
el lago der See,
el largo die Länge,
el miedo die Furcht, Angst,
el sueño der Schlaf, Traum,
la compañia die Gesellschaft,
la corrida de toros das Stiergefecht,
la duquesa die Herzogin,
la exposicion die Ausstellung,
la gana die Lust, das Verlangen,
la gente die Leute, das Volk,

la lotería die Lotterie,
la mercancía die Ware,
la paciencia die Gebuld,
la pérdida der Verlust,
la sed der Durst,
nada nichts (la nada),
enviado geschickt, gesandt,
escribir schreiben,
hablar sprechen,
ido gegangen,
marchado fortgegangen,
mordido gebissen,
muerto gestorben,
pagar bezahlen,
trabajar arbeiten,
traducir übersetzen,
á nach,
ya schon, bereits,
ya no oder no-ya nicht mehr,
mas mehr,
muy fácil sehr leicht, leicht möglich,
tambien ebenfalls, auch,
nunca niemals,
me mir.

Ejercicio.

Yo he escrito dos cartas, pero Vd. no ha hecho nada[1]) en todo este tiempo. Nosotros lo (es) hemos dicho, pero Vds. no lo han oido. Este señor tenia una fortuna grande, y ha perdido todo en el juego. Yo habria hecho esto, si lo hubiese sabido. Yo habria oder hubiera enviado á Juan mas mercancías, si me hubiese pagado las primeras. Hoy habia mucha gente en el teatro, generalmente no hay tanta. Ayer noche oder anoche hubo baile en el palacio del duque de Osuna. No ha habido nunca[1]) tantos pobres en esta[5]) como ahora. La conjugacion de los verbos activos en los tiempos compuestos es con haber. Si hubiera oder hubiese habido mas gente

---

[1]) Stehen nada oder nunca nach dem Zeitwort, so muß demselben no vorausgehen; z. B. no he visto nada oder nada he visto ich habe nichts gesehen: nunca ha habido oder no ha habido nunca es hat nie gegeben.

[5]) Bei den Ausdrücken en esta, en esa wird ciudad hinzugedacht, und bedeutet en esta in dieser (des Sprechenden) Stadt, während en esa, das nur in Briefen gebräuchlich, in dorten, in Ihrer (des Adressaten) Stadt bedeutet.

en el teatro de esa⁵) no habria marchado la compañia. Si los españoles tuviesen ober tuvieran mas compasion con los animales no tendrian ya corridas de toros. La distancia que hay de Madrid al Escorial no es muy grande, hay dos horas de ferro-carril. Este rio no tiene agua algunas veces, como el Manzanares. El lago de Zurich tiene unos 30 kilómetros de largo y unos 5 ó 6 de ancho. Quince dias há que hemos visto Japoneses y Turcos en esta.⁵) Señores, yo tengo sueño ¿no tienen Vds. tambien? Yo tendria gana de aprender el español, si hubiese un profesor de castellano en esta. Yo tengo frio en esta habitacion, y habia de escribir una carta aun. Hemos tenido grandes pérdidas con los ferro-carriles. — Tened paciencia! otros las (fie) han tenido con las guerras. El dinero que he ganado en la loteria el mes pasado, ya lo tengo perdido en el juego. Tú tienes muchas faltas en tu ejercicio. Ya lo tengo oido y visto. ¿Tienes que pagar el dinero que has perdido? Si señor, ya tengo pagada la mitad. Tengo que hablar con Vd., cuando Vd. tenga tiempo. ¡Tened ánimo! ¡No tenga Vd. cuidado! Un año há que mi abuela ha muerto en esa. ¿Si tendrán bastante tiempo los discípulos de aprender y de traducir tanto en tan pocos dias?

Tema.

Ich habe die Regeln der Grammatik mit Leichtigkeit gelernt. Gibt es große Magazine in dorten⁵) (Ihrer Stadt)? Haben Sie Geld verloren mit dem Kaufmann von Lyon? Herr N. hat all sein Vermögen im Spiel verloren und hat 100 000 Frs. in der Lotterie gewonnen; er hätte mehr verloren, wenn er mehr gehabt hätte. Würde der Hund den Philipp gebissen haben, wenn er ihn (le) nicht geschlagen hätte? Es gibt viele Studenten am (en el) Züricher Polytechnikum. Wir würden nicht gegessen haben, wenn wir keinen Hunger gehabt hätten. Es gibt Menschen, welche kein Geld haben, aber sie haben Kredit. Wie lange ist es her, daß Pius IX. gestorben ist? Wenn ich Geld gehabt hätte, wäre ich nach Rom gegangen. Vor zwei Monaten habe ich in der Lotterie gewonnen. Die Entfernung von Madrid nach Sevilla ist sehr groß, aber jetzt gibt es (eine) Eisenbahn. Vor einem Monat sind beide Onkel von Amerika gekommen. Ich habe Lust, das Spanische zu studieren, wenn es einen Lehrer der spanischen Sprache in dieser (Stadt) gibt. Es waren viele Obstbäume in meinem Garten, aber sie hatten kein Obst. Werden wir jetzt schönes Wetter behalten (tener), oder werden wir abermals Regen haben? (agua otra vez). Das vergangene Jahr hatten wir viel Regen und viel Kälte. Ich habe jetzt die Reisen zu besorgen, der Reisende ist vor acht Tagen in dorten⁵) gestorben. Trage Sorge für (con) dein Schwesterchen! Habet keine Furcht, ich werde schon auf sie acht geben (tener cuidado con ella). Nehmen Sie sich in acht, dieser Hund beißt. Ich sollte noch einige Briefe schreiben, aber (es) ist schon sehr spät. Diese Aufgabe soll nicht viele Fehler haben, ich will acht geben. Unser Nachbar hat ein großes Buch geschrieben. Es gibt Leute, die keine Geduld haben. In dem Garten des Herzogs wird es viel Obst geben. Der Geselle des Schusters hat keine Lust am Montag zu arbeiten. Wenn ich gewußt hätte, daß jenes Buch so schlecht ist²), so würde ich es meinem Vetter nicht geschenkt haben. Ich würde nicht in das Stiergefecht gegangen sein, wenn ich gewußt hätte, was es ist (lo que es).

Conversacion.

¿Ha estudiado Vd. las reglas de la gramática? — Sí señor, pero las he aprendido con algun trabajo.

¿Tiene el señor Don Juan una fortuna grande? — No señor, tenia mucho dinero, pero ha perdido todo en el juego.

¿Ha sabido Vd. que el perro de mi vecino ha mordido una niña? (L. 5 § 4.) — Sí señor, otro perro hubiera hecho lo mismo, si le (ihn) hubiesen pegado.

¿No hubiera Vd. enviado mas géneros al señor Perez? — No señor, porque no habia pagado los del año pasado.

¿Hay bonito teatro en esa? — No es feo, pero es demasiado pequeño.

¿Habrá habido un año tan frio como este? — No señora, mi padre tiene ya 82 años, y no ha visto (un) año tal.

¿Porqué ha hecho Vd. esto? — Si hubiese sabido quién es este señor, no lo habria dicho.

¿Hay muchos estudiantes en el politécnico de Zurich? — Sí señor, habrá unos 600, pero años pasados habia mas.

¿No ha ido Vd. á la exposicion de París? — No señor, si hubiese tenido dinero habria ido.

¿Qué distancia hay de Strasburgo á París? — Habrá unas 80 leguas y el mantenimiento ha de ser muy caro.

¿Me hubiera Vd. dado el dinero para el viaje? — Sí señor, si Vd. no tiene dinero, tiene un amigo y crédito.

¡Mil gracias, caballero! (Besten Dank, mein Herr!) — No hay de qué (es ist kein Grund vorhanden, ohne Ursache, bitte).

¿Cuánto tiempo há, que murió Napoleon III? — Habrá ahora unos 11 años.

¿Cuántas lenguas ha estudiado Vd.? — He estudiado el aleman, latin y griego, el frances, el ingles, el español y un poco de italiano.

¿Cuántas horas tiene el dia? — El dia tiene 24 horas.

¿Habia fiesta en palacio? — Sí señor, hubo baile una vez por semana.

¿Ha oido Vd. que mi padre ha tenido grandes pérdidas últimamente? — Sí señor, ya lo he sabido, pero tenga Vd. paciencia, todos hemos perdido.

No he oido que Vd. haya tenido pérdidas. — Yo no he perdido nada ahora, pero he perdido mucho con la guerra de 1871.

¿Ha visto Vd. una corrida de toros? — Sí señor, habrá 10 años que he visto la última.

¿Tiene Vd. á aquel señor por hombre de bien? — Habiendo hecho tanto para los pobres, ¿no le habria yo de tener por hombre de bien?

¿Qué hemos de hacer ahora? — Habiendo aprendido los verbos haber y tener, continuaremos (werden wir fortfahren) con los verbos "ser y estar".

15. Lektion.   Leccion décima quinta.

Conjugacion del verbo auxiliar „Ser, sein“.

Infinitivo.

Ser sein; haber sido gewesen sein; haber de ser sein sollen.

Gerundio.

Presente: Siendo seiend, indem man ist.
Perfecto: Habiendo sido gewesen seiend, indem man gewesen ist.
Futuro: Habiendo de ser indem man sein soll, muß oder wird.

Participio pasado.

Sido gewesen.

Indicativo.

Subjuntivo.

Tiempos simples.

Presente.

Soy ich bin,	Que (yo) — daß
eres du bist,	sea ich sei,
es er ist,	seas du seiest,
somos wir sind,	sea er sei,
sois ihr seid,	seamos wir seien,
son sie sind.	seais ihr seiet,
	sean sie seien.

Imperfecto.

	Que oder si (yo) — daß oder wenn
Era ich war,	fuese ich wäre,
eras du warst,	fueses du wärest,
era er war,	fuese er wäre,
éramos wir waren,	fuésemos wir wären,
érais ihr waret,	fuéseis ihr wäret,
eran sie waren.	fuesen sie wären.

Definido.

Fuí ich war,	
fuiste du warst,	
fué er war,	(kommt nicht vor.)
fuimos wir waren,	
fuisteis ihr waret,	
fueron sie waren.	

Futuro.

	Que oder si (yo) — daß oder wenn
Seré ich werde sein,	fuere ich sein werde oder sollte,
serás du wirst sein,	fueres du sein werdest oder solltest,
será er wird sein,	fuere er sein werde oder sollte,
seremos wir werden sein,	fuéremos wir sein werden oder sollten,
sereis ihr werdet sein,	fuéreis ihr sein werdet oder solltet,
serán sie werden sein.	fueren sie sein werden oder sollten.

Condicional.

	Que oder si (yo) — daß oder. wenn
Seria ich würde sein,	fuera ich sein würde oder wäre,
serias du würdest sein,	fueras du sein würdest oder wärest,
seria er würde sein,	fuera er sein würde oder wäre,
seriamos wir würden sein,	fuéramos wir sein würden oder wären,
seríais ihr würdet sein,	fuérais ihr sein würdet oder wäret,
serian sie würden sein.	fueran sie sein würden oder wären.

Indicativo.   **Subjuntivo.**

Tiempos compuestos.

Perfecto indefinido.

	Que (yo) — daß
He sido ich bin gewesen,	haya sido ich gewesen sei,
has sido du bist gewesen,	hayas sido du gewesen seiest,
ha sido er ist gewesen,	haya sido er gewesen sei,
hemos sido wir sind gewesen,	hayamos sido wir gewesen seien,
habeis sido ihr seid gewesen,	hayais sido ihr gewesen seiet,
han sido sie sind gewesen.	hayan sido sie gewesen seien.

Pluscuamperfecto.

	Que ober si (yo) — daß ober wenn
Habia sido ich war gewesen,	hubiese sido ich gewesen wäre,
habias sido du warst gewesen,	hubieses sido du gewesen wärest,
habia sido er war gewesen,	hubiese sido er gewesen wäre,
habíamos sido wir waren gewesen,	hubiésemos sido wir gewesen wären,
habíais sido ihr waret gewesen,	hubiéseis sido ihr gewesen wäret,
habian sido sie waren gewesen.	hubiesen sido sie gewesen wären.

Perfecto anterior.

Hube sido ich war gewesen,	
hubiste sido du warst gewesen,	
hubo sido er war gewesen,	
hubimos sido wir waren gewesen,	(kommt nicht vor.)
hubísteis sido ihr waret gewesen,	
hubieron sido sie waren gewesen.	

Futuro perfecto.

	Que ober si (yo) — daß ober wenn
Habré sido ich werde gewesen sein,	hubiere sido ich gewesen sein • werde ober sollte,
habrás sido du wirst gewesen sein,	hubieres sido du gewesen sein werdest ober solltest,
habrá sido er wird gewesen sein,	hubiere sido er gewesen sein werde ober sollte,
habremos sido wir werden gewesen sein,	hubiéremos sido wir gewesen sein werden ober sollten,
habreis sido ihr werdet gewesen sein,	hubiéreis sido ihr gewesen sein werdet ober solltet,
habrán sido sie werden gewesen sein.	hubieren sido sie gewesen sein werden ober sollten.

Indicativo.   **Subjuntivo.**

Tiempos compuestos.

Condicional perfecto.

Habria sido ich würde gewesen sein,

habrias sido du würdest gewesen sein,

habria sido er würde gewesen sein,

habríamos sido wir würden gewesen sein,

habríais sido ihr würdet gewesen sein,

habrian sido sie würden gewesen sein.

Que ober si (yo) — daß ober wenn
hubiera sido ich gewesen sein würde
ober gewesen wäre,
hubieras sido du gewesen sein würdest
ober gewesen wärest,
hubiera sido er gewesen sein würde
ober gewesen wäre,
hubiéramos sido wir gewesen sein würden ober gewesen wären,
hubiérais sido ihr gewesen sein würdet
ober gewesen wäret,
hubieran sido sie gewesen sein würden
ober gewesen wären.

Imperativo.

Afirmativo.   **Negativo.**

¡Sé (tú)! sei!   ¡No seas! sei nicht!
¡sea Vd.! seien Sie!   ¡no sea Vd.! seien Sie nicht!
¡seamos! laßt uns sein!   ¡no seamos! seien wir nicht!
¡sed! seib!   ¡no seais! seib nicht!
¡sean Vds.! seien Sie!   ¡no sean Vds! seien Sie nicht!

§ 1. Ser ist das eigentliche Hilfsverb zur Bildung der leidenden Form; das damit verbundene Participio pasado richtet sich in Geschlecht und Zahl nach dem Subjekte des Satzes; z. B.

Soy amado ober amada, ich werde geliebt. (Näheres L. 26 b.)

§ 2. In Verbindung mit einem Hauptwort oder Adjektiv bezeichnet ser die allgemeine Existenz, das unveränderliche Sein von Personen und Sachen; z. B.

Ser hombre, rey, oficial, jardinero, frances, animal, bueno, malo etc., Mensch, König, Offizier 2c. sein.

El hierro es duro.   Das Eisen ist hart.
Francisco es bueno.   Franz ist gut.
Este vino es caro y malo.   Dieser Wein ist teuer und schlecht.
Esta planta es venenosa.   Diese Pflanze ist giftig.
Este reloj es de oro.   Diese Uhr ist aus Gold.
La experiencia es la madre de la   Die Erfahrung ist die Mutter der
ciencia.   Weisheit (Wissenschaft).

Schilling, Spanische Grammatik.   6

§ 3. Ser wird ferner gebraucht, um den Besitz anzudeuten; z. B.
Aquella casa es mia[1]) y esta es de Don Pedro.[1])
Esas plumas son de Juan, y esta carta es para Vd. (für Sie).

§ 4. Zeit, Zahl und Ort der Abstammung werden ebenfalls mit ser bezeichnet; z. B.

Es de dia, es ist Tag; es de noche[2]), es ist Nacht; es tarde, es ist spät; es temprano, es ist früh; es la una, es ist ein Uhr; son las diez y cuarto, es ist $10^1/_4$ Uhr; eran 25 discípulos, es waren 25 Schüler. ¿Han sido los géneros de las Indias orientales ú occidentales? Sind die Waren aus Ost= oder West=Indien gewesen?

16. Lektion. Leccion décima sesta.

Conjugacion del verbo „Estar, sein, sich befinden".

Infinitivo.

Estar sein, haber estado gewesen sein, haber de estar sein sollen.

Gerundio.

Presente: Estando seiend, indem man ist oder sich befindet.
Perfecto: Habiendo estado gewesen seiend, indem man gewesen ist.
Futuro: Habiendo de estar indem man sein soll, muß oder wird.

Participio pasado.

Estado gewesen, sich befunden.

Indicativo.	Subjuntivo.

Tiempos simples.

Presente.

	Que (yo) — daß
Estoy ich bin	esté ich sei,
estás du bist,	estés du seiest,
está er ist,	esté er sei,
estamos wir sind,	estemos wir seien,
estais ihr seid,	esteis ihr seiet,
están sie sind.	estén sie seien.

[1]) L. 9 § 4 d und [2]). — [2]) L. 39 § 4 a.

Indicativo.

Subjuntivo.

Tiempos simples.

Imperfecto.

Estaba ich war,
estabas bu warft,
estaba er war,
estábamos wir waren,
estábais ihr waret,
estaban fie waren.

Que ober si (yo) — daß ober wenn
estuviese ich wäre,
estuvieses bu wäreft,
estuviese er wäre,
estuviésemos wir wären,
estuviéseis ihr wäret,
estuviesen fie wären.

Definido.

Estuve ich war,
estuviste bu warft,
estuvo er war,
estuvimos wir waren,
estuvísteis ihr waret,
estuvieron fie waren.

(kommt nicht vor.)

Futuro.

Estaré ich werde fein,
estarás bu wirft fein,
estará er wird fein,
estaremos wir werden fein,
estareis ihr werdet fein,
estarán fie werden fein.

Que ober si (yo) — daß ober wenn
estuviere ich fein werde ober follte,
estuvieres bu fein werdeft ober follteft,
estuviere er fein werde ober follte,
estuviéremos wir fein werden ob. follten,
estuviéreis ihr fein werdet ober folltet,
estuvieren fie fein werden ober follten.

Condicional.

Estaria ich würde fein,
estarias bu würdeft fein,
estaria er würde fein,
estaríamos wir würden fein,
estaríais ihr würdet fein,
estarian fie würden fein.

Que ober si (yo) — daß ober wenn
estuviera ich fein würde ober wäre,
estuvieras bu fein würdeft ober wäreft,
estuviera er fein würde ober wäre,
estuviéramos wir fein würden ob. wären,
estuviérais ihr fein würdet ober wäret,
estuvieran fie fein würden ober wären.

Tiempos compuestos.

Perfecto indefinido.

He estado ich bin gewesen,
has estado bu bift gewesen,
ha estado er ift gewesen,

Que (yo) — daß
haya estado ich gewesen fei,
hayas estado bu gewesen feieft,
haya estado er gewesen fei,

6*

Indicativo.   Subjuntivo.

Tiempos compuestos.

hemos estado wir sind gewesen,
habeis estado ihr seid gewesen,
han estado sie sind gewesen.

hayamos estado wir gewesen seien,
hayais estado ihr gewesen seiet,
hayan estado sie gewesen seien.

Pluscuamperfecto.

Que oder si (yo) — daß oder wenn

Habia estado ich war gewesen,
habias estado du warst gewesen,
habia estado er war gewesen,
habiamos estado wir waren gewesen,
habíais estado ihr waret gewesen,
habian estado sie waren gewesen.

hubiese estado ich gewesen wäre,
hubieses estado du gewesen wärest,
hubiese estado er gewesen wäre,
hubiésemos estado wir gewesen wären,
hubiéseis estado ihr gewesen wäret,
hubiesen estado sie gewesen wären.

Perfecto anterior.

Hube estado ich war gewesen,
hubiste estado du warst gewesen,
hubo estado er war gewesen,
hubimos estado wir waren gewesen,
hubisteis estado ihr waret gewesen,
hubieron estado sie waren gewesen.

(kommt nicht vor.)

Futuro perfecto.

Que oder si (yo) — daß oder wenn

Habré estado ich werde gewesen sein,

habrás estado du wirst gewesen sein,

habrá estado er wird gewesen sein,

habremos estado wir werden gewesen sein,

habreis estado ihr werdet gewesen sein,

habrán estado sie werden gewesen sein.

hubiere estado ich gewesen sein werde oder sollte,

hubieres estado du gewesen sein werdest oder solltest,

hubiere estado er gewesen sein werde oder sollte,

hubiéremos estado wir gewesen sein werden oder sollten,

hubiéreis estado ihr gewesen sein werdet oder solltet,

hubieren estado sie gewesen sein werden oder sollten.

Indicativo. **Subjuntivo.**

Tiempos compuestos.

Condicional perfecto.

	Que ober si (yo) — daß ober wenn
Habria estado ich würbe gewesen sein,	hubiera estado ich gewesen wäre ober gewesen sein würde,
habrias estado bu würdest gewesen sein,	hubieras estado bu gewesen wärest ober gewesen sein würdest,
habria estado er würbe gewesen sein,	hubiera estado er gewesen wäre ober gewesen sein würbe,
habríamos estado wir würden gewesen sein,	hubiéramos estado wir gewesen wären ober gewesen sein würden,
habríais estado ihr würdet gewesen sein,	hubiérais estado ihr gewesen wäret ober gewesen sein würdet,
habrian estado sie würden gewesen sein.	hubieran estado sie gewesen wären ober gewesen sein würden.

Imperativo.

Afirmativo.	**Negativo.**
¡Está-(te)! sei! (bir.)	¡No estés! sei nicht!
¡esté Vd.! seien Sie!	¡no esté Vd.! seien Sie nicht!
¡estemos! laßt uns sein!	¡no estemos! seien wir nicht!
¡estad! seid!	¡no esteis! seid nicht!
¡estén Vds.! seien Sie!	¡no estén Vds.! seien Sie nicht!

§ 1. **Estar** wird gebraucht, um einen zufälligen Zustand, ein Befinden, eine Lage, eine Stellung, also ein veränderliches Sein auszubrücken; z. B.

Yo estoy aquí.	Ich bin hier.
Esta sopa está fria.	Diese Suppe ist kalt.
Este pan está caliente.	Dieses Brot ist warm.
El vino está agrio.	Der Wein ist sauer.
Los soldados estarán aquí mañana.	Die Soldaten werden morgen hier sein.
El general estaba herido.	Der General war verwundet.
La sopa estará servida[1].	Die Suppe wird aufgetragen sein.
Estos cuadros estarian vendidos.	Diese Bilder würden verkauft sein.
Aquellas naranjas estarán pagadas.	Jene Orangen werden bezahlt sein.
Serán pagadas heißt:	Werden bezahlt werden vid. L. 15 § 1.

---

[1] Das mit estar verbunbene Participio pasado richtet sich wie bei ser in Geschlecht und Zahl nach dem Subjekte des Satzes (L. 15 § 1).

§ 2. Estar und niemals ser wird in Verbindung mit dem Gerundium gebraucht, um das Andauernde einer Handlung zu bezeichnen; z. B.

Estoy leyendo un libro.	Ich lese gerade ein Buch.
Juana estaba escribiendo[2]) una carta.	Johanna schrieb eben einen Brief.
Los discípulos estaban estudiando su leccion.	Die Schüler studierten eben ihre Lektion.
Los barqueros estarán cargando sus navíos con naranjas.	Die Schiffer werden daran sein, ihre Schiffe mit Orangen zu beladen.

§ 3. Viele Adjektive verändern ihre Bedeutung, je nachdem sie mit ser oder estar in Verbindung stehen; z. B.

Wesenheit.	**Zustand.**
Ser bueno gut, gutmütig sein.	Estar bueno sich wohl befinden.
Ser malo böse, boshaft sein.	Estar malo oder enfermo krank sein.
Ser vivo rege, lebhaft sein.	Estar vivo am Leben oder lebendig sein.
Ser contento zufriedener Natur sein.	Estar contento zufrieden sein.
Esto es muy alto das ist sehr hoch.	Esto está muy alto das ist sehr hoch hinauf gestellt.
Este hombre es muy alto dieser Mann ist sehr groß.	Aquel hombre está muy alto jener Mann ist sehr hoch oben.
El vino de Zurich es agrio der Züricher Wein ist sauer.	Este vino está agrio dieser Wein ist sauer (hat Essigstich).

§ 4. Das deutsche Zeitwort „sein", wenn es sich um das Wetter oder um Zeitabschnitte handelt, wird weder mit ser noch estar, sondern mit „hacer, machen" ausgedrückt (vergl. L. 13 § 7).

Gerundio: Haciendo machend (indem man macht).

Presente: Hace buen tiempo.	Es ist schönes Wetter.
Hace sol, luna.	Die Sonne, der Mond scheint.
Imperfecto: Hacia frio.	Es war kalt (es machte Kälte).
Definido: Todo el mes de mayo hizo calor.	Den ganzen Monat Mai war es warm (es machte Wärme).
Futuro: Hará un mes que murió N. N.	Es wird ein Monat sein, daß N. N. starb.
Condicional: Haria un tiempo magnifico, pero hay mucho polvo.	Es wäre prächtiges Wetter, aber es gibt viel Staub.
Indefinido: Ha hecho un calor insoportable.	Es war (es hat gemacht) eine unerträgliche Hitze.

---

[2]) Das Gerundium ist stets unveränderlich.

Vocablos.

Amadeo Amadeus,
Andalucía Andalusien,
Ginebra Genf,
Méjico Merifo,
el amor die Liebe,
el deseo der Wunsch,
el error der Irrtum,
el mercado der Markt,
el mueble das Möbel,
el pelo das Haar,
el polvo der Staub, die Prise,
el rapé der Schnupftabak,
el portero der Pförtner, Portier,
el sol die Sonne,
la cosa die Sache, das Ding,
la invencion die Erfindung,
la luna der Mond,
la mesa der Tisch,
la necesidad die Notwendigkeit,
la noticia die Nachricht,
á orillas am Ufer,
la palabra das Wort,
la pera die Birne,
la revolucion die Revolution,
lástima es es ist schade,
buscando suchend,
cerrado geschlossen,
decir sagen,

ir (á) gehen (L. 33),
principiado angefangen,
salir aus=, fortgehen,
servido bedient, gedient,
blanco weiß,
botánico botanisch,
caliente warm,
ciego blind (Blinder),
contento zufrieden,
enfermo krank,
frio kalt (Kälte),
feliz glücklich,
insoportable unerträglich,
jóven jung (Jüngling, Jungfrau),
magnífico prächtig,
negro schwarz,
triste traurig,
vivo lebendig,
viejo alt (ein Alter),
léjos weit, entfernt,
allí dort,
cuando als, wann,
miéntras que während,
por eso deswegen, deshalb,
por lo demas sonst (im übrigen),
pues nun, denn, nämlich,
siempre immer,
¡á Dios! Lebewohl! Adieu!

Ejercicio.

Los niños son generalmente muy amados de sus padres. Dios es grande. El amor es ciego. Los pelos de mi padre son blancos ya, miéntras que los de mi madre son negros aun. He oido decir, que Don Guillermo es hombre muy rico, y que era muy pobre,[3] ¿es verdad esto? El deseo de ser rico y feliz es vivo en todos los hombres. La necesidad es la madre de las invenciones. Mi amigo Juan hubiera sido oficial de palacio, si hubiese tenido 21 años. Aquellos caballos eran siempre muy vivos cuando jóvenes, ahora son viejos. Si no fuese la palabrita "si", tendria yo muchas cosas que

---

[3] „Reich und arm sein" gibt der Spanier immer mit ser.

ahora no tengo. ¡Qué feliz es Vd. en ser tan rico y de tener tan buenos hijos! ¡Sed aplicados! y habreis traducido pronto el Gil Blas de Santillana. Aquel almacen ha sido nuestro, cuando murió mi abuelo. El paño que estaba aquí, eran unos 15 metros, fué vendido por 3 duros. Es muy tarde ya, he de ir al ferro-carril. Ya es de noche, ¡á Dios! Estos relojes son de Ginebra, pero aquellos son de América. El agua para el café está caliente, pero la leche está fria aun. Mi señora está muy triste, porque su hermano ha ido á América. ¿No estarian Vds. contentos, si hubiese teatro en esta? — El duque y la duquesa, que están aquí, son muy buenos y conocidos por tales (dafür) en toda la provincia. El palacio está muy léjos de la ciudad, por eso no estuve anoche al baile. Es lástima que Vd. no haya venido. Su hermano de Vd. ha estado en un error, la carta está fechada (en) Madrid á 1. de Julio 1878. Vds. estuvieron en Roma cuando murió Pio IX., ¿no verdad? No hubiera estado en casa, si mi tio hubiese venido. Estuvimos estudiando, cuando llegó la noticia que nuestro profesor habia muerto. Estando (yo) en Madrid habia revolucion. Mis discípulos de la clase III. están leyendo el Gil Blas de Santillana. Estoy buscando otro libro de lectura. La casa es pequeña, y está llena de libros y muebles. Jorge es zapatero, y está de (als) portero en mi casa. Aquellos papeles serian muy buenos, si estuviesen en mi mano. Hace buen tiempo ahora, pero la semana pasada hizo frio. Tendremos una noche magnífica, hace luna y no hace ni frio ni calor.

Tema.

Die Eltern werden nicht immer geliebt von ihren Kindern. Diese fleißigen Jünglinge sind meine Schüler. Die englischen Waren sind sehr gut und ziemlich billig. Der Wein, den wir gestern getrunken haben, war sauer und sehr teuer. Ihre Base war ziemlich häßlich, aber ihre Schwester ist sehr hübsch. Die Gemälde des Murillo und die Werke des Cervantes sind sehr gut. Die Montage und die Freitage sind Markttage in dieser Stadt. Alle jene jungen. Leute, welche Sie im botanischen Garten gesehen haben, sind Schüler von mir gewesen. Auf dem Marktplatze ist ein großes Haus, das immer geschlossen ist. Ich bin reich gewesen, aber jetzt bin ich arm. Seid ehrlich und ihr werdet glücklich sein! Seid zufrieden und seid nicht böse! Jenes Buch hat mir gehört, aber diese Federn gehören Ihnen. Diese Blumen gehören der Fräulein Isabella, aber diese Birnen sind für meine Kinder. Es ist schon 5 Uhr und ich habe noch 4 Briefe zu schreiben. 25 Schüler waren es, welche (los que) kaftilisch studiert haben und jetzt sind es nicht mehr als (que) 15; die übrigen find nach Amerika und nach andern Ländern gegangen. Einige meiner Schüler find aus Mexiko. Amadeus ist Italiener und war König von Spanien. Ich habe Ihren Herrn Vater gestern gesehen; er ist nicht sehr zufrieden mit seinen Söhnen und den meinigen (L. 9 § 6). Er sprach (decia): „Wenn diese Knaben ein wenig mehr studiert (Pluscpf. subj.) hätten (un poquito mas), wären sie die ersten der Klasse, während sie jetzt die letzten find.“ Diese Suppe ist kalt, sonst wäre sie gut. Dieser Mann ist viele Male krank. Ich bin im Hause des Schusters gewesen, aber die Schuhe find noch nicht gemacht. Ich war (Def.) diesen Morgen im Hause meines Taufpaten, er ist sehr unwohl. Die Mutter des Herrn G.... ist gestorben, während er auf der Pariser Weltausstellung 1878 war. Ich las eben (Gerd.) im Don Quixote, als mein Oheim von Amerika anlangte. Jener Kaufmann studiert den ganzen Tag. Ich schrieb gerade einen Brief an meine Eltern, als mein Vater ins Haus trat (entró). Die Birnen wären gut, wenn sie nicht so hoch hingen (estar). Sevilla ist die Hauptstadt von Andalusien und liegt am Ufer des Guadalquivir (m.). Es war schönes Wetter und es war nicht zu warm, als wir in Madrid waren (Def.).

Conversacion.

¿Quién es la madre de la ciencia? — La experiencia.

¿Y cuál es la madre de las invenciones? — La necesidad, — el hambre.

¿Ha estado Vd. á la exposicion de París? — Sí señor, estuve en Paris 15 dias, y he visto toda la exposicion.

¿Habrá Vd. visto muchas cosas nuevas? — En verdad he visto algunas invenciones muy bonitas, y estoy muy contento.

¿Hacia mucho calor el tiempo que Vd. estuvo allí? — El calor que ha hecho algunos dias era insoportable.

¡Qué lástima, que yo no haya estado con Vd.! — Sí señor, es lástima, hubiéramos estudiado los 2 juntos.

¿Qué hora es? aquí no hay ningun reloj. — Son las 12 ménos cuarto, y no hay tiempo para salir.

¿Está la comida en la mesa ya? — La sopa está servida.

Buenos dias caballero, ¿cómo está Vd.? — Yo estoy muy bien, gracias (ich danke), ¿y Vd.?

Yo, gracias á Dios, estoy bueno, pero tengo noticias que no son buenas. — ¿Qué hay pues, ha habido alguna desgracia en su casa de Vd.?

No señor, no es esto, gracias á Dios, estamos todos buenos. — ¿Pues qué hay?

Es que[1]) el señor N. me ha dicho, que el dinero del Gotardo estará perdido. — ¡Amigo! es muy fácil que el señor N. haya[5]) dicho la verdad.

¡Buenas noches tenga Vd.! — ¡Tenga Vd. muy buenas! ¿Qué está Vd. haciendo tan tarde? — Estoy escribiendo una carta á mis padres.

¿Y su hermano de Vd. qué hace? — Está estudiando siempre en sus libros.

Y ese jóven, que Vds. tienen en su casa, ¿qué está haciendo aquí en este pais? — Es un pobre chico que tuvo que salir de España por necesidad, pues sus padres han muerto hace tres meses.

¿Y qué hace él aquí? — Está estudiando el aleman y al mismo tiempo hace la correspondencia para nuestra casa en castellano.

¿Tiene facilidad para hablar y escribir el castellano? — Si señor, tiene bastante facilidad, pues ha aprendido el castellano aun con su madre, que era de Segovia.

¡Pero qué calor está haciendo, y ya es de noche! — Sí señor, el calor que hace es insoportable.

¿Hace tanto calor en España? — Si señor, y mucho mas.

¿Ha visto Vd. alguna revolucion en España el tiempo que Vd. estaba allí? — Esto no era difícil, en España habia revolucion casi todos los años.

¿Qué tiempo ha hecho los últimos 6 meses aquí en Suiza? — Ah, el tiempo era muy malo, no teníamos mas que 17 dias buenos. En España hacia casi siempre sol. — Y aquí ha llovido (geregnet) casi siempre.

¿Quién es aquel caballero del pelo blanco? — Es un profesor de lenguas muy viejo ya.

¿Es bueno aquel cuadro? — Si señor, la idea es buena, pero los colores son demasiado vivos.

¿Es grande el trabajo de escribir una gramática? — Es tan grande que, si yo lo hubiese sabido, no habria oder hubiera principiado.

---

[1]) Der Spanier beginnt eine Erwiderung häufig mit „es que" „es ist, daß," unserm deutschen „nämlich" entsprechend.
[5]) L. 14 § 1.

17. Lektion. Leccion décima sétima.

Das Eigenschaftswort. El adjetivo calificativo. (vd. L. 8.)

§ 1. Das Abjektiv muß mit dem Hauptwort, welches es näher be=
zeichnet, in Geschlecht und Zahl übereinstimmen; z. B.

El libro nuevo das neue Buch. Una casa nueva ein neues Haus.
Libros nuevos neue Bücher. Casas nuevas neue Häuser.

§ 2. Der Plural wird gebildet, wie beim Hauptwort, durch An=
fügung von „s" und „es" (L. 4 § 2); z. B.

Ciego, ciegos blind; triste, tristes traurig; grande, grandes groß; fácil,
fáciles leicht; difícil, difíciles schwer, schwierig; feliz, felices glücklich 2c.

§ 3. Zur Bildung des weiblichen Geschlechts verwandeln die
Abjektive, welche auf „o" enden, dieses o in a; z. B.

Bueno, buena gut; malo, mala schlecht; santo, santa heilig; bonito-a
schön, hübsch: chico-a klein.

Die diminutivos auf ete und die aumentativos auf ote verwan=
deln ebenfalls das Schluß=e in a; z. B.

Ricote, ricota reich; regordete, regordeta unterfett, beleibt 2c.

§ 4. Den Abjektiven, welche auf an, on und or endigen, besonders
wenn sie als Hauptwörter benutzt werden, wird für das femenino ein a
angehängt; z. B.

Haragan, haragana träge; jugueton-a spielerisch, läppisch; holgazan-a
faul; mamanton-a saugend (bei Tieren); hablador-a geschwätzig (eigentlich
Schwätzer); pregunton-a vorwitzig (eigentlich Fragesteller).

Ebenfalls wird a den Nationalabjektiven angehängt, wenn sie auf
einen Konsonanten endigen; z. B.

Aleman-a deutsch, Deutscher=e; | holandes-a holländisch, Holländer=in;
andaluz-a andalusisch, Andalusier=in; | ingles-a englisch, Engländer=in;
español-a spanisch, Spanier=in; | polones-a polnisch, Pole=in;
frances-a französisch, Franzose=in; | portugues-a portugiesisch, Portugiese=in.

§ 5. Alle übrigen Eigenschaftswörter haben für beide Geschlechter
nur eine Endung; z. B.

Un libro grande, una casa grande, casas grandes; un caballero cortes
(höflich), una señora cortes, muchachos-as corteses; un padre feliz, una madre
feliz, madres felices; ebenso mayor größer, menor kleiner, mejor besser,
peor schlechter, sowie alle übrigen Komparativformen auf or (L. 18 § 5).

§ 6. Die Adjektive **bueno, malo, alguno, ninguno**[1]) und die Zahlwörter **uno, primero, tercero, postrero** verlieren das Schluß=o vor männlichen Hauptwörtern in der Einzahl; **ciento**[2]), **grande** und **santo** sogar die letzte Silbe; z. B.

Un buen hombre, una buena mujer, buenos niños, buenas muchachas; un mal caballo, una mala yegua, malas costumbres; algun monarca, algunos reyes, algunas vacas; el primer dia, la primera noche, los primeros hombres; un gran perro, grandes perros, una grande, auch gran casa[3]), grandes casas; San Pedro, San Pablo, San José (Joseph), Santa Teresa, los Santos Padres, die Kirchenväter ꝛc.

Santo wird vor folgenden vier Heiligennamen nicht in San ab= gekürzt:

Santo Domingo, der heilige Dominik; | Santo Toribio, der heilige Toribius;
Santo Tomé, der heilige Timotheus; | Santo Tomás, der heilige Thomas.

NB. San Domingo, San Tomas sind Inselnamen.

Die Stellung des Adjektivs. La posicion del adjetivo.

§ 7. Das Adjektiv, als Prädikat im Satze, steht in allen Sprachen, so auch im Spanischen, nach dem Substantiv, mit dem es mit ser oder estar (sein) verbunden wird; z. B.

El hombre es inteligente. | Der Mensch ist verständig.
El comerciante es rico. | Der Kaufmann ist reich.
El padre está contento. | Der Vater ist zufrieden.
Este vino está agrio. | Dieser Wein ist sauer.

Eine Ausnahme tritt bloß bei Inversion ein:

Grande y majestuosa es la salida del sol. | Groß und majestätisch ist der Sonnen= aufgang.
Grande y valiente fué Napoleon I. | Groß und tapfer war Napoleon I.

§ 8. In den romanischen Sprachen wird aber das Adjektiv sehr oft auch ohne ser dem Substantiv nachgestellt; z. B.

El hombre prudente. | Der kluge Mann.
La planta venenosa. | Die giftige Pflanze.
La piedra preciosa. | Der kostbare Stein (Edelstein).
La mujer alta y hermosa. | Die große und schöne Frau.
Los colores blancos, verdes y negros. | Die weißen, grünen u. schwarzen Farben.

---

[1]) vid. L. 10 § 3, 4.
[2]) L. 11 § 2.
[3]) Das Abkürzen von grande ist nicht absolut notwendig, es kann dies jedoch auch vor weiblichen Substantiven im Singular geschehen.

§ 9. Nach dem Hauptwort stehen besonders:
a) Die Nationaladjektive (adjetivos nacionales); z. B.

El músico aleman.	Der deutsche Musiker.
El mendigo italiano.	Der italienische Bettler.
La industria francesa.	Die französische Industrie.
La pintura española.	Die spanische Malerei (Gemälde).
Los inventos americanos.	Die amerikanischen Erfindungen.
La lengua castellana.	Die kastilianische Sprache.

b) Die Mittelwörter (participios); z. B.

Una madre amada.	Eine geliebte Mutter.
Un niño premiado.	Ein belohnter Knabe.
Un duro ganado.	Ein gewonnener, verdienter Thaler.
Un jóven aplicado.	Ein fleißiger Junge (Jüngling).
Una posicion perdida.	Eine verlorne Stellung.
Una peseta mal gastada.	Eine schlecht verausgabte Peseta (ein span. Frank).

c) Adjektive, die sinnlich wahrnehmbare Eigenschaften bezeichnen:

Un árbol frutal.	Ein fruchttragender Baum (Obstbaum).
Un zapatero viejo y ciego.	Ein alter und blinder Schuhmacher.
Un pescador pobre[4]).	Ein armer Fischer.
Un frio insoportable.	Eine unausstehliche Kälte.
Unas camisas blancas.	Einige weiße Hemden.
Un sombrero nuevo.	Ein neuer Hut.

b) Die Stoffadjektive (adjetivos de materia) (L. 6 § 4); z. B.

El martillo de hierro.	Der eiserne Hammer.
Un reloj de oro.	Eine goldene Uhr.
La cadena de plata.	Die silberne Kette.
Una mesa de piedra.	Ein steinerner Tisch.

§ 10. Vor dem Hauptwort stehen gewöhnlich die unter § 6 angeführten Adjektive, sowie die im Wesen des Substantiv enthaltenen Eigenschaften; z. B.

Un buen amigo.	Ein guter Freund.
El primer dia.	Der erste Tag.
Un gran monarca.	Ein großer Monarch.
La blanca nieve.	Der weiße Schnee.
El pesado plomo.	Das schwere Blei.
La vasta mar.	Das weite Meer.

---

[4]) Durch Voranstellen des Adjektivs pobre wird gleichsam ein gewisses Mitleid bekundet; z. B. un hombre pobre ein armer Mann, un pobre hombre ein bemitleidenswerter, armer Mann.

Übrigens entscheidet hier einerseits der Wohlklang, anderseits die Absicht des Sprechenden, dem Adjektiv durch Voranstellung mehr Ge= wicht, mehr Nachdruck zu verleihen; z. B.

Era una **hermosa** mañana, apénas habia el **rubicundo** Apolo
Es war ein   schöner Morgen,   kaum   hatte der rotwangige Apollo

tendido   por la **ancha** y **espaciosa** tierra las **doradas** hebras de sus
ausgestreckt über die breite und   weite   Erde die goldenen Fäden seiner

hermosos cabellos, y apénas los **pequeños** y **pintados** pajarillos con
prächtigen Haare,   und kaum die   kleinen   und buntfarbenen Vögelchen mit

sus **arpadas** lenguas habian saludado con **dulce** y **meliflua** ar-
ihrer harfenartigen Sprache hatten   begrüßt   mit süßer und lieblicher Har=

monia la venida de la **rosada** aurora, cuando el **famoso** caballero Don
monie die Ankunft der rosigen Aurora,   als   der berühmte Ritter Don

Quijote de la Mancha, dejando las **ociosas** plumas, subió sobre su
Quixote aus der Mancha, verlassend die müßigen Federn,   aufstieg auf sein

famoso caballo Rocinante, y comenzó á caminar   por el **antiguo**
berühmtes Pferd Rocinante und anfing sich zu bewegen durch das   alte

y **conocido** campo de Montiel etc.   (Cervantes.)
und bekannte Feld von Montiel ꝛc.

§ 11. Grande-gran steht eigentlich **nur voran,** wenn es **bildlich**
gebraucht wird, nicht aber, wenn von **physischer Größe** die Rede ist; z. B.

Una casa grande.	Ein räumlich großes Haus.
Una gran casa.	Ein bedeutendes, auch vornehmes Haus.
La ópera grande de París es un gran teatro.	Die große Oper zu Paris ist ein be= rühmtes Theater.

NB. Körperliche Größe von Personen dagegen wird mit alto (hoch) gegeben; z. B. Un hombre alto, ein großer Mann; un gran hombre oder un hombre grande, ein großer, bedeutender Mann.

§ 12. Bezieht sich ein Adjektiv auf mehrere Substantive, so wird es in die Mehrzahl gesetzt; und wenn von **lebenden Wesen beider= lei Geschlechts** die Rede ist, so nimmt es das **männliche** Geschlecht an; z. B.

El señor N. y mi vecino son ricos.	Der Herr N. u. mein Nachbar sind reich.
El general y la marquesa son muy buenos.	Der General und die Marquise sind sehr gut.
La madre y el hijo son honrados.	Die Mutter und der Sohn sind ehr= lich (ehrbar).

Handelt es sich jedoch um **lebloſe Dinge,** so nimmt das Adjektiv das Geschlecht des ihm nächstliegenden Substantivs an; z. B.

Tengo las manos y los piés encarnados y helados, oder	Ich habe rote und gefrorne Hände und Füße oder Füße und Hände.
Tengo los piés y las manos encarnadas y heladas.	

§ 13. Die deutsche Ausdrucksweise: „die lateinische, griechische und deutsche Sprache", übersetzt der Spanier mit: las lenguas latina, griega y alemana; er bringt nämlich das Hauptwort in den Plural und läßt die Adjektive in der Einzahl folgen.

Vocablos.

El arquitecto der Architekt,
el autor der Verfasser,
el borrachon der Trunkenbold,
el clima das Klima,
el ejemplo das Beispiel,
el escultor der Bildhauer,
el invento die Erfindung (Entdeckung),
el invierno der Winter,
el otoño der Herbst,
un particular ein Privatmann,
el pintor der Maler,
el plomo das Blei,
el poeta der Dichter,
el pueblo das Dorf, Volk,
el talento das Talent,
el verano der Sommer,
la invencion die Erfindung (Erdichtung),
la madrelengua die Muttersprache,
la ópera die Oper,
la posicion die Stellung,
la primavera der Frühling,
la salida der Aus-, Auf-, Weggang,
la vida das Leben,
á veces zuweilen, manchmal,
agradable angenehm, lieblich,
alegre lustig, heiter,
amable liebenswürdig,
bondadoso gütig,

borracho betrunken,
célebre berühmt, gefeiert,
cortes höflich,
famoso berühmt, ausgezeichnet, be=
   rüchtigt,
hábil geschickt,
guapo nett, gut aussehend, anständig,
húmedo feucht, naß,
industrioso gewerbsam,
inteligente verständig, intelligent,
lindo herzig, zierlich, nett,
majestuoso majestätisch,
modesto bescheiden,
noble edel, vornehm,
particular eigen, sonderbar,
pesado schwer (von Gewicht),
pernicioso verderblich,
precioso kostbar,
producido erzeugt,
público (el) öffentlich (Publikum),
serio ernst,
trabajador-a arbeitsam,
valiente tapfer,
variable veränderlich,
verde grün,
virtuoso tugendhaft,
qué tal wie, wie steht's,
ecétera etc.

Ejercicio.

José es un muchacho alto, muy guapo, y de gran talento. Maria es pobre, pero honrada, muy buena, bonita y amable, miéntras que su hermana es fea, holgazana, habladora y preguntona. Jacobo

tiene un niño muy inteligente, pero poco fuerte, y es lástima que
tenga que estar aquí en este clima tan malo. Buenos padres tienen
á veces malos hijos. No es siempre bueno de tener solo amigos
ricos, y ningun amigo pobre. Ese ganadero viejo se ha casado
(hat sich verheiratet) con una francesa jóven, pequeñita, regordeta
y habladora, pero muy rica. Un profesor aleman ha escrito la
historia de las guerras alemana-francesa y rusa-turca de los años
70 y 78. Malos ejemplos son perniciosos. Los alemanes son serios,
los franceses amables y los españoles alegres. Un discípulo holgazan es cosa mala, pero una mujer holgazana es cosa peor (schlimmer).
Grandes son los inventos del siglo 19. Los buenos reyes y las
reinas amables y bondadosas son siempre amados de su pueblo. Don
Jorge tiene una sortija con piedras preciosas, encarnadas, blancas
y verdes. Madrid es una ciudad bonita, noble y rica, tiene unos
300 000 habitantes, calles anchas, plazas grandes, casas particulares
como palacios, y jardines públicos muchos y muy bonitos; el clima
es bastante variable; en el verano hace mucho calor; el invierno es
bastante frio y húmedo, pero la primavera y el otoño son muy hermosos. España ha producido grandes hombres: Don Miguel de
Cervantes era un gran autor, Calderon un poeta muy famoso y
célebre, y Murillo era un gran pintor, escultor y arquitecta. Este
hombre es pobre, pero virtuoso, trabajador, modesto y honrado;
pero aquel es hablador, falso, holgazan y borracho. Hombres corteses
son agradables, pero no está dicho, que por eso sean honrados y
nobles. Estos caballos y estas yeguas son muy bonitos, y han de
haber costado mucho.

Tema.

Marie ist ein kleines, sehr nettes und liebliches Mädchen. Mein Großvater war ein großer und sehr ernster Mann, aber die Großmutter war sehr
klein, heiter, höflich und sehr verständig. Schlechte Gesellschaften sind für junge
Leute verderblich. Herr Thomas ist ein sonderbarer Mann, aber sehr ehrlich,
tugendhaft, bescheiden und berühmt durch (por) seine Erfindungen. Das Klima
dieses Landes ist ziemlich schlecht, die Winter sind sehr lang und kalt, die
Frühlinge sehr feucht, im Sommer ist es sehr warm und im Herbst ist das
Wetter sehr veränderlich. Mein Freund ist sehr glücklich, er hat nämlich (pues)
eine intelligente, tugendhafte, liebenswürdige und schöne Frau und sehr nette,
fleißige und kräftige Kinder. Eine untersetzte und kleine Frau ist nicht hübsch.
Die kleine Schweiz hat sehr große Männer erzeugt, wie (como son) Zwingli,
Pestalozzi, Haller, Lavater ꝛc. Dufour war ein berühmter, schweizerischer

General. Der heilige Thomas (L. 6 § 1) und die heilige Theresia haben
viele und große Klöster gegründet. Groß ist der Sonnenaufgang und majestä=
tisch. Mein Nachbar, der Maler, ist ein fleißiger und bescheidener Mann und
ziemlich geschickt, aber er ist ein Trunkenbold. Die Edelsteine des Prinzen sind
sehr schön und groß; sie müssen viel Geld gekostet haben. Es gibt große Männer,
die sehr klein sind. Zürich ist eine alte und gewerbsame Stadt, aber die Lage
ist prächtig und die Umgebung ist sehr schön. Isabella ist eine große, beleibte,
faule, geschwätzige und vorwitzige Andalusierin. Der blinde Musiker und der
italienische Bettler haben ihr Geld schlecht verausgabt (§ 9 b). Das Haus
Rothschild ist ein bedeutendes Handelshaus. Die Töchter zweier (de 2) meiner
Freunde studieren (estudian) die französische, griechische und lateinische Sprache,
aber sie kennen (no conocen) das Deutsche, ihre Muttersprache, nicht. Der
König und die Königin sind sehr gut, aber die Königin=Mutter ist böse.

Conversacion.

¿Quién ha sido premiado en la exposicion de París? — Un
amigo mio que era siempre muy aplicado.

¿Qué tal es la niña de su vecina de Vd.? — Juanita es muy
inteligente, amable, bondadosa, noble, pero un poquito seria.

¿Qué han hecho aquellos músicos borrachos?. — Han mal
gastado el dinero que han ganado en toda la semana.

¿Fueron valientes los soldados rusos en la última guerra? —
Los soldados eran valientes, pero los oficiales poco hábiles.

¿Qué tal (es) el clima de Inglaterra? — Es bastante bueno,
los inviernos no son muy fuertes, pero largos, miéntras que los
veranos y otoños son agradables y poco variables.

¿Quién es aquel señor del sombrero negro tan grande? — Es
el señor Yzquierdo, un famoso pintor madrileño.

¡Qué pregunton tan hábil es el señor Sanchez! — Es un caballero muy particular, pero cortes, amable, inteligente y muy noble
en sus acciones.

¿Has visto en tu vida una salida del sol tan majestuosa como
hoy? — Si señor, la he visto tan grande y majestuosa en la mar.

¿Qué tal tu sobrinita, es aplicada é inteligente? — La muchacha
es bastante aplicada, pero la pobre no tiene talento.

¿Qué libro tan precioso es ese? — Es el Quijote ilustrado por
Gustavo Doré.

¿Cómo es el pueblo andaluz? — Es muy cortes, amable, vivo
y siempre alegre.

¿Hay un buen escultor en esta ciudad? — Hay diferentes, pero ningun Canova.

¿Qué le fué tan pernicioso á ese jóven? — Las malas compañías y el mucho dinero que ha tenido.

¿Por quién está hecho ese magnífico cuadro? — Este San Pedro es preciosa pintura, y está hecha del famoso Velasquez.

¿Cuáles son los últimos inventos? — Son el fonógrafo y el teléfono, inventados por Mr. Edison, americano de mucho talento.

¿Ha estudiado Vd. alguna lengua antigua? — Sí señor, he estudiado las lenguas latina y griega.

¿Y de lenguas modernas? — El aleman, el frances, el ingles, el italiano y el castellano.

---

18. Lektion. Leccion décima octava.

Die Steigerung des Eigenschaftswortes. Los grados del adjetivo.

Die meisten Eigenschaftswörter sind in ihrer Bedeutung der Steigerung fähig und wir unterscheiden drei Stufen: den Positiv, den Komparativ und den Superlativ.

§ 1. Der Komparativ wird aus dem Positiv gebildet durch Voransetzung der Adverbien mas mehr oder ménos weniger; der Superlativ dagegen durch Verbindung des bestimmten Artikels mit dem Komparativ, durch Voranstellung von muy sehr oder irgend einem adverbialen Ausdrucke[1]), oder aber durch Anhängung von isimo-a an den Positiv, in welchem Falle der Endvokal elidiert wird; z. B.[2])

---

[1]) Sobre manera über die Maßen; en alto grado in hohem Grade; estremadamente äußerst, demasiado caro übermäßig oder zu teuer.
[2]) Mismo-a (selbst) kann mit isimo-a gesteigert werden; z. B. he comprado un mismísimo traje como Vd., ich habe eine ganz gleiche Kleidung gekauft wie Sie.

Positivo.	Comparativo.	Superl. relativo.	Superl. absoluto.
caro-a	mas caro-a	el la lo } mas caro-a	muy caro-a carísimo-a
teuer, lieb, wert.	teurer.	der, die, das teuerste.	sehr, außerordent= lich teuer=e.
docto-a	mas docto-a	el la lo } mas docto-a	muy docto-a doctísimo-a
gelehrt.	gelehrter.	der,die,das gelehrteste.	sehr, hochgelehrt=e.
prudente	ménos prudente	el ménos prudente	muy prudente prudentísimo-a
klug.	weniger klug.	der wenigst kluge.	sehr, überaus klug=e.

§ 2. Der Superlativ mit el, la, lo, los und las mas oder ménos hält immer noch einen Vergleich mit andern Gegenständen aus, weshalb man ihn den relativen Superlativ nennt, während dies nicht der Fall ist beim absoluten Superlativ, der mit muy oder isimo-a gebildet wird, indem er nur einen sehr hohen Grad der Eigenschaft bezeichnet; z. B.

Don Pedro es el mas rico de sus hermanos. | Herr Peter ist der reichste seiner Ge= schwister (Brüder).
Don Pedro es muy docto. | Herr Peter ist sehr gelehrt.
Don Pedro es doctisimo[3]). | Herr Peter ist ganz außerordentlich gelehrt[3]).

Zu beachten ist, daß der relative Superlativ den Artikel nicht wiederholt, wenn er schon bei dem vorangehenden Hauptworte steht; z. B.
El hombre mas honrado de la ciudad. | Der ehrlichste oder der geehrteste Mann der Stadt.

§ 3. Bei Bildung des absoluten Superlativs mit ísimo sind der Aussprache wegen jedoch folgende Veränderungen notwendig:

a) Adjektive auf **co** und **go** bilden quísimo und guísimo-a:
rico, riquísimo sehr reich; vago, vaguísimo sehr unstät.

b) Die auf **z** verwandeln z in **c**:
feliz, felicísimo sehr glücklich.

c) Die auf **io** verlieren diese Silbe:
limpio rein, limpísimo; amplio reichlich, amplísimo; necesario notwendig, necesarísimo.

---

[3]) Der absolute Superlativ in ísimo drückt zwar mehr Energie aus, als der mit muy gebildete, entspricht aber dem lateinischen relativen issimus durchaus nicht: ísimo läßt sich übrigens nicht allen Adjektiven anhängen und namentlich nicht den Participios; also muy instruido, und ja nicht instruidísimo etc.

7*

Eine Ausnahme bilden:

Agrio jauer, agriísimo; frio kalt, friísimo; pio fromm, piísimo.

b) Die auf ble verwandeln diese Endung in bilísimo: afable leutselig, afabilísimo; amable liebenswürdig, amabilísimo; noble edel, nobilísimo.

e) Adjektive, welche in der vorletzten Silbe ein ie haben, stoßen das i aus; z. B.

ardiente glühend (fig.), ardentísimo;   cierto sicher, gewiß, certísimo;
valiente tapfer, valentísimo;   tierno zart, ternísimo etc.

f) Adjektive, welche in der vorletzten Silbe ue haben, verwandeln dasselbe in o; z. B.

bueno gut, bonísimo;   fuerte stark, fortísimo;
grueso dick, grosísimo;   nuevo neu, novísimo.

§ 4. Nachfolgende absolute Superlative sind dem Lateinischen entnommen:

Acre herb, acérrimo-a eifrig, zäh,   benéfico wohlthätig, beneficentísimo-a,
áspero rauh, aspérrimo-a,   benévolo wohlwollend, benevolentí-
célebre berühmt, celebérrimo-a,   simo-a,
integro rechtschaffen, integérrimo-a,   cruel grausam, crudelísimo-a und
libre frei, libérrimo-a,   cruelísimo-a,
misero elend, misérrimo-a,   fiel treu, fidelísimo-a,
pobre arm, paupérrimo-a,   magnifico prächtig, magnificentísimo-a,
salubre heilsam, salubérrimo-a,   munífico freigebig, munificentísimo-a,
amigo freundlich, amicísimo-a,   sabio weise, sapientísimo-a,
antiguo alt, antiquísimo-a,   sagrado heilig, sacratísimo-a.

§ 5. Eine unregelmäßige Steigerung, ebenfalls nach lateinischer Analogie, haben folgende Adjektiva:

Positivo.	Comparativo.	Superl. relativo.	Superl. absoluto.
mucho-a viel.	mas[4]) mehr.	los las } mas die meisten[5]).	muchísimo-a sehr viel.
poco-a wenig.	ménos[4]) weniger.	los las } ménos die wenig= sten[5]).	poquísimo-a sehr wenig.
grande groß.	mayor größer.	el la } mayor d. größte.	máximo-a sehr groß.
pequeño-a klein.	menor kleiner.	el la } menor d. kleinste.	mínimo-a sehr klein.

---

[4]) **Mas** und **ménos** (die einzigen Komparativformen von mucho und poco) kommen nur im Neutrum oder in der Mehrzahl · vor; z. B. las mas noches die meisten Nächte; lo mas und lo ménos das Meiste und Wenigste oder am meisten, am wenigsten.

[5]) Die Ausdrücke „die meisten, die wenigsten" werden gewöhnlich durch la mayor oder la menor parte gegeben; z. B. la mayor parte de los diccionarios están llenos de faltas, die meisten Wörterbücher sind voller Fehler.

Positivo.	Comparativo.	Superl. relativo.	Superl. absoluto.

bueno-a gut.   mejor beſſer. $\left.\begin{array}{l}\text{el}\\\text{la}\end{array}\right\}$ mejor b. beſte.   óptimo-a ſehr gut.

malo-a ſchlecht.   peor ſchlimmer. $\left.\begin{array}{l}\text{el}\\\text{la}\end{array}\right\}$ peor b. ſchlimmſte.   pésimo-a ſehr ſchlimm.

alto-a hoch.   superior höher. $\left.\begin{array}{l}\text{el}\\\text{la}\end{array}\right\}$ superior b. höchſte.   supremo-a b. höchſte, ſehr hoch.

bajo-a niedrig. $\begin{array}{l}\text{inferior}\\\text{niedriger.}\end{array}$ $\left.\begin{array}{l}\text{el}\\\text{la}\end{array}\right\}$ $\begin{array}{l}\text{inferior}\quad\text{ber}\quad\text{bie}\\\text{niedrigſte.}\end{array}$ ínfimo-a ſehr niedrig.

NB. Neben dieſer unregelmäßigen Steigerung iſt jedoch die regelmäßige mit **mas** oder **ménos, muy** und **ísimo** zuläſſig; z. B.

Grande, mas grande, el und la mas grande, muy grande und grandísimo-a; alto-a, mas alto-a, el und la mas alto-a, muy alto-a und altísimo-a etc.

Statt mas bueno-a oder mas malo-a ſagt man beſſer **mejor** oder **peor.** (L.17 § 5.)

Mayor bebeutet großartiger, anſehnlicher; **menor** unbebeutenber, geringer; dieſe beiden haben jedoch den Nebenbegriff von „älter" und „jünger".

Superior und **inferior** beziehen ſich mehr auf den Rang als auf die Höhe, zu deren Bezeichnung die regelmäßige Steigerung von alto und bajo mit **mas, muy** und **ísimo** dient. **Supremo** und **ínfimo** werden mehr in bilblichem Sinne gebraucht.

§ 6. Bei Vergleichungen (comparaciones) iſt zu unterſcheiden, ob dieſe in gleichem oder in ungleichem Grade geſchehen.

a) Die deutſchen Komparative der Gleichheit „ebenſo — als", „ſo — als" oder „ſo — wie" werden durch „tan — como" überſetzt; z. B.

Él es tan instruido como tú.	Er iſt ebenſo gebilbet als bu.
Juan es tan pobre como honrado.	Johann iſt ſo arm als ehrlich.

b) Iſt jedoch von einer **Menge** oder **Anzahl** die Rede, ſo ſteht das abjektiviſche „tanto-a" (ebenſoviel) mit entſprechenbem „cuanto-a" oder „como" (als); cuanto nur dann, wenn ein Zeitwort darauf folgt; z. B.

Tengo tanta hacienda cuanta (como) tenia, hace 10 años.	Ich habe ebenſoviel Vermögen, als ich vor zehn Jahren hatte.
Esta traduccion tiene tantas faltas como la otra ober esta traduccion tiene tantas faltas cuantas la otra tenia.	Dieſe Überſetzung hat ebenſoviele Fehler, als die anbre hatte.

c) „Je — deſto" überſetzt man mit „cuanto — tanto"; z. B.

Cuanto mas estudiamos, tanto mas aprendemos.	Je mehr wir ſtubieren, deſto mehr lernen wir.

oder

Cuanto mas inteligente, mas prudente [6]).	Je intelligenter, deſto klüger (vorſich= tiger).
El hombre y el oso cuanto mas feo, mas hermoso.	Der Mann und der Bär, je häßlicher, deſto ſchöner. (Span. Sprichwort.)

---

[6]) Tanto kann in dieſem Falle ſogar ausgelaſſen werden.

b) Bei Komparativen der Ungleichheit übersetzt man das deutsche „als" mit **que**, wenn ein Hauptwort, Fürwort oder Adjektiv folgt; z. B.

Tu primo es mas rico que mi hermano.	Dein Vetter ist reicher als mein Bruder.
Tu casa es mas grande que la mia.	Dein Haus ist größer als das meinige.
Este hombre es mas desdichado que malo, y ménos malo que Juan.	Dieser Mann ist unglücklicher als schlecht und weniger schlecht als Johann.

e) Folgt im bejahenden Falle auf „mehr oder weniger — als" ein Zahlwort, so wird „als" durch „de" übersetzt; nach einer Verneinung steht „que"; z. B.

Tuve mas de cien duros.	Ich hatte mehr als 100 Thaler.
No tenia mas que cien duros.	Ich hatte nicht mehr als 100 Thaler.

f) Folgt auf einen Komparativ ein Nebensatz, so wird „als" mit „de lo que" gegeben; z. B.

Federico es mas desdichado hoy de lo que era un año hace.	Friedrich ist heute unglücklicher, als er es vor einem Jahre war.
Felipe es mayor de lo que parece.[7]	Philipp ist älter, als er scheint.

g) Steht aber nach **mas** oder **ménos** an Stelle des Adjektivs ein Substantiv, so richtet sich das Relativpronomen in Geschlecht und Zahl nach demselben; z. B.

Tengo mas dinero del que tenia.	Ich habe mehr Geld, als ich hatte.
Pedro tiene ménos libros de los que tenia años há.	Peter hat weniger Bücher, als er vor Jahren hatte.
Esta vaca da mas leche de la que daba el mes pasado.	Diese Kuh gibt mehr Milch, als sie vorigen Monat gab.
Estas traducciones tienen ahora ménos faltas de las que tenian.	Diese Übersetzungen haben jetzt weniger Fehler, als sie hatten.

Vocablos.

Jacobo Jakob,	el mal das Übel, Böse, die Krankheit,
Julio Julius,	el marido der Ehemann,
el arte (f.) die Kunst,	el obispo der Bischof,
el artesano der Handwerker,	el pedante oder pedagogo der Schulmann,
el artista der Künstler,	
el bien das Gute, Glück, Wohl,	el tribunal das Gericht,
el carpintero der Zimmermann, Schreiner,	la Silesia Schlesien,
	la comodidad die Bequemlichkeit,
el ebanista der Tischler, Möbelschreiner,	la comparacion der Vergleich, die Vergleichung,
el esposo der Gatte,	
el ingeniero der Ingenieur,	la esposa die Gattin,

---

[7] Der Spanier setzt in diesem Falle keine Verneinung vor das Verb, wie der Franzose „qu'il ne paraît".

la mujer die Frau, Ehefrau,
la muerte der Tod,
la universidad die Universität,
á no ser es sei denn, außer,
admirable bewundernswert,
atrevido verwegen, waghalfig,
bobo dumm, einfältig,
cansado müde (satt haben),
claro hell, deutlich,
corto kurz,
desdichado unglücklich,

doloroso schmerzlich,
es verdad es ist wahr (Wahrheit),
fatigado ermüdet, ermattet,
fértil fruchtbar,
floreciente blühend,
generoso großmütig,
por aqui hier herum, hier zu Lande,
posible möglich,
queremos wir wollen,
robusto kräftig,
tonto dumm, albern.

Ejercicio.

' Don Juan es tan sabio como Don Jacobo ó mas, pero es muy modesto, mas prudente y muchísimo mas amable que sus hermanos todos. Vd. tiene un ama muy fea sí, pero es (una) cocinera tan buena como mujer fiel, limpia y honrada. Su casa de Vd. no es tan grande como la mia, pero tiene mayores comodidades. Las artes de la escultura y pintura no son tan florecientes como lo eran en tiempos pasados. Esta gramática es muy cara, pero no es tan cara como aquel diccionario. Aquel profesor es doctísimo, pero mas docto aun es Don Emilio Castelar. Julio César era tan prudente como noble, generoso y valiente. Lo mas que he perdido en la lotería han sido unos cien reales. Jacobo es un holgazan, ha hecho siempre lo ménos posible. La Suiza no es tan fértil como Italia, pero mucho ménos fértil aun es la Silesia. No he visto nunca á una señora mas amable que á su tia de Vd. Esta escultura es malísima, pero aquella pintura del mismo artista es admirabilísima. El vino de Zurich es agriísimo, pero mas agrio aun es el que mi hermano ha comprado en el Valdelino (Veltlin), pues es vinagre. El obispo de Córdoba era beneficentísimo, pero ahora es demasiado pobre para dar la mas mínima[8]) cosa. La pérdida de nuestra fortuna es ménos dolorosa para nosotros que la muerte de nuestro carísimo padre. Los hombres mas instruidos no son siempre los mejores. Australia es la parte menor del mundo, y Asia la mayor. Aquel pintor era un borrachon muy grande; cuanto mas ha ganado, tanto mas ha gastado. Los niños, cuanto mas modestos (tanto) mas agradables son. Este profesor tiene tantos discípulos ahora,

---

8) Mínimo und ínfimo sind sogar noch einer Steigerung mit mas fähig.

cuantos tenia 2 años hace. Hemos hecho este año tanto vino, tanto trigo y tantas frutas como el año pasado. Generalmente cuanto mas docto ménos claro. Cuantos mas bienes tenemos, mas quéremos tener. Don José es hombre muy rico, tiene mas de cien· mil duros, miéntras que su hermano no tendrá mas que unos cien reales. Mas de 120 000 hombres han muerto en esa guerra crudelísima de los rusos y turcos. Esta mujer habladora es ménos inteligente de lo que parece. Esta escultura tan cara es inferior á lo que parece. Su niño de Vd. es ménos fuerte ahora de lo que ha sido hace 2 meses. Mi primo ha escrito mas cartas de las que he recibido. La Suiza ha producido mas hombres grandes de los que hemos nombrado en la leccion 17. El niño mayor está en la clase superior, y el niño menor (está) en la clase inferior. Jorge ha ido al tribunal supremo. Dios es el Ser supremo, y el Papa el sumo") pontifice (höchste Priester).

Tema.

Wir werden diesen Herbst so viele Früchte in unsrem Garten haben, als wir vergangenes Jahr hatten. Die Königin Isabella hatte ebensoviel Feinde als ihre Mutter Maria Christina. Das letzte Übel war schlimmer als das erste. Die Franzosen sind nicht unsre größten Feinde. Die Frau war schlimmer als der Mann, und dieser war schlimm genug. Diese jungen Leute sind alle äußerst liebenswürdig und höflich, aber der angenehmste und beste von allen ist der kleine Johann. Es sind mehr Soldaten mit dem Dampfer angelangt, als diejenigen, welche wir gesehen haben. Diese Orangen sind reifer als die, welche du gestern gekauft hast. Je tugendhafter die Menschen, desto glücklicher sind sie. Mein Vetter ist ebenso alt als seine Frau, aber er ist nicht so kräftig als sie. Dieser Turm ist beinahe so hoch als jener, aber jener Ihrer Stadt ist der höchste von allen. Dieser Hund ist schlimmer, als er scheint. Der Buchhändler hat nicht· mehr als 20 Grammatiken verkauft, und es sind mehr als 200 angekommen. Mein Bruder Karl ist größer als ich, aber er ist jünger; der kleinste von den Brüdern allen ist auch der älteste. Frau N. ist sehr liebenswürdig, (sie) ist die liebenswürdigste und beste Frau dieser Stadt. Wir sind zu Fuß (á pié) vom Rigi gekommen und wir waren alle sehr müde, aber die müdeste von allen war (era) unsre Mutter. Der ehrbarste Mann dieser Stadt ist ein gewisser (L. 10 § 7) Herr Gimenez. Murillo war ein sehr berühmter spanischer Maler. Der Fischer ist sehr arm, aber äußerst ehrlich und gut, wie es keinen andern gibt. Meine Uhr ist besser als die deinige, aber die des Herrn Professor F. ist die beste von allen. Dieser Tischler ist so geschickt als jener Zimmermann, aber beide sind Trunken=

") Sumo, der Höchste, wird nur in diesem Falle, sonst aber vor Abstrakten gebraucht; z. B. con sumo gusto mit größtem Vergnügen.

bolbe und Faulenzer. Der gelehrteste aller Schulmänner in Oviedo war der hochweise Dr. Godinez. Diese Übersetzung ist leichter, als sie scheint. Der General Espartero war ebenso tapfer als großmütig. Alt-Kastilien (Castilia la vieja) ist der kälteste Teil Spaniens, die Winter sind außerordentlich kalt. Je kürzer die Zeit ist, desto kostbarer ist sie. Je weniger Josef gearbeitet hat, desto mehr hat er ausgegeben. Das Schlimmste, was es für (para) den Menschen gibt, ist krank (zu) sein. Das größte Glück für die Eltern ist, gute Kinder (zu) haben. Die Herzogin ist weniger reich und schön, als Sie mir gesagt haben, aber sie ist sehr liebenswürdig. Julius Cäsar war ebenso klug und verständig als tapfer. Maria Theresia war ebenso tugendhaft als schön, klug und wohlthätig. Paul ist nicht so dumm, als er aussieht (scheint). Der Herzog von Alba war außerordentlich grausam und Philipp II. war es nicht (no lo era) weniger.

Conversacion.

¿Con quién se ha casado su amiga de Vd.? — Se ha casado con un carpintero tan hombre de bien como aplicado é inteligente.

¿Es esta su niña mayor, ó tiene Vd. otra mayor aun? — Esta es la mayor de mis niñas, pero tengo un niño mayor, y una chiquita menor de edad.

¿Ha estado Vd. últimamente en Roma? — Estuve, cuando la muerte de Pio nono (oder cuando murió Pio nono).

¿Habrá Vd. visto aquellas fiestas magnificentísimas, y á Leo XIII? — Si señor, y tambien he visto que el sumo pontífice y los santisimos padres no han de ser tan pobres.

Los hombres son generalmente poco contentos. — Sí, cuanto mas tenemos, mas queremos tener.

¿Cuánto ha costado ya el ferro-carril del San Gotardo? — Me ha dicho un ingeniero, que son mas de 100 millones de francos.

Son trabajos superiores y muy difíciles, ¿no (es) verdad? — Sí señor, pero lo mas difícil parece ser (L. 26⁵) el buscar el dinero para la obra.

¿Quién es aquel caballero tan particular? — Es el señor Sangrado, médico celebérrimo de la ciudad.

¿Y quién es el otro caballero con aquellos anteojos tan grandotes (L. 7 § 2.) — ¡Ah amigo! aquel es el sapientisimo y munificentísimo doctor Godinez, el mas hábil pedante de toda la universidad.

¡Parece que hay hombres muy célebres en esta! — Sí señor, los hombres mas grandes y mas doctos del mundo están aquí.

¿Pues habrá mucha gente muy instruida? — Sí señor, bastante instruida es, si fuese tan trabajadora y tan modesta.

¿Hay hombres célebres en su pais de Vd.? — Los hombres mas célebres que habia, eran Don Miguel Cervantes, Calderon, Lope de Vega, Murillo, Velasquez, Herrera etc.

¿Son florecientes aun las artes de la escultura y pintura? — No son tan florecientes como en otro tiempo, pero en España hay siempre dinero para las artes.

¿Era valiente soldado el general Prim? — Era tan valiente como atrevido.

¿Hace tambien frio en España? — No hace tanto como por aquí, pero en Castilla la vieja, Asturias y Galicia hace muy bastante.

¿Hay buen vino en España? — Hay de todo; los mejores vinos son de Alicante, Montilla, San Lúcar, Jeréz y Málaga.

¿Y los inferiores, cuáles son? — Los de Toro, Aragon, Valencia etc., pero los mas inferiores y tambien los mas baratos son los de Cataluña.

¿Tienen comparacion los vinos inferiores de Cataluña con los de por aquí? — No señor, los vinos de este pais son bastante agrios, algunos hay que son agriísimos, y los de España no son agrios, á no ser que sean vinagre ya.

19. Lektion. Leccion décima nona.

Die regelmäßigen Zeitwörter. Los verbos regulares.

Die meisten spanischen Zeitwörter bestehen aus Stamm- und Endsilben; zu den regelmäßigen zählen alle diejenigen, welche in der
Konjugation nur die Flexionssilbe, nie aber den Stamm ändern.
Nach ihren Infinitiv-Endungen werden sie in 3 Konjugationen eingeteilt und es entspricht die Endung
ar der I., er der II. und ir der III. Konjugation.
In nachfolgendem Paradigma entwickeln wir sie nebeneinander,
um das Charakteristische derselben recht zu veranschaulichen, und verweisen
nur noch auf L. 13 § 1, 2 u. 3.

Conjugacion de los verbos regulares.

Infinitivo.

I. Conjugacion -ar.	II. Conjugacion -er.	III. Conjugacion -ir.
Habl-ar sprechen.	Tem-er fürchten.	Viv-ir leben.

Haber hablado, — temido, -·· vivido, gesprochen, gefürchtet, gelebt haben.
Haber de hablar, — de temer, — de vivir, sprechen, fürchten, leben sollen.

Gerundio.[1]

Habl-ando[1] sprechend, Tem-iendo fürchtend, Viv-iendo lebend.
Habiendo hablado, — temido, — vivido indem man gesprochen hat rc.
Habiendo de hablar, — de temer, — de vivir indem man sprechen soll,
muß oder wird rc.

Participio pasado.

Habl-ado gesprochen. Tem-ido gefürchtet. Viv-ido gelebt.

---

[1] Das Gerundium wird gewöhnlich durch Umschreibung mit „da, indem, als,
weil, wenn rc." ins Deutsche übersetzt (L. 42 § 8).

Indicativo.

Tiempos simples.   *Tiempos simples.*

Presente.

Habl-o²) ich spreche,	Tem-o ich fürchte,	Viv-o ich lebe,
„ -as³) du sprichst,	„ -es³) du fürchtest,	„ -es³) du lebst,
„ -a er spricht,	„ -e er fürchtet,	„ -e er lebt,
„ -amos³) wir sprechen,	„ -emos³) wir fürchten,	„ -imos³) wir leben,
„ -ais³) ihr sprecht,	„ -eis³) ihr fürchtet,	„ -is³) ihr lebt,
„ -an³) sie sprechen.	„ -en³) sie fürchten.	„ -en³) sie leben.

Imperfecto.

Habl-aba ich sprach,	Tem-ia ich fürchtete,	Viv-ia ich lebte,
„ -abas du sprachst,	„ -ias du fürchtetest,	„ -ias du lebtest,
„ -aba er sprach,	„ -ia er fürchtete,	„ -ia er lebte,
„ -ábamos wir sprachen,	„ -iamos wir fürchteten,	„ -iamos wir lebten,
„ -ábais ihr sprachet,	„ -iais ihr fürchtetet,	„ -iais ihr lebtet,
„ -aban sie sprachen.	„ -ian sie fürchteten.	„ -ian sie lebten.

Definido.

Habl-é ich sprach,	Tem-í ich fürchtete,	Viv-í ich lebte,
„ -aste du sprachst,	„ -iste du fürchtetest,	„ -iste du lebtest,
„ -ó er sprach,	„ -ió er fürchtete,	„ -ió er lebte,
„ -amos wir sprachen,	„ -imos wir fürchteten,	„ -imos wir lebten,
„ -ásteis ihr sprachet,	„ -isteis ihr fürchtetet,	„ -isteis ihr lebtet,
„ -aron sie sprachen.	„ -ieron sie fürchteten.	„ -ieron sie lebten.

Futuro.⁴)

Habl-aré ich werde spre=	Tem-eré ich werde fürch=	Viv-iré ich werde leben ꝛc.
„ -arás chen ꝛc.	„ -erás ten ꝛc.	„ -irás
„ -ará	„ -erá	„ -irá
„ -aremos	„ -eremos	„ -iremos
„ -areis	„ -ereis	„ -ireis
„ -arán	„ -erán	„ -irán

Condicional.⁴)

Habl-aria ich würde spre=	Tem-eria ich würde fürch=	Viv-iria ich würde leben ꝛc.
„ -arias chen ꝛc.	„ -erias ten ꝛc.	„ -irias
„ -aria	„ -eria	„ -iria
„ -aríamos	„ -eríamos	„ -iríamos
„ -aríais	„ -eríais	„ -iríais
„ -arian	„ -erian	„ -irian

---

²) Fürwörter betreffend (vid. L. 13 § 3). —
³) Wir erinnern an die Flexionskonsonanten n und s (vid. L. 2, Anmerkung).
⁴) Das Futuro und das Condicional werden bei den meisten Verben durch Anhängung folgender Flexionssilben an den Infinitiv gebildet: é, ás, á, emos, eis, án für das Futuro; ia, ias, ia, íamos, íais, ian für das Condicional.

Subjuntivo.

Tiempos simples.   **Presente.**   *Tiempos simples.*

Que (yo) — daß	Que (yo) — daß	Que (yo) — daß
Habl-e ich spreche,	Tem-a ich fürchte,	Viv-a ich lebe,
„ -es du sprechest,	„ -as du fürchtest,	„ -as du lebest,
„ -e er spreche,	„ -a er fürchte,	„ -a er lebe,
„ -emos wir sprechen,	„ -amos wir fürchten,	„ -amos wir leben,
„ -eis ihr sprechet,	„ -ais ihr fürchtet,	„ -ais ihr lebet,
„ -en sie sprechen.	„ -an sie fürchten.	„ -an sie leben.

Imperfecto. [5]

daß oder wenn — Que oder si (yo) — daß oder wenn

Habl-ase ich spräche,	Tem-iese ich fürchtete,	Viv-iese ich lebte,
„ -ases du sprächest,	„ -ieses du fürchtetest,	„ -ieses du lebtest,
„ -ase er spräche,	„ -iese er fürchtete,	„ -iese er lebte,
„ -ásemos wir sprächen,	„ -iésemos wir fürchteten,	„ -iésemos wir lebten,
„ -áseis ihr sprächet,	„ -iéseis ihr fürchtetet,	„ -iéseis ihr lebtet,
„ -asen sie sprächen.	„ -iesen sie fürchteten.	„ -iesen sie lebten.

Definido (kommt nicht vor).

Futuro. [5]

daß oder wenn.— Que oder si (yo) — daß oder wenn

Habl-are ich sprechen werde	Tem-iere ich fürchten werde	Viv-iere ich leben werde
„ -ares oder sollte ꝛc.	„ -ieres oder sollte ꝛc.	„ -ieres ob. sollte ꝛc.
„ -are	„ -iere	„ -iere
„ -áremos	„ -iéremos	„ -iéremos
„ -áreis	„ -iéreis	„ -iéreis
„ -aren	„ -ieren	„ -ieren

Condicional. [5]

daß oder wenn — Que oder si (yo) — daß oder wenn

Habl-ara ich spräche oder	Tem-iera ich fürchtete ob.	Viv-iera ich lebte oder
„ -aras sprechen	„ -ieras fürchten	„ -ieras leben
„ -ara würde ꝛc.	„ -iera würde ꝛc.	„ -iera würde ꝛc.
„ -áramos	„ -iéramos	„ -iéramos
„ -árais	„ -iérais	„ -iérais
„ -aran	„ -ieran	„ -ieran

[5]) (Vide L. 13 § 1.)

Indicativo.	Subjuntivo.

Tiempos compuestos.

Perfecto indefinido.

	Que (yo) — daß
He habl-ado, ich habe gesprochen ꝛc.	Haya habl-ado, ich gesprochen habe ꝛc.
has „	hayas „
ha tem-ido,	haya tem-ido,
hemos „	hayamos „
habeis viv-ido,	hayais viv-ido,
han „	hayan „

Pluscuamperfecto.

	Que oder si (yo) — daß oder wenn
Habia habl-ado, ich hatte gesprochen ꝛc.	Hubiese habl-ado, ich gesprochen hätte ꝛc.
habias „	hubieses „
habia tem-ido,	hubiese tem-ido,
habíamos „	hubiésemos „
habíais viv-ido,	hubiéseis viv-ido,
habian „	hubiesen „

Perfecto anterior.

Hube habl-ado, ich hatte gesprochen ꝛc.	
hubiste „	
hubo tem-ido,	(kommt nicht vor.)
hubimos „	
hubisteis viv-ido,	
hubieron „	

Futuro perfecto.

	Que oder si (yo) — daß oder wenn
Habré habl-ado, ich werde gesprochen	Hubiere habl-ado, ich gesprochen haben
habrás „ haben ꝛc.	hubieres „ werde oder
habrá tem-ido,	hubiere tem-ido, sollte ꝛc.
habremos „	hubiéremos „
habreis viv-ido,	hubiéreis viv-ido,
habrán „	hubieren „

Condicional perfecto.

	Que oder si (yo) — daß oder wenn
Habria habl-ado, ich würde gesprochen	hubiera habl-ado, ich gesprochen hätte
habrias „ haben ꝛc.	hubieras „ oder haben
habria tem-ido,	hubiera tem-ido, würde ꝛc.
habríamos „	hubiéramos „
habríais viv-ido,	hubiérais viv-ido,
habrian „	hubieran „

Imperativo.

I. Conjugacion.

¡Habl-a!⁰⁾ sprich!
¡no habl-es! sprich nicht!
¡habl-e Vd.! sprechen Sie!
¡no habl-e Vd.! sprechen Sie nicht!
¡habl-emos! laßt uns sprechen!
¡no habl-emos! laßt uns nicht sprechen!
¡habl-ad! sprecht!
¡no habl-eis! sprecht nicht!
¡habl-en Vds.! sprechen Sie!
¡no habl-en Vds.! sprechen Sie nicht!

II. Conjugacion.

¡Tem-e! fürchte!
¡no tem-as! fürchte nicht!
· ¡tem-a Vd.! fürchten Sie!
¡no tem-a Vd.! fürchten Sie nicht!
¡tem-amos! laßt uns fürchten!
¡no tem-amos! laßt uns nicht fürchten!
¡tem-ed! fürchtet!
¡no tem-ais! fürchtet nicht!
¡tem-an Vds.! fürchten Sie!
¡no tem-an Vds.! fürchten Sie nicht!

III. Conjugacion.

¡Viv-e! lebe!
¡no viv-as! lebe nicht!
¡viv-a Vd.! leben Sie!
¡no viv-a Vd.! leben Sie nicht!
¡viv-amos! laßt uns leben!
¡no viv-amos! laßt uns nicht leben!
¡viv-id! lebet!
¡no viv-ais! lebet nicht!
¡viv-an Vds.! leben Sie!
¡no viv-an Vds.! leben Sie nicht!

⁰⁾ Dem § 2 L. 13 sei noch beigefügt, daß die 2. Person Einzahl des bejahenden Imperativs in den meisten Fällen mit der 3. Person Einzahl des Indicativo presente übereinstimmt; die 2. Person Mehrzahl dagegen wird stets dadurch gebildet, daß das r der Infinitiv-Endung in d verwandelt wird.

20. Lektion. Leccion vigésima.

Los verbos regulares.

Continuacion. — Fortsetzung.

Es gibt im Spanischen eine ziemliche Anzahl Zeitwörter, die ganz nach obigem Parabigma konjugieren, der Aussprache wegen jedoch folgende orthographische Veränderungen erleiden.

§ 1. Bei Zeitwörtern, die auf **gar, car** und **zar** enden, wird in der Flexion dem g vor e ein u beigefügt, c in qu und z in c verwandelt (vid. L. 1, g, c, q); z. B.

Infinitivo.	Subjunt. presente.	Definido.	Imperativo.	Dagegen:
pagar bezahlen,	pague, pagues-e etc.	pagué.	¡pague Vd.!	pagaré,
tocar berühren,	toque, toques-e etc.	toqué.	¡no toques!	no toco.
ein Instrument spielen,				
rezar beten.	rece, reces, rece etc.	recé,	¡recen Vds.!	¿rezan Vds.?

§ 2. Die Zeitwörter, welche auf **cer, ger** und **gir** enden, verwandeln vor a und o das c in z und g in j; z. B.

Infinitivo.	Ind. pres.	Subjunt. presente.	Imperativo.	Dagegen:
vencer siegen, besiegen,	venzo,	venza, venzas etc.	¡venza Vd.!	vencí etc.
coger fassen, fangen, zugreifen, pflücken,	cojo,	coja, cojas, coja etc.	¡cojan Vds.!	cogeremos
erigir stiften, auf= und errichten.	erijo.	erija, erijas, erija etc.	¡no erijais!	¡erigid!

§ 3. Die Verben auf **cir, guir** und **quir** verwandeln ebenfalls vor a und o das c in z, gu in g und qu in c; z. B.

Infinitivo.	Ind. pres.	Subjunt. present.	Imperativo.	Dagegen:
resarcir wieder gut machen,	resarzo,	resarza, resarzas etc.	¡resarzamos!	resarcimos,
distinguir unter= scheiden, aus= zeichnen,	distingo,	distinga, distingase etc.	distingamos!	¡distinguid!
delinquir gegen etwas fehlen.	delinco,	delinca, delincas etc.	¡no delincais!	¡delinquid!

§ 4. Wenn bei regelmäßiger Flexion der Zeitwörter auf **er** und **ir** ein unbetontes **i** zwischen zwei Vokale zu stehen kommt, so wird dieses **i** in **y** verwandelt; z. B.

Leer lesen. **Gerundio.** leyendo (statt leiendo) **Part. pas.** leido.

Indicativo.	Subjuntivo.
Pres. leo, lees, lee, leemos, leeis, leen.	lea, leas, lea, leamos, leais, lean.
Impf. leia, leias, leia, leíamos, leíais, leian.	leyese etc.
Def. leí, leiste, leyó, leimos, leísteis, leye-ron.	(kommt nicht vor.)
Fut. leeré, leerás, leerá etc.	leyere etc.
Cond. leeria, leerias etc.	leyera etc.

Imper. ¡lee!   ¡lea Vd.!   ¡leamos!   ¡leed!   ¡lean Vds.!
¡no leas! ¡no lea Vd.! ¡no leamos! ¡no leais! ¡no lean Vds.!

Ebenso verhält es sich mit **creer glauben, poseer besitzen,** sowie mit den ganz unregelmäßigen und den Klassenverben; z. B.

Caer[1]) fallen, cayendo, cayó, caye-ron, -se, -re, -ra. Part. pas. caido.
oir[1]) hören, oyendo, oyó, oye-ron, -se, re, -ra. „ „ oido.
destruir[2]) zerstören, destruyendo, destruyó, destruye-ron, -se,-re, -ra.
Part. pas. destruido.
huir[2]) fliehen, huyendo, huyó, huye-ron, -se, -re, -ra. „ „ huido.

§ 5. Jene Zeitwörter, deren letzter Stammbuchstabe ein **ch, ll** oder **ñ** ist, verlieren des Wohlklanges wegen das in § 4 genannte unbetonte **i** der Flexionssilbe; z. B.

Tañer angehen, tañ-endo, tañ-ó, tañ-eron,   statt: tañiendo etc.
gruñir grunzen, murren, gruñ-endo, gruñ-ó, gruñ-eron, „ gruñiendo etc.
mullir geschmeidig machen, mull-endo, mull-ó, mull-eron, „ mulliendo etc.

§ 6. Unregelmäßiges **Participio pasado** haben folgende sechs Zeitwörter; in allen übrigen Zeiten und Personen sind sie vollständig regelmäßig.

Infinitivo.	Participio pasado.
Abrir öffnen,	Abierto geöffnet,
cubrir decken,	cubierto gedeckt,
descubrir entdecken, aufdecken,	descubierto entdeckt,
escribir schreiben,	escrito geschrieben,
imprimir drucken (von Büchern),	impreso gedruckt,
romper zerbrechen,	roto zerbrochen.

---

[1]) Caer und oir sind unregelmäßige Verben (L. 33 u. 34).
[2]) Destruir und huir sind Klassenverben (L. 32).

Vocablos.

Cristóbal Colon Chriſtoph Columbus,
Viena Wien,
Virgen Santísima Heilige Jungfrau,
el aire die Luft,
el baile der Ball, Tanz,
el brazo der Arm,
el campo das Feld, Land,
el dedo der Finger,
el estudio d. Studium, Studier=Zimmer,
el favor die Güte, Gunſt,
el instrumento das Inſtrument,
el manuscrito das Manuſkript,
el monte der Berg, Wald,
el periódico die Zeitung,
el piano das Pianoforte, das Klavier,
el presidente der Präſident,
el romano der Römer,
el salchichon die Schlackwurſt, eine Art
       Salami,
el sitio der Raum, Platz, die Lage,
       Belagerung,
la batalla die Schlacht,
la caza die Jagd,
la cerveza das Bier,
la gloria der Ruhm,
la pasion die Leidenſchaft,
la pierna das Bein,
la razon Vernunft, Grund, das Recht,
amar lieben,
batir ſchlagen, ſchmieden, kämpfen,
beber trinken,
caer malo krank werden,
comer eſſen, zu Mittag ſpeiſen,
cazar jagen,

continuar fortfahren, fortdauern,
correr laufen, rennen,
deber ſollen, ſchulden,
desear wünſchen,
entrar (en) eintreten, einlaufen,
estudiar ſtudieren,
fumar rauchen,
ganar gewinnen, verdienen,
gastar ausgeben, abnutzen,
mal gastar ſchlecht verausgaben, ver=
       ſchwenden,
llegar (á) anlangen,
mandar befehlen, ſchicken,
partir teilen,
partir para verreiſen nach,
perder verlieren (L. 27),
sacar heraus=nehmen, — ziehen,
tomar nehmen, annehmen,
tomar el aire Luft ſchöpfen,
fresco-a friſch,
tranquilo-a ruhig,
así. ſo, auf dieſe Weiſe,
algo etwas,
ántes vorher, früher,
ántes de bevor, vor,
cuanto ántes ſobald als möglich, je
       früher deſto lieber,
despues (de) nachher, nach, nachdem,
dónde? wo?
en donde wo, allwo;
en vez anſtatt,
miéntras tanto unterdeſſen,
pasado mañana übermorgen.

Ejercicio. [3]

Los hijos no aman generalmente á sus padres tanto como debieran. Los niños aplicados estudian siempre su leccion. Mi padre
ha dicho, que tú vencerias todas las dificultades con facilidad, si
tuvieses mas paciencia. Aquel carpintero, cayendo de lo alto de una

[3] (Vid. L. 14, § 1, 2, 3 u. 4.)

casa, se (sich) rompió un brazo y una pierna. Los muchachos corrieron toda la mañana por el campo, en vez de ir á clase. Hoy he comido en casa de mi hermano, mañana comeré en casa de un primo mio, y pasado mañana comeremos todos juntos en casa de mi tio. Los alemanes tomaron á los franceses en la última guerra muchas plazas fuertes y 5 millardas de francos, pero ni los alemanes fueron ricos, ni pobres los franceses. Cristóbal Colon ha descubierto la América en 1492. Temo que no tengas cuidado con los niños, y no quiero que estés sola en casa. ¡Viva Vd. tranquila! yo tendré mucho cuidado. Yo no creia que su hermana de Vd. tocaba (L. 43 § 2) el piano. Uno de mis niños toca diferentes instrumentos; somos todos muy amigos de la música. Quiero que toques alguna cosa en el piano al señor padriño. Temiendo estoy, que mi hermano no llegue á tiempo para ir al teatro. La razon manda que venzamos nuestras pasiones. ¡Amemos á nuestros padres y parientes! Desearia que fueseis un poquito mas aplicados. No he dicho que no hayas estudiado las lecciones, pero si hubieras hecho lo que he mandado habrias aprendido todo con mas facilidad y mejor. Yo hablo diferentes lenguas, y quiero que mis niños aprendan 2 ó 3 idiomas tambien. Estos caballeros gastan muchísimo dinero, han de ser muy ricos, á no ser que sea gente mala. Don Miguel Cervantes, que era uno de los hombres mas célebres de España, vivia en el siglo XVI. Los antiguos suizos rezaron siempre ántes de entrar en una batalla. Ni los turcos ni los rusos ganaron, pero ambos á dos perdieron mucha gente y mucho dinero. No lo hubiéramós creido, si no lo hubiésemos visto. Mi primo llegó ayer de Valdelino, y partirá mañana para París. He leido en los periódicos que el señor Gambetta y el señor Fourtou se (sich) han batido. En 1871 entraron los soldados de Bourbaki en Suiza, huyendo y medio muertos de frio y de hambre. Yo desearia vivir en el campo los veranos, pero los inviernos en la ciudad. Hay hombres que beben mas de lo que debieran. Yo por la tarde bebo un vaso de cerveza ó dos, fumo un cigarro y leo los periódicos. Los romanos destruyeron la famosa ciudad de Cartago. El domingo pasado estuvimos cazando en los montes de Don Fernando, pero no hemos cogido mucho. ¡No esté Vd. siempre en casa leyendo y estudiando y gruñendo con su familia toda! Debiera Vd. tomar el aire fresco en los campos como nosotros; llegaria Vd. algo cansado á casa, y esto seria muy bueno para Vd. ¿Habeis escrito todo esto

en limpio ya? Cuando el manuscrito será impreso, habrá mas facilidad para (ober de) aprender las reglas. ¡Amigos, continuad así en
vuestros estudios, y aprendereis el castellano muy pronto!

Tema.

Die besiegten Soldaten flohen in die Wälder der Sierra Morena.
Werden Sie morgen mit Ihrem Freunde und seiner Gemahlin im Garten
speisen? Diese Kaufleute lesen alle Tage 4 oder 5 Zeitungen im Kaffeehaus.
Diesen Nachmittag (se) brach der tapfere Tumbon Arme und Beine im Stier=
gefecht. Mein Vetter spricht den ganzen Tag von seinen Hunden und Pferden;
wenn er etwas gelernt hätte, (so) würde er von seinen Studien sprechen. Du
wirst gehört haben, was der Lehrer gestern in der Klasse gesagt hat. Diese
bösen Kinder zerstörten das Haus und den Garten, anstatt ihre Aufgaben zu
lernen. Mein Vater wünscht, daß alle seine Kinder das Piano oder irgend
ein andres Instrument spielen lernen. Ich würde morgen nach Italien verreisen, wenn das Wetter besser wäre, aber so (da es so schlecht ist) werde ich
meine Reise später fortsetzen. Dieser junge Mann schreibt und studiert den
ganzen Tag; er wird ein sehr gelehrter Mann werden (llegar á ser). Der
sehr fromme Bischof betete zu der heiligen Jungfrau. Es sind (L. 16 § 4)
schon acht Jahre, daß wir in diesem Hause wohnen, und wenn die Lage nicht
so schön wäre, (so) würden wir anderswohin (á otra parte) gegangen sein,
weil wir zu wenig Raum haben. Ich fürchte, daß mein Neffe zu spät an=
komme, um auf den Ball zu gehen. Wenn du deine Fehler wieder gut machst,
(so) hast du nichts zu befürchten. Diese alte Köchin murrt den ganzen Tag.
Du würdest mehr besitzen, wenn du mehr gearbeitet und weniger ausgegeben
hättest. Im deutsch=französischen Kriege siegten die Deutschen, aber die
Franzosen zogen (einen) guten Teil daraus, denn heute haben sie die Republik
statt des Bonaparte. Ich will nicht, daß du mehr bezahlest als du schuldest.
Es gibt Menschen, welche ihre Hunde und Pferde mehr lieben als die kleinen
Kinder. Ich liebe die Musik, du liebst das Theater und unsre Schwestern
lieben den Tanz. Der gelehrte Professor sprach zwei gute Stunden (largas)
über die poetischen (poético) Werke des Lope de Vega und des Calderon.
Habt Ihr gehört, daß der ältere Sohn des Generals N. in der Schlacht bei
Sedan sein rechtes Bein verloren hat? Mein Sohn, unterscheide wohl die
guten Freunde von den schlechten! Ich habe vor kurzer Zeit in verschiedenen
Zeitungen gelesen, daß der junge Doktor Garcia sehr gute Studien in Wien
und Paris gemacht hat. Diese Studenten essen, trinken, rauchen und verschwenden viel Geld, während sie ihren guten Eltern schreiben, daß sie Tag
und Nacht arbeiten (L. 16 § 2). Die Söhne des Prinzen jagten in den
Wäldern von Toledo, der jüngere fiel vom Pferd und brach den linken Arm.
Diese Schüler sind nie ruhig und wenn sie so fortfahren, ohne mehr (zu)
studieren, werden sie nichts lernen. Nimm dieses Stück Brot und dieses Glas
Bier für jenen Armen, der an der Gartenthüre steht (estar). Die Napoleone

liebten mehr den Ruhm der französischen Waffen als das Wohl ihres Volkes, deshalb suchten sie stets Krieg mit andern Völkern. Ihr würdet eure guten Sitten verlieren, wenn ihr die schlechten Gesellschaften nicht fliehen würdet (Subj. impf.). Der Arzt befiehlt, daß der Großvater jeden Tag frische Luft schöpfe, ein Gläschen Malaga trinke und ein wenig Fleisch mit der Suppe esse.

Conversacion.

Buenos dias amigo, ¿cómo está Vd.? — Estoy bien, gracias á Dios, ¿y Vd.?

No estoy muy bien, pero estoy mejor. — Debiera Vd. ir mas al campo y beber agua por la mañana.

¿Cuándo partirá el comerciante para la Habana? — Creo que partirá mañana, pero primero irá á Ginebra y á Lyon.

¿Caza Vd. aun tanto como ántes de caer malo? — Hombre, (sehen Sie) yo perderia muy pronto la vida, si no continuase á correr por los montes, cazando y tomando el aire libre.

Yo tendria gana de correr un poco por el campo hoy. — Pues bien, iré con Vd. despues de comer.

¿Que instrumento toca Vd.? — En algun tiempo (ántes) tocaba el piano, pero ahora ya no le toco.

Buenas tardes señores. — Muy buenas tenga Vd.

¿Qué tal, habeis estudiado bien vuestra leccion? — Sí señor, queremos vencer las dificultades cuanto ántes.

¿Cómo rompió nuestro vecino su brazo? — Cayendo de lo alto de un árbol.

¿Qué estaba haciendo? — Estaba cogiendo unas peras que estaban muy altas.

¿Quién es el médico que le (ihn) cuida? — Es el señor Castresana, que es hombre tan hábil como instruido.

¿Dónde ha hecho sus estudios? — Creo que ha estuadiado en París y Viena.

¿Y en dónde ha estado despues? — Estaba cuidando los heridos en los campos de batalla en Francia.

¿Qué ciudades florecientes destruyeron los romanos? — Destruyeron á Jerusalen cuando (zur Zeit) Titus, y la ciudad de Cartago en tiempos de la república romana.

¡Muchacho! (Kellner) ¿que hay que comer y que beber? —

Señores, hay cerveza alemana y cerveza fuerte con limon[4]), vinos del pais y vinos de Francia, carne fria, salchichon, queso, manteca y pan. ¿Qué tomaremos pues, señores? — Lo que Vd. deseara. Pues, tomaremos una botella de cerveza alemana, si es que es fresca, un poco de queso y manteca con pan, pero ¡que sea prontito! ¡Ea pues (nun denn) Don Tomás! aquí hay un piano, ¿no tendria Vd. gana de tocar algo miéntras tanto, Vd. que toca tan bien? — Caballero, es favor que Vd. me hace, yo no soy tan fuerte en el piano como Vd. cree, pero si Vd. lo desea tocaré algo.

¿Ha leido Vd. los periódicos franceses de anoche? — Sí señor, y creo que la república francesa continuará, teniendo siempre presidentes tales como el Señor Grévy. (L. 5, § 3.)

Señores, distingamos bien; yo tambien creo, que el Señor Grévy es muy digno de ser presidente, y que es hombre para eso, pero .....! — La nacion francesa ha hecho una experiencia tal, que no habrá necesidad de temer por la paz.

¿Cree Vd. que Juan llegará pronto? — No creo que llegue hoy (L. 14 § 1).

¿Dónde estuvísteis esta mañana? — Estuvimos corriendo por los campos, cogiendo flores y pájaros.

Ya os (euch) he dicho muchas veces, que no cojais pájaros de canto. — Sí (aber) no hemos cogido mas que uno, y que era muy negro.

¿Han leido Vds. ya alguna obra maestra en castellano? — No señor, aun no hemos llegado á tanto; hace tres meses que hemos principiado el estudio de la lengua castellana; estamos ahora con la conjugacion de los verbos regulares, y en acabando esto continuaremos con los pronombres.

---

[4]) Ein in Spanien häufig getrunkenes, stark moussierendes Bier, das mit kaltem Zitronenwasser gemengt und in einer Suppenschüssel serviert wird.

21. Lektion. Leccion vigésima primera.

Die Fürwörter. Los pronombres.

Diese vertreten das Hauptwort und werden, wie im Deutschen, in sechs Klassen geteilt:

1) Persönliche personales,
2) Hinweisende demostrativos,
3) Fragende interrogativos,
4) Besitzanzeigende posesivos,
5) Beziehende relativos und
6) Unbestimmte indefinidos.

---

1. Persönliche Fürwörter. Pronombres personales.

In allen romanischen Sprachen, so auch im Spanischen, gibt es zweierlei persönliche Fürwörter[1]: selbständige (absolutos) und verbundene (conjuntivos); letztere kommen nur im Dativ und Akkusativ vor; die Formen sind:

	Singular.				Plural.		
			I. Persona.				
	absolutos	— conjuntivos			absolutos	— conjuntivos	
Nom.	yo	—	ich	nosotros-as (nos)	—	wir
Gen.	de mí	—	meiner	de „ „	—	unser
			(von mir)				(von uns)
Dat.	á mí	me	mir und	á „ „	nos	uns
Ac. [2]	—	me	mich			nos	uns.

			II. Persona.				
N.	tú	—	du	vosotros-as (vos)	—	ihr
G.	de tí	—	deiner	de „ „	—	euer
D.	á tí	te	dir und	á „ „	os	euch
A.	—	te	dich			os	euch.

---

[1] Die Franzosen z. B. haben neben moi—je, neben toi—tu, neben lui—il etc.
[2] Der Akkusativ der Person wird im Spanischen durch den Dativ gegeben. (L. 5 § 1.)

	Singular.			**Plural.**	

III. Persona (masc.).

	absolutos	—	conjuntivos	absolutos	—	conjuntivos
N.	él	—	er	ellos	—	ſie
G.	de él	—	ſeiner	de ellos	—	ihrer
D.	á él	le	ihm und	á ellos	les	ihnen und
A.	—	le	ihn	——	los	ſie.

III. Persona (fem.).

N.	ella	—	ſie	ellas	—	ſie
G.	de ella	—	ihrer	de ellas	—	ihrer
D.	á ella	le	ihr und	á ellas	les	ihnen und
A.	—	la	ſie (ihr § 5)	——	las	ſie (ihnen §5).

III. Persona. (Höflichkeitsform.)

N.	Vd.	—	Sie (L. 3¹)	Vds.	—	Sie
G.	de Vd.	—	Ihrer	de Vds.	—	Ihrer
D.	á Vd.	le	Ihnen und	á Vds.	les	Ihnen und
A.	—	le, la	Sie	——	los, las	Sie. \

III. Persona (neutro).

N.	ello	lo³)	es	
G.	de ello	—	deſſen u. davon	
D.	á ello	le	daran	**NB.** Für abſtrafte, allgemeine Begriffe
	con ello	—	damit	gibt es keinen Plural.
	por ello	—	dafür	
A.	lo	lo	es.	

Pronombres reflexivos. (De la III. Persona.)

N.	(se, L. 24 § 1 … man)		
G.	de sí	—	ſeiner und ihrer, von ſich
D.	á sí	se	ſich
A.	—	se	ſich.

NB. Die Reflexivfürwörter ſind für beide Geſchlechter gleich.

§ 1. Die Nominative der perſönlichen Fürwörter yo, tú, él, ella, ello etc. werden im Spaniſchen beim Zeitwort nur dann geſetzt: (L. 13 § 3)

---

³) Die Ausdrucksweiſe: ich bin's, er iſt es, welcher ꝛc., gibt der Spanier mit yo soy, él es; auf die Frage: biſt bu mein Freund? ober: ſeib ihr meine Retter? ꝛc. lautet die Antwort: lo soy, lo somos ober no lo soy, no lo somos etc.

a) wenn ein besondrer Nachdruck darauf ruhen soll,

b) wenn durch deren Weglassung Unklarheit entstehen könnte, oder aber

c) bei Fragesätzen; im letztern Falle werden sie dem Zeitwort ge=
wöhnlich nachgestellt. Das Fürwort Vd. jedoch steht immer, wenn es
nicht kurz voran ging; z. B.

Yo comeré si Vd. no quiere.	Ich werde essen, wenn Sie nicht wollen.
Ella estudia, y él barre el cuarto.	Sie stubiert, und er kehrt das Zimmer.
¿Pago yo ó pagas tú?	Bezahle ich oder bezahlst du?
¿Vd. cree que es caro esto?	Sie glauben, daß das teuer ist?
Ello parece muy caro, pero no lo³) es.	Es scheint sehr teuer, ist es aber nicht.
Vds. comerian si no hubiesen comido.	Sie würden essen, wenn Sie nicht gegessen hätten.

Anmerkung A. Die Nominative nos und vos sind unveränderliche Abkürzungen
von nosotros-as, vosotros-as; sie kommen nur in Alten oder höheren Befehlen vor
und werden Majestätsplurale genannt; z. B. Nos, Don Juan, el obispo de Ávila,
mandamos, Wir (Herr) Johann, Bischof von Avila, befehlen.

§ 2. Die absoluten Formen werden angewandt, wenn das Für=
wort allein steht, oder von einer Präposition abhängt; z. B.

¿Quién manda aquí?	Wer befiehlt hier?

¿Yo, tú, él, ella, Vd. etc., ó quién?

¿Á quién llama Vd.?	Wen rufen Sie?

A mí, á tí, á él, á ella, á Vd., á nosotros, -as, á vosotras -as etc.

De mí depende todo.	Von mir hängt alles ab.
Á Vd. corresponde hablar.	Ihnen geziemt es, zu sprechen.
Por vosotros he trabajado tanto.	Für euch (oder euretwillen) habe ich so viel gearbeitet.

Anmerkung B: Trifft die Präposition con mit mí, tí, sí zusammen, so sagt
man: conmigo mit mir, contigo mit dir, consigo mit sich, für beide Geschlechter.
Dagegen: Con Vd., con nosotros-as etc.

§ 3. Die konjunktiven Formen me, te, le, la, lo, se und deren
Mehrzahl nos, os, les, los, las werden gebraucht, wenn das persönliche
Fürwort unmittelbar mit dem Zeitwort in Verbindung steht, d. h. von
demselben abhängt; gewöhnlich stehen sie vor dem Zeitwort und zwar
der Dativ vor dem Akkusativ, ausgenommen das Reflexivpronomen
se sich, welches stets vor dem Dativ steht; z. B.

(Yo) Te veo.	Ich sehe dich.
Ella me paga.	Sie bezahlt mich.
Nos aman.	Sie lieben uns.
Vd. me lo dará.	Sie werden es mir geben.
Él me lo ha dado.	Er hat es mir gegeben.
Ella se nos queja.	Sie beklagt sich bei uns.
¿Me lo dará Vd.?	Werden Sie es mir geben? ꝛc.

§ 4. Nachdrucks̄halber, bei Gegenſätzen, oder um Mißverſtänd=
niſſe zu verhüten, muß das abſolute Fürwort dem konjunktiven
beigefügt werden, darf aber nie allein beim Zeitwort ſtehen; z. B.

(Yo) Te veo á tí oder á tí te veo.	Ich ſehe dich.
Me pagan á mí oder á mí me pagan.	Sie bezahlen mich.
Nos aman á nosotros oder á nosotros nos aman.	Sie lieben uns.

(Alſo ja nicht: veo á tí oder á tí veo etc.)

Él me lo ha dado á mí, y no á Juan.	Er hat es mir gegeben und nicht dem Johann.
Yo te lo digo á tí, y no á tu hermano.	Ich ſage es dir und nicht deinem Bruder.
Nosotros les queremos á ellos, y no á ellas.	Wir lieben ſie (m.) und nicht ſie (f.).
Él se nos queja á nosotros, y no á vosotras.	Er beklagt ſich bei uns (m.) und nicht bei euch (f.).
Él se nos jacta á nosotras, y se queja á Juan.	Er rühmt ſich vor uns und beklagt ſich bei Johann.
¿Qué se me da á mí?	Was liegt mir daran?
(Was gibt ſich mir?).	Was (kümmert oder) geht das mich an?

Anmerkung C. Über die Stellung des abſoluten perſönlichen Fürwortes ent=
ſcheidet meiſtens der Wohlklang; ſo ſagt man: te lo digo á tí und á tí te lo digo;
á mí me parece bien esto (aber ja nicht me parece bien esto á mí) mir ſcheint
das gut.

§ 5. Statt des in Lektion 5 § 1 erwähnten perſönlichen Akkuſativs
(le und les) wird hier oft der gewöhnliche Akkuſativ, alſo la, las und
los gebraucht, um das Geſchlecht nachdrücklicher zu bezeichnen; z. B.

¿Has visto á mis hermanas? Sí señor, las (les) he visto en el teatro;
la mas pequeña tenia unos pelos que la (le) caian hasta los piés; ja, mein
Herr, ich habe ſie im Theater geſehen; die kleinſte hatte Haare, die ihr bis
auf die Füße fielen.

§ 6. Eine eigentümliche Erſcheinung der verbundenen perſönlichen
Fürwörter iſt die, daß, wenn ein Dativ der III. Perſon (le oder
les) mit einem Akkuſativ derſelben Perſon (le, la, lo, los oder las)
zuſammentrifft, der Dativ ohne Rückſicht auf Geſchlecht und Zahl
ſtets durch se gegeben wird; es geſchieht dies des Wohlklangs wegen;
ſo ſagt man alſo ſtatt le le, le la, le lo, le los, le las, oder les le,
les la, les lo, les los und les las = se le, se la, se lo, se los,
se las, und zwar, wenn die Deutlichkeit es erfordert, mit Beifügung des
entſprechenden abſoluten perſönlichen Fürwortes oder des entſprechenden
Hauptwortes im Dativ; z. B.

Ich leihe ihn oder es (den Hut ob. 1 Abstraktum) heißt: Le oder lo presto

ihm, ihr, Ihnen, ihnen, Ihnen, dem Johann.	Se le oder se lo⁴) presto (ihm, ihn (es) leihe ich.)	á él. á ella, á Vd. á éllos, á ellas, á Vds. á Juan.

Ich gebe sie ihm, ihr, Ihnen, ihnen, Ihnen, der Schwester.	(Die Blume.) Se la doy	La doy á él, á ella, á Vd. á ellos, á ellas, á Vds. á la hermana.

Ich schenke sie ihm, ihr, Ihnen, ihnen, Ihnen, dem Peter.	(Die Bilder.) Se los regalo	Los regalo á él, á ella, á Vd. á ellos, á ellas, á Vds. á Pedro.

Er versprach sie ihm, ihr, Ihnen, ihnen, Ihnen, der Maria, meinem Bruder.	(Die Rosen.) Él se las prometió	Él las prometió á él, á ella, á Vd. á ellos, á ellas, á Vds. á María. á mi hermano.

§ 7. Die konjunktiven persönlichen Fürwörter stehen, wie schon be=
merkt, gewöhnlich **vor** dem Zeitwort, ausgenommen im Infinitiv, im
bejahenden Imperativ und im Gerundium, denen sie nachgestellt
werden, und mit welchen sie sogar in ein Wort verschmelzen, ohne daß
deshalb der Accent verlegt wird; sie heißen alsdann **afijos**; z. B.

Quererse sich gern haben.	Ellos se quieren sie haben sich gern.
¡Dejame en paz! laß mich in Ruh'!	¡No le dejes! lasse ihn nicht!
¡Pagaselo! bezahle es ihm!	Se lo pagaré ich werde es ihm be= zahlen.
Mandarnoslo es uns senden oder be= fehlen.	Nos lo mandará er wird es uns senden oder befehlen.
¡Dinoslo! sage es uns!	Os lo diria ich würde es euch sagen.
Dandosela sie ihm gebend (indem).	Él se la ha dado er hat sie ihm (ihr) gegeben.
¡Digaselo Vd. al amo! sagen Sie es dem Herrn!	¡No se lo diga Vd.! sagen Sie es ihm nicht!
Descubriendonoslo le cogió la policía.	Als er es uns entdeckte, faßte ihn die Polizei ab.

§ 8. Soll das **afijo** „nos" einer auf „s" endigenden Flexion des
Verbes angehängt werden, so wird dieses „s" **elidiert**; stößt „os" in
gleichem Falle auf ein „d", so fällt dieses ebenfalls weg, und somit sagt man:

---

⁴) Der männliche Akkusativ le wird häufig durch lo ersetzt, wo es sich um ge=
schlechtlose Dinge oder abstrakte Begriffe handelt.

¡amemonos! ſtatt: amemosnos laßt uns (uns) einander lieben! und ¡amaos como hermanos! ſtatt: amados liebet einander wie Brüder![5]) Dagegen: ¡amemosles laßt uns ſie lieben! ¡amadnos liebet uns!

§ 9. Die verbundenen perſönlichen Fürwörter werden in zuſammen= geſetzten Zeiten den Hilfsverben oder deren Stellvertretern[6]) angehängt, wenn dieſe im Infinitiv oder Gerundium ſtehen; andernfalls treten ſie vor dieſelben; z. B.

¡Escribe para poderlo leer!	Schreibe, um es leſen zu können! (leſer= lich.)
Francisco quiere hacermelo copiar.	Franz will es mich abſchreiben laſſen.
Habiendotelo dicho.	Indem ich es dir geſagt habe.
Esto se deja comer.	Das läßt ſich eſſen.
Juan me lo ha hecho copiar.	Johann hat es mich abſchreiben laſſen.

Dagegen **nie:**

Habiendo dichotelo, oder quiere hacer copiarmelo, oder esto deja comerse; übrigens iſt der Wohlklang auch hier ein guter Leiter.

§ 10. Ein eigentümlicher Pleonasmus, der gleichzeitig der Rede eine gewiſſe Eleganz verleiht und mit Vorliebe in der Umgangsſprache angewandt wird, beſteht darin, daß der Spanier das verbundene perſönliche Fürwort auch da ſetzt, wo das betreffende Hauptwort ſelbſt im Satze ſteht; z. B.

Le pareció á mi padre.	Es ſchien (ihm) meinem Vater.
Él se lo habia dicho á mi hermana.	Er hatte es (ihr) meiner Schweſter geſagt.

Es iſt dies auch der Fall bei vorangehendem Hauptwort; z. B.

Á mi hermana se lo habia dicho.	M. Sch. (ihr) hatte er es geſagt.
Á mi padre le pareció muy caro esto.	Meinem Vater (ihm) ſchien das ſehr teuer.

Vocablos.

El cuarto das Zimmer,	el motivo der Beweggrund,
el carácter (L. 4²) der Charakter,	el paseo der Spaziergang,
el decreto das Dekret,	el órden die Ordnung, der Orden,
el documento das Aktenſtück,	la órden der Befehl, die Ordre,
el disparate der Unſinn,	la amistad die Freundſchaft,
el embustero der Lügner,	la asamblea die Verſammlung,
el ignorante der Unwiſſende,	la cuestion die Frage, der Streit, Zank,

---

[5]) Eine Ausnahme bildet das Verb ir gehen (L. 33), ¡idos geht! (allez-vous-en!)
[6]) Wie z. B. dejar laſſen, poder können, hacer machen ꝛc.
[7]) **Acabar de** mit darauffolgendem Inſinitiv entſpricht oft unſerm deutſchen „ſoeben, gerade", z. B. acabo de firmar ich habe ſoeben unterzeichnet. (L. 48 § 1.)

la disposicion die Verfügung,
la opinion die Meinung,
la polémica die Polemik,
la pregunta die Frage,
la recomendacion die Empfehlung,
la tontería der dumme Streich,
la vergüenza die Scham, Schande,
acabar ⁷) aufhören, vollenden,
barrer kehren, ſcheuern,
buscar ſuchen, holen, abholen,
contentar zufriedenſtellen,
contestar antworten,
corresponder geziemen, korreſpondieren,
    zukommen, erwidern,
copiar kopieren,
dejar laſſen, hinter=, verlaſſen, unter=
    laſſen, aufgeben,
depender abhängen,
despreciar verachten, geringſchätzen,
dibujar zeichnen,
disgustar mißfallen,
esperar hoffen, warten, erwarten,
firmar unterzeichnen,
gustar gefallen, ſchmecken,
hallar antreffen, finden,
hallar-se ſich befinden,
jactar-se ſich rühmen, brüſten,
llamar rufen, klopfen, nennen,

llamar-se heißen, ſich nennen,
llevar tragen, forttragen, führen,
marchar-se marſchieren, fort=, weggehen,
meter bulla Lärm machen, ſchreien,
necesitar nötig haben, bedürfen,
ocultar verbergen, verheimlichen,
odiar haſſen, verabſcheuen,
preguntar fragen,
prestar leihen,
proclamar öffentlich bekannt machen,
prometer verſprechen,
quejar-se klagen, ſich beklagen,
responder erwidern,
responder de für etwas einſtehen,
regalar ſchenken,
saludar grüßen, begrüßen,
traer bringen,
al ménos wenigſtens,
de aquí en adelante fürderhin,
desde — hasta von — bis,
dentro binnen, innerhalb,
francamente offen geſtanden,
inútil unnütz, unnötig,
religioso religiös,
sucio ſchmutzig,
otra vez noch einmal, wieder,
todavía noch,
unánime einſtimmig.

Presente Indicativo de querer wollen, wünſchen, gern haben.

Quiero ich will.
Quieres du willſt.
Quiere er will.

Queremos wir wollen.
Quereis ihr wollt.
Quieren ſie wollen.

Ejercicio.

¿Quién mete tanta bulla aquí, eres tú Federico? Yo he estudiado siempre, pero Juan no ha hecho mas que tonterías en todo el
tiempo. ¡Qué disparate! yo he escrito y dibujado mas que tú. Pues
señores, quiero (L. 14 § 1) que en futuro hableis ménos y trabajeis
mas. ¡Dime! ¿como firman los reyes generalmente sus decretos?
Los reyes de España firmaron siempre: Nos el rey, pero Isabel II
firmó: Yo la reina, y nunca: Nos la reina. ¿Quién quiere ir de

paseo conmigo? Mis hermanos y yo iremos contigo, si tú lo deseas.
Doña Juana habla todo el dia consigo misma. El que se contenta
con poco tiene siempre lo que necesita. Su amigo de Vd.
me habló de él, de ella y de los padres de Felipe. Yo creo que los hijos de
Don Juan le han mal gastado cuanto tenia. Pues yo creo que no
son los hijos, sinó él mismo, que lo ha gastado todo. ¿Le ha pagado
á Vd. Carlos lo que le debia? No señor, aun no me ha pagado la mitad,
pero prometió de pagarmelo todo dentro de unas semanas. Señores,
ya son las doce dadas, y todavía no nos llaman á comer. Pues yo
creo que no se[8]) come hoy en esta casa, y es que tengo hambre.
Ya te lo he dicho yo muchas veces, en esta casa no hay órden.
Doña María me ha prestado este libro. No señor, me lo ha prestado
á mí, y no á Vd., y yo tengo que responder de él. Si quieres
leerle, te lo dejo, pero has de tener mucho cuidado con él, y no
perderlo. Algun tiempo hay que amaba á Fernanda como hermana,
pero ahora la desprecio y la odio. Inútil es quererselo ocultar á
Don Fernando por mas tiempo, cuando toda la ciudad lo sabe.
Algunos amigos suyos se lo han dicho, pero él no lo quiere creer.
¿Qué le pareció á su padre de Vd. la polémica con el tal doctor
Embrollo de anoche? Creo que la opinion de todos haya sido la
misma, al ménos la asamblea le proclamó unánime un ignorante en
cuestiones sociales, un embustero y un hombre sin vergüenza y sin
carácter. Hallábame[9]) sin un real, cuando José me prestó algun
dinerillo. ¿No se lo prestarias tú tambien, si lo necesitase? Amigos,
contentemonos con poco, y llegaremos á ser felices. Muchachos,
marchaos, que no quiero teneros mas en casa, pues estais haciendo
siempre disparates. Aquella jóven se jacta á todo el mundo, pero
no hay que crcerla la mitad. ¿Porqué no se lo ha dicho Vd. á
ella misma? Estuve hablando con mi prima, si no, muy claro se
lo hubiera dicho. Si aquellos músicos quieren marcharse ántes de
pagaros, debierais llamar á la policia. Ya es tarde, acaban de
marcharse, pues. Parece que el señor profesor habla á veces consigo mismo, y á veces no contesta á pregunta alguna. ¿Acabaste
el ejercicio ya? No señor, no lo acabé, pero lo acabaré prontito.

---

8) Se ift hier mit „man" zu überſetzen. Näheres L. 24 § 1.
9) Beginnt der Satz mit dem Zeitwort, ſo kann das Konjunkt. Fürwort demſelben
angehängt werden, ausgenommen im Fut. Cond. oder der 2. Perſon des Definido,
alſo nicht = amaréte, amástele etc. Der Wohlklang iſt auch hier maßgebend.

Tema.

Ich, du, er, sie, es, Sie, wir, ihr, sie, Sie, sind absolute persönliche Für=
wörter; die, welche vom Zeitwort abhängen, heißen konjunktive, wie me, te, le,
la, lo, se, nos, os, les, los, las. Ich werde dir ein spanisches Werk schenken,
wenn du sehr fleißig bist und so viel lernst, um es lesen zu können. Mir
schmeckt die Butter besser als der Käse. Wir lieben dich, deinen Bruder und
deine Schwester. Hast du mich gerufen oder meinen Freund? Sprach meine
Tante mit dir oder mit sich selbst? (L. 8 § 3—4.) Ich bezahlte ihr 3 Frcs.
im (por) Tag, aber sie ist nicht damit zufrieden. Es ist wahr, ich habe dem
X. das Doppelte bezahlt, aber er arbeitet auch mehr als das Dreifache, und
wenn sie sich noch einmal beklagt, so schicke ich sie nach Hause (pues). Wer
ist mit meinem Onkel und mit meiner Tante angelangt? Sie, er und ich sind
gekommen, dich zu besuchen (á ver). Sehr gut, ich verspreche euch, daß ihr
keine Ursache haben werdet, euch über mich zu beklagen. Meine Herren! Ich
habe Sie gestern im englischen Garten gesehen, aber ich habe Sie nicht gekannt
und deshalb habe ich Sie nicht begrüßt. Wir haben soeben Ihren Herrn
Bruder gesehen und haben es ihm gesagt, indem wir uns über Sie beklagten
(Gerd.). Wollen Sie die Güte haben, mir Ihre Grammatik zu leihen?
I. Ich sage es Ihnen offen, es hat mir sehr mißfallen, daß Sie uns die
II. Ich sage es euch   „   „   „   „   „   „   „   „ ihr „ „
Wahrheit nicht gesagt haben, bis (hasta que) es zu spät war. I. Sie haben
   „   „   „   habt, „   „   „   „   „   „ II. Ihr habt
nun (ya) keine Ursache, sich zu beklagen, wenn Sie so große Verluste haben.
   „   „   „   „   euch „   „   „ ihr „   „   „   habt.
Schon längst (mucho tiempo hace que) hätte ich aufgegeben, diese Grammatik
zu schreiben, wenn es nicht meiner Schüler, der jungen Kaufleute wegen, ge=
wesen wäre. Meine Herren! Don Alfonso, König von Spanien, wünschen,
daß die Erziehung des Volkes eure erste Sorge sei! Sie haben mich schon
zweimal gefragt, und ich habe Ihnen immer geantwortet, daß ich diese Do=
kumente nicht unterzeichne. Geh' weg, du bist meiner Freundschaft nicht mehr
(L. 14) würdig, und jeder Mensch (L. 10 § 2) von Charakter muß dich hassen
und verachten. Ich verspreche dir, mit dir ins Theater zu gehen, wenn du mir
diese Briefe kopierst. Es scheint mir (eine) schwierige Sache, dich zufrieden zu
stellen. Mein Freund, willst du mir einen Thaler leihen? Ich habe ein Buch
gekauft und führe kein Geld bei mir, es zu bezahlen. Die Musik der neuen
Oper „Der Zauberschlaf" hat mir sehr gut gefallen und ich wünschte (cond.
subjt.), daß der Verfasser derselben für seine große Arbeit prämiiert würde (ser
Impf. subjt.). Haben Sie Ihr Kind gefunden? Nein, ich suchte es auf der
Straße, in Ihrem und in unserm Garten (L. 9 § 6), aber ich habe es nicht
gefunden. Es scheint, daß die Polizei ihn abgefaßt hat, als er in sein Haus
trat. Da er mir versprach, seinen Eltern zu schreiben, ließ ich ihm das, was
er wünschte. Sage mir die Wahrheit, und ich verspreche dir, dich und deine
Freunde zufrieden zu stellen. Was (für ein) Unsinn! Nachdem ich ihm so oft

das Gleiche gesagt habe, antworte ich ihm nicht mehr (ya ober pues). Es scheint sehr leicht, Übungen zu schreiben, aber es ist es nicht, denn es gibt nur (no — mas que) (eine) gewisse Anzahl Wörter zur Verfügung.

Conversacion.

¿Le gusta á Vd. la lengua castellana? — Sí señor, á mí me gusta mas que ningun otro idioma.

¿Qué quieres tú ser (werben)? — Yo quiero ser comerciante ó médico.

¿No verdad, tú nos has traido las noticias de la muerte del señor B.? — Sí señor, lo acabé de oir en casa de Don José el médico, y se lo he dicho á Vds.

¿Qué diria tu padre, si yo me quejase de tus disparates y de tu poca vergüenza? — Francamente, no necesitaba yo otra recomendacion (ironisch), pero le prometo á Vd. de dejarme de tonterías, y de ser un muchacho prudente y aplicado.

Pues bien, de tí solo depende el que yo se lo diga, ó se lo oculte. — Caballero, yo respondo de que Vd. ha de estar contento conmigo de aquí en adelante.

¿Desde cuándo están Vds. copiando las cartas de recomendacion? — Desde que tuvimos una cuestion con el famoso Doctor N., nos lo hace copiar todo el señor.

¡Diga Vd. Juan! ¿cuánto tiempo quiere Vd. que yo espere aun hasta que Vd. me pague lo que me debe? — Hombre, yo le hubiera pagado ya, si los tiempos no hubiesen sido tan malos como Vd. muy bien sabe.

¡Federico, díle á Felipe que barra el cuarto, que está muy sucio! — Ya se lo he dicho tres veces, pero hasta ahora no lo ha hecho.

¡Pues llamale, y díselo otra vez, y si luego (dann) no lo hace, ya le diré yo lo que hay! — Buen cuidado le dará (der wird sich viel darum kümmern), aunque (wenn auch) Vd. le mande de casa.

¿Quién llamó anoche á la puerta de la calle tan tarde? — Yo he sido, pues no tenia la llave de casa conmigo, y no tenia gana de estarme en la calle toda la noche.

¡Diga Vd.! ¿quién preguntó por mí esta mañana? — Parece que eran unos jóvenes discípulos de Vd.

¿Porqué odia Vd. á este hombre? — Le odio, porque es un embustero y un hombre sin vergüenza.

¿Cómo se llaman aquellos niños que meten tanta bulla dentro de casa? — Creo que sean los sobrinos de Don Carlos, los mas ignorantes de toda la clase.

¿Has estado (tú) en la asamblea que hubo lugar (ſtattfand) anoche? — No señor, porque no me gustan las polémicas y cuestiones religiosas.

¿Qué le parece á Vd. la órden del dia del capitan general? — Á mi me parece ser un disparate, y creo que esto sea la opinion general.

¿Habla la señora consigo misma? — No señor, habla con su hermana.

¿Ya no bebes este vino, muchacho? — No señor, gracias, no le quiero ya.

¡Muchacho, dejate de tonterías, contestame á mis preguntas, y acabemos de una vez! si no, se lo digo á tu padre. — Caballero, inútil es que Vd. busque motivos para quejarse de mí á mi padre, pues ya se lo he dicho yo.

Á mí me gusta el vino español mas que el vino frances, ¿y á Vd.? — Á mi me gustan ambos á dos.

Despues de haber copiado las reglas todas, ¿quiere Vd. que le regale á Juan el manuscrito? — No necesitandole ya, prestaselo, pues para regalarlo tiempo hay.

¿Sabes tú lo que nos ha dicho nuestro abuelo muchísimas veces? — Nos ha dicho: contentaos con poco y sereis siempre felices.

.

——————

22. Lektion. Leccion vigésima segunda.

——————

II. Die hinweisenden Fürwörter. Los pronombres demostrativos.

——————

§ 1. Die hinweisenden Bestimmungswörter ohne darauffolgendes Substantiv werden als hinweisende Fürwörter betrachtet, allgemeine Begriffe sind als Neutra zu behandeln (L. 8 § 1—2).

Este-a-o dieser=e=es da.
Ese-a-o dieser=e=es dort.
Aquel, aquella-o jener=e=es.
¿Quiere Vd. este libro ó aquel?
No quiero ni ese ni aquel, sinó este
que está aquí.
¿Has hallado tú esto?
Si señor, he hallado eso, pero he
perdido aquello.
Pues esto mismo he hallado yo, y
eso lo he perdido yo mismo.

Estos-as diese — da.
Esos-as diese — dort.
Aquellos-as¹) jene; z. B.
Wollen Sie dieses Buch oder jenes?
Ich will weder das dort noch jenes,
sondern dieses, welches da ist.
Hast du dieses gefunden?
Ja, mein Herr, ich habe das dort ge=
funden, aber ich habe jenes verloren.
Nun eben das habe ich gefunden und
das dort habe ich selbst verloren.

§ 2. Das im Deutschen neutrale „das, dies oder jenes", wenn es
sich auf ein nachfolgendes Hauptwort bezieht, welches keinen allgemeinen
Begriff bezeichnet, richtet sich im Spanischen in Geschlecht und Zahl nach
demselben; z. B.

Este es mi hermanito menor.	Dies ist mein jüngerer Bruder.
Esta es una niña muy bonita.	Das ist ein sehr schönes Mädchen.
Aquel es un hombre sin vergüenza.	Jenes ist ein Mensch ohne Scham.
Estos son discípulos mios.	Das sind Schüler von mir.
Esas son mis niñas.	Das dort sind meine Töchter.

Bei allgemeinen Begriffen aber wendet man das Neutrum an:

Esto es la verdad.	Das ist die Wahrheit.
Eso es una pregunta inútil.	Das ist eine unnötige Frage.
Aquello es una vergüenza.	Jenes ist eine Schande.

Ebenfalls sagt man:

Esto de trabajar²) no le gusta.	Das Arbeiten gefällt ihm nicht.
Esto de estudiar la gramática es fastidioso.	Das Grammatik=studieren ist lang=weilig.
Aquello de criticar es mas fácil que el hacerlo mejor.	Das Kritisieren ist leichter als das Bessermachen.

NB. Die Ausdrücke: das ist's, das heißt, nämlich, zwar 2c. gibt der Spanier
oft mit esto es: z. B.

Don Juan os ha prometido un premio, esto es, si sois aplicados.	Herr Johann hat euch eine Prämie ver=sprochen, d. h. (nämlich 2c.) wenn ihr fleißig seid.

§ 3. Der Spanier benutzt in Ermanglung eigner Formen für „der
— die — dasjenige" den entsprechenden bestimmten Artikel el, la, lo,
los, las, als hinweisendes Fürwort (L. 8¹); z. B.

---

¹) Die veralteten Formen lauteten: aqueste-a-o dieser da 2c.; aquese-a-o dieser
dort 2c.; die Verbindung mit otro hieß: estotro-a-o, esotro-a-o und nur aquel blieb
von otro getrennt, also: aquel otro, aquella otra jener andre 2c.
²) Eigentlich: was das Arbeiten betrifft, das will ihm nicht recht gefallen.

¿Qué libro es este?
Es el de mi hermano.
Juana es siempre la que mete tanta bulla.
Generalmente los que malgastan el dinero cuando jóven, no tienen nada cuando viejos.
¿Has copiado lo de anoche?

Si señor, lo he copiado aun anoche.

Welches Buch ist das?
Es ist dasjenige meines Bruders.
Johanna ist immer diejenige, die so viel Lärm macht.
Gewöhnlich haben diejenigen, welche als jung das Geld verschwenden, nichts, wenn (sie) alt (sind).
Hast du dasjenige von gestern abend kopiert?
Ja, mein Herr, ich habe es noch gestern abend kopiert.

§ 4. Ausdrücke, die auf Vorhergegangenes hinweisen, wie: „dessen, deren, davon, darin, daran, darauf, damit", also das französische „en oder y", gibt der Spanier mit dem persönlichen Fürwort und einer Präposition, oder er läßt sie ganz weg; z. B.

¿Cuántos hijos tiene Vd.?
Tengo tres (j'en ai trois).
¿Tiene Vd. muchos libros?
Tengo mas que tú.
Mi caballo es grande, pero no estoy satisfecho de él.
Mi criado ha sido premiado, pero no es digno de ello.
Mas vale callar, para no llamar la atencion sobre ello.
Yo he perdido mucho dinero con los ferro-carriles, pero ya no pienso en ello.
Mi amigo Pepe tiene casa chiquita, pero está contento en ella.
Este diccionario seria bueno, si no hubiese tantas faltas en él.

Wie viele Kinder haben Sie?
Ich habe deren drei.
Haben Sie viele Bücher?
Ich habe deren mehr als du.
Mein Pferd ist groß, aber ich bin nicht damit zufrieden.
Mein Bedienter ist prämiiert worden, aber er ist dessen nicht wert.
Es ist besser zu schweigen, um die Aufmerksamkeit nicht darauf zu lenken.
Ich habe viel Geld mit den Eisenbahnen verloren, aber ich denke nicht mehr daran (je n'y pense plus).
Mein Freund Joseph hat ein kleines Häuschen, aber er ist zufrieden darin.
Dieses Wörterbuch wäre gut, wenn es nicht so viele Fehler darin gäbe.

III. Die fragenden Fürwörter. — Los pronombres interrogativos.

§ 5. Diese werden meistens mit Accent bezeichnet; sie deklinieren mit de und á, ausgenommen cúyo, und lauten:

¿ Quién wer?	¿quiénes³) wer?
¿cuál welcher =e= es, was für ein ꝛc.?	¿cuáles welche, was für welche?
¿cúyo-a wessen?	¿cúyos-as wessen?
¿qué was? de qué wovon?	¿á qué wozu, para qué wofür,˙ con qué womit?

§ 6. Quién, quiénes, wer? nur bei Personen verwendbar, ist für beide Geschlechter gleich; z. B.

¿Quién llama á la puerta, es Pedro ó Juana?	Wer klopft an der Thür, ist's Peter oder Johanna?
¿De quién ó de quiénes habeis hablado?	Von wem habt Ihr gesprochen?
¿De quiénes³) son estos lápices?	Wessen sind diese Bleistifte?
¿Á quién-es estais buscando?	Wen sucht Ihr eben?
¿Con quién-es has ido de paseo?	Mit wem bist du spazieren gegangen?
¿Quiénes han llegado anoche?	Wer ist gestern Abend angelangt?

§ 7. Cuál, cuáles, welcher, ·e =es? was für welche? dient für Personen und Sachen beider Geschlechter und wird meist gebraucht, wenn eine Auswahl zu treffen ist; z. B.

¿Cuál es mi sombrero?	Welches ist mein Hut?
Y el baston de Vd., ¿cuál es?	Und welches ist Ihr Stock?
¿Cuál es la mas hermosa de aquellas niñas?	Welches ist das schönste von jenen Mädchen?
¿De cuáles hablan Vds.?	Von welchen sprechen Sie?
¿Á cuál de las dos quiere Vd. mas?	Welches von beiden haben Sie am liebsten?

§ 8. ¿Cúyo-a-os-as, wessen? ist undeklinierbar und stimmt stets in Geschlecht und Zahl mit dem darauffolgenden Hauptworte überein, auf welches es sich auch bezieht; z. B.

¿Cúyo es este manuscrito?	Wem gehört (wessen ist) dieses Manuskript?
¿Cúya es esta gramática y cúyas son estas cartas?	Wessen ist diese Grammatik und wem gehören diese Briefe?

---

³) Werden mehrere Personen vorausgesetzt, so wird quiénes gebraucht, selbstverständlich mit dem Zeitwort in der Mehrzahl.

Es ist jedoch auch gestattet zu sagen:

¿Cúyos libros y cúyas cartas son | Wem gehören diese Bücher und diese
estas? | Briefe?

Besser aber noch ist:

¿De quién oder de quiénes son esos libros y esas cartas?

IV. Die besitzanzeigenden Fürwörter. — Los pronombres posesivos.

§ 9. Es unterscheiden sich diese von den absoluten besitzanzeigenden Bestimmungswörtern durch den Artikel, welcher ihnen vorangeht; in Geschlecht und Zahl richten sie sich nach dem Hauptwort, welches sie vertreten, niemals aber nach dem Besitzer; sie werden ebenfalls mit de und á dekliniert und heißen:

Singular.

El mio	la mia	lo mio	der, die, das meinige,
el tuyo	la tuya	lo tuyo	„ „ „ deinige,
el suyo	la suya	lo suyo	„ „ „ { seinige, Ihrige, ihrige,
el nuestro	la nuestra	lo nuestro	„ „ „ unsrige,
el vuestro	la vuestra	lo vuestro	„ „ „ eurige,
el suyo	la suya	lo suyo	„ „ „ ihrige, Ihrige.

Plural.

Los mios	las mias	die	meinigen,
los tuyos	las tuyas	„	deinigen,
los suyos	las suyas	„	{ seinigen, Ihrigen, ihrigen,
los nuestros	las nuestras	„	unsrigen,
los vuestros	las vuestras	„	eurig en
los suyos	las suyas	„	ihrigen (m. u. f.).

§ 10. El suyo, la suya, lo suyo beziehen sich auf einen oder mehrere Besitzer, gerade wie das Adjektiv su sein und ihr (m. f. und pl.) bedeutet (L. 9. § 3); z. B.

Su amigo.	Sein und ihr Freund.
Sus amigos.	Seine und ihre Freunde.
Su amiga.	Seine und ihre Freundin.
Sus amigas.	Seine und ihre Freundinnen.
¿Qué perro es este?	Was für ein Hund ist das?
Es el suyo.	Es ist der seinige, der ihrige oder der Ihrige.

In diesem Falle wird der Deutlichkeit halber das persönliche Für=
wort oder aber das Hauptwort im Genitiv beigefügt; z. B.

Es el suyo' de Vd. — de él — de ella — del niño, — de Don Carlos.	Es ist der Ihrige, der seinige, der ihrige, der des Kindes, der des Herrn Karl.

oder aber noch kürzer:

¿Es el de Vd., es el de ella, es el de Don Carlos, etc.

¡Qué plantas tan bonitas tienen Vds.!	Was für hübsche Pflanzen Sie haben!
Son las mias, las tuyas, las suyas etc.	Es sind die meinigen ꝛc., oder

Son las (suyas) de él, las de ella, las de Vds., las de ellos, las de ellas, las
de Vds. oder las de Juan.

Vocablos.

El cuento das Märchen,	mentir lügen,
el estanque der Teich,	negociar handeln,
el exámen die Prüfung,	obtener erlangen, erreichen,
el negocio das Geschäft,	pensar denken,
la atencion die Aufmerksamkeit,	presenciar beiwohnen,
la bondad die Güte,	recibir empfangen,
la comida favorita die Leibspeise,	saber wissen,
la contestacion die Antwort,	satisfecho befriedigt, zufrieden,
la cuenta die Rechnung,	volver zurückkehren,
la direccion die Direktion, Briefadresse,	volver á hacer algo etwas wieder thun,
la preferencia der Vorzug,	árabe arabisch,
la respuesta die Entgegnung,	á la derecha rechts,
la resolucion der Beschluß, Entschluß,	á la izquierda links,
la seña das Zeichen,	fastidioso langweilig,
las señas die nähere Adresse, Bezeich= nung,	favorito begünstigt,
	infeliz unglücklich,
ahogar erwürgen,	acaso } vielleicht,
ahogarse ersticken, ertrinken,	tal vez }
callar schweigen,	ahi dort,
declinar deklinieren,	con tal que vorausgesetzt daß,
discutir besprechen,	el otro dia letzthin,
escoger auswählen,	entónces so, dann, alsdann,
indicar bezeichnen,	entre todo alles inbegriffen,
intentar beabsichtigen,	indudablemente unzweifelhaft,

junto á bei, in der Nähe,
luego bald, dann,
mal schlimm, übel,
mañana por la mañana morgen früh,

mas vale es ist besser,
sin embargo dessenungeachtet, doch,
bennoch,
contra gegen (feindlich).

Indicativo presente de „Pensar".

Pienso, piensas, piensa, pensamos, pensais, piensan.
Ich denke, du denkst, er denkt, wir denken, ihr denkt, sie denken ꝛc. (L. 27).

Ejercicio.

Este caballero es de Paris, pero aquel es español. ¿Qué libros son estos? Ese es un libro de lectura, y aquellos otros son las mil y una noches en dos tomos, traducido al castellano por Don Juan Oliveres, y esta es una gramática francesa-alemana. Este cuadro me gusta mas que aquel. ¿Y eso que Vd. tiene en la mano, qué es? ¡Ah! esto es una cosa muy bonita, es una obrita de un discípulo mio que ha aprendido todo aquello que es necesario saber para un jóven de buena educacion. ¿Quién llegó con el buque de las dos? Era la señora de Don Fernando, la de mi primo y las niñas de Don Alejandro. Estas plantas son mas venenosas que las que hemos cogido anoche. Estoy tan satisfecho del viaje á España, y me ha gustado tanto todo aquello, que pienso volver alli. La gramática del señor N. seria buena, si no hubiese tantas faltas en ella. Eso de copiar cartas (§ 2, ²) es muy fastidioso. Aquello de mentir es una vergüenza. ¿Quién ha estado aquí esta tarde? ¿Á quiénes habeis visto en el teatro? ¿Cuáles de estos muchachos son los mas aplicados, los de la izquierda, ó los de la derecha? Este muchacho es mas fuerte que el mio, pero es el ménos inteligente de los de su clase. Estos infelices han perdido todo lo suyo con la guerra. Su padre de Vd. ha de ser mas rico que el mio. He oido decir que tu sobrina ha hablado mal de tu señora y de la mia. Nuestra casa es mayor que la vuestra, pero la de ellos es la mayor de todas. Hemos hablado de nuestro primo, y no del de Vd. Mi padre ha ido de paseo con el tuyo y con el de Fernandito. Yo creo que Vds. no han leido la carta que mi amigo ha escrito á la señora N. Yo estoy en que (ich halte dafür, daß) dicha señora no ha recibido otra carta como aquella en su vida. Los hermanos que se quieren, no tienen siempre cuestiones como aquellos.

Tema.

Das ist mein Bruder und das dort ist meine Schwester. Sind das meine Schlüssel oder die deinigen? Die Stadt, in der Sie wohnen (L. 8, § 1) ist reinlicher, als die unsrige. Diese Farbe ist lebhafter als jene, aber diese dort ist die schönste von allen. Das ist wahr (verdad), aber jenes ist falsch. Wie viele Dampfschiffe gibt es auf dem Züricher See? Ich glaube, es sind deren 13, alle inbegriffen. Haben Sie Gelegenheit gehabt, einem Stiergefechte beizuwohnen? Ich habe deren mehr als 20 gesehen. Wer von euch denkt daran, mir morgen früh zu klopfen? Dieser Mensch ist unsrer Freundschaft nicht mehr wert; er fragt weder nach (por) uns, noch spricht er von uns. Es scheint, daß einer jener Knaben einen Liter Bier getrunken hat; wissen Sie welcher? Ich glaube, es ist jener, der rechts steht (estar á). Nein, mein Herr, es ist der links (der von der Linken). Ich habe einen Brief von Spanien er-halten; es war Geld darin. Welches von diesen Mädchen hat so schöne Blumen gepflückt? Welche von den schweizerischen Eisenbahnen hat gute Geschäfte ge-macht? Wer hat diesem armen blinden (Mann) eine so schlechte Antwort ge-geben? Es wird schon der gewesen sein, der immer so schlechte Antworten gibt. Derjenige, der sich in seinem Examen auszeichnet, wird ein prächtiges Buch bekommen. Das Kopieren von Dokumenten ist eine langweilige Sache. Es ist besser schweigen, als davon sprechen. Mein Pferd ist sehr hübsch, doch ich bin nicht zufrieden damit. Es gibt keine treueren Diener als die Ihrigen und die unsrigen. Ist das dort Herrn Babillos Flinte? Nein, es ist die meinige, aber diese gehört ihm und jenes sind seine Hunde. Welchem dieser Mädchen haben Sie mein Tintenfaß gegeben? Ich frage, weil keine Tinte darin ist. Wem gehören diese Federn, diese Tinte und dieses Papier? All das gehört mir. Was für Bücher haben Sie gekauft? Es sind dieselben, welche Sie vor einiger Zeit gesehen haben (L. 13. § 7). Welche denn? Ich habe viele Bücher gesehen. Welches ist die nähere Adresse Ihres Hauses? Meine Adresse lautet: Don J. Sch., Sevillastraße Nr. 12, Madrid. Wie lange (L. 13. § 7) wohnen Sie schon in diesem Hause? — Bald sind es zehn Jahre, daß ich darin wohne (L. 16. § 4).

Conversacion.

¿Son todos esos relojes tuyos? — No señor, este es el mio, este otro es para Don Pedro, y ese es para Vd., si Vd. le quiere.

¿Ha hecho Federico aquello que Vd. sabe? — Si señor, lo ha hecho y esto mas.

¿Cuáles son los pronombres demostrativos? — Los pronombres demostrativos son: Este, ese, aquel etc.

¿Cuáles son los interrogativos? — Quién, cuál, cúyo, qué etc.

¿Cuál de ellos no tiene declinacion? — Todos declinan con de y á, excepto: cúyo, cúya-os-as.

¿Y los pronombres posesivos cuáles son? — El mio, el tuyo, el suyo, el nuestro, el vuestro, el suyo etc., y tambien tienen declinacion.
¿Qué libros castellanos han leido Vds.? — Hemos leido algunos cuentos árabes, las obras del Padre Isla y algunas de Don Miguel Cervantes.
¿Y cómo le gustan á Vd. dichas obras? — Son indudablemente las que mas me han gustado de todo cuanto (L. 23, § 4) he leido.
¿De qué hablaban Vds. cuando llegué? — Estabamos discutiendo cuáles de los libros habiamos de comprar.
¿Pues, á cuáles han dado Vds. la preferencia? — Hemos escogido todos aquellos que Vd. nos ha indicado el otro dia, solo que Vd. debiera habernos hablado del suyo tambien.
No señor, mi obra no es lo que Vds. necesitan. — Pues yo creia que nos hubiera servido.
¿Cuál de vosotros ha dibujado esto? — Cuál habia de ser, sinó el hijo de Juan! (Wer anders könnte es sein als.)
¿Á quién esta Vd. buscando? — Estoy buscando á la niña menor mia, que ha de estar con la de Vd.
Si Vd. quiere hallarla, entónces tiene que ir á mi jardin, ahi están las dos cogiendo flores. — Caballero, su jardin de Vd. es muy grande, y no las hallaré, si Vd. no tiene la bondad de darme mejores señas del sitio donde estarán.
Pues bien, entre Vd. por esta puerta, y luego les hallará en el sitio favorito de ellas. — ¿Acaso junto al estanque?
Si señora, ahí un poco mas á la derecha estarán. — Pues bien, con tal que no se hayan ahogado, ménos mal (dann ift's schon recht).
¿Ha pagado Vd. á Juan lo que le debia? — No señor, pero debiera haberle dado lo suyo, mandandole de casa despues.
¿Con quién has gastado tú tanto dinero? — Lo he gastado con los pobres, y con todos aquellos que no habian comido en todo el dia.
¿Cúyos son estos documentos, y qué son? — Es la resolucion de la asamblea contra aquel que Vd. sabe.
¿Quién de vosotros quiere estas naranjas? — Yo no quiero ni estas ni aquellas, pues no están maduras.
¿Cuál es el mejor amigo del hombre? — Lo es indudablemente el perro.
¡Qué contestacion tan particular! — No lo es ménos la pregunta.

23. Lektion. Leccion vigésima tercera.

V. Die beziehenden Fürwörter. — Los pronombres relativos.

Die Relativ=Pronomen unterscheiden sich äußerlich von den fragen=
den dadurch, daß sie ohne Accent geschrieben werden; sie deklinieren alle
mit de und á und heißen:

Singular.	Plural.
Que welcher, =e, es,	que welche,
quien welcher, =e, =es; der welcher ꝛc.,	quienes welche,
el, la, lo que welcher, =e, es,	los, las que welche,
el, la, lo cual welcher, =e, es,	los, las cuales welche,
cuyo-a dessen, deren,	cuyos-as deren,
cual sowie, derart wie,	cuales so wie, derart wie.

§ 1. Que ist für beide Geschlechter und Zahlen gleich und steht so=
wohl bei Personen als Sachen, besonders wenn es unmittelbar dem be=
züglichen Hauptworte folgt; bei Personen jedoch wird que nie im Genitiv
oder Dativ gebraucht, sondern es wird quien gewählt (vid. § 2); z. B.

El hombre que mas trabaja no es siempre el que mas gana.
Der Mensch, welcher am meisten ar=beitet, ist nicht immer der, welcher am meisten verdient.

Los documentos de que hablábamos son falsos.
Die Dokumente, von denen wir spra=chen, sind falsch.

Los muchachos y las muchachas que estudian el castellano son muy aplicados.
Die Knaben und Mädchen, welche Spanisch studieren, sind sehr fleißig.

El que tal diga falta á la verdad.
Derjenige, welcher solches sagt, fehlt an der Wahrheit (lügt).

He visto al niño que[1]) Vd. espera.
Ich habe den Knaben gesehen, welchen Sie erwarten.

El asunto á que me refiero es malo.
Die Angelegenheit, auf welche ich mich beziehe, ist schlecht.

§. 2. Quien, quienes, ohne Unterschied des Geschlechtes, wird haupt=
sächlich von Personen gebraucht; bezieht es sich auf ein vorangehendes,
hinweisendes Fürwort, so wird letzteres stets weggelassen; el quien, la
quien etc. sind im Spanischen nicht gebräuchlich; z. B.

[1]) Der persönliche Akkusativ fällt bei dem Relativpronomen que auch aus (L. 8 §.7).

No desprecies á quien te diga la verdad.

Él es quien se queja siempre.

Juan era quien firmó estos documentos.

Yo soy quien lo ha dicho.

Mujer fué quien estudió las lenguas latina y griega.

Son los vecinos de quienes hablamos ayer tarde.

Soldados eran á quienes hallábamos en nuestra bodega.

He hablado con el muchacho de quien son (L. 9 ²) estas plumas, este papel y esos libros.

Los hombres á quienes debeis la vida han llegado hoy.

Verachte nicht denjenigen, welcher dir die Wahrheit sagt.

Er ist es, der sich stets beklagt.

Johann war es, welcher diese Dokumente unterzeichnete.

Ich bin's, der es gesagt hat.

Eine Frau war es, welche die lateinische und griechische Sprache studierte.

Es sind die Nachbarn, von welchen wir gestern abend sprachen.

Soldaten waren es, welche wir in unsrem Keller antrafen.

Ich habe mit dem Knaben gesprochen, dem diese Federn, dieses Papier und jene Bücher gehören.

Die Männer, welchen ihr das Leben verdankt, sind heute angekommen.

NB. Quien wird zuweilen in der Poesie auch für leblose Dinge gebraucht; z. B.

No hay memoria á quien el tiempo no acabe.

Es gibt keine Erinnerung, welche die Zeit nicht zerstört.

§ 3. El que, la que, lo que, los que, las que welcher, =e, =es 2c., und el cual, la cual, lo cual, los cuales, las cuales werden gebraucht, um dem betreffenden Hauptwort mehr Nachdruck zu verleihen und um Zweideutigkeiten zu vermeiden; z. B.

La hija de nuestro vecino²), la que ober la cual nos habló ayer, ha muerto hoy.

Die Tochter unsres Nachbars, welche gestern mit uns sprach, ist heute gestorben.

Que ober quien würden hier im Zweifel lassen, ob sich das Pronomen auf hija ober vecino bezieht.

Este es el criado de Doña Teresa, del cual ober del que hemos oido cosas muy malas.

Dies ist der Diener der Frau Therese, von welchem wir sehr schlimme Sachen gehört haben.

Era la historia de Gil Blas por la que ober por la cual hemos aprendido mas de lo que parece.

Es war die Geschichte des Gil Blas, durch welche wir mehr gelernt haben, als es scheint.

§ 4. Unser deutsches Relativum „was", wenn es sich auf einen vorangehenden Satz bezieht, wird im Spanischen mit lo que ober mit cuanto gegeben; z. B.

²) Über die Anwendung des Komma vid. L. 44. § 3.

Juan no sabe lo que quiere.	Johann weiß nicht, was er will.
Deseamos á veces lo que ménos falta nos hace.	Wir wünschen zuweilen, was uns am wenigsten fehlt.
No creo nada de todo (lo que ober) cuanto Pedro nos ha dicho.	Ich glaube nichts von allem, was Peter uns gesagt hat.

§ 5. Cual, cuales, ohne Artikel, welcher, -e, -es, so wie, derart, wie, wird gebraucht:

a) Um einen indirekten Fragesatz einzuleiten, besonders wenn es sich um eine Wahl handelt; z. B.

Nunca hemos sabido cual era la verdadera causa de su desgracia.	Wir haben niemals gewußt (erfahren), welches die eigentliche Ursache seines Unglückes war.
Es difícil saber cual de los dos ha ganado mas.	Es ist schwer, zu wissen, welcher von beiden mehr gewonnen hat.

(Es könnte auch hier quien stehen.)

b) Wenn eine Vergleichung ausgedrückt werden soll; z. B.

Estas frutas son cuales esperábamos.	Diese Früchte sind so, wie wir sie erwarteten.
Don Julio tiene una mujer cual la podia desear.	Herr Julius hat eine Frau, so wie er sie wünschen konnte.

c) Im Ausruf; z. B.

¡Cuál seria mi alegría! (Welches)	Wie groß wäre meine Freude!
¡Cuál era la gana que tenia de verle á Vd.!	Wie groß war das Verlangen, das ich hatte, Sie zu sehen!

§ 6. Cuyo-a-os-as entspricht als Relativum unsrem deutschen dessen, deren und richtet sich in Geschlecht und Zahl nach dem darauf folgenden Hauptworte, ein Umstand, der dasselbe eigentlich zum Adjektiv stempelt; z. B.

El padre cuyos niños estudian música al ménos tiene música en casa.	Der Vater, dessen Kinder Musik studieren, hat wenigstens Musik im Hause.
Mi hermano, cuya mujer ha muerto, está muy triste.	Mein Bruder, dessen Frau gestorben ist, ist sehr traurig.
Los autores cuyas gramáticas he leido tienen sus obras llenas de faltas.	Die Verfasser, deren Sprachlehren ich gelesen, haben ihre Werke voller Fehler.
La señora N. es mujer de cuya nobleza hay mucho que dudar.	Madama N. ist eine Frau, an deren Edelsinn viel (stark) zu zweifeln ist.

§ 7. „Dessen", ohne darauffolgendes Hauptwort, heißt de que oder bei Personen de quien; z. B.

El sombrero de que necesitas.
Ahí está el pobre de quien te quejaste tanto.
¿Es esta la obra de que te jactas?
El niño de quien es padrino.

Der Hut, dessen du bedarfst.
Dort ist der Arme, dessen (über den) du dich so sehr beklagtest.
Ist dies das Werk, dessen du dich rühmst?
Das Kind, dessen Pate er ist.

Vocablos.

El asunto die Angelegenheit, der Stoff,
el camino der Weg,
el ciudadano der Bürger,
el contrario der Gegner,
el disgusto der Kummer, Verdruß, die Unannehmlichkeit,
el esclavo der Sklave,
el fin das Ende, Ziel, der Schluß,
el gusto der Geschmack, das Vergnügen,
el incendio die Feuersbrunst,
el leon der Löwe,
el parecer die Ansicht, Meinung,
el preso der Gefangene, Arrestant,
el prisionero der Gefangene, Sträfling,
el semblante das Gesicht, Aussehen,
el tunel der Tunnel,
la alegría die Freude,
la consecuencia die Folge,
la difteritis die Diphtheritis,
la esperanza die Hoffnung,
la gana die Lust, das Verlangen,
la historia die Geschichte,
la honradez die Ehrlichkeit, Ehrbarkeit,
la ley das Gesetz,
la memoria d. Erinnerung, Gedächtnis,
la navaja das Taschenmesser,
la navaja de afeitar das Rasiermesser,
la nobleza der Edelmut, Adel,
la prision die Gefangenschaft,
la salud die Gesundheit,
la salida der Ausgang, Austritt,
las vicisitudes die Schicksalsschläge,

aparentar scheinen wollen, vorspiegeln,
aruinar zu Grunde richten,
asegurar versichern,
causar verursachen,
comprender verstehen,
decidir entscheiden,
determinar beschließen, bestimmen,
dudar (-de) zweifeln (=an),
engañar täuschen, betrügen,
estimar schätzen, achten,
existir existieren,
faltar fehlen,
ladrar bellen,
matar töten,
observar beobachten, befolgen,
quedar bleiben, verweilen,
quemar-se brennen, sich —, abbrennen,
respetar hochachten,
soportar ertragen,
suceder oder pasar sich zutragen,
sufrir leiden, dulden,
visitar besuchen, untersuchen,
concluido vollendet,
desconocido unbekannt,
furioso wütend,
sangriento blutig,
verdadero wahrhaftig, eigentlich,
al contrario im Gegentheil,
á menudo häufig,
de buena gana gerne,
delante de vor (Ortsbest.),
tampoco ebensowenig, auch nicht.

Indicativo Presente von poder können, vermögen.

Puedo, puedes, puede, podemos, podeis, pueden (L. 34) ich kann ꝛc.

Ejercicio.

Los discípulos que mas se distinguen por sus trabajos son generalmente los mas aplicados. Yo no puedo sufrir á aquellos hombres que mas quieren aparentar de lo que son. Todo hombre que no se respeta á sí mismo no es digno de ser respetado por otros. El que algo quiere aprender ha de estudiar cuando jóven. Hemos visto al general que los turcos cogieron prisionero. El asunto de que Vds. hablan no vale ser discutido. ¿Eres tú, Juan, quien habla siempre en vez de estudiar? No preguntes cosas á quien no las sabe. Mas vale callar que decir cosas delante de quien no las comprende. Si Vd. desprecia á quienes yo amo y estimo, le despreciaré á Vd. tambien. El amor es quien hace soportar con paciencia los disgustos que causan algunos hijos. Este hombre es á quien debo la vida. Aquí están los papeles de Don Pablo, los que Vd. estaba buscando el otro dia. Esto es lo que me causa mucho gusto. Era Lulu, el hijo de Napoleon III., al cual mataron los Zulus. En este mundo el tener salud y ganas de trabajar es cuanto podemos desear. Eso es lo que digo yo, y es cuanto puedo decir. Don Luis me ha hecho favores cuales no podia esperar de su amistad. Es dificil saber cual de los dos vencerá. Es tan hermoso el dia cual no lo esperábamos. Era (una) conversacion, en la cual hablábamos de la guerra, y á lo cual respondieron los contrarios á navajazos. Cuál será la alegría de mis discípulos al haber concluido el estudio de los pronombres, los cuales, á la verdad, son bastante difíciles para aprender. Los padres cuya hija se marchó para Texas la semana pasada están muy tristes ahora. Aquel señor cuya casa se quemó ayer estará aruinado hoy, pues aquí no hay quien esté asegurado contra incendios. El amigo de quien Vd. se queja tanto ha tenido mucha desgracia, y es mas bien (eher) digno de compasion. El niño cuyo talento era conocido fué enviado á la universidad de Salamanca. Don Pablo de Sarasate es violinista español, cual no hemos oido en esta, á no ser que sea Joachim de Berlin.

Tema.

Die Menschen (hombres), die so viel sprechen, täuschen häufig die Leute aus dem Volke (gente[3] del pueblo). Die Dame, die diesen Sommer hier war, ist jetzt auf dem (en) Wege nach (para) Texas. Ich habe den Herrn gesehen, den Sie erwarten und von dem Sie so viel erwarten. Eine Dame ist's, die so hübsch Klavier spielt. Es ist ein guter Bürger, der die Gesetze alle befolgt. Ein Künstler war's, mit dem ich die Ausstellung in München (Munich) besuchte. Wenn die Hoffnung nicht wäre, wer würde mit Geduld die Schicksalsschläge des Lebens ertragen! Dem Mut allein verdanke (deber) ich mein Leben (zu übersetzen: El valor es á quien). Der, der reich ist, hat gewöhnlich viele Freunde; den, der arm ist, verachtet die Welt. Der Hund meiner Nachbarin, welcher immer so sehr bellte, wurde heute früh getötet. Was er beabsichtigt, ist nicht, was Sie glauben. Ihr habt viele Bücher, von denen die meisten nichts taugen (no valer nada). Hier ist der Musiksaal (sala de música), von dem ich Ihnen gesprochen. Von den Kompositionen des Herrn Schultz-Beuthen ist das diejenige, welche mir am besten gefällt. In Herrn E. haben Sie einen Freund, wie ich ihn nicht besser wünschte. Wenn sich zwei be= klagen, ist es schwer zu entscheiden, welcher von beiden recht hat. Welches wird das Ende sein, das dieser blutige Krieg nehmen wird und welches die Folgen für (para) beide Teile? Don Pedro ist ein Mann, an dessen Ehrlich= keit sehr zu zweifeln ist. Ich glaube gern, was Sie mir von Don Pedro sagen (diga). Johann hat mir nie gesagt, was er im Hause des Herrn Gomez verdiente, und ebensowenig habe ich erfahren, was der eigentliche Grund seines Austrittes aus jenem Hause war. Es ist schwer zu bestimmen, welcher von beiden am besten spielt, ob Sarasate oder Sauret. Der Herr N., welcher die Musikstunden geben will, ist ein Lehrer, wie du ihn nicht besser wünschen kannst. Wissen Sie, wie groß meine Freude sein wird, dies alles fehlerfrei (ohne Fehler) übersetzt zu haben und welches das Verlangen, bald fertig zu sein? Der Vater, dessen Sohn eine goldene Uhr gestohlen hat, trat ins Zimmer wie ein wütender Löwe. Der Herr, dessen Bücher ich gekauft habe, ist in Spanien. Die Diphtheritis ist ein Übel, dessen Ursache unbekannt ist. Ich werde dir die Federn, das Papier und die Bücher kaufen, deren du bedarfst. Welches ist der schlechte Schüler, über den Sie sich immer beklagen? Welches sind die Mütter, deren Söhne auf den Schlachtfeldern geblieben sind?

Conversacion.

¿Quién de Vds. ha visitado la exposicion de Munich? — Yo estuve allí algunos dias con un pintor, amigo mio.

¿Y qué tal, les han gustado á Vds. las pinturas expuestas? — No señor, no nos han gustado, pues habia muchos cuadros que no eran dignos de exponerse.

---

[3] Gente Leute, wird im Spanischen gewöhnlich nur in der Einzahl gebraucht.

¿Qué piensa Vd. de aquel artista que quiere aparentar tanto? — Creo que todo hombre que quiere aparentar mas de lo que en verdad es, no puede tener gran valor.

¿Qué es lo mas difícil en el estudio de la lengua castellana? — Los pronombres son indudablemente los que mas trabajo nos causaron.

¿Quién es el señor cuyo hijo comprende tan mal el aleman? — Es un caballero americano, quien ha hecho una gran fortuna en poco tiempo.

¿Con qué ha hecho esta fortuna tan grande? — Hay quien asegura que lo ha hecho vendiendo esclavos.

¿Quién ha dicho tal? deseraia saberlo, para preguntarselo yo mismo, y decirle (sagen) que falta á la verdad. — Pregunte Vd. á quien Vd. quiera, á mí que se me da, yo no respondo de nada.

¿Á quién has prestado el Don Quijote? — Julian es, á quien he prestado varios libros, y será tambien él quien lo tenga.

¡Qué conversacion tan viva tuvieron Vds. anoche! — Sí, teníamos un disgusto muy grande, es cuanto puedo decirle.

¿Qué habia pues? — Habia quien dudaba de la honradez de uno de nuestros mejores amigos.

¿Y el fin de la conversacion, cuál fué? — ¡Cuál habia de ser, sinó (außer) disgustos mayores aun!

¿Sabe Vd. quién ha escrito la famosa obra de Gil Blas de Santillana? — Sí señora, es un autor frances, cuyo nombre era Lesage.

¿Pero cuál es la opinion de los españoles? — Los españoles creen que su verdadero autor fué el padre Isla, y que Lesage era quien habia traducido la obra castellana al frances.

Y su parecer de Vd., Don Juan ¿cuál es? — Toda la obra, no hablando mas que de asuntos que pasaron en España, hace creer que el padre Isla sea quien lo haya escrito.

Quiere decir que Vd. tambien es de los que creen que . . . — ¡Señora! yo por mi parte creo que ni Lesage ni el padre Isla sean los verdaderos autores, sinó otro español, cuyo nombre se habrá perdido.

¿Y cómo puede Vd. creer tal? — Porque el tal libro fué impreso en 1635 cuando todavia ninguno de esos dos autores existia[1])

---

[1]) Lesage, geb. 1668, Isla, geb. 1714.

¿Sabe Vd. cuáles son los banqueros cuyo crédito es mayor que el de todos los reyes y emperadores del mundo? — Son los señores Rothschild Hermanos, cuyo abuelo ha fundado la tal casa de comercio con poco dinero.

¿Quién es aquel caballero cuyo semblante es tan serio, y que parece no poder hablar? — Es un caballero muy particular, cual no habrá muchos; es muy honrado y bueno, pero dice verdades á quien sea.

¡Cuál será la alegría de todos los que tienen acciones del Gotardo, cuando esté hecho su tunel! — ¡Amigo, no será menor la mia, cuando haya concluido mi gramática!

---

24. Lektion. Leccion vigésima cuarta.

VI. Die unbeſtimmten Fürwörter. Los pronombres indefinidos.

Die ſpaniſche Akademie behandelt dieſe mehr als Adjektive und wurden die gebräuchlichſten derſelben ſchon in Lektion 10 angeführt. Als Fürwörter ſtehen ſie immer ohne Hauptwort und beklinieren mit de und á.

Singular.	Plural.
Uno-a man, einer=e,	unos-as einige,
otro-a ein andrer, eine andre,	otros-as andre,
uno y otro beide, einer u. der andre,	unos-as otros-as alleſamt,
el uno y el otro der eine und; der andre,	los unos y los otros die einen und die andern,
el uno al otro } einander, la una á la otra }	los unos á los otros} einander, las unas á las otras}
ni uno-a ni otro-a weder der (die) eine noch der (die) andre,	ni unos-as ni otros-as weder die einen noch die andern,
cada uno-a ein jeder, eine jede,	ambos-as á dos beide zuſammen (L. 11 § 10)
cada uno-a de por sí, ein jeder=e für ſich allein,	entrambos-as beide miteinander,
cada cual ein jeder, eine jede (unver=änderlich),	varios verſchiedene, mehrere,
cada cual en su puesto, ein jeder, eine jede auf ſeinem (ihrem) Poſten,	unos-as cuantos-as } etwelche, unos-as tantos-as }
	unos tantos y unos cuantos-as ſo und ſo viele,

Schilling, Spaniſche Grammatik. 10

Singular.

ninguno-a keiner, keine,
alguno-a irgend einer=e,
alguno-a que otro-a irgend einer=e
　　oder der (die) andre,
quienquiera wer immer (m. u. f.),
cualquiera irgend einer=e=es,
bastante genug,
mucho-a viel,
demasiado-a zu viel,
poco-a wenig,
demasiado poco-a zu wenig,
lo demas das Übrige,
todo alles, (el todo das Ganze),
todo el mundo { jedermann, die ganze Welt,
tanto-a so viel,
un tal y un cual¹) ein so und so,
una tal y una cual eine „ „ „
el mismo, la misma, lo mismo, der
　　die, dasselbe,

Plural.

ningunos-as keine,
algunos-as irgend welche, einige,
algunos-as que otros-as irgend welche,
　　die einen oder die andern,
quienesquiera wer immer, (m. u. f.),
cualesquiera irgend welche,
bastantes genug,
muchos-as viele, manche,
demasiados-as zu viele,
pocos-as wenige,
demasiado pocos-as zu wenige,
los, las demas die Übrigen,
todos, todas alle,
todos-as juntos-as alle mit einander,
tantos y cuantos } so und so viel,
tantas y cuantas } „ „ „ viele,
unos tales y unos cuales} solche und
unas tales y unas cuales} solche,
los mismos, las mismas dieselben.
(L. 8 § 3.)

Folgende haben keine Mehrzahl:

Algo etwas (das eigentliche Neutrum von alguno),
cosa Sache, etwas (§ 6) alguna, ninguna cosa irgend etwas — nichts,
un si es no es (de) ein klein wenig,
un tantico (de) ein bißchen (L. 6. § 3),
nada nichts (etwas); la nada das Nichts, ist Ausnahme v. L. 3 § 4,
absolutamente nada gar nichts,
alguien irgend jemand, } (sind unveränderlich und nur von Personen gebräuchlich),
nadie niemand,
fulano-a y mengano-a } (entsprechend unserm deutschen Dingskirchen) der
fulano-a y zutano-a } Herr So und So.
mengano-a y zutano-a }

§ 1. Das unbestimmte Fürwort „man" fehlt der spanischen Sprache ganz und sie ersetzt es gewöhnlich:

a) Durch das reflexive Fürwort se mit dem Zeitworte in der 3. Person Einzahl oder Mehrzahl, wo nämlich ein Mißverständnis nicht möglich ist; z. B.

Se cree man glaubt. | Se gana man gewinnt.
Se duda man zweifelt. | Se habla man spricht.

---

¹) Besonders bei Citaten, um häßliche Schimpfwörter zu umgehen.

Se dice á veces mas de lo que se debe.	Man sagt oft mehr, als man soll.
Se dicen cosas muy particulares.	Man sagt sehr sonderbare Dinge.
Se venden billetes á dos francos.	Man verkauft Billete zu 2 Francs.
Se compran obligaciones de estado.	Man kauft Staats-Obligationen.

b) „Man" läßt sich jedoch auch ohne „se" durch das Verb in der 3. Person Mehrzahl ausdrücken; z. B.

Llaman á la puerta.	Man klopft an die Thüre.
Quieren revocar las leyes.	Man will die Gesetze umstoßen.
Mataron á un perro.	Man tötete einen Hund.
Le buscan á Vd. por todas partes.	Man sucht Sie überall.

c) „Man" wird zuweilen auch mit uno gegeben, oder durch das Verb in der 1. Person Mehrzahl; z. B.

Uno cree á veces lo que no ha oido ni visto.	Man glaubt zuweilen, was man weder gehört noch gesehen hat.
Generalmente tiene uno amigos si tiene dinero.	Gewöhnlich hat man Freunde, wenn man Geld hat.
Creemos á veces ganar mucho, y perdemos todo.	Man glaubt zuweilen viel zu gewinnen und verliert alles.

§ 2. Stehen „ninguno, nadie und nada keiner, niemand, nichts" nach dem Zeitwort, so muß die Verneinungspartikel „no, ni, oder tampoco (auch nicht)" dem Zeitwort vorangehen, sonst können sie geradezu das Gegenteil, d. h. irgend jemand, etwas 2c., bedeuten; no wird jedoch überflüssig, wenn diese vor dem Zeitwort stehen; z. B.

¿Ha oido Vd. algo?	Haben Sie etwas gehört?
No señor, no he oido nada ob. nada he oido.	Nein, mein Herr, ich habe nichts gehört.
¿Habeis preguntado á alguien?	Habt ihr jemand gefragt?
¿Habeis preguntado por alguien?	Habt ihr nach jemand gefragt?
No hemos preguntado á nadie.	Wir haben niemand gefragt.
Y tampoco hemos preguntado por nadie.	Und wir haben auch nach niemand gefragt.
¿Has visto á los soldados y (á los) caballos heridos?	Hast du die verwundeten Soldaten und Pferde gesehen?
No he visto á ningunos ober á ningunos he visto.	Ich habe keine gesehen.
No he visto ni (á) unos ni (á) otros, ob. ni (á) unos ni (á) otros he visto.	Ich habe weder die einen noch die andern gesehen.
¿Hay nada mas feo que la mentira?	Gibt es etwas Häßlicheres als die Lüge?
No señor, no hay absolutamente nada mas feo.	Nein, mein Herr, es gibt durchaus nichts Häßlicheres.
Vd. cree saber las cosas mejor que nadie.	Sie glauben die Sache besser zu wissen als irgend jemand.
¡No crea Vd. tal (cosa)!	Glauben Sie das nicht!

Sabe Vd. algo²) de nuevo.	Wissen Sie etwas Neues?
Sé algo, pero no es nada de bueno.	Ich weiß etwas, aber es ist nichts Gutes.
Este hombre tiene algo de serio en su semblante.	Dieser Mensch hat etwas Ernstes in seinem Gesichte.
¿Hay algo²) que ver aquí?	Gibt es etwas zu sehen hier?

§ 3. **Quienquiera, quienesquiera wer immer es sei, wer es auch sei,** zusammengesetzt aus quien und querer (wer und wollen), wird nur von Personen gebraucht und ist unveränderlich; z. B.

¡Busque Vd. á quienquiera oder á quienesquiera!	Suchen Sie wen Sie wollen!
Él dice verdades á quienquiera.	Er sagt Wahrheiten, wem es auch sei.

§ 4. **Cualquiera, cualesquiera irgend welcher-e-es oder einer ꝛc.** dient für **Personen** und **Sachen** und verbindet sich mit otro-a (quienquiera nicht); z. B.

Si no está Vd. contento con este ejemplo, busque Vd. á cualquierotro.	Wenn Sie mit diesem Beispiel nicht zufrieden sind, so suchen Sie irgend ein andres.
Si está Vd. descontento conmigo (ob. con nosotros) busque Vd. á quienquiera.	Wenn Sie mit mir (oder mit uns) unzufrieden sind, so suchen Sie wen Sie wollen.

§ 5. Dem **quienquiera** sowohl als dem **cualquiera** im Ausrufe folgt immer das Relativpronomen **que** und das Verb im Subjuntivo; z. B.

Quienquiera que lo diga falta á la verdad.	Wer es auch sage, der lügt.
Quienesquiera que lo hayan dicho, no lo creo.	Wer immer es auch gesagt habe, ich glaube es nicht.
Á cualquiera que meta bulla le castigaré.	Jedwelchen, der Lärm macht, werde ich bestrafen.
Cualquiera que sea su opinion la respetaremos.	Was auch seine Meinung sei, wir werden sie respektieren.

§ 6. Cosa Sache (etwas). Dieses Substantiv, im Singular und ohne Artikel, als unbestimmtes Fürwort gebraucht, heißt etwas; wird aber die Verneinung **no** vorangestellt, so bedeutet es so viel als „nichts" oder „nicht besonders viel"; z. B.

Amigo, esto es otra cosa.	Freund, das ist etwas andres.
No quiero otra cosa.	Ich verlange nichts andres (sonst nichts).
No hay cosa como tener la conciencia limpia.	Es geht nichts über ein reines Gewissen.

---

²) Folgt auf **algo, nada** etc. ein allgemeiner Begriff, so wird demselben de vorangesetzt (L. 6 § 3); folgt aber ein Zeitwort, dann que.

No vale cosa este caballo.

No es cosa lo que le falta al niño.

No me agrada cosa esa amistad.

Dieses Pferd ist gar nicht viel wert.

Dem Kind fehlt nicht besonders viel.

Diese Freundschaft da gefällt mir durchaus nicht.

Vocablos.

Austria Österreich,

Colonia Köln,

el casamiento die Heirat,

el caso der Fall,

el correo d. Post, Postbureau, Kurier,

el dueño der Herr, Beherrscher,

el exterior das Äußere,

el grupo die Gruppe,

el mineral das Mineral,

el paquete das Paket,

el párrafo oder parágrafo der §,

el peso das Gewicht, der Thaler,

el placer die Freude,

el servicio die Dienstleistung, der Dienst,

el voto die Stimme (bei Wahlen),

la boda die Hochzeit,

la bondad die Güte,

la catedral der Dom, die Kathedrale,

la conciencia das Gewissen,

la estatua die Statue,

la instruccion der Unterricht,

la inundacion die Überschwemmung,

la juventud die Jugend,

la ley federal das Bundesgesetz,

la manzana der Apfel,

la mayoría die Mehrheit, Majorität,

la mina die Mine, das Bergwerk,

la princesa die Prinzessin,

la recompensa die Belohnung,

la suerte das Schicksal, Glück,

la mala suerte das Unglück, das schlechte Los,

la voluntad der Wille,

agradar angenehm sein,

castigar züchtigen, bestrafen,

contener enthalten,

contener-se sich enthalten, mäßigen,

examinar prüfen, examinieren,

pasar (por) vorbeigehen, gehen durch

revocar aufheben, widerrufen,

crédulo leichtgläubig,

incrédulo ungläubig,

fino fein, zart,

en seguida sogleich, sofort,

para con 1ᵈ im Vergleich zu dem,

por todas partes überall,

tampoco[3]) auch nicht, ebenfalls nicht, ebensowenig.

Indicativo presente de los verbos irregulares:

Ver sehen.

Veo, ves, ve ich sehe 2c.

vemos, veis, ven.

Decir sagen.

digo, dices, dice ich sage 2c.

decimos, decís, dicen.

Ejercicio.

No se estima siempre la salud cual se debiera. Se duda de la honradez de algunos caballeros en esta, y yo tampoco[3]) creo que

---

[3]) Steht tampoco vor dem Verb, so bedarf es keiner weitern Verneinung; steht es nach demselben, so muß eine Verneinung: no, ni, nada, nadie etc., vorausgehen. Tambien heißt „ebenfalls, auch."

todos sean hombres de bien. Muchas veces se cree que las personas cuyo exterior es muy fino sean nobles tambien, pero se engaña uno muy á menudo. Anoche buscaron á un niño por toda la ciudad. Dicen que los muchachos quieren regalar algo á su maestro. Cuanto mas uno tiene, tanto mas quiere tener. ¿Quiere Vd. decirme lo que puede uno hacer en un caso tal? Somos tan crédulos á veces, que nos dejamos engañar con mucha facilidad. Cuanto mas viejos somos, con tanto mas gusto pensamos á los placeres de la juventud. Uno y otro de vosotros escribe muy mala letra. Estos jóvenes se odian los unos á los otros. Cada uno es el amo en su casa, pero cualquiera no es dueño de su voluntad, y mucho ménos de la situacion. Este grupo de estatuas me gusta, y cada una de por sí tambien. Alguno debe habérselo (L. 21. § 6, 7 u. 9) dicho, cuando él lo sabe. Alguna de estas niñas me llevará esta carta al correo, ¿no verdad? Algunos quieren leer, otros escribir. Aun habrá alguna que otra manzana en el árbol. Parece que alguien ha llamado á la puerta, vea Vd. quién es. No he oido nada, ni veo á nadie mas que á dos muchachos en la calle, y ninguno de ellos debe de haber llamado. Pues yo tampoco he oido nada (dice un tercero) y no lo creo tampoco[3]), que alguien haya llamado (L. 14. § 1). Nada teme perder quien nada tiene. ¿Ha venido alguien á preguntar por mí? No señor, nadie ha venido. ¡Nadie, dice Vd.! pues alguien estaba aquí, y ha dejado una carta para mí. Oyendole á Vd. hablar, cualquiera lo creeria. Quienquiera que te pregunte por Don Juan, dile que no está en casa, y nada más. Todo lo que Vd. nos ha confiado, no es bastante para con lo que Don Juan nos ha dicho ya. ¿Lo ha oido alguien, cuando Don José habló así? ¡Cartero! ¿tiene Vd. algo para mí? Sí señor, tengo varias cartas, unos periódicos y un paquete, cuyo peso hace creer, que está todo lleno de oro. Su valor no será cosa, pues contendrá algunos minerales, que me manda el señor H. de las minas de Leadville. Un pariente mio, cuando se le preguntaba, si tenia mucho dinero, contestó: Si se gana mucho, mucho se tiene, no ganando nada, nada hay. Pepe es un muchacho muy malo, no se le puede decir nada, porque en seguida le llama á Vd. una tal y una cual. El que Vd. dice ¿es el chico (Sohn) de Don Timoteo? Sí señora, el mismo pues. Fulano y mengano estuvieron aquí, y aseguraron que se habla de revocar los párrafos tantos y cuantos de la ley federal,

lo que seria indudablemente cosa muy buena. Creo que quieren
regalar un reloj de oro al señor B. en memoria y como recompensa
por los servicios prestados á la instruccion pública.

Tema.

Man sagt, daß der König morgen in Madrid anlangen wird. (Fut.
Ind.) Man beobachtet nicht überall die Regeln der Kunst. Was sagt man
Neues? Man ist nicht immer, wie man sein sollte. Man sagt sehr sonder=
bare Dinge, aber man will sie nicht glauben, d. h. (quiere decir od. L. 22
§ 2 NB.) die einen glauben es schon, aber die andern nicht. Man glaubt
immer, was man wünscht. Von diesen beiden Geschwistern glaubt das eine,
alles besser zu verstehen als irgend jemand, und das andre glaubt, nichts zu
verstehen von alledem. Ist jemand mit der Post angelangt? Ich habe nie=
mand gesehen, aber es ist leicht möglich, daß einer oder der andre deiner vielen
Freunde angelangt ist (L. 14 § 1). Haben Sie meine Arbeiter gesehen?
Heute früh bin ich spazieren gegangen und habe einen jeden auf seinem Posten
getroffen. Irgend einer hat mir heute Nacht die Äpfel von den Bäumen ge=
stohlen; haben Sie etwas gehört? Nein, (mein) Herr, ich habe gar nichts
gehört. Überall spricht man von der Heirat des Königs Alfons XII. mit der
Prinzessin von Österreich. Diese Feder ist nichts wert; haben Sie keine andre
für mich? Beide zusammen haben ihre Aufgabe gut gemacht; als Belohnung
sollen sie etwas erhalten (haber de oder Fut.), was ihnen sehr (muy mucho)
gefallen wird. Ein jeder ist Herr seines Willens, aber jedwelcher ist nicht Herr
in seinem Hause. Jene Dame hat etwas Ernstes in ihrem Gesicht, sie sagt
auch die Wahrheit (Wahrheiten), wem immer es (§ 5) sei. Wir haben die
Fürwörter mit großer Leichtigkeit gelernt und irgendwer kann kommen (venir),
uns zu examinieren. Der öffentliche Unterricht in den Schulen Spaniens ist
nicht viel wert. Wenn Sie (f.) mit Ihrer Magd nicht zufrieden sind, (so)
suchen Sie irgend eine andre. Wenn Ihnen meine Schrift nicht gefällt, so
suchen Sie wen Sie wollen. Wer es auch sei, der das gemacht hat (§ 5), er
ist kein Künstler. Wer immer das sagt, weiß nicht, was er sagt. Wer auch
die Feinde seien, wir werden sie nicht töten. Was wir gelernt haben, ist genug
für heute. Mir scheint, daß (es) zu wenig ist. Beide zusammen sind mit
mir nach Köln gegangen. Der Dom in Köln ist prächtig, im übrigen ist die
Stadt nicht viel wert. Der jüngere Sohn des Müllers hat ein sehr böses
Maul (lengua), er hat mich einen so und so geheißen.

Conversacion.

¿Quién es el amo de aquella casa? ¿es el señor Fernandez? —
Unos dicen que sí, y otros que no.

¿Ha prestado Don Juan algun servicio al estado? — Sí señor,
alguno que otro le ha prestado, y en recompensa le han castigado.

¿Cuál de esos señores habló de la instruccion pública? — Se dice que es el Sr. S. que ha hablado y hecho lo que ha podido en su favor.

¿No verdad que hay quien quiere revocar el párrafo tantos[4]) de la ley? — Sí señor, por todas partes trabajan para obtener la mayoría de votos para dicho artículo.

¿Se dice aun que el rey llegará á Madrid hoy? — Esto es lo que no se sabe; él, como dueño de su voluntad, hace lo que quiere.

¿Si habrá algo para mi en el correo? — No señor, no habrá habido nada, pues el cartero ha pasado ya.

¿Necesitas tú algun dinero ó tienes bastante aun? — Ah señor, necesito comprar algunos libros, y no tengo ya nada.

¿Qué le parece á Vd. nuestra casa nueva? — No habiendo visto mas que el exterior, no puedo decir nada.

¿Tiene Vd. facilidad para aprender de memoria? — Para eso no tengo ninguna, pero para llevar la conversacion tengo muy bastante.

¿Ha oido Vd. á Sarasate, el violinista español? — Sí señor, es cosa nunca vista, y digna de verse.

¿Hay algo de nuevo en los periódicos? — Sí señor, hay algo, pero no es nada para con lo que se esperaba.

¿No habrá que temer por la paz? — Lo que es por ahora me parece que no.

¿Qué dice Vd. á ese casamiento de fulano con mengana? — No es cosa que me agrada mucho, pero tampoco digo nada.

¿Es verdad lo que se dice de las inundaciones en las provincias de Murcia y Alicante? — Ya lo creo, y mucho mas de lo que hasta ahora nos dicen los periódicos; yo tambien habré perdido algo.

¿Ha venido alguien á buscarme? — No señor, tampoco ha venido un alma, oder ni un alma tampoco.

¿Le gusta á Vd. alguna de aquellas señoritas? — Á decir verdad, no me gusta ninguna de todas ellas.

¿Ha hallado Vd. á su hermano ó á su primo de Vd.? — No he podido hallar ni al uno ni al otro.

Hoy en dia todo el mundo se queja de su mala suerte. — Pero nadie se queja de su poca gana de trabajar.

----

¹) Den so und so vielten Paragraphen; falsch wäre: el párafo tanto.

¡Hombre! (Hören Sie!) hay quien ha dicho esto y el otro de
Vd. — Quien quiera que sea, en verdad no puede haber dicho tal.
¡Cualquiera que no estuviera satisfecho de estos ejemplos,
hagalos él mismo! („haga" Imperat. von hacer). — ¿Y si no sabe?
¡Busque á quien se lo haga mejor!
¡Tenga Vd. la bondad de decirme qué hora es! — Con mucho
gusto: ahora son las 9$^1/_4$.
¡Entónces lo dejaremos para otro dia!

25. Lektion. Leccion vigésima quinta.

Los verbos recíprocos ó reflexivos.

Die rückbezüglichen Zeitwörter bezeichnen Thätigkeiten oder Hand=
lungen, die auf den Satzgegenstand zurückzielen.

§ 1. Über die Stellung des Fürwortes wurde L. 21. § 7—8 bemerkt,
daß das verbundene persönliche Fürwort dem Zeitwort gewöhnlich voran=
geht, ausgenommen im Infinitiv, Gerundium und im bejahenden
Imperativ, denen es angehängt wird; z. B.

Infinitivo.

Quejarse sich beklagen,
haberse de quejar sich beklagen sollen,

haberse quejado sich beklagt haben.

Gerundio.	Participio pasado.
Quejandose sich beklagend.	Quejadose [1] sich beklagt.

---

[1] Nur der Dichter kann das afijo dem Participio anhängen. (L. 21.^{9}).)

Indicativo.   **Subjuntivo.**

Tiempos simples.

Presente.

Yo[2]) me quejo ich beklage mich,	Que — daß
tú te quejas du beklagst dich,	yo me queje ich mich beklage,
él	tú te quejes du dich beklagest,
ella } se queja er beklagt sich,	él
Vd.	ella } se queje er sich beklage,
nosotros-as nos quejamos wir beklagen	Vd.
uns,	nosotros-as nos quejemos wir uns
vosotros-as os quejais ihr beklagt euch,	beklagen,
ellos	vosotros-as os quejeis ihr euch beklaget,
ellas } se quejan sie beklagen sich.	ellos
Vds.	ellas } se quejen sie sich beklagen,
	Vds.

Imperfecto.

	Que oder si (yo) — daß oder wenn
Me quejaba ich beklagte mich,	me quejase ich mich beklagte,
te quejabas du beklagtest dich,	te quejases du dich beklagtest,
se quejaba er beklagte sich,	se quejase er sich beklagte,
nos quejábamos wir beklagten uns,	nos quejásemos wir uns beklagten,
os quejábais ihr beklagtet euch,	os quejáseis ihr euch beklagtet,
se quejaban sie beklagten sich.	se quejasen sie sich beklagten.

Definido.

Me quejé ich beklagte mich,	
te quejaste du beklagtest dich,	
se quejó er beklagte sich,	(kommt nicht vor.)
nos quejamos wir beklagten uns,	
os quejásteis ihr beklagtet euch,	
se quejaron sie beklagten sich.	

Futuro.

	Que oder si (yo) — daß oder wenn
Me quejaré ich werde mich beklagen,	me quejare ich mich beklagen werde,
te quejarás du wirst dich beklagen,	te quejares du dich beklagen werdest,
se quejará er wird sich beklagen,	se quejare er sich beklagen werde,
nos quejaremos wir werden uns be=	nos quejáremos wir uns beklagen
klagen,	werden oder sollten.
os quejareis ihr werdet euch beklagen,	os quejáreis ihr euch beklagen werdet,
se quejarán sie werden sich beklagen.	se quejaren sie sich beklagen werden.

---

[2]) Die Fürwörter fallen aus L. 13 § 3 und L. 21 § 1.

Indicativo.	Subjuntivo.

Tiempos simples.

Condicional.

	Que ober si (yo) — daß ober wenn
Me quejaria ich würde mich beklagen,	me quejara ich mich beklagte ober be= klagen würde,
te quejarias du würdest dich beklagen,	te quejaras du dich beklagtest ober be= klagen würdest,
se quejaria er würde sich beklagen,	se quejara er sich beklagte ober be= klagen würde,
nos quejaríamos wir würden uns beklagen,	nos quejáramos wir uns beklagte ober beklagen würden,
os quejariais ihr würdet euch be= klagen,	os quejárais ihr euch beklagtet ober beklagen würdet,
se quejarian sie würden sich beklagen.	se quejaran sie sich beklagten ober beklagen würden.

Imperativo.

Afirmativo.	Negativo.
¡Quéjate³)! beklage dich!	¡No te quejes! beklage dich nicht!
¡Quéjese Vd.! beklagen Sie sich!	¡No se queje Vd.! beklagen Sie sich nicht!
¡Quejémonos³)! laßt uns uns be= klagen!	¡No nos quejemos! laßt uns uns nicht beklagen!
¡Quejáos³)! beklagt euch!	¡No os quejeis! beklagt euch nicht!
¡Quéjense Vds.! beklagen Sie sich!	¡No se quejen Vds.! beklagen Sie sich nicht!

Tiempos compuestos.

Perfecto indefinido.

	Que (yo)
Me he, te has, se ha, nos hemos, os habeis, se han quejado.	me haya, te hayas, se haya, nos hayamos, os hayais, se hayan **quejado.**

Pluscuamperfecto.

	Si (yo)
Me habia, te habias, se habia etc. **quejado.**	me hubiese, te hubieses, se hubiese etc. **quejado.**

³) Die Accente stehen hier bloß, um die richtige Betonung anzugeben (L. 21. § 7 u. 8); es gibt zwar Schriftsteller, welche dieselben immer setzen.

Indicativo.   Subjuntivo.

Tiempos compuestos.

Perfecto anterior.

Me hube, te hubiste,   (kommt nicht vor.)
se hubo etc. quejado.

Futuro perfecto.

                                             Que ober si (yo)
Me habré, te habrás,   me hubiere, te hubieres,
se habrá etc. quejado.   se hubiere etc. quejado.

Condicional perfecto.

                                             Que ober si (yo)
Me habria, te habrias,   me hubiera, te hubieras,
se habria etc. quejado.   se hubiera etc. quejado.

§ 2. Daß unser deutsches „man" im Spanischen häufig durch das reflexive se gegeben wird, wurde in L. 24 § 1 hinreichend behandelt; z. B.

Se habla español.   Man spricht spanisch.
Aquí se cambia dinero.   Man wechselt hier Geld (es wird hier 2c.).
Se venden libros baratos.   Man verkauft billige Bücher.

§ 3. Die reflexive Form dient im Spanischen aber auch dazu, eine Modifikation des Begriffes auszudrücken; z. B.

Acostumbrar pflegen, gewohnt sein,   acostumbrarse á sich gewöhnen an,
aprovechar benutzen, profitieren,   aprovecharse (de) sich zu nutze machen,
bajar sinken, hinuntergehen, herab=   bajarse sich bücken,
  nehmen,   comerse y beberse allein essen und
comer y beber essen und trinken,   trinken, auf=, verzehren,
decidir entscheiden,   decidirse sich entschließen,
estar sein,   estarse solo für sich allein sein, =bleiben,
gastar ausgeben,   gastarse verbrauchen, abnutzen,
hallar finden,   hallarse sich finden, sich befinden,
llamar rufen, wecken,   llamarse heißen, sich nennen,
mantener ernähren, erhalten,   mantenerse auf etwas beharren,
parecer aussehen, scheinen,   parecerse gleichen, ähnlich sehen,
reir, -se lachen,   reirse schadenfroh lachen, auslachen,
saber wissen,   saberse sich merken,
sostener aufrechthalten, unterstützen,   sostenerse sich erhalten, aufrechthalten,
tratar(en) handeln, ab=, ver=, behan=   tratarse Umgang haben, sich handeln,
  deln, verkehren, trachten, bewirten,   =pflegen, =traktieren.

NB. Die deutsche Ausdrucksweise „es war einmal" bei Erzählungen, gibt der Spanier gerne mit „érase" [3]).

§ 4. Verben, die einen Übergang von einem Zustand in einen andern bezeichnen, werden ebenfalls reflexiv gegeben; z. B.

Ahogar erwürgen,	ahogarse ersticken, ertrinken,
dormir schlafen,	dormirse einschlafen,
morir sterben,	morirse langsam dahinsterben,
quemar brennen (auch arder),	quemarse verbrennen, sich brennen,
secar trocknen,	secarse ab=, ein=, vertrocknen.

§ 5. Viele Zeitwörter sind im Spanischen reflexiv, im Deutschen aber nicht, und umgekehrt; z. B.

Im Spanischen reflexiv:

Acostarse zu Bette gehen,	enojarse verdrießlich=, zornig werden,
me acuesto[1]) ich gehe zu Bette,	levantarse aufstehen,
atreverse wagen, sich erdreisten,	marchitarse verwelken,
burlarse (de) spotten,	pasearse spazieren gehen,
callarse schweigen,	quedarse bleiben, verbleiben,
casarse(con) heiraten(sich verehelichen),	quejarse klagen, sich beklagen,
enfadarse ärgerlich=, böse werden,	sentarse niedersitzen, sich setzen.

Nicht reflexiv sind:

Cambiar wechseln, sich ändern,	procurar sich Mühe geben, dafür sor=
disimular sich verstellen,	gen, verschaffen,
finjir sich stellen als ob,	temer (oder tener miedo) sich fürchten,
osar sich unterstehen, sich getrauen,	befürchten ꝛc.

Vocablos.

Argel Algier,	la hoja das Blatt,
Guayana Cayenne,	la isla die Insel,
el condiscipulo der Mitschüler,	la lana die Wolle,
el editor der Verleger,	la ninfa die Nymphe,
el héroe der Held,	la poblacion die Bevölkerung, Ortschaft,
el imperio das Kaiserreich,	la relojería die Uhrmacherei,
el medio die Mitte, das Mittel,	la virtud die Tugend,
el ojo das Auge,	alegrarse sich freuen,
el poder die Macht, Vollmacht,	cambiar wechseln,
el premio die Prämie,	comportarse sich betragen, sich aufführen,
el propósito der Vorschlag, Vorsatz,	conservar, -se aufbewahren, sich er=
Entschluß,	halten,
el sur der Süden,	mal tratar mißhandeln,
la colonia die Colonie,	subir hinauf=steigen, =kommen, steigen,
la edicion die Auflage,	sentir fühlen, bedauern,
la familia die Familie,	austriáco österreichisch (Österreicher),

---

[1]) L. 28 2. Klasse.

prusiáno preußisch (Preuße),
breve kurz (in der Rede),
en breve in kurzer Zeit,
corto kurz (allgemein),
de repente plötzlich, auf einmal,
fácilmente leicht (adv.),

glorioso ruhmvoll,
inmortal unsterblich,
interesante interessant, wichtig,
á propósito dazu geeignet, im betreff,
gelegentlich (à propos),
aunque wenn auch, obgleich.

Ejercicio.

La lengua alemana se habla en una gran parte de Europa. El idioma español se habla en España, en Méjico, en las Indias occidentales, en la América Central y del Sur, y en muchas colonias del Ásia y del África. Me han asegurado que Jacobo se habia comido cuanto su padre le habia dejado. Aquí no se trata cual de los dos venza, sinó cual de ellos tenga razon. Amigo, Vd. se engaña si cree que en los cafés se oyen generalmente conversaciones interesantes. ¡Cuánto nos alegramos que llegue la primavera, para acostarnos mas tarde y levantarnos mas temprano! ¿Le gusta á Vd. comer con nosotros? Gracias, tomaré esas manzanas y me las comeré. La lectura de ese libro es muy á propósito para dormirse mejor. Yo acostumbro de levantarme temprano y de acostarme tarde. Uno de mis mejores amigos, que estaba muriendose (Gerd. de morir) desde hace 2 años, ha muerto ahora, el 9 de este mes. ¿Qué será peor ahogarse ó quemarse? Estas plantas se secaron todas por falta de agua. Esto si que se llama burlarse y á la vez aprovecharse de todo el mundo. ¡Callate muchacha, si no quieres que me enfade, y en vez de ir de paseo con nosotros te quedarás solita en casa! Estas rosas tan hermosas ahora se marchitarán en poco tiempo. Juanita sabe disimular muy bien, pero yo procuraré que no nos engañe otra vez. Si hubieras aprendido las reglas, no se reirian ni se burlarian tus condiscípulos. Aquel comerciante trata en trigo y lana, y á la vez se trata muy bien á sí mismo. Tú que te burlas de todo el mundo ¿quieres decirme cómo te llamas? El imperio de los Césares se ha sostenido mucho tiempo, solo por su nombre glorioso. De los héroes de la revolucion italiana de 1859, se han ido: Pio IX., Victor Emanuel, Napoleon III. y Garibaldi; ese último se conservó aun hasta el año de 1882. Se dice que Alfonso XII. se ha casado ya con una princesa austriáca, que se llama María Cristina, como la abuela del rey. La lana ha subido

en el precio, pero el trigo ha bajado. El medio de hacerse rico no
es el de escribir una gramática; y si no lo quereis creer, ¡pregun-
tadselo al editor! Aqui tengo un libro que trata de Calipso, que
no podia consolarse (sich tröſten) de la salida de Ulysses. En su
dolor se sentia desdichada por ser inmortal. Sus ninfas no osaban
hablarla. Señores, si yo fuese rico me estaria en casa leyendo
todo un año. Y yo, que soy mas jóven, me estaria de viaje siempre.
Ayer mañana me sentia malo, pero ahora estoy bien otra vez. El
mayor mal de los males es tratar con animales (dumme Menſchen).
(Sp. Sprichwort.)

Tema.

Ich werde trachten, die ſpaniſche Sprache in kürzeſter Zeit zu erlernen,
um den Don Quixote in Cervantes' Mutterſprache leſen zu können. Wenn
ihr euch gut aufführt und fleißig ſeid, ſo werde ich euch eine Prämie geben.
Sie würden ſich zweifelsohne beklagen, wenn Sie nichts andres zu thun hätten,
als (zu) eſſen und (zu) trinken. Wollen Sie mir ſagen, um wie viel Uhr
Sie gewöhnlich (acostumbrar) aufſtehen, und wann Sie zu Bette gehen. Ah,
einmal früher, (das) andre Mal ſpäter; der Menſch gewöhnt ſich ſehr leicht
an alles. Es war an einem ſchönen Frühlingsmorgen, als ich in der Um=
gebung von Toledo ſpazieren ging; auf einmal befand ich mich in (der) Mitte
einer Gruppe Zigeuner, welche, weit entfernt (léjos) mich zu mißhandeln,
mich wie einen Fürſten bewirteten. Was thut der Menſch nicht, wenn er
Angſt hat! Wenn ihr noch mit Dingskirchen verkehrt, ſo ſollt ihr trachten,
ihn zu verlaſſen. Die Uhrmacherei iſt eine Kunſt, mit welcher man die
Augen abnutzt, und heutzutage nichts mehr verdient. Ich werde mich bei
dem Vater beklagen, wenn du nicht ſchweigſt, und uns noch einmal ſo und ſo
nennſt. Wenn du dich über das Glück andrer freuſt, ſo wirſt du auch deren
Unglück bedauern. Du wirſt es noch empfinden, daß du deine Zeit nicht ebenſo
gut benutzt haſt (Subj.) wie deine Mitſchüler, welche dich auslachen und deiner
ſpotten werden, wenn du auch (aunque mit Subj.) verdrießlich und böſe wirſt.
Geſtern heiratete ein junger Mediciner, aber man ſagt, daß er mehr des Geldes,
als der Dame wegen (por) geheiratet hat. Man wird ſich Mühe geben (tratar),
den Frieden zu erhalten, obgleich der Streit (pl.) beider Länder noch nicht be=
endigt iſt. Die Herren ſo und ſo ſind ſonderbare Männer, ſie wollen immer
nur zu Hauſe bleiben und allein ſein. Wenn die letzte Blume des Gartens
verwelkt und die Blätter der Bäume vertrocknen, dann iſt der Winter nicht
mehr ferne (pues). Die Menſchen und die Zeiten ändern ſich, nur die Tugend
erhält ſich und die Hoffnung bleibt. Der Krieger befindet ſich wohler auf den
Schlachtfeldern, als zu Hauſe, aber ich befinde mich am wohlſten bei (en el
seno) meiner Familie. Es klopft jemand an der Hausthüre; geh' hinunter,
um zu ſehen, wer es iſt, und wenn es meine Schweſter iſt, ſo ſage ihr, daß
ſie heraufkomme.

Conversacion.

¿Sabe Vd. cómo se llaman los paises donde se habla la lengua castellana? — Sí señor, el castellano se habla en España, en Cuba, en Méjico, en las repúblicas de la América Central y del Sur, en Manila y las demas islas Filipinas, en las islas Mallorca y Menorca y en otras colonias españolas.

¿Cuál será pues el número de los que hablan el castellano? — El número es mayor de lo que Vd. cree, pero ahí tengo un libro que trata sobre ese particular (spezieīīen Gegenstand).

¡Á ver (lassen Sie seḥen)! ¿qué libro es este? — Aquí está ¡lea Vd. pues, lea Vd.!

"De las lenguas que mas se hablan en el mundo son:
En primer lugar el ingles, que lo hablan 90 millones de hombres,
en 2. lugar el aleman „ „ „ 75 „ „ „
luego el español „ „ „ 55 „ „ „
y por último[5]) el frances, que solo lo hablan 45 „ „ „ ".

— Luego hay que (muß man) tener presente que el frances no se habla mas que en Francia, la Bélgica, la Suiza francesa, en Argel, y en algunas colonias de poca poblacion.

¡Caramba! (Sapperlot) no lo hubiera creido, á no haberlo visto (si no lo hubiese visto). — Ya me lo sabia yo que Vd. dudaria y se burlaria acaso, si yo se lo hubiera dicho.

Es verdad, esto ha cambiado mucho, y es que la lengua francesa debe haber llegado hasta el punto donde ha podido llegar, porque en comparacion con estos otros idiomas es, aunque elegante, pobre de por sí. — Sí señor, y en el mundo nuevo no se habla frances sinó en Guayana.

¿De quién tiene Vd. este libro tan interesante? — Es un premio que me he ganado.

¿Quiere Vd. hacer el favor de prestarmelo para poderlo leer? — Sí señor, con muchísimo gusto.

¡Gracias! ¿Quiere Vd. ahora venirse conmigo á tomar un vaso de cerveza? — ¡Muchísimas gracias! tengo que quedarme en casa y escribir ejercicios para las reglas de los verbos reflexivos.

Vd. se está siempre en casa trabajando y estudiando, sin irse

---

[5]) L. 12. § 5.

á ninguna parte. — Es que me hallo lo mejor en el campo, ó en casa entre los mios, ó si no (oder aber) trabajando cualquier cosa. ¿Á qué hora se levanta Vd. pues? — Esto es diferente, unas veces á las 5, otras á las 7.

¿Y la hora de acostarse, cuál es? — Si tengo sueño á las 9, y si tengo que estudiar ó escribir, aprovecho las horas de la noche por ser las mas tranquilas.

Vd. se hallaria sin duda mejor si no se acostase tan tarde. — Puede ser. ¿Tiene Vd. horas fijas para levantarse?

Sí señor, yo me levanto en todo el año de 6 á 7, y me acuesto generalmente de 9 á 10. — ¡Vamos! (Wohlan) esto sí se llama tener órden, pero lo hace solo quien puede.

Si Vd. quiere conservarse mucho tiempo, no hay mas que hacer un poder (bleibt nichts übrig, als es möglich machen). — Amigo, Vd. que tiene los medios, y solito⁶), puede gastarse lo que tiene, otros no; pero tratemos de otra cosa.

---

26. Lektion. Leccion vigésima sesta.

Dieſe umfaßt a) das unperſönliche Zeitwort und b) das Zeitwort in der leidenden Form.

a) Los verbos unipersonales.

Die unperſönlichen Zeitwörter bezeichnen Handlungen, die nicht von lebenden Weſen ausgeſagt werden können; der Spanier nennt ſie ein= perſönliche, weil ſie eben nur in der 3. Perſon Einzahl vorkommen, wie das ſchon in L. 13. § 5 erwähnte hay, habia, hubo etc. es gibt, es fand ſtatt ꝛc.; z. B.

Granizar hageln.

| Gerundio: granizando. | Participio pasado: granizado. |

---

⁶) Solito iſt die Diminutivform von solo allein und heißt: ganz allein.

Indicativo.	Subjuntivo.

Tiempos simples.

Pres. graniza¹) es hagelt.	(Que) granice (L. 20. § 1).
Impfo. granizaba.	(Que ob. si) granizase.
Def. granizó.	
Fut. granizará.	„ granizare.
Cond. granizaria.	„ granizara.
Tiempos }ha,habia,hubo} granizado.	„ haya, hubiese }granizado.
compuestos}habrá, habria}	„ hubiere,hubiera}

Die gebräuchlichsten sind folgende:

Infinitivo.	Ind. Presente.	Part. pasado.
Acaecer sich ereignen,	acaece es trägt sich zu,	acaecido.
acontecer vorkommen,	acontece,	acontecido.
amanecer tagen,²)	amanece,	amanecido.
anochecer Nacht werden,²)	anochece.	anochecido.
antojarse gelüften,	se me antoja,	antojado.
escarchar Reiffallen(reifen),	escarcha.	escarchado.
granizar hageln,	graniza.	granizado.
helar gefrieren,	hiela³),	helado.
deshelar auftauen,	deshiela,	deshelado.
llover regnen,	llueve³),	llovido.
lloviznar rieseln,	llovizna,	lloviznado.
nevar schneien,	nieva³).	nevado.
obscurecer dunkel werden,	obscurece.	obscurecido.
relampaguear blitzen,	relampaguea,	relampagueado.
tronar donnern,	truena³).	tronado.
urgir dringend sein,	urge ob. es urgente,	(kommt nicht vor).
ventiscar stürmen (schnee= stöbern),	ventisca.	ventiscado.
ventar winden, wehen,	vienta⁴).	ventado.

§ 1. Persönliche Zeitwörter, unpersönlich gebraucht, haben oft eine verschiedene Bedeutung; z. B.

¹) Das grammatikalische Subjekt „es" wird nicht ausgedrückt.
²) Persönlich gebraucht bedeutet es: bei Tagesanbruch, beim Zunachten an= langen; z. B. amanecimos en Burgos, wir langten bei Tagesanbruch in Burgos an.
³) Wird in allen übrigen Zeiten regelmäßig konjugiert; z. B. helaba, tronaba, llovia, nevó etc. Näheres L. 27 u. 28.
⁴) „Es windet" heißt eigentlich hace viento es macht Wind; ebenso der Mond=, die Sonne scheint, oder es ist Mond=, Sonnenschein: hace luna, hace sol; hace luna llena es ist Vollmond ꝛc.

Bastar ausreichen,	Basta que tú lo digas. Es genügt, daß du es sagest.
convenir übereinkommen,	Conviene[5]) hacer esto. Es ist an= gezeigt, das zu thun.
„ konvenieren, sich schicken, gustar schmecken, gefallen,	Juan me conviene. Johann paßt mir. Me gusta comer á la una. Es behagt mir, um 1 Uhr zu speisen, ich esse gern um 1 Uhr.
disgustar ärgern, böse machen,	Me disgusta oir tal. Es mißfällt mir, so was zu hören.
fastidiar langweilen, verdrießen,	Me fastidia guardar la cama. Es entleidet mir, das Bett zu hüten.
importar daran liegen, importieren,	Importa decirselo. Es ist wichtig, es ihm zu sagen.
olvidar, -se vergessen, sich, parecer, -se aussehen, gleichen, ähnlich sehen,	Se me ha olvidado. Es ist mir entfallen. Parece hacer frio hoy. Es scheint heute kalt zu sein.
placer gefallen[6]),	Me place (me gusta). Es gefällt mir.
displacer mißfallen[6]),	Me displace (oder no me gusta). Es berührt mich unangenehm.
suceder folgen, nachfolgen,	Sucede muchas veces que... Es passiert, es begegnet, trifft sehr oft zu, daß...
valer gelten, wert sein.	Mas vale tarde que nunca. Besser spät als nie.

§ 2. Einige Zeitwörter sind im Deutschen unpersönlich, während sie im Spanischen persönlich sind; z. B.

Arrepentirse reuen, bereuen[7]):

Me arrepiento de haber hecho tal.	Es reut mich, ich bereue, so was ge= than zu haben.
¡Arrepientate!	Es reue dich, bereue es!

Celebrar sich freuen, feiern:

Celebro verle á Vd. tan bueno.	Es freut mich, Sie so wohl zu sehen.

Sentir fühlen, leid thun:

Siento mucho que ...	Es thut mir sehr leid, daß ...
Sentimos todos.	Es that uns allen sehr leid.

Alegrarse sich freuen:

Me alegro es freut mich.	Nos alegramos es freut uns.

Lograr gelingen, erreichen, durchsetzen:

Logramos entrar en palacio.	Es gelang uns in den Palast zu kommen.

NB. Der Schüler versuche mit unpersönlichen Zeitwörtern Sätze zu bilden.

---

[5]) Nach unpersönlich gebrauchten Verben folgt meist der Infinitiv ohne Präpo= sition (L. 42. § 3).
[6]) Sind mangelhafte Verben d. 3. Kl. (L. 29) und meistens unpersönlich gebraucht.
[7]) Verben der 5. Klasse (L. 31).

b) Los verbos pasivos.

§ 3. Die leidende Form des Zeitwortes, im Deutschen durch **fein** oder **werden** ausgedrückt, wird im Spanischen oft dadurch gegeben, daß das Verb reflexiv behandelt und in die 3. Person Einzahl resp. Mehrzahl gestellt wird, wenn nämlich ein Mißverständnis nicht mög= lich; (vgl. L. 24 § 1) z. B.

Estas manzanas se venden á precios muy altos.	Diese Äpfel werden zu sehr hohen Prei= fen verkauft (oder man verkauft 2c.).
Esta casa se alquiló hace mas de un mes.	Dieses Haus wurde vor mehr als einem Monat vermietet.
Esos libros se regalan á quien los quiera.	Diese Bücher dort werden an jeden, der sie will, verschenkt.
Aquellos esclavos se venden mañana.	Jene Sklaven werden morgen verkauft.

Dagegen:

Estos niños se aman heißt:	Diese Kinder lieben sich.
Aquellos muchachos se pegan.	Jene Knaben schlagen sich.

§ 4. In solchen und ähnlichen Fällen bildet der Spanier die leidende Form mit dem Hilfszeitwort **ser** und dem **Part. pado.** des betr. Zeitwortes, wobei letzteres in Geschlecht und Zahl mit dem Subjekt des Satzes übereinstimmen muß (L. 15. § 1); z. B.

Estos niños son amados.	Diese Kinder werden geliebt.
Nosotras somos amadas de oder por nuestros padres.	Wir (f.) werden von unfern Eltern geliebt.
Aquellos esclavos serán vendidos.	Jene Sklaven werden verkauft werden.

NB. Aquellos esclavos son vendidos heißt: Jene Sklaven sind verkauft (vgl. § 3).

Die Konjugation ist folgende:

Infinitivo.

Ser amado-a-os-as geliebt werden oder fein.

Haber de ser amado etc. geliebt werden oder fein follen.

Haber sido amado etc. geliebt worden fein.

Gerundio: Siendo amado-a etc. geliebt werdend, indem man ...

Part. pado.:   Sido amado-a etc. geliebt worden, geliebt gewesen.

Indicativo.

Subjuntivo.

Tiempos simples.

Presente.

Soy, eres, es amado-a,
ich bin oder ich werde geliebt,
somos, sois, son amados-as,
wir sind oder wir werden geliebt.

Que (yo)
sea, seas, sea amado-a,
daß ich geliebt sei oder werde,
seamos, seais, sean amados-as,
daß wir geliebt seien oder werden.

Imperfecto.

Era, eras, era amado-a,
ich war oder wurde geliebt,
éramos, érais, eran amados-as.

Que ober si (yo)
fuese, fueses, fuese amado-a,
daß ob. wenn ich geliebt wäre ob. würde,
fuésemos, fuéseis, fuesen amados-as.

Definido.

Fuí, fuiste, fué amado-a,
ich war oder wurde geliebt,
fuimos, fuísteis, fueron amados-as.

(kommt nicht vor).

Futuro.

Seré, serás, será amado-a,
ich werde geliebt sein oder werden,
seremos, sereis, serán amados-as.

Que ober si (yo)
fuere, fueres, fuere amado-a,
wenn ich geliebt sein werde oder sollte,
fuéremos, fuéreis, fueren amados-as.

Condicional.

Seria, serias, seria amado-a,
ich würde geliebt sein oder werden,
seríamos, seríais, serian amados-as.

Que ober si (yo)
fuera, fueras, fuera amado-a,
daß ich geliebt sein würde,
fuéramos, fuérais, fueran amados-as.

Imperativo.

Afirmativo.

¡Sé amado-a! sei oder werde geliebt!

¡sea Vd. amado-a! werden Sie geliebt!

¡seamos amados-as! laßt uns geliebt werden!

¡sed amados-as! werdet geliebt!

¡sean Vds. amados-as! Sie mögen oder sollen geliebt werden!

Negativo.

¡No seas amado-a! sei oder werde nicht geliebt!

¡no sea Vd. amado-a! werden Sie nicht geliebt!

¡no seamos amados-as! laßt uns nicht geliebt werden!

¡no seais amados-as! werdet nicht geliebt!

¡no sean Vds. amados-as! Sie sollen oder mögen nicht geliebt werden!

Indicativo.   ## Subjuntivo.

Tiempos compuestos.

Indefinido.

Que (yo)

He, has, ha sido amado-a,   haya, hayas, haya sido amado-a,
ich bin geliebt gewesen oder worden,   daß ich geliebt gewesen oder worden sei,
hemos, habeis, han sido amados-as.   hayamos, hayais, hayan sido amados-as.

Pluscuamperfecto.

Que oder si (yo)

Habia, habias, habia sido amado-a,   hubiese, hubieses, hubiese sido amado-a,
ich war geliebt worden 2c.   wenn ich geliebt worden wäre 2c.

Perfecto anterior.

Hube, hubiste, hubo sido amado-a,   (kommt nicht vor).
ich war geliebt worden 2c.

Futuro perfecto.

Que oder si (yo)

Habré, habrás, habrá sido amado-a,   hubiere, hubieres, hubiere sido amado-a,
ich werde geliebt gewesen ob. worden sein,   daß oder wenn ich geliebt gewesen oder
habremos, habreis, habrán sido etc.   worden wäre 2c.

Condicional perfecto.

Que oder si (yo)

Habria, habrias, habria sido amado-a,   hubiera, -ieras, -iera sido amado-a,
ich würde geliebt gewesen oder worden   daß oder wenn ich geliebt gewesen oder
sein 2c.   worden wäre oder sein würde 2c.

Vocablos.

El boton der Knopf,   el zelo der Eifer,
el cómplice der Mitschuldige,   los zelos die Eifersucht,
el consejo der Rat,   los patines die Schlittschuhe,
el contrario der Gegner,   la aplicacion der Fleiß,
el difunto der Verstorbene,   la esfera das Zifferblatt,
el empleo die Stelle, das Amt,   la estacion die Station, Jahreszeit,
el patinador der Schlittschuhläufer,   la manera die Manier, Art,
el principio der Anfang, Grundsatz,   la muestra das Muster (Zifferblatt),
el tenedor die Gabel,   la ocupacion die Beschäftigung,
el tenedor de libros der Buchhalter,   la pieza das Stück (Musik),
el trineo der Schlitten,   la sociedad die Gesellschaft,
el viento der Wind,   la viuda die Wittwe,

asesinar ermorden,
desconocer verkennen,
emplear anstellen (jemand),
lograr erreichen, gewinnen,
llegar á comprender schließlich be=
greifen,
mantener*) ernähren, erhalten,
ocupar beschäftigen, besetzen,
ofender beleidigen,
patinar Schlittschuh laufen,
perseguido verfolgt,
completamente vollständig, ganz u. gar,
continuo an=, fortdauernd,

envidioso neidisch,
estraño sonderbar, fremdartig,
siguiente darauffolgend,
al contrario im Gegenteil,
á pesar trotz,
miéntras mittlerweile, während, jo
lange als,
de manera jo zwar, derart,
¡ea pues! nun denn!
por aquí hier herum,
por ahí da, dort herum,
al amanecer beim Anbruch des Tages,
al anochecer beim Einbruch der Nacht.

Ejercicio.

Señores, estando ayer tarde en el monte con mi niño mayor, llovia, relampagueaba, tronaba y granizaba, pero muy mucho. En el invierno de 1879 á 1880 no ha nevado demasiado, pero en recompensa (dagegen) helaba tanto y por tanto tiempo, que el lago de Zurich estaba completamente helado, de manera que habia dias de mas de 10 á 12 mil personas de todas edades en él, patinando y corriendo con trineos por ahí. Era lo que se llama una fiesta continua, que no se habrá visto, ni se verá tal en todo lo que resta del siglo diez y nueve; y mas vale que no suceda ya tan pronto, pues los pobres y los pájaros tenian mucho que sufrir con el frio. Suceden cosas muy estrañas en este mundo, pero lo mas estraño es que los hombres aprovechan tan poco las experiencias hechas en la escuela de la vida. Un amigo mio se halla sin ocupacion, me alegraria si lograse el empleo de tenedor de libros en casa de los señores H. y hermanos. Sucede á veces que uno se fastidia por no tener (porque no tiene) en que ocuparse, pero á Vd. al contrario, le gusta hacer lo ménos posible, ó por mejor decir, nada. Sentiria si Vd. se enfadase por tan poca cosa, ya sabe Vd. que no trato de disgustar ni de enfadarle á Vd. ni á nadie. En algun dia te arrepentirás no haber aprovechado la ocasion que tenias de tomar lecciones de castellano. Los documentos aquellos fueron firmados, pero no se sabe por quien. Sí, se sabe, pero á mí se me ha olvidado. Á mí no me importa que lo haya firmado quienquiera. Las piezas

---

*) Wird wie tener konjugiert.

que tocaron anoche en la Tonhalle, fueron compuestas (komponiert)
por un pobre músico de mucho talento, que hasta ahora ha sido
perseguido por envidiosos y contrarios suyos. Julio César fué asesinado por Bruto y sus cómplices. La sociedad de los comerciantes
jóvenes en esta es estimada hoy en dia cual ninguna otra, por su
zelo y aplicacion. Celebro hallarle á Vd., pues tengo que decirle
algo que le gustará. Sucede á menudo, que amigos jóvenes llegan
á ser enemigos, porque desconocen completamente los verdaderos
principios de la amistad. ¡Como se parece este niño á su padre!
En el verano amanece á las tres y media y anochece á las nueve.
La noche pasada ha hecho luna llena, por eso hace tanto frio hoy,
á pesar del sol que está haciendo. Ayer se halló un niño en la
calle, y se cree que fué mordido de un perro. No se enfaden Vds.
señores, pues no hay motivo para ello. Aquel negocio era bastante
urgente. El español dice: un boton para muestra basta, y ya hay
muchas muestras, ¡baste por hoy pues!

Tema.

Welch' ſchlechtes Wetter wir dieſes Frühjahr haben: alle Jahreszeiten in
einer Woche; an einem Tage ſcheint die Sonne und es iſt ſehr warm, den
folgenden Tag regnet, blitzt, donnert, rieſelt und hagelt es, zwei Tage ſpäter
iſt es ein prächtiger Tag: es iſt warm, wie im Sommer, aber beim Einbruch
der Nacht wird es wieder kalt, und am folgenden Morgen ſtürmt und ſchneit
es oder reift wenigſtens derart, daß wenn das ſo fort geht, die jungen Pflanzen
ganz und gar erfrieren und wir ein ſchlechtes Jahr bekommen werden (tener).
Es hat mich ſehr geärgert, daß meine Schüler nicht prämiiert wurden und
es würde mir leid thun, wenn ſie deshalb unterließen, fleißig zu ſein. Diejenigen, welche den General Prim ermordeten, konnten nicht eingefangen werden,
ſonſt wären ſie erwürgt worden. Hätten Sie keine Beſchäftigung für einen
mir befreundeten jungen Kaufmann (amigo mio), der von Schickſalsſchlägen
verfolgt, in ſeinem Leben ſchon viel gelitten hat und trotzdem ein Ehrenmann
geblieben iſt? Der Buchhalter des Hauſes N. iſt fortgeſchickt worden, und vielleicht
gäbe es dort eine Stelle für Ihren Freund. Ich zweifle nicht daran, daß er
dort eine Anſtellung bekommt, ob er aber (pero si) ſo bezahlt ſein wird, um
ſich und ſeine Familie zu erhalten, das iſt eine andre Frage. Es würde mich
freuen, wenn es ihm gelänge in jenes Haus zu treten, denn wenn Ihr Freund
ein guter Buchhalter und fleißig iſt, ſo wird er auch gut bezahlt. Es reut
mich, daß ich geſtern nicht ins Theater gegangen bin, da der Tannhäuſer gegeben wurde. Auch ich habe es vergeſſen. Beſchäftigen Sie ſich noch mit (de)
moderner Muſik? Ja, das glaube ich, die Menſchen im allgemeinen verkennen

ihren wahren Wert. Mit Eifer und Fleiß werden auch Sie die neuen Meister verstehen lernen (llegar á comprender) und mit der Zeit wird Ihnen das ge= fallen, was Sie heute langweilt. Gestern sind zwei Unglücksfälle begegnet: ein Italiener ist vollständig erfroren und ein Schlittschuhläufer ist ertrunken, und man sagt, daß Beide Familienväter sind. Der Fall ist sehr dringend. In einer prächtigen Lage einer Vorstadt Zürichs wird ein kleineres Haus zu billigem Preis verkauft oder vermietet. Spotte über niemand, denn du kannst nicht wissen, was dir noch passieren kann, und was du noch werden wirst (llegar á ser).

Conversacion.

Muy buenos dias amigo, ¿qué tal, se ha pasado bien la noche? — Bien, gracias á Dios, ¿y Vd., Don Julian, cómo está? Yo siempre bueno, ¿pero qué se sabe del amigo K.? — Pues señor, este, despues de sufrir lo que uno no puede decir, ha muerto 15 dias hace: ¡Requiescat in pace! R. I. P. (Er ruhe im Frieden!)

Es lo que yo digo, el hombre cuanto mas inteligente ménos prudente; este buen amigo tambien se ha matado estando siempre con sus libros ó en la escuela, estudiando y trabajando dia y noche, pero quejandose siempre, sin oir los buenos consejos de nadie; ¿y que se hace ahora su familia? — Creo que en recompensa por lo mucho que ha hecho para la juventud de aquella ciudad, y hallandose la familia sin medios de poder vivir, darán á la viuda 500 Frs. al año, miéntras viva.

Vamos, ménos mal, ¡que sea para muchos años! me alegraré; pero ¡vea Vd. qué tiempo tan malo está haciendo! — Sí señor, esta noche ha helado bastante, ahora está lloviznando otra vez, y al mismo tiempo hace un frio que hay que temer por los árboles frutales que están en flor.

Sí, y el vino, ¡buen año de vino será este! (ironisch). — Por el vino no lo siento yo, porque el vino de por aquí es generalmente agrio y no vale cosa.

¿Ha oido Vd. la desgracia que hubo lugar ayer tarde en casa del señor Vg.? — No señor, ¿qué ha habido pues?

Dicen que fué asesinado por un oficial suyo que tenia su cómplice. — ¿Y porqué le han matado pues?

Esto es lo que no se sabe, y puede que no se llegue á saber. — ¿Y porqué así?

Porque despues de haber matado al amo se les antojó de

matarse á si mismo los 2 tambien. — Es muy estraño, que yo no
haya llegado á saber nada.

Y es que todo el mundo habla del caso. — ¡Ea pues (nun denn)
amigo, conservarse tan bueno, y hasta otro dia!
¡Á Dios, Don Julian! celebraré verle á Vd. tan bueno, y hasta
cuando Vd. guste!
¡Caramba! se me ha olvidado de preguntarle á mi amigo qué
tal los asuntos del difunto Don Pedro.

---

27. Lektion.   Leccion vigésima sétima.

Die Klassen-Verben. — Verbos irregulares por clases.

Die spanische Sprache ist vielleicht reicher als irgend eine andre
moderne Sprache an unregelmäßigen Zeitwörtern; doch lassen sich diese,
da deren Unregelmäßigkeit meist im Umbau des Stammes besteht[1]), in
6 Klassen einteilen, wovon jede eine große Anzahl von Verben um=
faßt, die nach einem gegebenen Muster konjugieren, so daß schließlich
nur noch 22 ganz unregelmäßige Zeitwörter übrig bleiben.

§ 1.   Zur ersten Klasse gehören diejenigen Verben der 1. und 2.
Konjugation, deren e der Endsilbe des Stammes[1]) sich in ie verwandelt,
und zwar in den drei Personen der Einzahl und der 3. Person
Mehrzahl des Presente Indicativo und Subjuntivo, desgleichen
in der 2. Person Einzahl des bejahenden Imperativs (L. 13. § 2);
alle übrigen Personen und Zeiten sind vollkommen regelmäßig und wir
konjugieren deshalb nur die unregelmäßigen Zeiten.

NB.   Die im Paradigma etwas zurückgesetzten Personen sind regelmäßig.

---

[1]) Als Stamm bezeichnen wir das Verb ohne die Infinitiv=Endung ar, er oder ir.

I. Klasse: e in ie.

Acertar treffen, erraten. Defender verteidigen.

Indicativo.	Subjuntivo.	Indicativo.	Subjuntivo.

Presente.

	(Que yo)		Que (yo)
Acierto,	acierte,	Defiendo,	defienda,
aciertas,	aciertes,	defiendes,	defiendas,
acierta,	acierte,	defiende,	defienda,
acertamos,	acertemos,	defendemos,	defendamos,
acertais,	acerteis,	defendeis,	defendais,
aciertan.	acierten.	defienden.	defiendan.

Imperativo.

¡Acierta!	¡no aciertes!	¡Defiende!	¡no defiendas!
¡acierte Vd.!	¡no acierte Vd.!	¡defienda Vd.!	¡no defienda Vd.!
¡acertemos!	¡no acertemos!	¡defendamos!	¡no defendamos!
¡acertad!	¡no acerteis!	¡defended!	¡no defendais!
¡acierten Vds.!	¡no acierten Vds.!	¡defiendan Vds.!	¡no defiendan Vds.!

Nach vorhergehenden Mustern konjugieren folgende Verben:

Erste Klasse.

Acertar erraten, treffen, den Zweck erreichen, den Weg finden,
acrecentar vermehren,
adestrar bilden, abrichten,
adestrarse geschickt in etwas werden,
aferrar festnehmen, ankern,
aferrarse hartnäckig etwas behaupten, sich verrennen,
alentar aufathmen, aufmuntern,
alentarse Mut fassen,
apacentar auf die Weide führen, weiden,
apretar drücken,
arrendar verpachten,
asentar setzen,
aterrar ᴬ·) niederreißen (derribar),
atravesar durchbohren, =kreuzen,
aventar Wind erregen.
Calentar wärmen, erwärmen,
cegar blind machen, blenden,
cerrar schließen,
cimentar befestigen,

I. Konjugation.

comenzar (á) anfangen (L. 20. § 1),
concertar anordnen, übereinstimmen,
confesar beichten, gestehen.
Decentar anschneiden,
dentar Zähne schneiden (in ein Rad),
derrengar die Lenden brechen, lähmen,
desacertar sich täuschen, den Zweck verfehlen,
desertar desertieren,
desalentar den Athem benehmen, entmutigen,
desconcertar in Unordnung bringen,
desencerrar in Freiheit setzen,
desmembrar zergliedern, zerstückeln,
desempedrar das Pflaster aufreißen,
despernar die Beine brechen,
despertar, -se wecken, auf=, er=, wachen,
desplegar entfalten,
desterrar verbannen,
dezmar den Zehnten zahlen (diezmar).
Empedrar pflastern,

empezar (á) anfangen, beginnen,
encerrar einschließen,
encomendar anempfehlen, auftragen,
enmendar beſſern, verbeſſern,
ensangrentar mit Blut beſlecken,
enterrar beerbigen,
errar, -se [2]) irren, ſich=,
escarmentar durch Schaden klug, ge=
witzigt werden,
estregar reiben, einreiben.
Fregar fegen, ſcheuern.
Gobernar regieren.
Helar frieren,
herrar beſchlagen (ein Pferd).
Incensar räuchern (mit Weihrauch)),
infernar verdammen (zur Hölle),
invernar überwintern.
Manifestar offenbaren, zeigen, kund=
geben,
mentar erwähnen,
merendar Vesper=, Abendbrot eſſen.
Negar verneinen, verweigern, leugnen,
nevar ſchneien.
Pensar [A.]) denken (en algo),
perniquebrar Beine brechen,
plegar falten.

Quebrar brechen, bankerottieren, zer=
brechen.
Rastregar kratzen, ſcharren,
recomendar empfehlen, rekommar
bieren,
regar bewäſſern,
remendar ausbeſſern,
renegar abſchwören,
requebrar Liebeserklärung machen,
retentar bedrohen (mit Rückfall eine
Krankheit),
reventar zerplatzen, krepieren.
Sarmentar das abgeſchnittene Rebhol
einſammeln,
segar mähen,
sembrar ſäen, ausſtreuen,
sentar, -se ſitzen, ſich ſetzen, ſich ſenken
serrar ſägen,
sosegar beruhigen,
subarrendar in Unterpacht geben.
Temblar [A.]), re- zittern, erzittern,
tentar befühlen, betaſten, verſuchen,
trasegar umfüllen, umgießen,
travesar durchkreuzen, =bohren,
tropezar ſtolpern.
Ventar winden, wehen (L. 26 [4])).

Erſte Klaſſe. II. Konjugation.

Ascender hinaufſteigen, ſich belaufen,
atender aufpaſſen, in Betracht ziehen,
cerner durchſieben, durchbeuteln,
condescender ſich herablaſſen, nach=
geben.
Defender verteidigen, verbieten,
desatender vernachläſſigen, unachtſam
ſein,
descender hinabſteigen, abſtammen,
desentender mißverſtehen,
desentenderse nichts wiſſen wollen.

Encender anzünden,
entender verſtehen,
extender ausbreiten, ausdehnen.
Heder ſtinken,
hender ſpalten.
Perder verlieren [3]).
Tender [A.]) ausbreiten, ausſtrecken,
trascender überſteigen.
Verter aus=, vergießen,
reverter wieder vergießen.

---

[2]) Da im Spaniſchen kein Wort mit i beginnen kann, wenn noch ein Voka
folgt, ſo ſchreibt man: yerro, yerras, yerra etc.
[3]) Perder á alguien jemanden zu Grunde richten.

A.) Anmerkung. Regelmäßige Konjugation haben folgende Wörter:

Atentar einen Mordversuch anstellen,
aterrar erschrecken, in Furcht jagen,
atestar bezeugen,
compensar ausgleichen,
dispensar dispensieren, entschuldigen,
dispensar honores Ehren austeilen,
intentar beabsichtigen,

presentar darbieten, überreichen,
pretender vorgeben, behaupten,
representar vorstellen, repräsentieren,
recompensar belohnen,
templar mäßigen, Stahl härten, ein Jn-
strument stimmen.

Vocablos.

El accionista der Aktionär,
el catedrático b.Universitäts=Professor,
el cólera die Cholera,
el diablo der Teufel,
el discurso die Rede, Abhandlung,
   der Verlauf,
el emperador der Kaiser,
el fósforo b. Streichhölzchen, Phosphor,
el golpe der Schlag, Hieb,
el interes das Interesse,
el manejo die Handhabung,
el requiebro die Liebeserklärung, die
   Tändelei,
el ruido der Lärm, das Geräusch,
el sastre der Schneider,
el valenciano der Valenzianer,
la cerilla das Wachs=Streichhölzchen,
la civilizacion die Zivilisation,
la cólera der Zorn,
la hierba das Gras,

la huerta der Gemüsegarten,
la leña das Brennholz,
la madera das Bauholz,
la providencia die Vorsehung,
la quiebra der Bruch, Bankerott,
la rueda das Rad,
la ventana b. Fenster, =laden,
condescendiente } herablassend, nach=
condescendente } giebig,
político höflich (ein Politiker),
echar⁴) werfen, schmeißen, fortjagen,
echar dientes zahnen,
echar á perder verderben,
certificar bescheinigen,
perder cuidado unbesorgt sein,
registrar einschreiben, registrieren,
suprimir unterdrücken,
tranquilizar beruhigen,
perfectamente vollkommen,
que, porque denn.

Ejercicio.

Tú no piensas mas que en hacer tonterías; á ver si bajas de ahi y cierras la caja de cerillas, si no, te bajaré yo, para encerrarte despues. Pierda Vd. cuidado, yo trataré de hacer lo que Vd. me mande. En el otoño pienso marcharme á España, y si es posible me quedaré ahi por algunos meses. El hermano menor apacienta ahora las ovejas, miéntras que el hermano mayor comienza sus estudios. He oido decir que sus vecinos de Vd. arriendan toda la hacienda, para luego marcharse á otro clima mejor. No aprietes tanto (sprenge nicht so davon), si no quieres que reviente el caballo. ¡Confiesa no haber visto⁵) caballos tales en tu vida, ántes que

---

⁴) Echar hat die mannigfaltigsten Bedeutungen (L. 48. § 8).
⁵) Oder que no has visto (vid. L. 42. § 3 Infinitiv).

llegaste á España! ¿Es Carlos quien dienta esas ruedas? ¡Dispense Vd.! yo creo que sea Juan quien las diente todas. Napoleon III. despues de haber sido presidente de la república francesa, ascendió al trono como emperador, para 18 años despues descender de él como prisionero. Atiende á lo que te digo, si no, te mando á casa. Los hombres son generalmente muy condescendientes hasta lograr lo que quieren. Ahora defienden á muchos periódicos, pero pierda Vd. cuidado, léjos de suprimirles, les alientan y despiertan la gana de leerles, lo que se llama hacer propoganda á sus contrarios. Despliegue Vd. esa carta, á ver si yerro yo, ó si son ellos los que erraban el golpe (Anſchlag, Plan verfehlen). Por fin atravesaron el Gotardo, pero ya están remendando la obra, pues hay quien asegura que está sentandose (una) parte del tunel. Pierda Vd. cuidado, no se caerá, pues lo atesta el ingeniero mayor. Celebraré que asi sea, pero yo estoy escarmentado y, ¡dispense Vd. caballero! — un boton para muestra basta (ſpaniſches Sprichwort); para que yo lo crea es necesario que lo vea y tiente. / Los rusos ensangrentaron los campos de batalla en la Turquía, y aun se pretende que vivimos en el siglo de la civilizacion. ¡Amigo, á Vd. le tienta el diablo! el decir cosas tales es castigado, al ménos en Rusia. Sosieguese Vd., yo no soy politico, ni desciendo de familia rusa. ¡Muchacho, cierra esa ventana! la luz del sol me ciega. El niño echa dientes y se despierta á cada momento. El aldeano siembra y siega, hombres hay que siembran (ideas) y ciegan. Esta mañana ha llegado una carta certificada (ó registrada) de Hamburgo. Aquellos estudiantes manifiestan gran interes en los discursos del señor catedrático. Enciende la luz, que[6]) ya es tarde y no se puede leer. Á mí me gustaria echar un sueño de un par de horas á lo ménos.

Tema.

Der Frühling iſt gekommen, nun können wir (friſch) aufathmen. Erräſt du, was ich dem Vater zu geben beabſichtige? Peter wird ſehr geſchickt in der Handhabung der Feuerwaffen. Emil beginnt morgen ſeine Arbeit für's neue Jahr. Wenn Sie (Plur.) nach Tiſch (nach dem Eſſen) zu rauchen pflegen, ſo verlieren Sie keine Zeit, dort ſind Zigarren und Streichhölzer, damit Sie ſie anzünden. Jakob verbeſſert ſeine Fehler in der Überſetzung und Johanna beſſert die Kleider ihrer Geſchwiſter aus. Sie können mich nicht erſchrecken,

---

[6]) Que in dieſem Falle als porque (L. 40 § 5).

wenn Sie es auch beabsichtigen, (aunque mit Subj.) denn ich erwache beim geringsten Geräusch. Ich glaube, daß man jetzt die Glocken vom Petersturm herunternimmt. Heute vor 14 Tagen wurde einer meiner besten Freunde beerdigt; empfehlen Sie ihn Gott. Wenn ich die Wahrheit bekennen soll, (so) sage ich, daß ich nicht erwache, wenn man mich nicht weckt. Das Adjektiv stimmt mit dem Substantiv in Geschlecht und Zahl überein. Denken Sie oft an den guten Rat (Plur.) Ihres Freundes und Sie werden es nicht bereuen! Ich fange an, Spanisch vollkommen zu verstehen, aber meine Mitschüler fangen an, es zu sprechen. Jener Mann wird verbannt aus politischen Gründen. Sie säen dieses Jahr viel Korn; wurden Sie voriges Jahr nicht gewitzigt? Wenn es dieses Jahr wieder gefriert, wie das letzte, so ist Korn das Beste, was man säen kann. Wenn Sie diesen Wein erhalten wollen, so füllen Sie ihn in ein andres Faß um. Empfehlen Sie mich Ihrem Herrn Vater. Ich habe an Herrn So und So einen rekommandierten Brief gesandt, weil er (es) bestreitet, meinen letzten erhalten zu haben. Entschuldigen Sie, mein Herr, aber Pepe ist ein Dummkopf, denn er sagt jeder Dame Liebenswürdigkeiten und weiß nicht, daß er sie alle mit seinen Liebeserklärungen langweilt. Die Valenzianer bewässern ihre Gemüsegärten auf eine sehr gute Manier. Ich habe Lust etwas zu essen; nehmen Sie kein Abendbrot? Heinrich bekennt, daß er des Mitleids nicht wert ist, aber verweigern Sie ihm deshalb Ihre Gunst nicht. Ich fürchte, daß er Ihnen nicht empfohlen wurde, wie man mir ver= sprochen. Wenn du errätst, was ich denke, so werde ich dir kundgeben, was ich zu thun beabsichtige. In letzter Zeit wurden Mordversuche auf Kaiser und Könige angestrebt, ohne den Zweck zu erreichen, wodurch sich die Vorsehung vollkommen offenbart. Beruhigen Sie sich (que) und entschuldigen Sie, es ist nichts! wir werden Licht anstecken.

Conversacion.

¡Buenas tardes tenga Vd.! — ¡Tenga Vd. muy buenas!

¿Cuándo piensa Vd marcharse de aquí? — Estoy deseando irme cuanto ántes, porque confieso que tengo miedo del cólera.

¿No tiene vergüenza de confesar tal? — Hay muchos que niegan tener miedo, pero yo tengo al ménos valor para confesarlo.

¿En cuánto tiempo cree Vd. que hablaré el español perfec- tamente? — Eso, en parte de Vd. depende.

¡No parece tan fácil el castellano como yo creia! — Tampoco es muy difícil, pero el estudio de todo idioma, para poseerlo per- fectamente, como Vd. lo quiere, tiene sus dificultades; y si no ¿habla y escribe Vd. su madrelengua perfectamente?

Tiene Vd. razon, pero hablando de otra cosa: ¿se arrienda la casa de campo de su tio de Vd.? — Esto es lo que no se sabe.

Me han dicho, que el banco tal (jo unb jo) ha hecho quiebra; ¿es verdad esto? — Sí señor, y es muy fácil que en consecuencia quiebren otras casas tambien, y entónces tendrá tio que quedarse aquí.

¿Se sabe á cuánto asciende la quiebra? — Unos dicen que quebraron con 2, otros con $3\frac{1}{2}$ millones de francos.

¡Vamos, vamos (ja, ja), no es malo esto! — ¿Qué quiere Vd.? esto puede suceder, y hoy en dia . . . .

Yo comprendo muy bien que la mejor casa puede perder en alguno de sus negocios, pero que una casa tal pierda tanto, y de un golpe, esto es lo que no entiendo yo. — Vd. manifiesta tener gran interes, dispense Vd. la pregunta, pero ¿tiene Vd. acaso dinero en esa casa?

¡Gracias á Dios yo no! á mí me escarmentaron completamente, cuando la quiebra de la casa N., y desde entónces reniego á toda sociedad de accionistas.

¡Juanito! ¿Acertarás tú á casa de mi primo? — Sí señor me parece que sí (L. 38. § 11).

¿Aciertas tambien á qué te pregunto eso? — Entiendo que Vd. quiere mandarme allí.

Acertaste, y miéntras (que yo) escriba una cartita, sientate ahí á la chimenéa y calientate; ¡pero cierra la puerta, que hace mucho frio! — Confieso, que no habia pensado en ello.

¿Quieres merendar algo ántes de irte? — Gracias, de buena gana tomaré algo con el frio que está haciendo.

¿Á qué hora te levantaste esta mañana? — Despierto casi siempre á las seis poco mas ó ménos, y me levanto luego despues.

Pues aquí está la carta, llevasela á mi primo, pero no la pierdas. — Pierda Vd. cuidado, yo no la perderé; ¿hay contestacion?

Sí, la hay. — En este caso volveré, ¡hasta luego!

¡Á Dios, memorias (viele Grüße) á toda la familia de mi parte! — Gracias, será Vd. servido.

28. Lektion. Leccion vigésima octava.

Die zweite Klasse umfaßt Verben der 1. und 2. Konjugation, welche das o des Stammes in ue verwandeln und zwar in denselben Zeiten und Personen wie die der I. Klasse; z. B.

II. Klasse: o in ue.

Apostar wetten.		Mover bewegen.	
Indicativo.	**Subjuntivo.**	**Indicativo.**	**Subjuntivo.**

Presente.

	Que (yo)		Que (yo)
Apuesto,	apueste,	Muevo,	mueva,
apuestas,	apuestes,	mueves,	muevas,
apuesta,	apueste,	mueve,	mueva,
apostamos,	apostemos,	movemos,	movamos,
apostais,	aposteis,	moveis,	movais,
apuestan.	apuesten.	mueven.	muevan.

Imperativo.

¡Apuesta!	¡no apuestes!	¡Mueve!	¡no muevas!
¡apueste Vd.!	¡no apueste Vd.!	¡mueva Vd.!	¡no mueva Vd.!
¡apostemos!	¡no apostemos!	¡movamos!	¡no movamos!
¡apostad!	¡no aposteis!	¡moved!	¡no movais!
¡apuesten Vds.!	¡no apuesten Vds.!	¡muevan Vds.!	¡no muevan Vds.!

Nach obigem Muster konjugieren folgende Verben:

Zweite Klasse I. Konjugation.

Acordar übereinkommen, =stimmen, be=
schließen,
acordarse sich erinnern,
acostar niederlegen,
acostarse zu Bette gehen,
afollar (follar) mit d. Blasebalg blasen,
agorar wahrsagen,
almorzar frühstücken,
amolar belästigen, schleifen (ein Messer),
amollar erweichen, geschmeidig machen,
aportar landen, im Hafen anlangen,
apostar wetten,
aprobar billigen, sich einverstanden
erklären,

asolar verwüsten,
avergonzar-se beschämen, sich schämen.
Colar feien, durchfließen (L. 35 § 3),
colgar aufhängen,
comprobar bestätigen,
concordar übereinstimmen, harmo=
nieren,
conjugar konjugieren,
consolar trösten (-se de sich trösten über),
contar erzählen, zählen,
costar kosten.
Degollar erwürgen, köpfen,
demostrar darstellen, beweisen, zeigen,

denostar schmähen,
derrocar hinabstürzen,
desacordar nicht übereinstimmen (im Klange),
desaprobar mißbilligen,
descolgar ab= und loshängen,
descollar hervor=, überragen,
desconsolar trostlos machen,
descontar diskontieren, von der Rechnung abziehen,
desolar verwüsten,
desollar schinden,
despoblar entvölkern,
destrocar einen Tausch rückgängig machen,
desvergonzarse unverschämt sein,
discordar uneinig sein.
Emporcar besudeln,
encontrar begegnen,
encontrarse sich fühlen (wohl oder übel),
encordar mit Saiten beziehen,
encovar einkellern,
engrosar dick, fett werden,
enjugar (lágrimas) abtrocknen (Thränen),
entortar einäugig machen,
esforzarse sich bestreben, anstrengen.
Forzar zwingen[1], Gewalt anthun.
Holgar müßiggehen,

hollar mit Füßen treten.
Jugar spielen.
Mostrar zeigen.
Poblar bevölkern,
probar beweisen, erproben,
probar (bien) gut bekommen.
Recordar sich erinnern,
recostar-se anlehnen, sich hinlegen,
reforzar stärken, verstärken,
(regoldar) rülpsen, besser == erutar,
renovar erneuern,
reprobar verwerfen,
rescontrar eine Rechnung ausgleichen
resonar widerhallen,
revolar wieder auffliegen,
revolcarse sich wälzen,
rodar rollen,
rogar bitten, beten.
Soldar löten,
soltar loslassen,
sonar klingen, ertönen,
sonarse sich schnäuzen,
soñar träumen.
Tostar rösten,
trascolar seien, durchseien,
trascordarse sich verwirren,
trocar tauschen,
tronar donnern.
Volar fliegen,
volcar umwerfen.

Zweite Klasse II. Konjugation.

Absolver freisprechen.
Cocer kochen, Brot backen,
condoler condolieren,
condolerse Mitleid fühlen,
conmover rühren.
Demoler zerstören, ab=, niederreißen,
desenvolver[2] auf=, entwickeln,
desenvolverse sich entwickeln,
devolver[2] zurückgeben,

disolver[2] auflösen,
doler schmerzen.
Envolver[2] einwickeln,
envolverse[2] sich in etwas verwickeln
escocer beißen, brennen (von einer Wunde).
Llover regnen.
Moler mahlen,
morder beißen,

---

[1] Das französische forcer zwingen, heißt obligar.
[2] Das Particip von volver ist vuelto und ebenso das aller Abgeleiteten; z. B. desenvuelto, devuelto, envuelto, revuelto; ebenso disuelto und resuelto.

mover bewegen, rühren.
Oler³) riechen,
oler á riechen nach.
Promover befördern.
Recocer wiederkochen,
remover aufrühren,
resolver²) beschließen,

resolverse²) sich entschließen,
retorcer²) zusammendrehen, krümmen,
revolver²) umdrehen, wenden, durch=
einandermachen.
Soler⁴) pflegen (L. 35 § 8).
Torcer drehen, zwirnen, auswinden.
Volver²) u. ⁵) um=, zurückkehren.

Vocablos.

El baño das Bad,
el escritorio d. Schreibtisch, =stube,
el herrador der Hufschmied,
el mariscal der Hufschmied (beim Militär),
el momento der Augenblick, Moment,
el muerto der Tote,
el plan der Plan,
el pliego das Blatt (Papier),
el resultado das Resultat,
la apuesta die Wette,
la cantidad die Menge, Anzahl,
la conciencia das Gewissen,
la conducta d. Aufführung, Betragen,
la despotía die Despotie,
la expresion der Ausdruck,
la frase der Satz, die Phrase,

las hablillas das Gerede, Geschwätz,
la intencion die Absicht,
la lágrima die Thräne,
la monarquía die Monarchie,
la nacion die Nation,
la suma die Summe,
aconsejar-se raten, sich beraten,
adivinar erraten, wahrsagen,
aumentar erhöhen, steigern,
cenar zu Nacht essen, soupieren,
estar acorde } übereinstimmen,
estar de acuerdo } einverstanden sein,
exactamente genau,
perdonar entschuldigen, verzeihen,
seguro sicher, überzeugt,
jamas niemals,
solo nur.

Ejercicio.

El que algo quiere algo le cuesta. El señor M. empieza uno de los temas de su libro con los ejemplos siguientes: "Yo apuesto que adivino lo que Vd. piensa, pero que Vd. no adivina lo que pienso yo. Este hombre manifiesta tener buenas intenciones. Yo almuerzo á las 8, como á la 1, meriendo á las 4, ceno á las 7½ y me acuesto á las 11. La guerra despuebla los estados y ensangrienta los lugares que son el teatro de ella. Descuenteme Vd. esa letra de cambio. Temo que Vd. desapruebe mi conducta. No creo que

²) vide S. 178 ²).
³) Oler setzt in allen jenen Personen, in welchen das o in ue umgewandelt wird, ein h voraus; z. B. huelo, hueles, huele, olemos, oleis, huelen etc.
⁴) Das Adverb gewöhnlich wird meist durch soler mit Infinitiv gegeben; z. B. Aquí eu Zurich suele nevar aun en Mayo. ¿A qué hora suele llegar el correo?
⁵) Volver á mit einem Infinitiv entspricht unserm deutschen wieder; z. B. volver á ver wiedersehen, volver á escribir wieder schreiben ꝛc.

12*

estas cuentas acuerden y que estos señores estén acordes, al ménos no acordaron en la resolucion. Dudo mucho que Vds. se acuerden de mí. Él quiere, que yo trueque mi reloj por el suyo. Dudo mucho que este mariscal hierre mi caballo bien." Recuerdo perfectamente haber leido esas frases en la gramática que tuve en Madrid, hace ya unos 30 años. Yo confieso mis errores, ¿porqué se niega Vd. á confesar los suyos? Estuvimos anoche paseandonos durante dos horas largas (gute) en el paseo de San Antonio, sin encontrar á nadie. Si prometes á papá de ser mas aplicado, y demuestras mas zelo en tus estudios, te volverá á llevar de paseo consigo. ¡Muchachos, dejad eso, y no echeis siempre todo á perder! Yo no puedo aprobar la conducta de mi primo, y no creo que nadie la apruebe; si él quiere volver á mi casa, es necesario que se enmiende. El escribir ejercicios que acuerdan con las reglas dadas, cuesta mas trabajo de lo que parece. El que se esfuerza para perder malas costumbres, es mas valiente que el que vence á sus enemigos. Sea Vd. condescendiente y perdone Vd. al niño, pues se enmenderá, y si no lo hace por bien (gerne), yo le prometo que lo hará por mal (ungern). Quien suele perder minutos, se acostumbra muy pronto á perder horas y dias, y yo deseo que tú no pierdas un solo momento, porque el tiempo es uno de los bienes mas preciosos de este mundo. ¡Muchacho, enjuegate las lágrimas, y quedate aquí! Madre Angustias tiene razon, tiempo perdido jamas volvió. | Parece que suena la campanilla; ¿quiere Vd. ir á la puerta á ver quién es? Fué Juan quien se sonó las narices algo fuerte. El fuego prueba el oro, la desgracia al hombre y á los amigos. ¡No te muevan las hablillas de los hombres, sinó aconsejate siempre con tu conciencia! Dios recompensa mil veces lo que se hace para los pobres. Juan se jacta haber soltado al perro, para que muerda á todos los que entren en la huerta ó al jardin. Me acuerdo con gusto del tiempo que he pasado en España; me ha probado tan bien, que pienso volver allí. Los baños turcos me han probado muy bien, pero ahora ya no me prueban, y no hay quien me mueva á volverles á tomar. En aquella casa debe de haber fuego. Ya lo creo, mis primos están cociendo pan. ¡Vuelve la hoja!

Tema.

Es wird notwendig sein, daß ich Sie nochmals (daran) erinnere, daß Sie morgen früh von 6—7 Uhr Stunde haben. Anton, du fängst sehr spät zu arbeiten an; wenn du nochmals so spät anfängst, dann sage ich es deinem Vater. Ich billige, daß man die schlechten Lesebücher unterdrücke. Lege dich zu Bette, denn du scheinst nicht wohl zu sein. Ich wette, daß der Hund unsers Nachbars morgen nicht mehr beißt. Träume ich, oder ist es wahr, daß die Feuerglocke läutet? Ziehen Sie von dieser Summe ab, was Sie mir an Waren gegeben haben. Wollen Sie Ihre Flinte wieder gegen die meinige austauschen? Ich glaube gehört zu haben, daß man gewisse Zeitungen und Vereine zu unterdrücken beabsichtigt. Das, in einer Republik, klingt und riecht nach russischer Despotie. Wie der Koch des Herzogs dick wird! wenn er so fortfährt, platzt er noch. Ich möchte gerne (desear) wissen, ob Sie nun in Ihrem Plane einig sind und trachten werden, den Moment zu benutzen. Dieser Hufschmied zeigt, daß er noch mehr versteht, als nur Pferde beschlagen. Die Phrasen langweilen und schmerzen immer mehr, als sie trösten. Sein Vortrag zeigt genau seine Absicht, die nicht die beste zu sein scheint. Heute wird bei (en casa) deinem Onkel gefrühstückt (L. 26 § 3), aber nachher werden wir bei mir speisen, bei meiner Schwester das Abendbrot nehmen, und schließlich (por fin) werden wir allesamt im Kaffehaus soupieren. Auf diese Weise werden Sie spät zu Bette gehen, aber ebenfalls spät aufstehen und wünsche ich Ihnen nur, daß Sie morgen wohl seien, nachdem Sie so viele Schlachten geschlagen (dar) haben, in denen es gewöhnlich viele Tote, aber keine Verwundete gibt. Die Thränen rühren mich nicht so leicht. Ich mißbillige das Betragen deiner Kinder, wie ich das der meinigen auch mißbillige. Der Krieg kostet viel Geld, entvölkert die Länder und zerstört, was die Menschen mit so viel Arbeit geschaffen haben. Wenn der Herr Sanchez den richtigen Moment (el momento dado) benutzt, so kann er alles auf einen Schlag wieder gut machen. Jene Studenten zeigen sehr wenig Eifer in ihren Studien und ich kann ihr Betragen auch nicht billigen. Wenn die Schüler und der Lehrer nicht übereinstimmen, so kann das Resultat auch nie gut werden (L. 24.³)). Es scheint mir, daß eine Glocke ertönt; ob es (wohl) die Feuerglocke ist (Fut.)? Ich wünschte mit meiner Familie spazieren zu gehen, aber so lange (miéntras) ich diese Aufgabe nicht beendigt habe (Subj.), wird es niemand geben, der mich von dem Schreibtisch bewegt. Gestern bin ich spazieren geritten (pasearse á caballo) und heute beißen und schmerzen mich die Wunden (heridas), welche ich seit dem letzten Kriege habe. Du träumst immer von vergangenen Zeiten und benutzest die Gegenwart nicht; ich bitte dich daher (pues), rühre das Vergangene nicht wieder auf.

Conversacion.

Señores, yo apuesto ciento contra uno, que Vds. no adivinan lo que yo pienso hacer ahora, y sin embargo no hay cosa mas fácil, seguro que Vds. aprobarán mi idea. — ¡Perdone Vd. caballero! no adivinaremos el plan que Vd. tenga, pero no seria malo si Vd. nos

examinase, para saber si hemos aprendido de memoria los verbos
de la I. y de la II. clase.

Pues, señores, si hubiésemos apostado, habria yo perdido la
apuesta, porque francamente, esta era mi intencion; la conversacion,
la dejaremos hasta despues del estudio de los verbos irregulares,
porque no quiero que Vds. aprendan malas frases por falta de
expresiones, y tampoco puedo aumentar el número de vocablos,
siendo tan grande el de los verbos de cada leccion. — ¡Caballero!
aprobamos esa idea, aunque mas trabajo nos cueste que el acertar
lo que cada frase quiere decir.

29. Lektion. Leccion vigésima nona.

Die zur britten Klaſſe gehörenden Verben enbigen auf **acer,**
ecer ober **ocer,** bei welchen baſ c ber Enbung vor ben Voſalen **a** ober
o in **ze** verwanbelt wirb unb zwar:
In ber 1. Perſon beſ **Indicativo presente,**
in allen Perſonen beſ **Subjuntivo presente** unb ben barauſ
abgeleiteten beſ **Imperativo;** z. B.

III. Klasse c in ze.

Aborrecer verabſcheuen, haſſen.   Conocer fennen.

Indicativo.	Subjuntivo.	Indicativo.	Subjuntivo.
		Presente.	
	Que (yo)		Que (yo)
Aborrezco,	aborrezca,	Conozco,	conozca,
aborreces,	aborrezcas,	conoces,	conozcas,
aborrece,	aborrezca,	conoce,	conozca,
aborrecemos,	aborrezcamos,	conocemos,	conozcamos,
aborreceis,	aborrezcais,	conoceis,	conozcais,
aborrecen.	aborrezcan.	conocen.	conozcan.

Imperativo.

¡Aborrece!	¡no aborrezcas!	¡Conoce!	¡no conozcas!
¡aborrezca Vd.!	¡no aborrezca Vd.!	¡conozca Vd.!	¡no conozca Vd.!
¡aborrezcamos!	¡no aborrezcamos!	¡conozcamos!	¡no conozcamos!
¡aborreced!	¡no aborrezcais!	¡conoced!	¡no conozcais!
¡aborrezcanVds.!	¡no aborrezcanVds.!	¡conozcan Vds.!	¡no conozcan Vds.!

Zu dieser Klasse gehören folgende Verben:

Dritte Klasse II. Konjugation.

Abastecer verproviantieren,
aborrecer haffen, verabscheuen,
*acaecer sich ereignen,
*acontecer sich zutragen,
adolecer krank sein, ergriffen von,
adormecer-se einschläfern, einschlafen,
agradecer danken, dankbar sein,
*amanecer Tag werden, bei Tag an=
 langen,
*anochecer Nacht werden,
aparecer erscheinen,
apetecer verlangen, begehren.
Carecer (de) entbehren, fehlen an,
compadecer bemitleiden,
comparecer erscheinen (vor Gericht),
complacer willfahren (L. 35 § 6),
conocer kennen, erkennen, merken,
convalecer wieder genesen,
crecer wachsen, erhöhen (Preis).
Desaparecer verschwinden,
desconocer verkennen,
displacer mißfallen (L. 35 § 6),
desguarnecer lostrennen.
Empobrecer verarmen,
encarecer den Preis steigern,
endurecer abhärten,
enflaquecer mager, schwach werden,
engrandecer größer werden,
enmudecer stumm werden,
enriquecer-se bereichern, sich=,
enternecer erweichen, zärtlich machen,

entristecer-se betrüben, traurig werden,
envejecer alt werden,
establecer errichten, gründen,
estremecer-se zurückschrecken, schaudern.
Fallecer sterben,
favorecer begünstigen,
florecer blühen,
fortalecer befestigen.
Guarnecer besetzen, garnieren.
Humedecer befeuchten.
Merecer verdienen (Lob 2c.).
Nacer geboren werden, entstehen.
Obedecer gehorchen,
obscurecer verdunkeln, dunkel werden,
ofrecer anbieten, offerieren.
Pacer weiden (L. 35 § 4),
padecer leiden,
parecer aussehen, scheinen, gleichen,
 davon halten,
perecer umkommen, zu Grunde gehen,
permanecer verbleiben, verharren,
pertenecer angehören,
*placer gefallen (L. 35 § 6),
*prevalecer vorherrschen.
Reconocer wieder erkennen, aner=
 kennen,
reconvalecer wieder genesen,
renacer wieder entstehen, aufleben,
restablecer wieder herstellen,
*resplandecer erglänzen.

Ebenso konjugieren folgende

3 Verben der III. Konjugation:

Aducir abschleifen (vor dem Polieren),
lucir leuchten, glänzen,
lucirse glänzen, sich auszeichnen.

NB. Die mit * bezeichneten Verben werden meistens unpersönlich gebraucht
(L. 26). — Cocer, escocer und recocer vide 2. Klasse. Hacer machen und die Zu=
sammensetzungen gehören zu den ganz unregelmäßigen Zeitwörtern (L. 33).

Vocablos.

Lisboa Liſſabon,
el agradecimiento die Dankbarkeit,
el carnicero der Fleiſcher,
el compañero d. Gefährte, Compagnon,
el edificio das Gebäude,
el ladron der Dieb,
el panadero der Bäcker,
el salario der Gehalt, Lohn,
el servidor der Diener,
el terremoto das Erdbeben,
la bolsa die Börſe,

la cárcel das Gefängnis,
la miseria das Elend,
contar con alguien auf Jemanden zäh=
len,
meter hineinſtecken, hineinlegen,
presentar vorſtellen, überreichen,
sacar herausnehmen, =ziehen,
militar militäriſch (Militär),
á lo natural natürlich,
personalmente perſönlich,
útil nützlich.

Ejercicio.

Señores, yo aborrezco tanto un hombre¹) borracho, como puede aborrecerse un holgazan. Conozco un zapatero que adolece un poco de este mal. Vd. enflaquece cada dia mas, desconociendo completamente lo malo que es el estarse siempre en casa. Cada vez que encuentro á fulano me estremezco al pensar lo que ha sido, y lo que es ahora. Favorezca Vd. á ese pobre padre de familia, que desea establecerse en esa. Agradezco sus finas atenciones y espero que se me presente ocasion de manifestarle á Vd. mi agradecimiento. La noche pasada tenia un sueño, en el cual me apareció mi abuela. Amigo, Vd. debe de estar malo, pues no tiene nunca hambre ni apetece nada. Esta historia carece de toda verdad. La bolsa donde siempre se saca y nunca se mete, pronto se acaba. Ayer cogieron á un oficial, le metieron en la cárcel, y mañana tendrá que aparecer ante los tribunales militares. Amigo, si quieres estar bien con tu amo, te aconsejo que le complazcas en todo y reconozcas tu error. Si reconvalece mi amigo, tendrá que marcharse á una colonia española. Pero ¡cuánto crece esta niña! parece tener mas de 5 años. Parece que el cajero del banco tal desapareció, llevandose lo que halló en la caja. ¿No le conocia Vd.? Conozco á uno de sus hijos, pero no le conocí á él mismo. Se le creia tan hombre de bien, y ahora aparecerá como ladron. ¡Que perezca! lo que es á él, no le compadezco, pero su familia quedará reducida á la mayor miseria, y ella es por quien lo siento, y á quien compadezco. El señor cate-

¹) Durch Weglaſſen des perſönlichen Akkuſativ wird noch mehr Mißachtung ausgedrückt (L. 5. § 4).

drático se ha lucido hoy, se quedó en el discurso sin poder continuar. Me han dicho, que los panaderos quieren encarecer el pan,
y los carniceros la carne, pues ahora nos falta que los vinateros
encarezcan tambien el vino, y tenemos lo que se llama pan caro.
Nuestro padre, á pesar de que tiene 78 años, ha envejecido tan
poco, que casi no se le conoce, y nadie le daria mas de 60 á 64
años. Me place oir tal, tanto mas cuanto todos sus amigos y compañeros, aunque mas jóvenes, han muerto ya mucho tiempo hace.
¡Jóvenes, obedeced á vuestros padres y parientes que tanto han
hecho por vosotros desde que nacísteis! ¿Qué te parece? — Don
Antonio me ofreció un salario muy crecido, con tal que (yo) vuelva
y permanezca en su casa. Pues señor, he tenido mucho gusto en
conocerle á Vd. El gusto ha sido mio. Reconozcame Vd. por un
servidor. Si en alguna ocasion puedo serle útil, cuente Vd. conmigo.
¡Muchas gracias caballero!

Tema.

Die Universität Salamanca blühte im vorigen Jahrhundert und ihr guter
Name erhält sich heute noch. Kennen Sie die Ölgemälde von Stückelberg?
Jawohl, ich habe heute in der Ausstellung einige Studien gesehen, die be-
sagter Herr gemacht hat; sie sind so schön und so natürlich, daß ich wünschte,
sie würden noch einige Zeit hier verbleiben (Impf. Subj.); der Künstler verdient für diese Arbeit prämiiert zu werden. Man merkt, daß ihr die heutige
Lektion gut gelernt habt. Das Erdbeben von Lissabon ereignete sich im
Jahre 1755, den 1. November, wenn ich mich nicht täusche; viele Tausende
von Menschen gingen (dabei) zu Grunde, prächtige Paläste und sehr inter-
essante Gebäulichkeiten verschwanden vollständig. Garnieren Sie mir dieses
Kleid, aber nicht mit soviel Luxus und so wenig Geschmack, wie man sie heutzutage zu tragen pflegt! Karl wird jeden Tag reicher (reflex.) und thut
nichts, während Peter immer arbeitet und (dabei) verarmt; das ist, was
ich nicht verstehe. Mein Freund, ich rate dir, daß du auf dem Posten blei-
best, den du hast, denn die Zeiten sind schlecht und es wäre sehr leicht (möglich), daß du ohne Stelle bliebest und das wäre das Schlimmste. Ich bemit-
leide die Familie Sch. und ich schrecke zurück, wenn ich denke, daß die Kinder
oft kein Brot haben und nicht deswegen, weil ihr Vater nicht arbeitet, sondern
weil seine Arbeit nicht bezahlt wird. Ich glaube, daß er viel Talent, aber
auch viel Unglück hat, aber ich denke nicht, daß er so klug ist, wie Sie meinen
(creer), sonst wäre er schon längst von hier fortgegangen. Man darf eben
nicht (no hay que) verkennen, daß er immer hoffte, mit seinen Werken zu
glänzen und dann sicheres Brot zu finden. Wissen Sie, daß der Gesellschafter
des Herrn Z. verschwunden ist und alles Geld, sogar das (hasta el), welches den
Armen gehörte, mitgenommen hat? Unser Lehrer altert sehr, und wenn er so

fortfährt, immer kränklich zu fein, fo werden wir ihn nicht mehr lange haben, was wir in der That (en verdad) alle fehr bedauern würden. Was halten Sie von den öffentlichen Gebäuden diefer Stadt? Ich glaube, es wäre kein Luxus, wenn man einige davon niederriffe (2 Kl.). Die Offiziere der Polizei haben mich verfichert, daß der berüchtigte Dieb gefangen und geftern ins Ge= fängnis gefteckt wurde. Heute früh jedoch (aber diefen Morgen) war er wieder verfchwunden. Kennen Sie den Verfaffer diefes Buches? Ja, ich kenne ihn und auch Sie kennen ihn. Ich erinnere mich nicht, ihn gefehen zu haben. In diefem Falle habe ich die Ehre (honor), mich Ihnen als folchen vorzuftellen. Mein Herr, die Ehre ift auf meiner Seite (es mio) und es freut mich, das Vergnügen zu haben, Sie als den Verfaffer kennen zu lernen.

30. Lektion.   Leccion trigésima.

Die vierte Klaffe befteht aus Verben der 3. Konjugation, bei welchen das e der letzten Silbe des Stammes nicht in ie wie bei der erften Klaffe, fondern in i verwandelt wird und zwar:
Im **Gerundio** und **Imperativo**;
in den drei Perfonen Einzahl und der 3. Perfon Mehrzahl des **Indicativo presente**;
in der 3. Perfon Einzahl und Mehrzahl des **Definido**, fowie in allen Perfonen aller einfachen Zeiten des **Subjuntivo**; z. B.

IV. Klasse: e in i.
Medir meffen.

Gerundio: Midiendo.   Part. pasado: Medido.

Indicativo.

Presente.		Definido.	
mido,	medimos,	Medi,	medimos,
mides,	medís,	mediste,	medísteis,
mide,	miden.	midió,	midieron.

Subjuntivo.   Que oder si (yo etc.)

Presente.	Imperfecto.	Futuro.	Condicional.
mida,	midiese,	midiere,	midiera,
midas,	midieses,	midieres,	midieras,
mida,	midiese,	midiere,	midiera,
midamos,	midiésemos,	midiéremos,	midiéramos,
midais,	midiéseis,	midiéreis,	midiérais,
midan.	midiesen.	midieren,	midieran.

Imperativo.

¡Mide!   ¡mida Vd.!   ¡midamos!   ¡medid!   ¡midan Vds.!
¡no midas!   ¡no mida Vd.!   ¡no midamos!   ¡no midais!   ¡no midan Vds!

Zur 4. Klasse gehören (vgl. L. 20, § 2, 3 und 5):

Ceñir gürten,
colegir sammeln, folgern, schließen,
comedirse sich mäßigen,
competir mitbewerben, wetteifern,
concebir begreifen,
conseguir erlangen, es dahin bringen,
constreñir zwingen, zügeln,
corregir Fehler verbessern.
Derretir schmelzen,
desceñir losschnallen,
descomedirse sich vergessen, grob werden,
deservir schlechte Dienste leisten, schaden,
desleir[1]) verdünnen, auflösen,
despedir-se verabschieden — sich,
desteñir entfärben.
Elegir (como) wählen — (zu),
embestir angreifen,
engreirse[1]) sich brüsten,
envestir einkleiden, einsetzen,
estreñir verstopfen (den Leib),
expedir befördern.
Freir[1]) backen, braten (in der Pfanne).

Gemir seufzen, ächzen.
Henchir[2]) füllen, anfüllen,
heñir kneten (Teig).
Impedir hindern, ver-.
Medir messen.
Pedir fordern, bitten, verlangen,
perseguir verfolgen,
proseguir fortsetzen, -fahren.
Regir (rijo) regieren,
reir, -se[1]) lachen, schadenfroh lachen,
reirse de alg. jemanden auslachen,
rendir unterwerfen,
rendirse sich ergeben, nachgeben,
reñir streiten, zanken,
repetir wiederholen,
reteñir wieder färben, auffärben,
revestir überziehen, bekleiden.
Seguir folgen, fortsetzen, -fahren,
servir dienen, nutzen, taugen,
sonreirse[1]) lächeln.
Teñir färben.
Vestir kleiden, sich kleiden.

Vocablos.

El anciano der Alte, der Greis,
el asiento der Sitz, Platz,
el abuso der Mißbrauch,
el chocolate die Chocolade,
el fraile (Fray) der Klosterbruder,
el gorro die Mütze, Kappe (la gorra),
el hielo das Eis,
el vicio das Laster,
la academia die Akademie,
la carcajada das Gelächter,
la espada der Degen, das Schwert,
la mantilla der Schleier, die Mantille,

la moda die Mode,
dirigir leiten,
entregar übergeben,
formar bilden,
reemplazar vertreten, ersetzen,
reir á carcajada tendida aus vollem
Halse lachen,
anciano alt,
entre zwischen, unter,
expresivo ausdrucksvoll,
pintoresco malerisch,
poco á poco allmählich, nach und nach.

---

[1]) So oft in der Konjugation der Verben desleir, engreir, freir, reir, etc. zwei i zusammentreffen, wird, laut Beschluß der spanischen Akademie, eines derselben elidiert und zwar des Wohlklanges wegen; so sagt man also:
Rio, ries, rie, reimos, reís, rien etc.; dagegen: riendo, rió, rieron, -se-re-ra; früher war es: riyendo, riyó, riyeron-se-re-ra.
[2]) Aufblasen, anschwellen heißt hinchar und ist regelmäßig.

Ejercicio.

Sirvase Vd. (de) tomar asiento. Mil gracias, caballero. ¡Señores, pido la palabra! Es Vd. muy dueño de hablar. Concibo que no es agradable el aprender tantos verbos de memoria, pero sigan Vds. el ejemplo de los compañeros y condiscípulos suyos: escribiendo y leyendolos repetidas veces es como aquellos los han aprendido perfectísimamente y sin conocerlo. Yo por mi parte, de las dos cosas elijo el escribirlos, esto no impide el que se lean tantas y cuantas veces despues. Leo X. se reia del zelo que Fray Martin Lutero mostraba tener para corregir los abusos de la iglesia. Las españolas vistieron ántes con mucho gusto y de una manera muy pintoresca, pero hoy en dia visten tambien á la francesa. No concibo como han dejado la mantilla, reemplazandola con el gorro llamado sombrerito. El buen gusto se rinde las mas veces á la moda, como la virtud al vicio. Esta mañana he visto á un pobre anciano, que tenia los ojos henchidos de lágrimas. Nuestros vecinos riñeron (L. 20 § 5) anoche; quien hubiera creido que esta gente riñera jamas; de los presentes que lo hemos oido, los unos se sonreian, y los otros se reian á carcajada tendida de las cosas que se llamaban. El capitan ciñendo la espada, se despidió de los suyos, miéntras que los enemigos embistieron el ala derecha del batallon. Á pesar del mucho frio que hemos tenido el invierno pasado, se derritió el hielo muy pronto. Un vecino mio es persona que se mete en todo, nada le gusta y todo quiere saber mejor que nadie. Aquel señorito me persiguió por todas partes con sus requiebros, pero ahora lo dejará, porque le expedí de una manera que no tendrá gana de volverme á echar requiebros. Concibo que ha de ser muy desagradable el verse siempre seguido por quien no se quiere; pero comidase Vd., señorita, porque muy fácil seria, que este jóven se descomidiese, y entónces seria Vd. quien perderia mas. /— Ya se midieron los dos con ojos algo expresivos, y puede que mañana midan sus espadas. ¿Cuánto pide el librero por el diccionario que tu amigo ha corregido? Este traje que no hay mucho (tiempo) le mandé teñir, destiñe completamente. ¿Quiere Vd. tener la bondad de corregir mi tema? Ya lo corrigió mi amigo y compañero. Compitieron mas de cien jóvenes para lograr el puesto de cajero en esa casa de banco. Despues de la muerte del padre buscaron los hijos con mucho zelo el tesoro del

que les habia hablado, y que, segun habia dicho, estaba enterrado
en la huerta; hasta mucho tiempo despues concibieron por fin, que
el tesoro buscado era el trabajo mismo. J. J. Dubs, hijo de padres
pobres, nació en un pueblo del canton de Zurich, y llegó á ocupar
el primer asiento del consejo federal de la Suiza.

Tema.

Ich begreife nicht, wie sich noch so viele neue Eisenbahngesellschaften
bilden, nachdem die meisten alten so schlechte Geschäfte gemacht haben (despues
de haber hecho etc.). Dieser Künstler hat, als Gegenstand seines Bildes, den
Moment gewählt, wo Napoleon III. seinen Säbel abschnallt und dem Kaiser
Wilhelm übergibt. Dieses blaue Kleid wird sich entfärben, wenn du es im
Sommer trägst und das Tuch ist zu schlecht, um wieder gefärbt zu werden.
Verdünne diese Chocolade! Georg Washington wurde im Jahre 1789 vom
amerikanischen Volke zum Präsidenten der Republik gewählt. Dieser Kauf=
mann befördert alle Arten von Waren nach Afrika und Australien. Diese
alte Dame kleidet sich (immer) noch nach der letzten Mode. Unser Lehrer
wiederholt uns häufig die Regeln und besonders (particularmente) die der
Fürwörter. Wenn ihr diese Aufgabe vollendet habt, könnt ihr die Verben
der 1. und 2. Klasse wiederholen. Als der alte Professor gegen die Miß=
bräuche der Studenten sprach, lächelten einige von ihnen und liefen davon
(marcharse). Es gibt Tugenden, die in Laster umschlagen können (volverse).
Diese Ingenieurs messen die Entfernungen zwischen verschiedenen Ortschaften,
um Stationen zu errichten. Der berühmte Schriftsteller Nuñez, Professor an
der Universität Madrid, hat einen Sitz in der spanischen Akademie. Wer eine
Kappe zu tragen pflegt, kann nicht ohne dieselbe sein. Willst du mit uns
das Abendbrot essen? Ich danke Ihnen, ich habe sehr gut zu Mittag gespeist.
Aber das hindert (ja) nicht, daß (el que) du dich an den Tisch setzest und
noch eine Tasse Thee nehmest. Peter hat eine sonderbare Art zu lachen; er
lacht nicht oft, aber wenn er lacht, so lacht er aus vollem Halse. Es gefällt
ihm (L. 26. [5]), Märchen zu erzählen und er erzählt einige, daß jedermann
lachen muß, dann aber lacht er nicht. Diese Farbe dient so nicht, man muß
sie zuerst mit Wasser verdünnen. Nun denn, nehmen Sie Platz und wählen
Sie von diesen Früchten die, welche Ihnen am besten gefallen. Aus dem Ge=
spräche mit Herrn N. folgere ich, daß die Herren so und so keine Freunde mehr
sind. Wenn Johann seine schlechten Freunde verließe und sich besserte,
wäre es möglich, einen guten Jungen aus ihm zu machen. Wenn ich
den Spanierinnen zu raten hätte, ob sie Mantillen oder Hütchen tragen
sollten, so würde ich trachten, sie zu überzeugen, daß die Mantilla es ist, die
am besten kleidet. Wenn die Großen streiten wollen, so können es die Kleinen
nicht verhindern. Hannchen! Backe mir diese Fische und du, Karl, wirst die
Güte haben, mir vier Liter Wein zu holen, aber miß gut! Ihr Knabe und
der meinige stritten den ganzen Morgen und schließlich schlugen sie sich, ohne
daß jemand es verhindert hätte. Setzen Sie sich und erzählen Sie mir, wie

baß begegnet ist und welcher von beiden sich zuerst ergeben (el primero). Es ist besser, wenn es Ihnen Ihr Sohn selbst erzählt, denn ich habe nicht alles gesehen. Die Augen in Thränen gebadet, verabschiedete sich jener Greis von seinem einzigen Sohne. Da der Professor Nuñez nicht verfolgt wird wegen seines Gedichtes, welches das Leben Fray Martin Luthers behandelt, so kann man daraus schließen, daß es in Spanien allmählich tagt.

— ·· ···

31. Lektion. Leccion trigésima primera.

Die Verben der fünften Klasse endigen alle auf ir; ihre Un= regelmäßigkeit besteht darin, daß sie das e der letzten Silbe des Stammes, teils wie die erste Klasse in ie, teils wie die vierte in i verwandeln: in ie in denselben Personen und Zeiten wie in der I. Klasse; in i im **Gerundio,**

„ **Subj. presente** 1. und 2. Person Mehrzahl;

„ **Definido** 3. Person Einzahl und Mehrzahl, sowie in allen abgeleiteten Zeiten; z. B.

V. Klasse: e in ie und i.

Sentir fühlen, empfinden, leid thun[1]).

Gerundio: Sintiendo. Part. pdo.: Sentido.

Indicativo.

Presente.		Definido.	
Siento,	sentimos,	Sentí,	sentimos,
sientes,	sentís,	sentiste,	sentísteis,
siente,	sienten.	sintió,	sintieron.

Subjuntivo.
Que oder si (yo etc.)

Presente.	Imperfecto.	Futuro.	Condicional.
Sienta,	sintiese,	sintiere,	sintiera,
sientas,	sintieses,	sintieres,	sintieras,
sienta,	sintiese,	sintiere,	sintiera,
sintamos,	sintiésemos,	sintiéremos,	sintiéramos,
sintais,	sintiéseis,	sintiéreis,	sintiérais,
sientan.	sintiesen.	sintieren.	sintieran.

---
[1]) Nicht zu verwechseln mit sentarse sich setzen (1. Klasse).

Imperativo.

¡Siente!	¡sienta Vd.!	¡sintamos!	¡sentid!	¡sientan Vds.!
¡no sientas!	¡no sienta Vd.!	¡no sintamos!	¡no sintais!	¡no sientan Vds.!

Zur 5. Klasse gehören:

Adherir anhängen,
adquirir²) erlangen, sich aneignen,
advertir aufmerksam machen, bemerken,
arrepentir, -se bereuen,
asentir einwilligen.
Concernir betreffen,
conferir vergleichen, beraten, übertragen,
consentir einwilligen, gestatten,
controvertir bestreiten,
convertir bekehren, umwandeln.
Deferir nachgeben, der Meinung eines andern huldigen,
desmentir lügenstrafen,
diferir abweichen, aufschieben,
digerir verdauen,
discernir unterscheiden,
divertir belustigen.
Herir verwunden,
hervir sieden.

Inferir folgern, schließen,
injerir pfropfen, ein=schalten, =verleiben,
inquirir sich erkundigen, nachfragen,
invertir einlegen, =werfen.
Mentir³) lügen.
Preferir vorziehen,
presentir ahnen,
proferir äußern, vorbringen.
Referir Bericht erstatten,
referirse sich auf etwas berufen,
requerir erfordern, verlangen, brauchen, erheischen,
resentir etwas schmerzlich empfinden,
resentirse sich beleidigt fühlen.
Sentir³) fühlen, empfinden, leid thun, (lo siento es thut mir leid),
sugerir eingeben, einflüstern.
Transferir übertragen (sein Recht).
Zaherir tadeln.

Vocablos.

El amor die Liebe,
el conocimiento die Kenntnis,
el diputado d. Deputierte, Abgeordnete,
el empresario der Unternehmer,
el gobierno die Regierung,
el granizo der Hagel,
el instituto das Institut,
el periodista der Zeitungsschreiber,
el pleito der Prozeß,
el reglamento die Verordnung, das Reglement,
el sosiego die Ruhe, Stille,
el tacto d. Takt, =gefühl,
la creencia der Glaube, Meinung,
la descripcion die Beschreibung,
la empresa das Unternehmen,

la fama der gute Ruf,
la gota d. Tropfen, Gicht,
la institucion die Institution, Ein=richtung,
la mengua die Schmach,
la mentira die Lüge,
la montaña der Berg,
la negociacion die Unterhandlung,
la obligacion die Obligation, Pflicht,
la pobreza die Armut,
la riqueza der Reichthum,
escuchar horchen, hören,
figurar-, se vorstellen, sich=,
imaginarse sich einbilden,
permitir erlauben,
reflexionar nachdenken, überlegen,

---

²) Früher adquerir.
³) Vergl. mentar erwähnen und sentarse sich setzen (1. Klasse).

actual gegenwärtig, wirklich,
paternal väterlich,
maternal mütterlich,
filial kindlich,
republicano republikanisch,

ántes früher,
ante- oder sobre todo vor Allem,
cuando da, als,
por lo tanto deshalb.

Ejercicio.

Una gota de agua adhiere en cualquier parte. Los conocimientos se adquieren observando, estudiando y reflexionando mucho. Te advierto que si no obedeces á tus padres ahora, lo arrepentirás cuando sea demasiado tarde. Yo no puedo consentir en que esos jóvenes gasten el dinero, pierdan el tiempo y no aprendan el idioma por causa de un reglamento malo de su institucion. Yo tengo esta creencia, y no hábrá quien me convierta. Don Pedro me ha dicho que quiere convertir sus acciones del Gotardo en obligaciones de la misma empresa. Fulano ha dicho esto y el otro de nosotros, no pensando que yo le desmentiria ante toda la asamblea. Hay cosas que yo no puedo digerir, por lo tanto prefiero no comerlas. Un hombre puede presentir mucho, pero saberlo todo, esto es lo que no puede, ob. esto sí que no puede. El diputado N. ha llamado al gobierno actual unos tales y unos cuales, á lo cual le contestó el presidente: ¡Mengua para un republicano el proferir tal expresion! siento el tener que deciros tal, pero es mi obligacion y la opinion de todos los presentes. En el pleito de Estabio fueron excluidos (ausgeschlossen) de la asamblea algunos periodistas que referian de las negociaciones mas de lo que debieran. El ser presidente de (la) policia no es cosa fácil: en primer lugar se requiere mucho tacto, luego mucho talento y un sosiego en todo y por todo. El zaherir es cosa muy fácil, lo que es mas difícil es el hacerlo mejor. ¡Permitame Vd.! aquellos muchachos se divierten siempre en vez de aprender y hacer algo. Yo de ninguna manera pertenezco á aquellos que no consienten en que la juventud se divierta, muy al contrario; pero todo á su tiempo. Ya se lo hemos advertido muchísimas veces, pero ¿á que sirve el hablar, cuando nadie quiere escuchar? La fiesta federal de canto ha pasado ya, y los periódicos todos referian, refieren, y tendrán que referir aun por algun tiempo, si quieren hacernos una descripcion verdadera de todo cuanto concierne dicha fiesta. Las opiniones difieren generalmente en tales ocasiones, pero lo que

es esta vez, se me figura que no habrá mas que una opinion, y es
de creer que todo el mundo haya quedado muy satisfecho en todo
y con todo. Hasta[1]) el cielo consintió que el pueblo se divirtiese
á todo su gusto. Alejandro Humboldt adquirió sus mayores conocimientos viajando, y logró grande fama en el mundo entero.
Cristóbal Colon descubrió la América, pero léjos de adquirir fama
y riquezas, fué cargado de cadenas y metido en la cárcel. Aquellos
tres caballeros son hombres de bien, cada uno de por sí (L. 24),
pero difieren en sus ideas políticas, y por eso no se entienden, ni
se tratan el uno al otro. No se imaginen Vds., que es fácil hoy
en dia el ser empresario de ferro-carril, para eso se requieren
muchos mas conocimientos de los que se requerian ántes.

Tema.

Mein Nachbar ist viele Jahre gereist, er eignete sich (Def.) große Kennt=
nisse und ein noch größeres Vermögen an. Diesen Abend hat es geregnet
und es sind Tropfen gefallen, die Hagelsteinen glichen, und schließlich hat es
auch noch gehagelt. Ich habe Ihnen zu bemerken, daß, wenn es nochmals
so regnet oder hagelt, Ihr Garten in einen Teich umgewandelt sein wird. (Der)
Herr W. ist ein Mann, der sofort böse wird, wenn man seiner Ansicht nicht
nachgibt. (Gerdo.) Der Staub bleibt leicht irgendwo hängen, und wo man
ihn am besten sieht (se ve), ist auf einem (schwarzen) Hut oder auf einem
schwarzen Kleid. Ich werde dich mit mir auf die Berge nehmen, wenn es
dein Vater gestattet. Herr Thomas hat die Gewohnheit zu lügen, aber bei
der ersten Gelegenheit werde ich ihn lügenstrafen, denn es gibt nichts Häß=
licheres als die Lüge und nichts, das ich so verabscheue, als einen Mann, der
lügt. Meine (lieben) Freunde, lüget nie! Auf die Lügen folgen andre Laster,
die sich allesamt nicht leicht verbessern lassen und die sich nur mit Schwierig=
keit verlieren. Es gibt viele Speisen, die ich früher sehr gut verdaute und
die ich jetzt nicht mehr verdauen kann. Das Unternehmen der Gotthardbahn
ist und wird nicht viel besser werden (no es ni será) als irgend ein andres
Eisenbahnunternehmen der Schweiz und es ist kein Grund vorhanden, (no
hay para que) andre Obligationen in solche des Gotthard umzutauschen.
Es gibt Menschen, die ein Unglück ahnen; es aber verhindern, das können
sie nicht. Der berüchtigte Zeitungsschreiber sprach kürzlich gegen die gegen=
wärtige Regierung, nur um eine gute Anstellung zu erlangen. Herr N. hat
sich beleidigt gefühlt, weil man ihm die Wahrheit gesagt hat. Beruhigen Sie
sich, einen Andern hätte man ausgeschlossen. Es würde mir leid thun, wenn
die Zeitungsschreiber Wort für (por) Wort berichteten und er nachher glaubte,
daß ich die Schuld hätte (Impf. Ind.). Ein Schullehrer zu sein, ist nicht so
leicht, wie man sich gewöhnlich vorstellt (creer), denn es erfordert (sehr) viel

[1]) Hasta bis, adverbial gebraucht sogar (L. 38. § 10).

Takt, ziemlich viele Kenntnisse jeglicher Art (L. 11. § 9), großes Talent für den Unterricht und vor Allem eine väterliche Liebe für die Jugend. Ich folgere, daß das Reglement jener Institution nicht sehr gut ist, da sich jeder= mann darüber beklagt. Jene Studenten bereuten (Def.), nicht mit mehr Fleiß studiert zu haben, als es zu spät war. Philipp, es ist notwendig, daß du dich besserst und dich bekehrst; wenn nicht, so schicken wir dich fort (de casa). Wir berufen uns auf das Reglement dieses Hauses und wir werden nie ge= statten, daß Mißbräuche vorkommen. Es ist eine Schmach für einen jungen Mann von so viel Talent, Orangen und andre Früchte zu verkaufen, anstatt zu arbeiten und etwas zu lernen. Nachdem ihr die Verben alle gut gelernt habt, werde ich gestatten, daß ihr euch einige Tage belustigt, bevor[5]) wir unsre Studien fortsetzen (4. Kl.).

---

32. Lektion.   Leccion trigésima segunda.

In die sechste Klasse gehören die Verben auf **uir** (resp. **güir**), bei welchen nämlich das u hörbar ist. Hier wird vor jeder mit **a, e, o** beginnenden Flexionssilbe ein **y eingeschaltet**, und zwar: In den drei Personen Einzahl und der 3. Person Mehr= zahl des **Indicativo presente**, in allen Personen des **Subjuntivo presente** und den daraus abgeleiteten des **Imperativo**; z. B.

VI. Klasse; u in uy vor a, e, o.

Atribuir beimessen, zuschreiben.

Indicativo.	Subjuntivo.

Presente.

	Que (yo)
Atribuyo.	atribuya,
atribuyes.	atribuyas,
atribuye.	atribuya,
atribuimos.	atribuyamos,
atribuis.	atribuyais,
atribuyen.	atribuyan.

---

[5]) Ántes que mit Subj. oder ántes de mit Infinitiv.

Imperativo.

¡Atribuye!	¡atribuya Vd.!	¡atribuyamos!	¡atribuid!
¡no atribuyas!	¡no atribuya Vd.!	¡no atribuyamos!	¡no atribuyais!
	¡atribuyan Vds.!		
	¡no atribuyan Vds.!		

NB.! Daß das unbetonte i der Flexionssilbe in y verwandelt wird, wenn es zwischen 2 Vokale zu stehen kommt, wurde schon L. 20 § 4 gezeigt; z. B.

Gerund.: Atribuyendo.   Part. pdo.: Atribuido.

Indicativo.   **Subjuntivo.**
Que oder si (yo etc.)

Definido.	Imperfecto.	Futuro.	Condicional.
Atribuí,	atribuyese,	atribuyere,	atribuyera,
atribuiste,	atribuyeses,	atribuyeres.	atribuyeras,
atribuyó,	atribuyese,	atribuyere,	atribuyera,
atribuimos,	atribuyésemos,	atribuyéremos,	atribuyéramos,
atribuisteis,	atribuyéseis.	atribuyéreis,	atribuyérais,
atribuyeron.	atribuyesen.	atribuyeren.	atribuyeran.

In die 6. Klasse gehören:

Argüir[1]) erörtern, folgern, Schlüsse ziehen,
atribuir zuschreiben.
Concluir vollenden, endigen,
confluir zusammenfließen,
constituir einsetzen, ein Ganzes bilden,
construir aufbauen, konstruieren,
contribuir beitragen, steuern.
Destituir absetzen,
destruir zerstören,
disminuir vermindern,
distribuir verteilen.
Excluir ausschließen, =stoßen.
Fluir fließen.

Huir fliehen.
Imbuir einflößen, =prägen,
incluir bei=, einschließen,
influir beeinflussen,
instituir einsetzen, einrichten,
instruir unterrichten.
Obstruir verstopfen (Kanal).
Prostituir prostituieren, schänden.
Recluir einschließen,
refluir zurückfließen, wogen,
restituir zurückerstatten,
retribuir vergelten, belohnen,
Substituir ersetzen (in einer Stelle).

Vocablos.

Brunsvique Braunschweig,
El acreedor der Gläubiger,
el acueducto die Wasserleitung,

el canal der Kanal,
el descuido die Unachtsamkeit,
el deudor der Schuldner,

[1]) Vor y wird das crema auf dem ü als überflüssig weggelassen, weil y kein Vokal ist; z. B. Arguyendo, arguyo, arguyes, arguyó, arguya Vd. etc.; dagegen argüimos, argüis, argüia, argüiamos etc.

13*

el espectáculo das Schauspiel,
el fluido die Strömung,
el fuego das Feuer,
el heredero der Erbe,
el moro der Mohr, Maure,
el rayo der Strahl, Blitzstrahl,
el sitio b. Belagerung, Lage, Platz,
la biblia die Bibel,
la caravana die Karavanne,
la condicion die Bedingung,
la deuda die Schuld,
la doctrina die Lehre,
la fuerza motor die bewegende Kraft,
la majestad die Majestät,
la multitud die Menge,
la negligencia die Nach=, Fahrlässigkeit,
la ola die Welle,
la prosperidad die Wohlfahrt,

la sed der Durst,
los alpes die Alpen,
los fuegos artificiales das Feuerwerf,
aceptar annehmen,
iluminar beleuchten,
limpiar reinigen, putzen,
parar ruhen, stillstehen, anhalten,
sobrar übrig sein, mehr haben als
    man braucht,
afortunado glücklich,
artificial künstlich,
eléctrico elektrisch,
físico physisch,
intelectual geistig,
mudo stumm,
bajo unter (Bedingung),
durante während,
verbigracia (v. g.) zum Beispiel.

Ejercicio.

Los verbos que acaban en uir, y cuya u es muda, como v. g.
distinguir, delinquir etc. son regulares (vide L. 20. § 3); seguir, conseguir, perseguir y proseguir son verbos de la 4. clase, los demas
verbos en uir, donde la u no es muda, corresponden á la 6. clase.
Habiendo leido esta carta, arguyo que Don Pedro no quiere aceptar
mis condiciones; ¿no arguyes tú lo mismo? Amigo, no atribuyas tu
desgracia á la educacion que tus padres te han dado, pero sí á tu
propia negligencia y á tus malas costumbres. ¡Á ver si (L. 40.[4])
concluyen Vds. pronto, para empezar otra cosa! El otro dia se
echó un hombre al agua, donde el Limat y el Sihl confluyen.
¿Habrá Vd. visto la multidud de gente que confluyeron, cuando se
marchó la caravana de los Nubios de aquí? El gobierno republicano de Francia se constituyó en Versailles durante el sitio de
París. Hoy en dia se construyen muchas casas que parecen palacios,
pero generalmente carecen de toda comodidad. La vida del hombre
seria mucho mas bonita y agradable, si todo hombre contribuyese con
sus fuerzas físicas é intelectuales al bien general. Un amigo mio,
muy hombre de bien, era empleado del gobierno, pero unos envidiosos no pararon hasta lograr que se le destituyera por órden de
su majestad el rey Don Alfonso. No es el dinero, sinó la paz y
la salud, lo que constituye la felicidad de una familia. Los moros

destruyeron casi siempre las ciudades ántes de entregarlas á los españoles. Miéntras que se disminuye la fortuna de ese pais, acrecienta la prosperidad de los paises vecinos. Distribuid esos panes entre los pobres de esta ciudad, pero no excluyais á ninguno que tenga hambre. Huid las malas compañias; quien no es mejor que vosotros, mal puede instruiros. Fray Martin ha imbuido á mi jóven amigo sus doctrinas, de manera que hoy en dia parece un fraile franciscano. Á la carta que mandé á mi amigo en Málaga he incluido (una) letra de cambio de 2500 francos, y aun no tengo contestacion. La lectura de la biblia y de los poemas de Homero influyeron tanto al jóven Beranger, que solo pensaba en hacerse poeta tambien. El duque de Brunsvique, léjos de dejar su fortuna á sus parientes, instituyó como heredera suya á la ciudad de Ginebra. Si los canales de los acueductos se obstruyen, puede haber grande inundacion en una casa. El padre de un conocido mio ha hecho quiebra, pero el hijo, mas afortunado en sus negocios, restituyó la mayor parte de la deuda á los acreedores. Los hombres unas veces por (ser) pobres (L. 39 § 7 f), y otras por no tener ni gana (nicht einmal, L. 40 § 2) en que ocuparse, sobrandoles el dinero, se prostituyen por fin. Dios os lo recompense y restituya en un céntuplo lo que habeis hecho para los pobres. Bonito espectáculo es el ver como fluyen y refluyen las olas de la mar.

Tema.

Leo XIII. ersetzte Pius IX. und folgte ihm als Papst. Es ist bewundernswert, wie die Menschen, indem sie die elektrische Strömung benützen, sich auf eine Distanz von Tausenden von Meilen sprechen, ihre Theater und öffentlichen Plätze beleuchten und sich desselben Fluidums als bewegender Kraft bedienen. Nachdem ich jene Grammatik gelesen habe, ziehe ich den Schluß, daß der Verfasser ein Buch geschrieben hat, ohne Kenntnis der lebendigen Sprache. So sagt man: Es tönen die Glocken, aber niemals "se suena en la ciudad." Sonarse heißt: sich schnäuzen (die Nase putzen). Die Spanier ruhten nicht bis (hasta mit Inf.) sie die Mauren aus dem Lande gejagt hatten. Zünde deine Zigarre an und setze dich dahin, damit wir über die Bedingungen sprechen, unter welchen du diesen Posten annehmen willst. (Eine) Menge von Menschen kamen in letzter Zeit um, die einen auf den Alpen, die andern ertranken und andre wurden vom Blitz erschlagen (matar por) oder durch das Feuerwerk getötet, wie vorige Woche in Frankfurt (Francoforte), aber die meisten durch Unachtsamkeit und eigene Fahrlässigkeit. Die Nubier sind schöne und intelligente Menschen; sie haben in der kurzen Zeit, die sie hier waren, viele deutsche Ausdrücke gelernt, was mir beweist, daß es sehr leicht wäre, sie

Übersichtstabelle der Klassen-Verben. Cuadro sinóptico de los verbos por clases:

	I. Klasse e in ie	II. Klasse o in ue	III. Kl. e in ze	IV. Kl. e in i	V. Kl. e in ie u. i	VI. Kl. schaltet y ein
Inf.	apretar encender	rogar mover	-acer-ecer-ocer	pedir	sentir	huir
Gerundio:	—	—	—	pidiendo	sintiendo	huyendo
Indicativo.						
Presente:	aprieto-as-a / aprietan enciendo-es-e / encienden	ruego-as-a / ruegan muevo-es-e / mueven	nazco, naces etc. ofrezco, ofreces etc. conozco, conoces etc.	pido-es-e / piden	siento-es-e / sienten	huyo-yes-ye / huyen
Definido:	—	—	—	pidió / pidieron	sintió / sintieron	huyó / huyeron
Subjuntivo.						
Presente:	apriete-es-e / aprieten encienda-as-a / enciendan	ruegue-es-e / rueguen mueva-as-a / muevan	nazca-as-a / nazcamos-ais / nazcan	pida-as-a / pidamos-ais / pidan	sienta-as-a / sintamos-ais / sientan	huya-yas-ya / huyamos-yais / huyan
Imperf.:	—	—	—	pidiese etc. / pidiera etc.	sintiese etc. / sintiera etc.	huyese etc. / huyera etc.
Futuro:	—	—	—	pidiere etc.	sintiere etc.	huyere etc.
Cond.:	—	—	—	pidiera etc.	sintiera etc.	huyera etc.
Imperativo.						
(L. 13, § 2.)	¡aprieta! ¡no aprietes! ¡apretad! ¡no apreteis! ¡enciende! ¡no enciendas! ¡encended! ¡no encendais!	¡ruega! ¡no ruegues! ¡rogad! ¡no rogueis! ¡mueve! ¡no muevas! ¡moved! ¡no movais!	¡ofrece! ¡no ofrezcas! ¡ofreced! ¡no ofrezcais!	¡pide! ¡no pidas! ¡pedid! ¡no pidais!	¡siente! ¡no sientas! ¡sentid! ¡no sintais!	¡huye! ¡no huyas! ¡huid! ¡no huyais!

NB. Die nicht vorhandenen oder zurückgesetzten Personen sind regelmäßig.

zu unterrichten. Während²) der Belagerung von Paris hatten die Bewohner Hunger und Durst zu leiden, was auch der Grund war, weshalb sie sich ergaben. Die Deutschen trugen viel dazu bei, daß die Franzosen die Republik einsetzten, indem sie seine Majestät den Kaiser Napoleon III. gefangen nahmen. Vielleicht hätten sie das nicht gethan, wenn sie gedacht hätten, daß sich die Republik aufrecht erhielte (Cond. Ind.). „Das Leben des Menschen ist wie ein Traum", wiederholen die Dichter aller Jahrhunderte. Die Mauren lebten, wo der Guadalquivir, der Darro und der Genil fließen, und überall existieren Monumente, die sehr zu deren (en su) gunsten sprechen und uns beweisen, daß ihre Zivilisation einen sehr hohen Grad erreicht hatte (llegar á). Die Bibel ist zweifelsohne dasjenige Buch, welches am meisten übersetzt wurde. Ich werde nicht ruhen, bis diese Grammatik fehlerfrei beendigt ist. Die Wohlfahrt eines Landes hängt zum größten Teil von der Erziehung des Volkes und von der Regierung ab. Die Lehren, die man hier gewöhnlich der Jugend einflößt, sind dazu angethan, intelligente und freie Bürger mit (de un) edlem Charakter zu bilden (hacer). Die Kanäle und Wasserleitungen der Römer sind so stark und gut gebaut, daß man sie heutzutage fast nicht zerstören kann. Die Geschäfte gehen jetzt sehr schlecht und glücklich derjenige, der seine Schulden bezahlen, oder wenigstens seine Gläubiger zufrieden stellen kann; keinem wird etwas übrig bleiben (ein Überschuß), weder dem Schuldner noch dem Gläubiger.

---

33. Lektion.   Leccion trigésima tercera.

Die unregelmäßigen Zeitwörter. — Los verbos irregulares.

Die ganz unregelmäßigen Zeitwörter lassen sich nicht mehr systematisch in Klassen einreihen, da deren Unregelmäßigkeit teils in der Flexionssilbe, teils im Umbau des Stammes zu suchen ist; wir geben sie nachstehend in alphabetischer Reihenfolge und bemerken nur noch, daß sich Imperfecto, Futuro und Condicional des Subjuntivo ebenfalls aus der 3. Person Plur. des Definido bilden ·(vid. L. 13. § 1 u. 2).

---

²) Während, als Präposition, heißt durante (L. 39. § 1); z. B. durante el dia; als Bindewort heißt es miéntras mit darauffolgendem Subjuntivo mit oder ohne que (L. 40.); z. B. miéntras (que) tú leas, escribiré.

§ 1. Andar gehen.

Gərundio. Andando.　　　　　Part. pdo. Andado.

Indicativo.　　　　　　　　　Subjuntivo.

Que ober si (yo etc.)

Pres. Ando, andas, -a, etc.　　　ande, -es, -e etc.
Impf. Andaba etc.　　　　　　anduviese, -uvieses etc.
Def. Anduve, -uviste, -uvo,
　　　-uvimos, -uvísteis, -uvieron.
Fut. Andaré etc.　　　　　　anduviere etc.
Cond. Andaria etc.　　　　　anduviera etc.

Imperativo.

¡Anda!　¡ande Vd.!　　¡andemos!　　¡andad!　　¡anden Vds.!
¡no andes!　¡no ande Vd.!　¡no andemos!　¡no andeis!　¡no anden Vds.!

Andar bezeichnet das Gehen als solches; z. B.

El niño anda.　　　　　　Das Kind geht.
Aquel cazador anda mucho.　Jener Jäger geht rasch (viel).

Sehr häufig wird es in Redensarten benutzt, als:

Andar en coche.　　　　In der Kutsche fahren.
Andar á caballo.　　　　Reiten.
Andar con cuidado.　　　Mit Vorsicht zu Werke gehen.

§ 2. Asir fassen, packen (asir del brazo beim Arm fassen).

Gerundio. Asiendo.　　　　　Part. pdo. Asido.

Indicativo.　　　　　　　　Subjuntivo.

Que ober si (yo etc.)

Pres. Asgo, ases, ase,　　　asga, asgas, asga,
　　　asimos, asís, asen.　　　asgamos, asgais, asgan.
Impf. Asia etc.　　　　　　asiese etc.
Def. Asi etc.
Fut. Asiré etc.　　　　　　asiere etc.
Cond. Asiria etc.　　　　　asiera etc.

Imperativo.

¡Ase!　¡asga Vd.!　　¡asgamos!　　¡asid!　　¡asgan Vds.!
¡no asgas!　¡no asga Vd.!　¡no asgamos!　¡no asgais!　¡no asgan Vds.!

§ 3. Caber Platz haben, fassen, enthalten sein können.

Gerundio. Cabiendo. **Part. pdo.** Cabido.

Indicativo.	Subjuntivo.
	Que oder si (yo etc.)
Pres. Quepo, cabes, cabe,	quepa, quepas, quepa, ·
cabemos, cabeis, caben.	quepamos, quepais, quepan.
Impf. Cabia etc.	cupiese, cupieses etc.
Def. Cupe, cupiste, cupo,	————
cupimos, cupísteis, cupieron.	
Fut. Cabré, cabrás, cabrá etc.	cupiere etc.
Cond. Cabria, cabrias etc.	cupiera etc.

Imperativo.

(¡Cabe tú!)	¡quepa Vd.!	¡quepamos!	¡cabed!
(¡no quepas!)	¡no quepa Vd.!	¡no quepamos!	¡no quepais!
	¡quepan Vds.!		
	¡no quepan Vds.!		

Caber wird meist unpersönlich gebraucht; z. B.

No cabe duda. | Es unterliegt keinem Zweifel.

§ 4. Caer fallen. (L. 48. § 5).

Gerundio. Cayendo (L. 20 § 4). **Part. pdo.** Caido.

Indicativo.	Subjuntivo.
	Que oder si (yo)
Pres. Caigo, caes, cae,	caiga, caigas, caiga,
caemos, caeis, caen.	caigamos, caigais, caigan.
Impf. Caia etc.	cayese etc.
Def. Caí, caiste, cayó,	
caimos, caisteis, cayeron.	
Fut. Caeré etc.	cayere etc.
Cond. Caeria etc.	cayera etc.

Imperativo.

¡Cae!	¡caiga Vd.!	¡caigamos!	¡caed!
¡no caigas!	¡no caiga Vd.!	¡no caigamos!	¡no caigais!
	¡caigan Vds.!		
	¡no caigan Vds.!		

Ebenso konjugieren:

Caerse | hinfallen,
decaer in Verfall kommen, | recaer einen Rückfall bekommen.

NB. Caer hat die mannigfaltigste Bedeutung; z. B.

Este vestido le cae bien.	Dieses Kleid steht ihm gut.
Ya caigo en cuenta.	Ich begreife, verstehe schon.
Esta ventana cae á la calle.	Dieses Fenster schaut nach der Straße.
Caer malo oder enfermo.	Krank werden.
Caer oder caerse muerto.	Tot hinsinken.
Caer en gracia á alguien.	Jemand gefallen 2c.

§ 5. Conducir führen, leiten.

Gerundio. Conduciendo.	Part. pdo. Conducido.

Indicativo.	Subjuntivo.
	Que oder si (yo)
Pres. Conduzco, conduces, -ce, conducimos, -cís, -cen.	conduzca, conduzcas, conduzca, conduzcamos, -zcais, -zcan.
Impf. Conducia etc.	condujese etc.
Def. Conduje, condujiste, condujo, condujimos, -jísteis, -jeron.	———
Fut. Conduciré etc.	condujere etc.
Cond. Conduciria etc.	condujera etc.

Imperativo.

¡Conduce!　¡conduzca Vd.!　¡conduzcamos!　¡conducid!
¡no conduzcas! ¡no conduzca Vd.! ¡no conduzcamos! ¡no conduzcais!
¡conduzcan Vds.!
¡no conduzcan Vds.!

Ebenso konjugieren folgende Verben auf ucir:

Conducir führen, leiten,	producir erzeugen, hervorbringen,
conducirse sich betragen,	reducir beschränken, zurückführen,
deducir ableiten, herleiten,	reproducir wieder hervorbringen,
inducir verleiten, bewegen zu etwas,	seducir verführen,
introducir einführen, =leiten,	traducir übersetzen.

NB. Aducir schleifen und lucir leuchten siehe 3. Kl.

§ 6. Dar geben (L. 48. § 6).

Gerundio. Dando.	Part. pdo. Dado.

Indicativo.	Subjuntivo.
	Que oder si (yo)
Pres. Doy, das, da, damos, dais, dan.	dé, des, dé, demos, deis, den.
Impf. Daba etc.	diese etc.

Def. Di¹), diste, dió,
    dimos, dísteis, dieron.
Fut. Daré etc.   diere etc.
Cond. Daria etc.   diera etc.

Imperativo.

| *¡Dá!²) | ¡dé Vd.! | ¡demos! | ¡dad! | ¡den Vds.! |
| ¡no des! | ¡no dé Vd.! | ¡no demos! | ¡no deis! | ¡no den Vds.! |

Dar wird ebenfalls in vielen Redensarten gebraucht; z. B.

Dar de palos Prügel geben.	Dar al blanco das Weiße, Ziel treffen.
Dar el pésame Beileid bezeugen.	Dar que hacer Mühe verursachen.
Dar á luz zur Welt bringen, gebären.	Dar al diablo zum Teufel wünschen.
Di por cierto que Juan no volveria.	Ich glaubte des Bestimmtesten, ich hielt es für gewiß, daß Johann nicht wiederkehre.

§ 7. Decir sagen.

Gerundio. Diciendo.   Part. pdo. Dicho.

Indicativo.   Subjuntivo.

                                  Que oder si (yo)

Pres. Digo, dices, dice,   diga, digas, diga,
       decimos, decís, dicen.   digamos, digais, digan.
Impf. Decia etc.   dijese etc.
Def. Dije, dijiste, dijo,
       dijimos, dijísteis, dijeron.
Fut. Diré, dirás, dirá,   dijere etc.
       diremos, direis, dirán.
Cond. Diria, dirias etc.   dijera etc.

Imperativo.

| *¡Di!¹) | ¡diga Vd.! | ¡digamos! | ¡decid! | ¡digan Vds.! |
| ¡no digas! | ¡no diga Vd.! | ¡no digamos! | ¡no digais! | ¡no digan Vds.! |

NB. Die zusammengesetzten Verben bendecir segnen und maldecir verfluchen
sind regelmäßig im:
Part. pdo. bendecido, maldecido, gesegnet, verflucht.
Fut. Indic. bendeciré, -decirás, -decirá etc.
Cond. „ bendeciria, -decirias, -deciria etc. und im
Imperativo.   ¡bendice!   ¡bendiga Vd.!   ¡bendecid!
         ¡no bendigas!   ¡no bendiga Vd.!   ¡no bendigais!
              ¡bendigan Vds.!
              ¡no bendigan Vds.!

---

¹) „Dí" ich gab, ist lang anzuhalten, im Gegensatz von „di" sage!
²) Die nicht mit der 3. Pers. Sing. des Indic. pres. übereinstimmenden Im-
perativ=Formen sind in allen unregelmäßigen Verben mit * belegt (L. 19. ⁰).

Regelmäßigen Imperativ haben auch:

Contradecir widersprechen, | desdecir lügenstrafen, widerrufen, und
predecir wahrsagen; alle andern Zeiten wie decir.

§ 8. Dormir schlafen: o in ue und u.

Gerundio. Durmiendo.　　　　**Part. pdo.** Dormido.

Indicativo.　　　　　　**Subjuntivo.**

Que oder si (yo)

Pres. Duermo, duermes, duerme, | duerma, duermas, duerma,
dormimos, dormís, duermen, | durmamos, durmais, duerman.
Impf. Dormia etc. | durmiese etc.
Def. Dormí, dormiste, durmió,
dormimos, dormísteis,
durmieron.
Fut. Dormiré etc. | durmiere etc.
Cond. Dormiria etc. | durmiera etc.

Imperativo.

¡Duerme!　　¡duerma Vd.!　　¡durmamos!　　¡dormid!
¡no duermas!　¡no duerma Vd.!　¡no durmamos!　¡no durmais!
¡duerman Vds.!
¡no duerman Vds.!

§ 9. Hacer thun, machen (L. 48. § 9).

Gerundio. Haciendo.　　　　**Part. pdo.** Hecho.

Indicativo.　　　　　　**Subjuntivo.**

Que oder si (yo)

Pres. Hago, haces, hace, | haga, hagas, haga,
hacemos, haceis, hacen. | hagamos, hagais hagan.
Impf. Hacia etc. | hiciese etc.
Def. Hice, hiciste, hizo,
hicimos, hicísteis, hicieron.
Fut. Haré, harás, hará, | hiciere etc.
haremos, hareis, harán.
Cond. Haria, harias, haria etc. | hiciera etc.

Imperativo.

*¡Haz![2])　　¡haga Vd.!　　!hagamos!　　¡haced!
¡no hagas!　¡no haga Vd.!　¡no hagamos!　¡no hagais!
¡hagan Vds.!
¡no hagan Vds.!

Folgende vier Verben konjugieren genau wie hacer:

Contrahacer nachmachen,	rehacer wiederthun, =machen,
deshacer losmachen,	satisfacer zufriedenstellen, befriedigen

§ 10. Ir gehen mit Zweck (vergl. andar § 1).

Gerundio. Yendo (L. 27. ²).	Part. pdo. Ido.
Indicativo.	Subjuntivo.
	Que oder si (yo)
Pres. Voy, vas, va,	vaya, vayas, vaya,
vamos vais van.	vayamos, vayais, vayan.
Impf. Iba, ibas, iba,	fuese etc.
ibamos, ibais, iban.	
Def. Fuí, fuiste, fué,	———
fuimos, fuísteis, fueron.	
Fut. Iré, irás, irá iremos etc.	fuere etc.
Cond. Iria, irias, iria etc.	fuera etc.

Imperativo (vid. b.).

*¡Véte!	¡vaya(se) Vd.! ¡vamonos!	¡id (os)!
¡no te vayas!	¡no (se) vaya Vd.! ¡no nos vamos!	¡no (os) vayais!
	¡vayan(se) Vds.!	
	¡no (se) vayan Vds.!	

Anmerkungen:

a) Das „im Begriff sein, etwas zu thun", gibt der Spanier, gleich dem Franzosen, mit ir (L. 37. § 3 c); z. B.

Voy á escribir á mi padre.	Ich bin im Begriff, meinem Vater zu schreiben, ich will gleich schreiben.
Iba á decir.	Ich wollte eben sagen.

b) Irse weg=, fortgehen, stimmt mit dem franz. s'en aller überein; z. B.
Me voy, te vas, se va, se han ido etc. (je m'en vais).

c) Das Def. ist identisch mit dem des Verbes ser.

b) Im Imperat. wird ir meist reflexiv gebraucht; statt vayamos wird immer
das abgekürzte vamos gesetzt, und es kann sogar das reflexive vamonos in vamos
abgekürzt werden; daß das d in idos nicht elidiert wird, wurde in L. 21. ⁵) erwähnt.

Vocablos.

El adagio das Adagio, Sprichwort,	el palo die Stange, der Prügel,
el ave migratoria der Wandervogel,	el palo mayor der Hauptmast,
el ave palustre der Sumpfvogel,	el proverbio das Sprichwort,
el ave de rapiña der Raubvogel,	los pormenores die Details,
el castillo die Burg,	el tonel das Faß, Lagerfaß,
el huésped der Gast (Wirt),	el trecho die Strecke,
el mono der Affe,	el tren der Zug, Eisenbahnzug,

la aventura das Abenteuer,
la oferta die Offerte, das Anerbieten,
la priesa die Eile,
la pulga der Floh,
la ruina die Ruine,
la suerte das Schicksal, Glück, Loos,
la mala suerte das Unglück,
la vuelta die Biegung, Wendung, Rück=
    kehr,
citar citieren, anführen, ein Rendez=
    vous geben,
expresarse sich ausdrücken, äußern,
dar la vuelta die Runde, Wendung
    machen, zurückkehren,
dar una vuelta einen Spaziergang,
    Lauf machen,

dar vueltas umwenden,
habitar bewohnen,
hacer la cuenta ausrechnen,
naufragar Schiffbruch leiden,
pasar gelten für, durchschreiten, vor=
    beigehen, verbringen,
preparar herrichten, bereit halten,
á solas allein,
es preciso es ist nötig,
excepto ausgenommen,
flaco mager, schwach,
significativo bezeichnend,
no hay que darle vueltas, es läßt sich
    nicht leugnen (drehen),
por lo mismo daher, ebendeswegen.

Ejercicio.

Los proverbios castellanos son muy significativos, y por lo mismo, aprovechando la ocasion, voy á citarles á Vds. unos cuantos
que dicen así: ¡Ande yo caliente y riase la gente! Del dicho al
hecho hay gran trecho. ¡Díme con quien andas, y te diré quien
eres! Quien bien tiene y mal escoje, por mal que le vaya no se
enoje. ¡Hazte con fama, y echate á dormir! Donde las dan las
toman. Por dinero baila el perro. Aunque la mona vista de seda
mona se queda. No es oro todo lo que reluce. Fraile que pide
por Dios pide por dos. Á buen hambre no hay pan duro. Del
árbol caido todos hacen leña. Á perro flaco todo se le vuelve
(verwandelt sich in) pulgas. El ejercicio hace maestro. La ocasion
hace al ladron. ¡Amigo! sus proverbios de Vd. me satisfacen mucho,
y me alegraré que continúe (Vd.) otro dia, pues encierran muchísima
verdad. Pues bien, así lo haré, cuando hayamos aprendido el resto
de los verbos irregulares; ¡pero á otra cosa! ¡Vaya Vd. y diga á
su tio, que le dé una botella de Málaga! Yo no se lo digo, porque
no me la dará. Pues haga Vd. lo que le dé la gana (was Ihnen
beliebt). Yo le diré á Vd. que esto asi va mal. Pues, no me diga
Vd. mas. Déme Vd. este libro, que voy á ver como se llama el
que ha dado la vuelta al mundo el primero. Hazme el favor de
esperar un poquito, si te parece (ironisch: wenn es dir gefällig ist).
No hay necesidad de libro, yo se lo digo de memoria. Pues ¡díselo

tú! Los primeros que dieron la vuelta al mundo fueron un tal Fernan Magelhaëns de Portugal y el español Sebastian Cano, y el tiempo en que lo hicieron eran los años de 1519 á 1522. ¡Bien, hombre, bien! ¿Á ver (nun) lo que decís vosotros á esto? El'tonel que está en la bodega de las ruinas de Heidelberg dicen ser (oder que es) el mayor del mundo; pues caben unos 283 mil botellas de vino en él. Si por ejemplo cada botella contiene 75 centilitros, cuántos litros caben en dicho tonel? ¿Quiere Vd. que yo haga la cuenta? ¡Bueno, hazla, pero que sea en castellano! 283 000 por 0,75 litros son: 212 250 litros, ó sean 2122$^1/_2$ hectólitros. ¡Bien, amigo, bien!

Conversacion.

¡Señor! Acaba de llegar un caballero que pregunta por Vd., y que quiere hablarle á Vd. á solas.

¿Dónde está? — Le conduje á la sala, donde está esperando contestacion.

¿No te dijo quién era? (L. 43 § 2.) — No señor, debe de ser un conocido suyo, á quien Vd. no habrá visto durante muchos años, pues se niega á darse á conocer.

Pues bien, ¡díle que haga el favor de pasar á mi cuarto! — ¡Amigo, muchos años há (L. 13 § 7) que no he tenido el gusto de verte, y celebro encontrarte tan bueno!

¡Caballero! á decir verdad (L. 39. § 3 f), no tengo el honor de conocerle, al ménos no recuerdo en este momento, pero sientese Vd., y . . . — Sí, sentemonos pues, y llevando la conversacion á nuestra juventud, de seguro te acordarás en seguida de mí, sin que haya necesidad de decirte mi nombre.

¡Amigo Gustavo! ya te conozco; en el modo de hablar y de expresarte te he reconocido, y me alegro tanto mas, cuanto años há me dijeron que habias perecido en la mar. — Sí, el buque en el que fui para Valparaiso naufragó, y con él, segun tengo entendido, perecieron todos los que en él iban, excepto yo, que al caer tuve la suerte de coger un palo y de sostenerme durante 3 dias sobre la mar, hasta que por fin me hallaron unos españoles, que me sacaron del agua mas muerto que vivo.

¡Hombre (mein Freund), cuánto me alegro! y en verdad celebraria que nos contases, á mi señora y á mí, los pormenores de tus aventuras, pero dejemos esto hasta despues de comer, pues cuento desde luego (von vornherein) que serás nuestro huésped el tiempo que permanecieres por aquí. — Gracias amigo, con muchísimo gusto aceptaria tu amable oferta, pero me es preciso marchar aun hoy, y solo me he quedado en esta para verte, pues con el tren de las $2^1/_2$ continuaré mi viaje á Italia. ¡Tanta priesa tienes! ¿pero volverás? y entónces cuento que serás mi huésped por algunas semanas. — No conociendo el tiempo que permaneceré en Europa, nada puedo asegurar; de todas maneras (auf jeden Fall) te doy mil gracias por tu buena voluntad, y te prometo de volver si me es posible. ¡Ea pues, vamonos! voy á presentarte á mi señora, y decirla que vayan preparando la comida, ya que tan poco tiempo te queda, y miéntras tanto, si te parece bien, daremos una vuelta por ahí, hablando de nuestra vida pasada con sus vicisitudes. — Bien amigo, bien, esto es lo que iba proponerte (vorschlagen).

¡Pues vamos á dar la vuelta al pueblo para no encontrar á nadie!

Tema.

Die spanische Sprache scheint sehr reich zu sein an (en) Sprichwörtern, und was mir am meisten gefällt, ist, daß diese sehr bezeichnend sind; doch (pero) läßt es sich nicht leugnen, daß die deutsche Sprache auch sehr bezeich= nende Sprichwörter kennt und oft gleichen sie den spanischen; z. B. Ein Hund, der bellt, beißt gewöhnlich (soler) nicht. Wie gewonnen, so zerronnen (gastar) 2c. In Pepes Garten gibt es viele Affen, und es pflegen sich die Kinder mit ihnen zu belustigen. Im Fall Sie dahin gehen, (de que mit Subj. Pres.) ist es nötig, daß Sie sehr auf die Kinder achtgeben, der eine derselben beißt nämlich; gestern zum Beispiel, faßte er seinen eignen Herrn beim Arm und biß ihn in die Hand. Es unterliegt keinem Zweifel, daß die Affen sehr falsche Tiere sind und wir werden nicht dahin gehen. Wohin gingen Sie gestern so eilig (tan corriendo) mit Ihrer Gemahlin? Wir gingen nach dem Bahnhof, um einen Freund mit Familie abzuholen (buscar), der uns ein Rendez=vous gegeben hatte und den wir schon gestern erwarteten. Wir waren (deshalb) so eilig, (tan de priesa) weil wir fürchteten, daß ihnen etwas begegnet sei, denn es gibt in letzter Zeit viele Unglücksfälle auf den Eisenbahnen. Vor (en) alten Zeiten lebten die Fürsten in Burgen, die jetzt Ruinen sind; Raub= vögel sind (es), die sie heute bewohnen. Hast du je (jamas L 38. ²) einen Jagdhund gesehen, der keine Flöhe hat? (Subj. Pres.) Es unterliegt keinem Zweifel, wenn das Wetter so fortfährt, dann werden wir so wenig Wein machen, daß alles in einem Faß Platz haben wird. Die Sonne scheint jetzt sehr stark und es ist Zeit, daß ihr geht, das Heu umzuwenden. Die vorige

Woche gaben einige Italiener einem Eisenbahnangestellten derart Prügel, daß er heute noch nicht gehen kann. Geht, alles bereit zu halten, wir werden (gehen) einen Spaziergang machen. Unser böse Nachbar, den sein eigner Vater verflucht hat, ist heute gestorben; er war sich selbst der größte Feind. Gut gesagt, (mein) Freund, aber deshalb werden wir ihn nicht auch verfluchen, im Gegenteil, wir wollen Mitleid mit ihm haben und ein Vaterunser für ihn (le) beten (Fut.). Was sagte dir der Banquier, als ich anlangte? Er machte mir die Offerte von einigen tausend Gotthard=Aktien. Du wirst sie nicht an= genommen haben, denn man muß (hay que) mit Vorsicht zu Werke gehen. Aber mein Freund, woran (en qué) denkst du?

---

34. Lektion.   Leccion trigésima cuarta.

Rest ſder unregelmäßigen Zeitwörter.   Resto de los verbos irregulares.

---

§ 1. **Morir ſterben** (konj. wie dormir mit Ausnahme des Part. pdo.)

Gerundio. Muriendo.	Part. pdo. Muerto.
Indicativo.	Subjuntivo.

	Que oder si (yo)
Pres. Muero, mueres, muere,	muera, mueras, muera,
morimos, morís, mueren.	muramos, murais, mueran.
Impf. Moria etc.	muriese etc.
Def. Morí, moriste, murió,	
morimos, moristeis, murieron.	
Fut. Moriré etc.	muriere etc.
Cond. Moriria etc.	muriera etc.

Imperativo.

¡Muere!	¡muera Vd.!	¡muramos!	¡morid!
¡no mueras!	¡no muera Vd.!	¡no muramos!	¡no murais!
	¡mueran Vd.!		
	¡no mueran Vds.!		

§ 2. Oir hören (entreoir halb hören).

Gerundio. Oyendo (L. 20 § 4).   **Part. pdo.** Oido.

Indicativo.	Subjuntivo.
	Que oder si (yo)
Pres. Oigo, oyes, oye,	oiga, oigas, oiga,
oimos, ois, oyen.	oigamos, oigais, oigan.
Impf. Oia etc.	oyese etc.
Def. Oí, oiste, oyó,	
oimos, oisteis, oyeron.	
Fut. Oiré etc.	oyere etc.
Cond. Oiria etc.	oyera etc.

Imperativo.

¡Oye!   ¡oiga Vd.!   ¡oigamos!   ¡oid!   ¡oigan Vds.!
¡no oigas!   ¡no oiga Vd.!   ¡no oigamos!   ¡no oigais!   ¡no oigan Vds.!

§ 3. Poder können (mögen).

Gerundio. Pudiendo.   **Part. pdo.** Podido.

Indicativo.	Subjuntivo.
	Que oder si (yo)
Pres. Puedo, puedes, puede,	pueda, puedas, pueda,
podemos, podeis, pueden.	podamos, podais, puedan.
Impf. Podia etc.	pudiese etc.
Def. Pude, pudiste, pudo,	
pudimos, pudisteis, pudieron.	
Fut. Podré, podrás, podrá etc.	pudiere etc.
Cond. Podria, podrias, podria etc.	pudiera etc.

Imperativo.

¡Puede!   ¡pueda Vd.!   ¡podamos!   ¡poded!   ¡puedan Vds.!
¡no puedas!   ¡no pueda Vd.!   ¡no podamos!   ¡no podais!   ¡no puedan Vds.!

NB. Poder, unpersönlich gebraucht, heißt auch mögen:
Puede ser, | es mag sein (L. 37. § 2).

§ 4. Podrir faulen, verwandelt das o in u, ausgenommen in den durch Sperrschrift hervorgehobenen 4 Fällen.

Gerundio. Pudriendo.   **Part. pdo.** Podrido.

Indicativo.	Subjuntivo.
	Que oder si (yo)
Pres. Pudro, pudres, pudre,	pudra, pudras, pudra,
podrimos, podrís, pudren.	pudramos, pudrais, pudran.

Impf. Pudria etc.	pudriese etc.
Def. Pudrí, pudriste, pudrió,	
pudrimos, -dristeis, -drieron.	
Fut. Pudriré etc.	pudriere etc.
Cond. Pudriria etc.	pudriera etc.

Imperativo.

¡Pudre!	¡pudra Vd.!	¡pudramos!	¡podrid!
¡no pudras!	¡no pudra Vd.!	¡no pudramos!	¡no pudrais!
	¡pudran Vds.!		
	¡no pudran Vds.!		

§ 5. Poner ſetzen, ſtellen, legen (L. 48 § 14).

Der Gegenſatz iſt **quitar** (regelm.) ab=, wegnehmen, ausziehen; z. B.

Poner el sobre.	Die Abreſſe ſchreiben (aufs Couvert).
Ponerse el sombrero.	Den Hut auffetzen.
Ponerse las botas y	Die Stiefel anziehen und
ponerse en camino.	ſich auf den Weg machen.
Quitarse el sombrero y	Den Hut abnehmen und
quitarse las botas.	die Stiefel ausziehen.
Ponerse de mal humor.	Schlechter Laune werden ꝛc.

Gerundio. Poniendo.	**Part. pdo.** Puesto.

Indicativo.	Subjuntivo.
	Que oder si (yo)
Pres. Pongo, pones, pone,	ponga, pongas, ponga,
ponemos, poneis, ponen.	pongamos, pongais, pongan.
Impf. Ponia etc.	pusiese etc.
Def. Puse, pusiste, puso,	
pusimos, -sisteis, -sieron.	
Fut. Pondré, pondrás, -drá,	pusiere etc.
pondremos, -dreis, -drán.	
Cond. Pondria etc.	pusiera etc.

Imperativo.

*¡Pon!	¡ponga Vd.!	¡pongamos!	¡poned!
¡no pongas!	¡no ponga Vd.!	¡no pongamos!	¡no pongais!
	¡pongan Vds.!		
	¡no pongan Vds.!		

Ebenſo konjugieren:

Anteponer vorſetzen,	deponer beponieren, vor Gericht aus=
componer reparieren, zuſammenſetzen,	ſagen,
componieren (Muſik),	descomponer zerlegen,

14*

disponer verfügen,
exponer aussetzen, auseinanderfetzen,
imponerimpouieren,auferlegen(Strafe),
indisponer-se unwohl, uneinig werden,
sich verfeinden,
oponer oponieren, widersetzen,

proponer vorschlagen,
reponer erwidern (L. 35 § 7),
reponerse sich erholen, genesen,
sobreponer darüber stellen,
suponer voraussetzen,
transponer ver-, umsetzen.

§ 6. Querer wollen, lieben, gern haben.

Gerundio. Queriendo. **Part. pdo.** Querido.

Indicativo.

Pres. Quiero, quieres, quiere,
queremos, quereis, quieren.
Impf. Queria etc.
Def. Quise, quisiste, quiso,
quisimos, -sisteis, -sieron.
Fut. Querré, querrás, querrá,
querremos,querreis,querrán.
Cond. Querria, querrias etc.

Subjuntivo.
Que ober si (yo)
quiera, quieras, quiera,
queramos, querais, quieran.
quisiese etc.
_____
quisiere etc.
quisiera etc.

Imperativo.

¡Quiere! ¡quiera Vd.! ¡queramos! ¡quered!
¡no quieras! ¡no quiera Vd.! ¡no queramos! ¡no querais
¡quieran Vds.!
¡no quieran Vds.!

§ 7. Saber wissen, können, saberse sich merken.

Gerundio. Sabiendo. **Part. pdo.** Sabido.

Indicativo.

Pres. Sé, sabes, sabe,
sabemos, sabeis, saben.
Impf. Sabia etc.
Def. Supe, supiste, supo,
supimos, supisteis, supieron.
Fut. Sabré, sabrás, sabrá,
sabremos,sabreis,sabrán.
Cond. Sabria, sabrias, sabria etc.

Subjuntivo.
Que ober si (yo)
sepa, sepas, sepa,
sepamos, sepais, sepan.
supiese etc.
_____
supiere etc.
supiera etc.

Imperativo.

¡Sabe (te)! ¡sepa Vd.! ¡sepamos! ¡sabed! ¡sepan Vds.!
¡no sepas! ¡no sepa Vd.! ¡no sepamos! ¡no sepais! ¡no sepan Vds.!

NB. Saber, unpersönlich gebraucht, bedeutet schmecken (L. 48. § 13); z. B.

Esto sabe á vino, á nada.	Das schmeckt nach Wein, nach nichts.
Esto sabe muy mal.	Das schmeckt sehr schlecht.

Llegar á saber heißt **erfahren;** doch kann letzteres auch mit saber allein übersetzt werden, besonders im Definido.

Supimos la desgracia de Elm pocas horas despues de la catástrofe.	Wir erfuhren das Unglück von Elm wenige Stunden nach der Katastrophe.

§ 8. Salir **ausgehen, hinausgehen, herauskommen.**

Gerundio. Saliéndo.　　　　　　**Part. pdo.** Salido.

Indicativo.	Subjuntivo.
	Que oder si (yo)
Pres. Salgo, sales, sale,	salga, salgas, salga,
salimos, salís, salen.	salgamos, salgais, salgan.
Impf. Salia etc.	saliese etc.
Def. Salí etc.	
Fut. Saldré, -drás, drá,	saliere etc.
saldremos, -dreis, -drán.	
Cond. Saldria, -drias etc.	saliera etc.

Imperativo.

*¡Sal!	¡salga Vd.!	¡salgamos!	¡salid!
¡no salgas!	¡no salga Vd.!	¡no salgamos!	¡no salgais!
	¡salgan Vds.!		
	¡no salgan Vds.!		

Ebenso konjugiert:

sobresalir übertreffen, überragen.

NB. Ich will ausgehen, heißt:	Voy á salir.
Er ist ausgegangen.	Él ha salido.

§ 9. Traer **bringen, herbringen.** (Gegensatz von llevar forttragen, fortschaffen).

Gerundio. Trayendo.　　　　　　**Part. pdo.** Traido.

Indicativo.	Subjuntivo.
	Que oder si (yo)
Pres. Traigo, traes, trae,	traiga, traigas, traiga,
traemos, traeis, traen.	traigamos, traigais, traigan.
Impf. Traia etc.	trajese etc.
Def. Traje, trajiste, trajo,	
trajimos, trajísteis, trajeron.	
Fut. Traeré etc.	trajere etc.
Cond. Traeria etc.	trajera etc.

Imperativo.

¡Trae!	¡traiga Vd.!	¡traigamos!	¡traed!
¡no traigas!	¡no traiga Vd.!	¡no traigamos!	¡no traigais!
	¡traigan Vds.!		
	¡no traigan Vds.!		

Ebenso konjugieren:

Atraer anziehen,
contraer zusammenziehen, contrahieren,
distraer zerstreuen,

extraer ausziehen,
retraer zurückziehen,
subtraer abziehen, subtrahieren.

§ 10. Valer wert sein, taugen, gelten.

Gerundio. Valiendo.	Part. pdo. Valido.

Indicativo.	Subjuntivo.
	Que ober si (yo)
Pres. Valgo, vales, vale,	valga, valgas, valga,
valemos, valeis, valen.	valgamos, valgais, valgan.
Impf. Valia etc.	valiese etc.
Def. Valí etc.	
Fut. Valdré, valdrás, valdrá,	valiere etc.
valdremos, -dreis, -drán.	
Cond. Valdria, -drias, -dria etc.	valiera etc.

Imperativo.

¡Vale!	¡valga Vd.!	¡valgamos!	¡valed!
¡no valgas!	¡no valga Vd.!	¡no valgamos!	¡no valgais!
	¡valgan Vds.!		
	¡no valgan Vds.!		

Ebenso konjugieren: Valerse de sich bedienen, benützen.

Equivaler gleichen Wert haben,   prevalerse sich schablos halten.

§ 11. Venir[1] kommen.

Gerundio. Viniendo.	Part. pdo. Venido.

Indicativo.	Subjuntivo.
	Que ober si (yo)
Pres. Vengo, vienes, viene,	venga, vengas, venga,
venimos, venís, vienen.	vengamos, vengais, vengan.
Impf. Venia etc.	viniese etc.

---

[1] Venir de wird, wie im Französischen, im Sinne von soeben gebraucht; z. B. vengo de ver al señor N., ich habe soeben Herrn N. gesehen; vengo de recibir esta carta ich erhielt soeben diesen Brief (L. 48 § 16).

Def. Vine, viniste, vino,
vinimos, vinísteis, vinieron.
Fut. Vendré, vendrás, vendrá,   viniere etc.
-dremos, -dreis, -drán.
Cond. Vendria, -drias, -dria etc.   viniera etc.

Imperativo.

*¡Ven!   ¡venga Vd.!   ¡vengamos!   ¡venid!
¡no vengas!   ¡no venga Vd.!   ¡no vengamos!   ¡no vengais!
                ¡vengan Vds.!
                ¡no vengan Vds.!

Ebenso konjugieren:

Avenirse übereinkommen,
convenir passen, nötig sein,
desavenir uneinig sein,
intervenir vermitteln,

prevenir vorbeugen, aufmerksam
machen, warnen,
provenir herrühren von,
sobrevenir sich zutragen, unvermutet
kommen.

§ 12. Ver sehen (hacer ver heißt: zeigen).

| Gerundio. Viendo. | Part. pdo. Visto. |

Indicativo.   **Subjuntivo.**
                                            Que oder si (yo)
Pres. Veo, ves, ve,   vea, veas, vea,
vemos, veis, ven.   veamos, veais, vean.
Impf. Veia, veias, veia,   viese etc.
veíamos, veíais, veian.
Def. Vi, viste, vió,   ————
vimos, visteis, vieron.
Fut. Veré, verás, verá,   viere etc.
veremos, vereis, verán.
Cond. Veria etc.   viera etc.

Imperativo.

¡ve (ahí)!   ¡vea Vd.!   ¡veamos!   ¡ved!   ¡vean Vds.!
¡no veas!   ¡no vea Vd.!   ¡no veamos!   ¡no veais!   ¡no vean Vds.!

Ebenso konjugieren:

Antever vorhersehen,
prever voraussehen,
preverse sich vorsehen,

rever wiedersehen; jedoch ist
volver á ver gebräuchlicher (L. 28 ⁵).

Proveer-se versorgen, sich versehen mit, konjugiert wie leer (L. 20, § 4).

Vocablos.

El abogado der Sachwalter, Advokat,
el agujero das Loch, die Öffnung,
el buitre der Geier, Lämmergeier,
el cántaro der Krug, Eimer,
el cuchillo das Messer,
el cuervo der Rabe,
el gato die Katze,
el herrero der Schmid,
el humor der Humor, die Laune,
el oido das Gehör,
el peligro die Gefahr,
el pésame das Beileid,
el raton die Maus,
el recibo b. Empfangschein, Quittung,
el sacristan der Küster,
el susto der Schrecken,
el testigo der Zeuge,
la boca der Mund, die Mündung,
la cama das Bett,
la cara das Gesicht,
la catástrofe die Katastrophe,
la cuchara der Löffel,
la enhorabuena der Glückwunsch,
la ganancia der Gewinn,
la golondrina die Schwalbe,
la gracia die Anmut, Gunst, Grazie,
la lluvia der Regen,
la malicia die Bosheit,
la mosca die Mücke, Fliege,
la pareja das gleiche Paar (Pferde,
  Stiere 2c.), die Paarhälfte (b. Tanz),

la pena der Kummer, Schmerz, die
  Mühe, Strafe,
la prueba der Beweis,
la via férrea die Bahnlinie,
claro hell, klar,
loco närrisch,
oscuro dunkel,
pardo grau,
sordo taub,
alcanzar erlangen, erreichen,
amenazar drohen,
cantar singen,
comprar kaufen,
criar groß ziehen, erziehen,
dorar vergolden,
escaldar abbrühen, verbrühen,
hacer caso Wert auf etwas legen,
  hochanschlagen, auf etwas achten,
lavar waschen,
llenar füllen,
llorar weinen,
mirar schauen, ansehen, betrachten,
rascar kratzen,
acá hierher,
de paso im Vorbeigehen,
despacio langsam,
de un momento á otro jeden Augen=
  blick, von einem Moment zum andern,
de véras ernstlich, wirklich,
por supuesto selbstverständlich.

Conversacion.

¡Muchacho! ven acá, y escucha lo que te voy á decir! — Aquí
estoy; ¿qué es lo que Vd. me quiere?

¡Mira, si dentro de media hora estás de vuelta con contestacion
á esta carta que vas á llevar, te doy una peseta, ¡ea pues, véte
corriendo! — Voy volando, ¡á Dios!

¡Señora ama, señora ama! á ver si trae Vd. pronto la comida,
si no, me voy á otra parte á comer! — ¡Pues señor, si no oigo mal,
se viene Vd. con hambre y de un humorcillo que ya ya!.....

¡Ya lo creo, despues de haber andado por ahí toda la mañana y sin hacer nada, no solo que da hambre esto, sinó fastidia, y cualquiera se pondria de mal humor! — Vamos, vamos, ¡sosieguese Vd.! despues de la lluvia sale el sol, y lo que no se hace hoy se hará mañana, y sobre todo, como dice el adagio, las cosas de palacio van despacio.

Tiene Vd. razon, de nada sirve el enfadarse, por fin tiene uno que pagarlo todo. — Pero vea Vd. las hojas de los árboles, como están cayendose ya, y las moscas, ¡que fastidiosas son!

Ya lo veo, todo pruebas que el invierno no tardará en llegar, y con los años que pasan, nos vamos haciendo viejos. — Diga Vd., ¿se supo el porqué llegó el correo de ayer tan tarde?

Los empleados dijeron que habia ya tanta nieve en los alpes, y que esta será la última semana en que se podrá pasar. — Da pena el ver todo tan triste, pero ya está la mesa puesta, sientese Vd. pues, que voy á traer la sopa.

Miéntras tanto voy yo á buscar el vino.

Díme Juan, ¿trajeron el recibo por el dinero que le di á Felipe? — ¡Mira! ahí te lo he puesto sobre la mesa.

Voy á dar el pésame á nuestro casero, pues le murió una niña. — De paso (Im Vorbeigehen) podrias ir á casa de tu amigo Pedro á darle la enhorabuena.

¿Qué hay pues? — Es que despues de tantos años le nació un niño, y te digo que no cabe en sí de alegria.

¿De véras? Pero dí, ¿quién te ha hecho creer tal? — Él mismo vino á traerme esta feliz nueva.

¿Le diste la enhorabuena por supuesto? — Claro está, y cuando me dió las gracias, me dijo, que aunque le hubiese caido el premio grande de la lotería no le satisfaria tanto.

Pero amigo, ¿cuándo vendrá Vd. á verme? tanto tiempo há que me lo ha prometido, y nunca vino. — Le doy á Vd. palabra que iré á verle uno de estos dias.

Bueno, me alegraré, pero que no sea demasiado tarde, pues nos iremos á pasar el verano al campo.

¿Ha llegado á sus oidos de Vd. la desgracia de Ischia? — Sí señor, la supimos al dia siguiente de la catástrofe.

¿No verdad, las ventanas de su casa de Vd. dan (caen) al jardin? — Parte da al jardin, parte á la calle.

¿Señores, quieren Vds. que vayamos á dar una vuelta por ahí?
— Hombre, como Vd. quiera, pero parece estar llovizuando.
¡Ah! no vale la pena de hablar de ello. — Vamos, ya caigo en
cuenta, Vd. quiere dar una vuelta, á ver si ve la que le ha caido
en gracia (L. 48. § 5). Hombre, Vd. se engaña, yo voy á dar una vuelta y tomar el
sol. — ¿Y cuando llueve, tambien?
¡Caballero! y á Vd. ¿que se le da (L. 21. § 4)? yo soy muy
dueño de hacer lo que me dé la gana, y no tengo que dar cuenta
ni á Vd. ni á nadie. — Ciertos son los toros, no hay que darle
vueltas²), á no ser así no se pondria Vd. tan serio.
¡Vamos, Carlos, vamos, no le haga Vd. caso, y venga conmigo
á dar una vuelta por ahí!

Tema.

Heute gingen wir von einem Walde zum andern, ohne Jagd anzutreffen,
und wenn Sie wüßten, wie langweilig das ist! Und wie war das möglich?
— Einer der Herren, welcher mit uns war, ging immer voraus und der trägt
die Schuld, daß wir nichts sehen konnten. Wir haben ihn gerufen, ich selbst
nahm ihn beim Arm und bat ihn (que), langsamer zu gehen (Impf.! Subj.),
aber das half nichts (servir de nada); wenige Minuten später lief er mehr
als vorher. Glaubst du denn, er habe es aus Bosheit gethan? Das glaube
ich nicht, Bosheit steckt keine in ihm; im Gegenteil, er ist ein seelenguter Mensch
(muy de bien), aber ein wenig lebhaft. — Der euch (aber) vollständig gelang=
weilt hat. Ich habe mir vorgestern ein neues Kleid gekauft, siehst du es nicht?
Schaue es gut an und sage mir, wie es mir steht! Es steht (estar) dir sehr
gut, einzig dürfte (Cond. Subj. von poder) die Farbe ein wenig dunkler sein.
Letztes Jahr starben so viele Leute, daß man fast nur schwarze und dunkle
Kleider sieht, deshalb wählte ich eine hellere Farbe. Hören Sie, (mein) Herr,
überschreiten (ir á pasar) Sie jetzt die Bahnlinie nicht, denn der Zug hat den
Tunnel passiert und kann jeden Augenblick (de un momento á otro) hier an=
langen. Ich danke Ihnen, (mein) Freund, ich wußte das nicht. Hörtet ihr
den Kanonenschuß? Was will das heißen (decir)? Ich sehe weder Feuer,
noch hörte ich, daß Revolution im Lande sei. Wir wissen auch nicht, was das
sein könnte; vielleicht ist irgend ein Unglück begegnet. Laßt uns sehen,
was es gibt! Wir wollen gleich (L. 33 § 10a) einen Lauf durch die
Stadt machen! vielleicht erfahren wir etwas. Seid ihr schon zurückgekehrt?
Was war es denn? Konntet ihr etwas erfahren oder entdecken? Nichts, gar

---

· ²) Sicher sind die Stiere (Stiergefecht), dem läßt sich keine andre Wendung geben;
(spanische Ausdrucksweise, welche etwa heißt: das ist Numero sicher, daran ist nicht
zu zweifeln).

nichts, alles was wir sehen oder entdecken konnten, (das) waren viele Leute, die sich gegenseitig (die einen die andern) ansahen, ohne zu begreifen, was das sein mochte. (Cond. Subj. von poder). Nun wohlan! Ich schlage vor (que), wir gehen nach Hause, um nicht größeren Gefahren ausgesetzt zu sein. Der Herr hat Recht, denn zweifelsohne droht uns große Gefahr. Dort kommt ein Mann vom Telegraph dahergerannt, laßt hören, was er sagt! He, guter Freund, sagen Sie, was gibts denn? Man sagt uns (que), seine Majestät der König wird gleich hier anlangen, und man hat nichts zu seinem Empfang (recepcion) vorbereitet (hacer). Wirklich? Wenn der König wüßte, was für einen Schrecken wir gehabt haben (el susto que hemos llevado), so würde er uns nicht wenig auslachen.

Ejercicio.

Señores, habiendo aprendido los verbos irregulares podremos pasar adelante, citando algunos proverbios mas, sin tener que temer que no los comprendais, porque como suele decirse, al buen entendedor[3] con media palabra le basta, ó el comer y el rascar, todo es empezar. ¡Bien, Don Juan, bien! siga Vd. pues, siga Vd.! Seguiré, pero poned todo el cuidado posible, para que no vayamos perdiendo (el) tiempo. Por la boca muere el pez. En boca cerrada no entran moscas. Cuando el rio suena, agua lleva. Los dineros del sacristan cantando se vienen, cantando se van (L. 25. § 5). Bienes mal adquiridos á nadie han enriquecido. Todo lo alcanza el dinero. Una golondrina no hace verano. No hay caballo, por bueno que sea, que no tropiece. Quien compra y miente, su bolsa lo siente. No todas las verdades son para (ser) dichas. Mas vale un "toma", que dos "te daré". El hombre puede todo lo que quiere si es que de véras quiere. Con paciencia todo se logra. Mas vale pájaro en mano que buitre volando. Á quien Dios quiere, le llena la casa de bienes. No hay mejor testigo que el papel escrito. El cántaro va á la fuente, hasta que se rompe. Al caballo regalado no hay que mirarle el diente. Al tomar y dar es fácil errar. Nadie puede decir: de esta agua no beberé. El hombre propone, y Dios dispone. Buen abogado, mal vecino. El gato escaldado, del agua fria huye. Mas vale buena fama que dorada la cama. Cada oveja con su pareja. Á rio revuelto (getrübt) ganancia de pescador. Quien poco tiene, poco teme. Casa tu hija como pudieres, á tu hijo como quisieres. Cada uno sabe donde le aprieta el zapato. De

---

[3] Von entender verstehen, also der Verständige, der leicht begreift.

noche todos los gatos son pardos. Quien lengua tiene, á Roma va.
Una mano lava la otra, y ambas la cara. No hay peor sordo que
el que no quiere oir. El raton que no sabe mas que un agujero pronto
le coje el gato. Cria cuervos, y te sacarán los ojos. En casa de
herrero, cuchillo de palo. Al loco y al aire, darles calle ‎(macht
Platz). Mas vale buen callar que mal hablar. El buen paño en el
arca se vende. Quien bien te quiera, te hará llorar⁴). Quien todo
quiere, todo pierde. Quien rompe, paga. Tanto vales cuanto tienes.
Mas vale tarde que nunca. No se ganó Zaragoza en un dia. ¡Al
hierro caliente, batir de repente! ¡Haz el bien, y no mires á
quien! ¡Ea pues! de los muchos proverbios que hay en castellano
son estos los que me vienen á la memoria; mas tarde, cuando leamos el Quijote, hallaremos páginas enteras de ellos, pues el inmortal
Cervantes les ha puesto en la boca de Sancho Panza, á quien les
hace citar en momentos dados, cuando vengan al caso.

35. Lektion. Leccion trigésima quinta.

Die mangelhaften Zeitwörter. Los verbos defectivos.

Mangelhafte Zeitwörter heißen solche, die nur in einzelnen Zeiten
und Personen vorkommen; z. B.

§ 1. Abolir abschaffen, kassieren, ist regelmäßig.

Vom **Presente** sind nur die **1.** und **2. Person Plural** und vom
Imperativo nur die **2. Person Plural** gebräuchlich; also:

Pres. Ind. abolimos, abolís.   Pres. Subj. abolamos, abolais.
Imper. ¡abolid! ¡no abolais!

die übrigen Zeiten lauten:

Abolia; abolí; aboliré; aboliria; abolieron; abolie-se; -re; -ra etc.

NB. Ich will abschaffen, heißt: | Voy oder quiero abolir.
Ich schaffe ab. | Estoy aboliendo etc.

---

⁴) Wen der Vater lieb hat, den züchtigt er.

§ 2. **Arrecirse erfrieren, erstarren,** ist unregelmäßig im Presente und Imperativo und wird selten in diesen Zeiten gebraucht; statt dessen kommt helarse (erste Klasse) in Anwendung; z. B.

Indicativo.	Subjuntivo.
Presente.	

	Que ober si (yo)
Me arrizco, te arrices, se arrice,	me arriz-ca, te -cas, se -ca,
nos arrecimos, os arrecis, se arricen.	nos arriz-camos, os -cais, se -can.
Me arrecia; -arreci; -arreciré; -arreciria;	me arreciese; -re; -ra.

§ 3. **Colar leimen** (zweite Klasse), wird nur in jenen Personen und Zeiten gebraucht, die regelmäßig sind; z. B.

Fritz leimt den Tisch.	Federico está colando la mesa.
Fritz leimte den Tisch.	Federico colaba la mesa etc.

§ 4. **Pacer weiden** (dritte Klasse), kennt keine 1. Person des Presente; ebenso verhält es sich mit raer schaben und roer nagen; z. B.

Ich weide meine Schafe.	Estoy paciendo mis ovejas.
Er weidet meine Schafe.	Él pace mis ovejas.

§ 5. **Pesar drücken, wägen, wiegen, erwägen,** ist regelmäßig. Im Sinne von **reuen** ist es unpersönlich; z. B.

Me pesa; me pesaba; me pesó; nos pesará; os pesaria; es reut mich 2c.
Que les pese; si me pesase; -re; -ra; ¡pesele á Vd.! es reue Sie!

§ 6. **Placer gefallen, Wohlgefallen finden** (dritte Klasse), wird meist unpersönlich gebraucht und ist im Definido, dessen Abgeleiteten und im Imperativo sehr unregelmäßig; z. B.

Me place; me placia; Def. me plugo; me placerá; me placeria.

Si me pluguiese, -re, -ra.	Wenn es mir gefiele 2c.
Imper. ¡Plegue á Dios!	Es möge Gott gefallen!

NB. Complacer willfahren, einen Gefallen thun und **displacer** mißfallen, konjugieren nach der 3. Kl. (L. 29).

§ 7. **Reponer,** in der Bedeutung von **erwidern,** kommt nur im Definido und den abgeleiteten Zeiten vor (L. 34 § 5); z. B.

Repuse, repusiste, repuso, repusimos, repusisteis, repusieron.
Repusiese, -re, -ra, sonst wird replicar gebraucht.

§ 8. **Soler pflegen,** die Gewohnheit haben (zweite Klasse), ist nur im Presente und Imperfecto des Indicativo gebräuchlich und, wie im Deutschen, meist von einem Infinitiv, jedoch ohne Präposition, gefolgt (L. 28,⁴); z. B.

Suelo comer á las 12¹/₂.	Ich pflege um ¹/₂1 Uhr zu speisen.
Ántes solia fumar un cigarro despues de comer.	Früher pflegte ich eine Zigarre nach dem Essen zu rauchen.

§ 9. Yacer liegen, im Frieden ruhen, ist nur auf Grabschriften ꝛc. zu treffen; z. B.

En la isla de Ufenau yace el célebre Ulrico de Hutten.	Auf der Insel Ufenau ruht der berühmte Ulrich von Hutten.

§ 10. ¡Salve! sei gegrüßt! und **¡vale! lebe wohl!** sind dem Lateinischen entnommen und nur noch in Dokumenten zu treffen; grüßen heißt saludar.

„**Leben Sie wohl!**" wird verschieden übersetzt: entweder mit quedar-se oder ir-se con Dios, oder kurzweg: á Dios! Quedarse con Dios sagt man zum Zurückbleibenden, irse con Dios zum Weggehenden; z. B.

¡Quedate con Dios!	Verbleibe mit Gott! lebe wohl!
¡Vaya Vd. con Dios!	Gehen Sie mit Gott! leben Sie wohl!

Vocablos.

Alejandro Alexander,	el pro y el contra das Für und Gegen,
El aldeano der Dorfbewohner, Landmann,	el sanscrit das Sanskrit,
el árbitro der Schiedsrichter,	el sentido der Sinn, die Richtung,
el asno } der Esel, Dummkopf,	el sobrenombre der Bei-, Spitzname,
el burro }	el teléfono das Telephon,
el billete das Billet,	el verdugo der Peiniger, Henker,
el billete de banco die Banknote,	la cabeza der Kopf,
el campesino der Landbewohner,	la cafetera die Kaffeemaschine, -kanne,
el comandante der Kommandant,	la calidad die Eigenschaft,
el despacho der Absatz von Waren, das Bureau,	la cámara die Kajüte,
el despacho telegráfico die telegraph. Depesche, das Telegraphen-Bureau,	la ceremonia die Ceremonie,
	la constitution die Verfassung,
el doblon b. Doublone (60 Realen),	la flecha der Pfeil,
el enfado der Ärger, Unwille, Verdruß,	la fragata die Fregatte,
el espíritu der Geist,	la grandeza b. Größe (i. Stand u. Rang),
el filósofo der Philosoph,	la guitarra die Guitarre,
el fondo der Grund, Boden, Fond, Hintergrund,	la instruccion primaria der Elementarunterricht,
el labrador der Bauer, Landwirt,	la inteligencia der Verstand,
el letrado der Schriftgelehrte, Rechtskundige,	la ironía die Ironie,
	la reforma die Reform,
el marinero der Matrose,	la sierra die Säge, die Gebirgskette,
el paso der Schritt, Paß, Durchgang,	la tetera die Theekanne,
	disputar streiten,
	enseñar unterrichten,

exigir forbern, verlangen,
pleitear prozeſſieren,
practicar ausüben, in Anwendung
bringen,
replicár erwibern,
vengar rächen,
abstracto abſtraft,
competente urteilsfähig, kompetent,

despejado aufgewedt,
vacio leer,
abajo unten, hinunter,
detras hinter, =her,
conque ſomit, alſo,
no obstante beſſenungeachtet, nichts=
beſtoweniger,
ó — ó entweder — ober.

Ejercicio.

Á la cuestion, que si[1]) el estado habia de hacer los billetes de
banco ó no, contestó la mayoría del sapientísimo consejo federal: ó
habeis de abolir la constitucion: ó dejar las cosas como son; conque sí ó no, como si el pueblo no hubiese podido abolir un párrafo
sin echarlo todo el rio abajo. Me place que vayan haciendo varios
despachos telegráficos, pero tambien debieran poner despachos para
el teléfono, pues como suele decirse, una cosa llama á la otra. En
la guerra alemana-francesa arrecieron mas soldados de lo que se
supo. ¿Quieres que (yo) vaya á colar los muebles que se rompieron
en el viaje? Algunos ya les colé yo, pero aun quedan los mas
rotos á colar. Yo conocí á un jóven que á la edad de once años
pacia aun las ovejas en la sierra de Bullones sin saber ni leer ni
escribir. No obstante, á los 19 años ya sabia el árabe, el castellano, el frances, ingles, aleman, latin y griego, y en Munich estu-
diaba el sanscrit, lo que prueba que á ¡pesar de empezar tarde
con los estudios, siendo uno aplicado y teniendo buenos maestros,
se puede alcanzar en poco tiempo lo que muchos en el doble no
llegan á saber; aun al contrario, parece que la inteligencia, el
espiritu queda mas despejado y claro cuando ménos se exige de la
juventud en sentido abstracto, y me place que vayan haciendo re-
formas en la instruccion primaria en ese sentido. Guillermo Tell
al preguntarle para qué llevaba otra flecha consigo, repuso: si con
la primera no hubiese dado al blanco, la segunda no lo habria
errado. Alejandro, rey de Macedonia, tenia calidades que le hicieron
merecer el sobrenombre de Grande, pero las pasiones, que no supo
vencer, obscurecieron no pocas veces la grandeza de su gloria.
Luis XIV. solia decir: el estado soy yo. Napoleon III. al hacerse

---

[1]) Que si daß wenn, in dieſem Falle „ob“ (L. 40).

emperador proclamó: ¡el imperio es la paz! Habiendo pesado el
pro y el contra de vuestras razones, estoy resuelto de contaros unos
cuentos en español, que vais á traducir al aleman.

El abogado y el médico.

Un abogado y un médico que se encontraron en una ceremonia
se disputaron el paso (Rang) y pusieron como árbitro un filósofo.
Este les . dijo: Señores, yo no soy competente entre vosotros dos,
solo quiero deciros lo que he visto practicar en ceremonias públicas,
y es: que el ladron va siempre delante, el verdugo detras.

El letrado y el labrador.

Un letrado prometió una vez á un labrador, que si le daba un
doblon, le enseñaria á pleitear de manera que habia de vencer siempre; el labrador prometióselo, y el abogado dijo: Pues bien, niega
siempre, y siempre vencerás. Despues le pidió el doblon prometido,
á lo que el aldeano repuso: Niego positivamente (des Bestimmtesten)
haberle prometido nada.

Tema.

Wenn ihr dieses Gesetz nicht abschafft, werdet ihr nachts immer Lärm
in (por) den Straßen haben. Wann wirst du mir die Guitarre leimen? Ich
leimte sie schon letzthin. Das Wissen drückt nicht, und dich wird es noch ge-
reuen, daß du so manche günstige Gelegenheit unbenützt (ohne zu benützen)
vorübergehen ließest. Wenn du meine Schafe weidest, (so) lehre ich dich (á)
lesen und schreiben. Es gefällt mir Ihre Offerte und ich werde trachten,
Ihnen in allem zu willfahren. In den öffentlichen Schulen wird meistens
(soler) zu viel auf einmal gelehrt. Meine Herren, ich muß anderswohin gehen,
leben Sie wohl! Leben Sie wohl, mein Herr!
Auf Wiedersehen! (hasta la vista ob. hasta luego[2]). Bis der Herr Karl
wiederkehrt, könnten Sie (Cond. subj.) uns einige von jenen hübschen Ge-
schichtchen erzählen, wie sie in Spanien erzählt werden. Gut, ich will euch den
Gefallen thun, aber unter (bajo) der Bedingung, daß ihr mir diese ins Spanische übersetzt. Wir werden thun, was (L. 23. § 4) Sie verlangen. (Subj.
von decir oder pedir.)

---

[2]) Hasta la vista, auf zufällig Wiedersehen; hasta luego, wenn er wiederkehrt,
oder hasta mas ver   „   „   „   oder hasta ahora, bis später, besonders in Südamerika und einigen Prov. Spaniens gebräuchlich.

Die Theekanne.

Ein Matrose an Bord (á bordo) einer Fregatte hatte das Unglück, eine silberne Theekanne ins Meer fallen zu lassen; voll Furcht ging er nach der Kajüte des Kommandanten und sagte ihm: „Mein Kapitän, kann man sagen von einer Sache, sie (que) ist verloren, wenn man weiß (Gerd.), wo sie ist?" — „Wenn man den Ort, wo sie ist, kennt", erwiderte der Kapitän, „so kann man das nicht sagen (tal)." — „In diesem Falle, Herr Kapitän, habe ich nichts zu befürchten wegen Eurer Theekanne", sagte der Matrose, „denn ich weiß, daß sie auf (en) dem Meeresgrunde liegt."

Der Bauer und der Kaufmann.

Ein Bauer ging an (por) einem Kaufladen vorbei, der beinahe leer war; er trat ein und fragte den Kaufmann spöttisch (con ironía): „Was ist denn das, was da verkauft wird?" Dieser wollte sich auch über den Bauer lustig machen (divertirse de) und sich zugleich rächen und antwortete ihm etwas ärgerlich (con algun enfado): „Hier verkauft man Eselsköpfe." — „Sehr viel Absatz müßt Ihr haben", erwiderte der Bauer, aus vollem Halse lachend, „denn es bleibt Euch ja nur noch einer übrig" (ya no — mas que).

36. Lektion. Leccion trigésima sesta.

Die Verbal-Adjektive. Los adjetivos verbales.

§ 1. Eigenschaftswörter, die vom Zeitworte abgeleitet sind, heißen Verbaladjektive. Das Participio pasado der meisten Zeitwörter (die= jenigen der L. 20. § 6 inbegriffen) kann als Verbaladjektiv mit ser, estar od. quedar etc. gebraucht werden; z. B.

Quienquiera que haya escrito esto, muy mal escrito está.	Wer immer das geschrieben habe, sehr schlecht geschrieben ist's.
Julia está decidida de permanecer aqui.	Julia ist entschlossen, hier zu verbleiben.
Estoy y quedo convencido de esto.	Ich bin und bleibe hiervon überzeugt.

§ 2. Diejenigen Verbaladjektive nun, welche eigne Formen haben, und gewöhnlich auch eine andre Bedeutung, folgen hier alphabetisch geordnet.

Schilling, Spanische Grammatik. 15

Infinitivo.	Part. pdo.	Adjetivos verbales.
Absorver abforbieren,	-ido,	absorto verwundert,
abstraer ableiten, schließen,	-ido,	abstracto abstrakt,
afectar sich stellen als ob, heucheln, affektieren,	-ado,	afecto zugethan, ergeben,
aguzar schärfen, schleifen,	-ado,	agudo scharf, spitzig,
alertarse wachsam sein, sich vorsehen,	-ado,	alerto wach (Schildwache),
anejar anheften, anfügen,	-ado,	anejo angrenzend (Annex),
angostar verengen,	-ado,	angosto schmal, eng,
atender beachten, berücksichtigen, verpflegen,	-ido,	atento aufmerksam.
Bendecir segnen,	-ido,	bendito heilig, selig, gesegnet,
bienquerer wohl wollen,	-ido,	bienquisto beliebt.
Calentar wärmen,	-ado,	caliente warm,
cegar blenden, verblenden,	-ado,	ciego blind,
compaginar verbinden, zusammenfügen,	-ado,	compacto fest, dicht,
completar vervollständigen, ergänzen,	-ado,	completo vollständig,
concretar beschränken,	-ado,	concreto konkret,
confundir verwechseln, verwirren,	-ido,	confuso verwirrt, konfus,
contentar-se befriedigen, sich begnügen,	-ado,	contento zufrieden,
convencer überzeugen,	-ido,	convicto überführt,
corregir verbessern, ausbessern,	-ido,	correcto richtig, korrekt,
cortar schneiden, abschneiden,	-ado,	corto kurz,
crespar kräuseln,	-ado,	crespo lockig, kraus,
cultivar bebauen, kultivieren,	-ado,	culto aufgeklärt, gebildet.
Decidir beschließen, entscheiden,	-ido [1]),	indeciso unentschieden, =schlossen,
defender verteidigen,	-ido [1]),	indefenso verteidigungslos, wehr=
descalzar die Schuhe ausziehen,	-ado,	descalzo barfuß,
desertar entweichen, desertieren,	-ado,	desierto öde, wüst, leer,
desnudar entkleiden,	-ado,	desnudo nackt, entblößt,
despertar wecken, aufwachen,	-ado,	despierto wach,
diferenciar unterscheiden, variieren,	-ado,	diferente verschieden, anders,
distinguir unterscheiden, auszeichnen,	-ido,	distinto verschieden,
distinguirse sich hervorthun, ´	-ido,	distinguido hervorragend.
Enjugar trocknen, abtrocknen,	-ado,	enjuto mager, trocken,
espesar verdichten,	-ado,	espeso dicht, dick,
estender ausdehnen, =breiten,	-ido,	extenso ausführlich,
estrechar verengen,	-ado,	estrecho enge,
estreñir verstopfen (Leib),	-ido,	estricto strikt (Befehl),
exceptuar Ausnahme machen,	-ado,	excepto ausgenommen,

---

[1]) Deciso und defenso sind nicht gebräuchlich.

Infinitivo.	Part. pdo.	Adjetivos verbales.
extraer[2]) ausziehen, einen Auszug machen,	-ido,	(el extracto der Extrakt),
eximir verschonen,	-ido,	exento frei von . . .,
Falsear verfälschen,	-ado,	falso falsch,
faltar fehlen,	-ado,	falto de aus Mangel an,
favorecer begünstigen,	-ido,	favorito Lieblings=,
fijar befestigen, festsetzen,	-ado,	fijo fest, unbeweglich,
freir braten,	-ido.	*frito gebraten, gebacken.
Hartar sättigen,	-ado,	harto satt,
Incluir ein=, beischließen,	-ido,	incluso eingebogen, inliegend,
infectar } anstecken,	-ado,	} infecto verpestet,
inficionar } infizieren,	-ado,	vergiftet, angesteckt,
ingerir pfropfen, einschalten,	-ido,	} *injerto gepfropft,
injertar einimpfen, (vacunar)	-ado,	geimpft, okuliert,
invertir fondes Kapitalien verwenden,	-ido,	inverso verkehrt.
Juntar verbinden,	-ado,	junto beisammen.
Limpiar reinigen,	-ado,	limpio rein,
Llenar füllen,	-ado,	lleno voll.
Maldecir verwünschen,	-ido,	maldito verflucht,
malquerer übel wollen,	-ido,	malquisto verhaßt,
mancar verfehlen, lähmen,	-ado,	manco einarmig, lahm,
manifestar offenbaren,	-ado,	manifiesto klar, offenbar,
marchitar verwelken,	-ado,	marchito welk, verwelkt.
Ocultar verbergen,	-ado,	oculto geheim, verborgen,
omitir aus=, weglassen,	-ido,	omiso ausgelassen (una palabra omisa ein ausgelassenes Wort),
oprimir unterdrücken,	-ido,	opreso unterdrückt.
Perfeccionar vervollkommnen,	-ado,	perfecto vollkommen,
pervertir verderben (die Sitten),	-ido,	perverso verdorben, gottlos,
prender ergreifen, [anheften,	-ido,	*preso gefangen (polizeilich),
„ con un alfiler mit einer Nadel	-ido,	
producir erzeugen,	-ido,	(el producto das Produkt),
proveer (de) versehen, =schaffen,	-ido,	*provisto versehen, versorgt mit ...
Reflejar ab=, widerspiegeln,	-ado,	(el reflejo der Widerschein),
rizar kräuseln, fälteln,	-ado,	rizo lockig.
Salvar retten,	-ado,	salvo sicher, in Sicherheit,
secar trocknen,	-ado,	seco trocken, herb (Sekt),
soltar lösen, loslassen,	-ado,	*suelto los, frei,
someter unterwerfen,	-ido,	sumiso unterwürfig, demütig,
sujetar befestigen, im Zaum halten,	-ado,	sujeto fest, angebunden, unterworfen,
suprimir unterdrücken,	-ido,	*supreso unterdrückt,

---

²) Sacar ist das eigentliche: herausziehen.

Infinitivo.	Part. pdo.	Adjetivos verbales.
suspender aufheben, aufhängen,	-ido,	suspenso überrascht, betroffen,
sustituir ersetzen,	-ido,	(el sustituto d. Substitut).
Teñir färben,	-ido,	tinto rot (v. Wein),
torcer verdrehen, auswinden,	-ido,	tuerto einäugig,
travesar quer legen,	-ado,	travieso boshaft, durchtrieben.
Vaciar leeren, entleeren,	-ado,	vacio leer,
valer wert sein, taugen (L. 34. § 10)	-ido,	válido gültig.
Yuntar ein Paar Ochsen einspannen,	-ado,	(la yunta d. eingesp. Paar Ochsen).

*NB. Die mit * bezeichneten Verbaladjektive können gleichzeitig als Participios, d. h. zur Bildung zusammengesetzter Zeiten mit haber benützt werden; so kann man sagen:

He freido oder frito.	Ich habe gebraten, gebacken (in Fett).
Él ha injertado oder injerto.	Er hat gepfropft.
Le han prendido oder preso.	Sie haben ihn festgenommen, gefangen.
Hemos proveido oder provisto.	Wir haben Fürsorge getroffen, versehen.
Han suprimido oder supreso.	Man hat unterdrückt.
¿Habeis soltado oder suelto?	Habt ihr losgelassen?

NB. Satzbildungen mit Verwertung der Verben und Verbaladjektiven sind sehr zu empfehlen.

Vocablos.

El alfiler die Stecknadel,
el chiste der Witz, Scherz,
el desertor der Deserteur,
el estrecho die Enge, Meerenge,
el page der Page,
el pantalon die Hose,
el pillo der Gauner, Strolch,
el rato d. kleine Weile, Augenblick,
el respeto die Achtung, der Respekt,
el rizado die Halskrause,,
los rizos die Locken,
la abreviatura die Abkürzung,
la aguja d. Näh=Stricknadel,Uhrzeiger,
la caja de rapé die Schnupftabakdose,
la casualidad der Zufall,
la humanidad die Menschheit, Mensch=
      lichkeit,
la impresion der Ein-, Buchdruck,
la inclusa das Findelhaus,
la observacion die Bemerkung,
la pesca die Fischerei,
la sorpresa die Überraschung,
la tabla das Brett, die Tabelle,
la tertulia die Abendgesellschaft,

la traviesa der Querbalken, die Eisen=
      bahnschwelle,
la víspera der Vorabend, die Vesper,
aficionar-se á geneigt sein, Freund sein
      von, Vorliebe haben für . . .
agarrar, -se festhalten, sich,
agarrado del hielo festgehalten vom
      Eis, angefroren,
arrancar aus=, losreißen,
atar anbinden,
besar küssen,
entreabrir halb öffnen,
espantar verscheuchen, erschrecken,
exclamar ausrufen,
registrar untersuchen, registrieren,
terminar vollenden, schließen,
utilizar nützlich machen, benützen,
encima darauf,
  „   de auf,
llevar encima auf sich tragen, mit sich
      führen,
listo aufgeweckt, pfiffig, bereit,
naturalmente natürlich),
hace rato es ist schon ziemlich lange her.

Ejercicio.

Si está Vd. listo vamos á salir. ¿Quién ha abierto la
puerta? Siempre (es wird wohl) habrá sido Felipe, pues cuando
yo vine, la encontré abierta. Las montañas ya están cubiertas
de nieve y el invierno no tardará en llegar. Yo tengo una biblia, que fué impresa en 1672 y tiene impresion tan buena, que
nadie se pondrá ciego, por mucho que la lea; bien mirado, si
los editores de gramáticas, diccionarios y otros libros de escuela
los imprimiesen con letra tal, ó al ménos como lo tiene el diccionario aleman-frances de Plötz, un servicio manifiesto prestarian á
la humanidad, pues ménos ciegos ó cortos de vista habria. Supongo
que Vds. saben cuando fué descubierta la América, y quien la descubrió. Aquel jóven es muy aficionado á la caza, miéntras que su
hermano se va aficionando á la pesca. El español concluye sus
cartas generalmente con: Quedo de Vd. atento ó afecto, ó afectísimo
y seguro servidor ó amigo, que su mano besa; pero hay que advertir, que estas expresiones se dan en abreviatura; v. g. quedo
de Vd. at°· y. s. s. q. b. s. m., oder queda de Vd. aft°· ó af^{mo.} y. s.
s. y amigo etc. Y al saludar á una persona de respeto, ¿cómo se
dice? Tambien se dice: beso á Vd. la mano, caballero; pero siendo
señora hay que decir: beso á Vd. los piés, ó á (zu) los piés de Vd.,
señora. Pero no vayais diciendo "caballera" como á mí me pasó
con una señora muy distinguida de Madrid. El ebanista ha cortado
la tabla dos veces, pero ahora me parece que es demasiado corta.
¿Has despertado á los niños, Juana? Ya están despiertos mucho
tiempo hace; el uno ya se ha roto el pantalon, y el otro anda por
ahí (L. 33) descalzo. Fulano afecta conocer el idioma muy á fondo,
yo no digo que no lo hable bastante bien, pero de llevar una conversacion y escribir una cartita hay gran trecho á poseer un idioma
á fondo. Enrique es un muchacho muy atento, amable y bienquisto
de sus maestros y condiscípulos, pero su hermano, el del pelo rizo,
es de un carácter muy distinto. Es verdad, es un chico muy listo
y muy decidido, lo que le hace parecer ménos afecto, pero en el
fondo de su corazon es tan bueno, si no mejor que el otro. No es
de hombres honrados el hablar mal de persona indefensa. Don
Miguel Cervantes era, es y será uno de los autores mas distinguidos
de España. De jóven no he despertado en toda la noche, ahora,

que me voy haciendo mas viejo, estoy despierto al menor ruido.
La calle donde vivia en Madrid se llamaba ántes "Calle angosta
de peligros"; hoy es "Calle de Sevilla".

Tema.

Die Straßen dieser Stadt sind alle sehr schmal, ausgenommen zwei oder
drei. Ich bin nicht entschlossen, meine Tage in dieser (Stadt) zu beschließen.
Es ist unbestimmt, daß mein Onkel aus Amerika kommt (Subj.). Dieser Rock
ist zu eng, ich kann ihn (mir) nicht anziehen. In Spanien hatte ich einen Nach=
bar, der einäugig war. Wenn du nicht willst, daß dein Wein zu Grunde
gehe (verderbe), so mußt du das Faß leeren, wenn es bald (casi) leer ist. Ich
habe es geleert, als es bereits zu spät war. Die Strecke zwischen Spanien
und Afrika, wo das Meer sehr enge ist, heißt die (Meer=) Enge von Gibral=
tar. Ich begreife nicht, wie ein einäugiger Hund gut sein kann für (para)
die Jagd. Der katalonische Wein ist so rot, daß er oft verwendet wird, um
andre Weine zu färben. Die Andalusier sind meistens mager und ziemlich
groß, dagegen (pero) sind die Frauen sehr beleibt und klein. Jakob hat mir
die bewußten (consabido) Paragraphen aus jenen Dokumenten gezogen.
Meinem ältern Sohn hat man schon ein paar Zähne ausziehen müssen. Es
gibt viele Leute, die Extrakt zum Kaffee nehmen und sie glauben, er sei (que
es) besser, aber diese Idee ist falsch. Bei (con) so vielerlei Banknoten, wie
wir sie in der Schweiz hatten, war es schwer zu unterscheiden, welches die guten
und welches die falschen waren. Ich habe sie immer sehr gut unterschieden.
Willst du nicht noch ein Stück gebratenes Fleisch essen, da es doch (ya que es)
deine Leibspeise ist? Tausend Dank, ich bin jetzt satt (ya). Wir sind der
Bälle satt geworden und das Warum wird jedermann begreifen. Gestern
wurde ein junger Mann mit (de) lockigem Haar gefangen genommen; er sah
noch so jung aus, daß jedermann Mitleid mit ihm hatte; man führte ihn auf
die Polizei, dort wurde er untersucht und man entdeckte, daß er sich mit Waffen
und falschen Papieren versehen hatte, die er auf sich trug; sein wahrer Name
ist jetzt noch verborgen; er ist sehr aufgeweckt und scheint sehr unterwürfig,
aber es unterliegt keinem Zweifel, daß er ein abgefeimter (muy grande) Gauner
ist. Das Kindermädchen hat die Kinder ausgezogen und jetzt springen sie nackt
im Zimmer herum (andar por). Herr Emil Castelar ist ein hervorragender
Redner, wie er uns heute wieder bewiesen hat: das war eine von allen
andern ganz verschiedene Rede. Wie hast du dein Kleid zerrissen? Ich bin
vom Baum gefallen und als ich wieder aufstand, war es zerrissen.

Conversacion.

¡Diga Vd.! ¿no tendria Vd. gana de contarnos alguno que otro
cuento de los que Vd. sabe? — Bueno, os complaceré, pero per-
mitidme que os haga ántes algunas observaciones.
Cuando (llegué) fuí á España, quiso la casualidad que llegase

á conocer al señor Don Blas de Sarmiento, capitan antiguo de Fernando VII., que ya hacia mas de treinta años que estaba ciego; este buen señor, cuando estaba de buen humor, nos contaba, á los que íbamos de tertulia á su casa, unos cuentos y chistes tales que á la verdad nos hacia pasar ratos muy divertidos. Yo naturalmente escuchaba con mucha atencion, pues no solo era Don Blas persona muy instruida, y que poseia el castellano perfectísimamente, sinó tambien tenia mucha gracia para contar, de manera que yo solo podia aprender en su compañía. Es verdad, en aquel tiempo no pensaba, ni por sueños, que en algun dia habia de utilizar los cuentos aquellos, y digo esto para llamaros la atencion sobre lo que os he dicho tantas veces, y es: que el hombre debe de aprovechar toda ocasion que se le presente para enriquecer sus conocimientos. — El primer cuento que voy á contaros hoy trata de:

Federico el Grande y el desertor.

Durante la guerra de siete años desertó un soldado de Federico el Grande; le cogieron y se le presentaron. "¿Porqué me has dejado?" le preguntó Federico. "Señor," respondió el desertor, "vuestros asuntos van tan mal, que he creido era necesario abandonarlos."

"Pues bien, quedate aun hasta mañana," le dijo Federico, (era la víspera de una batalla) "y si luego no van mejor, desertaremos juntos." —

El segundo cuento tambien trata de:

Federico el Grande y su page.

Un dia estando Federico escribiendo en su cuarto y teniendo la puerta entreabierta, vió que uno de sus pages, que se creia solo, tomó un polvo de su caja de rapé. Á eso le preguntó el rey, como le hallaba, y el pobre muchacho se puso blanco como una estatua, pero Federico le sacó muy pronto de su sorpresa, diciendole: "Esa caja es demasiado pequeña para los dos, conque ¡tomala y guardatela para tí!"

Y ahora que me acuerdo, os voy á contar un tercer cuento, pero va ser en aleman; lo vais á traducir al castellano, y contarmelo despues.

Ein überraschter Spanier.

Ein Spanier, der auf (einer) Reise (de viaje) in Rußland war, wollte an einem sehr kalten Wintertage durch ein Dorf gehen, als er sich von einigen Hunden verfolgt sah; er bückte sich (L. 25, §. 4), einen Stein aufzuheben (á coger), um sie zu verscheuchen; aber es waren alle so fest angefroren, daß er keinen losreißen konnte. „O, verfluchtes Land," rief er aus, „wo man die Steine anbindet und die Hunde laufen läßt" (soltar)!

---

37. Lektion.   Leccion trigésima sétima.

Übersetzung einiger deutscher Hilfsverben. Traduccion de algunos verbos auxiliares alemanes.

—

§ 1.   Können heißt **poder, saber.**

a) Das physische Können wird durch **poder** gegeben; z. B.

Un ciego no puede ver.	Ein Blinder kann nicht sehen.
Un viejo no puede correr.	Ein Alter kann nicht laufen, rennen.
Felipe no puede escribir hoy, pues tiene dolor de cabeza.	Philipp kann heute nicht schreiben, denn er hat Kopfweh.

b) Ist das **Können** gleichbedeutend mit **Wissen,** so wird **saber** angewandt; z. B.

¿Sabe Vd. el castellano?	Können Sie Spanisch?
No señor, no lo sé, porque no lo he aprendido.	Nein, mein Herr, ich kann es nicht, weil ich es nicht gelernt habe.
Mi niño mayor sabe leer y escribir, pero sus hermanos no saben ni uno ni otro.	Mein älterer Sohn kann lesen und schreiben, aber seine Geschwister können weder das eine, noch das andre.

c) „Ich kann nicht anders ob. umhin", übersetzt der Spanier mit **no puedo ménos;** z. B.

No puedo ménos que manifestarte que estás en un error.	Ich kann nicht umhin, Dir zu zeigen, daß du im Irrtum bist.
No pudimos ménos que admirar los adelantos de esos trabajos.	Wir konnten nicht anders, als die Fortschritte jener Arbeiten bewundern.

§ 2. **Mögen** poder, gustar, querer.

a) Mögen, synonym mit „können", kann ebenfalls mit **poder** gegeben werden, oder dadurch, daß das betreffende Verb ins **Futuro** gestellt wird; z. B.

Esto puede ser verdad.	Das mag (kann) wahr sein.
Vds. pueden marcharse.	Sie mögen (können) gehen.
Esto será así, y lo creerá quien quiera.	Das mag wahr sein und es mag es glauben, wer da will.

b) Mögen, in der Bedeutung von „Gefallen an etwas finden, gerne thun oder haben", heißt **gustar** schmecken, gefallen (vergl. L. 26. § 1); z. B.

¿Le gusta á Vd. dar una vuelta por ahí?	Mögen Sie einen kleinen Lauf machen?
Gracias amigo, no me gusta, pues está lloviznando.	Ich danke Ihnen, mein Freund, ich mag nicht, denn es rieselt.
Me gustaria ir al teatro todos los dias.	Ich möchte täglich ins Theater gehen.
No me gusta comer nada hoy, pero á papá le gusta siempre.	Ich mag heute nichts essen, aber dem Vater schmeckts immer.
Me gusta este vino mas que el otro.	Mir schmeckt dieser Wein besser, als der andre. Ich mag diesen Wein ꝛc.
¿Le gusta á Vd. aquella niña?	(Mögen Sie) Gefällt Ihnen jenes Mädchen?

c) Mögen, im Sinne von „wohl mögen, lieben", oder wenn es einen Wunsch, eine Willensäußerung birgt, wird mit **querer** über-setzt; z. B.

Quisiera hablar, pero no puedo.	Ich möchte sprechen, aber ich kann nicht.
Á mí me gustan los niños chiquitos, pero no los quiero cuando lloran tanto.	Mir gefallen die kleinen Kinder, aber ich mag sie nicht, wenn sie so viel weinen.
¿Quieres ir al teatro hoy?	Magst du heute ins Theater gehen?
No señor, gracias, no quiero ir.	Nein, mein Herr, ich danke, ich mag nicht.

d) Mögen wird oft, besonders bei Zeitbestimmungen, dadurch ausgedrückt, daß das betreffende Verb im **Futuro** oder im **Condicional** gegeben wird; z. B.

Esta muchacha tendrá 15 años.	Dieses Mädchen mag 15 Jahre alt sein.
Hará 5 años que murió nuestra niña.	Es mögen 5 Jahre sein, daß unser Mädchen gestorben ist.
La hora del alba seria, cuando nuestro famoso caballero Don Quijote salió de su casa.	Es mochte zur Morgenstunde gewesen sein, als unser berühmter Ritter Don Quixote sein Haus verließ.
Deseara oder desearia que aprendieseis estas reglas bien.	Ich möchte wünschen, daß ihr diese Regeln gut lerntet.

§ 3. Wollen querer, gustar, placer, estar para etc.

a) Wollen heißt **querer,** kann aber auch dadurch gegeben werden, daß das betreffende Verb ins **Futuro** gesetzt wird; z. B.

¿Quieres jugar al billar conmigo?	Willst du mit mir Billard spielen?
Bueno, jugaremos un par de mesas, si te parece.	Gut, wir wollen (können) einige Partien spielen, wenn es dir recht ist.
¿Haremos la visita á los señores X. ántes de las 12, ó iremos despues de comer?	Wollen wir den Herrn X. den Besuch vor 12 Uhr abstatten, oder wollen wir nach dem Essen gehen?
¡Obedecerás!	Willst du gehorchen!

b) Hat **wollen** die Bedeutung von „belieben", so wird es am besten mit **gustar** oder **placer** übersetzt (L. 35. § 6); z. B.

¿Le gusta á Vd. comer con nosotros?	Wollen Sie mit uns speisen?
¡Si pluguiera al cielo mandarnos mejores años!	Wenn nur der Himmel uns bessere Jahre schicken wollte!
Mande Vd. como guste á este su afectísimo y seguro servidor q. b. s. m.	Befehlen Sie nach Belieben (wie Sie wollen) Ihrem ergebenen und getreuen Diener 2c.

c) Wollen „im Begriff sein etwas zu thun" wird am Besten durch **estar para** (L. 39. § 6 f.) oder **ir á** (L. 33. § 10) gegeben; z. B.

Estoy para escribirles que no vengan.	Ich bin willens, im Begriff, ihnen zu schreiben, sie sollen nicht kommen.
Voy á decirte lo que hay.	Ich will Dir sagen, was los ist (was es gibt).

§ 4. Sollen und **müssen**: Haber de und tener que (L. 13. § 10).

He de esperar á papá, pues estoy con cuidado.	Ich soll (muß) Papa erwarten, weil ich in Sorge bin.
Tengo que esperarle, porque lo ha mandado.	Ich muß ihn erwarten, weil er es befohlen hat.

NB. „Sollen" kann auch mit **querer** übersetzt werden; z. B.

¿Qué quiere decir esto?	Was soll das heißen?
¿Quiere Vd. que se lo diga otra vez?	Soll ich es Ihnen noch einmal sagen?
¿Quieres que me vaya?	Soll ich fortgehen?

a) Sollen—müssen wird jedoch gewöhnlich mit **deber** gegeben, oder durch das **Futuro,** besonders im Dekalog und überhaupt, wo es eine moralische Pflicht ausdrückt; z. B.

¿Qué debo hacer?	Was soll ich thun?
Debes (de) aprovechar el tiempo mejor, si quieres hacer mayores adelantos.	Du sollst die Zeit besser benützen, wenn du größere Fortschritte machen willst.

Vd. debia habermelo dicho ántes.	Sie sollten es mir früher gesagt haben.
¡Honrarás á tus padres!	Sie hätten es mir früher sagen sollen.
¡Obedecerás á tus maestros!	Du sollst deine Eltern ehren!
¡No mentirás, has oido!	Du sollst deinen Lehrern gehorchen!
	Du sollst nicht lügen, hast Du's gehört!

b) Sollen, müssen bei physischer Notwendigkeit dagegen, wird am besten übersetzt durch: **es preciso, es menester, es necesario** (es ist notwendig daß) mit **que** und darauffolgendem **Subjuntivo** oder einem **Infinitivo** ohne **que**, da wo sich nämlich das Subjekt des Satzes leicht herausfinden läßt (L. 43. § 6); z. B.

Es preciso que escribas letra mejor y mas clara para poderlo leer despues.	Du sollst (mußt) besser (Schrift) schreiben und deutlicher, damit man es nachher lesen kann.
Es menester no escribir tan mal, para que lo podais leer despues.	Ihr müßt nicht so schlecht schreiben, damit ihr es nachher lesen könnt.
Me fué preciso hacer esto [1]).	Ich mußte dies machen.
Fué preciso hacer esto. „ menester „ „	Man mußte dies machen.
¿Es necesario esperar al amo? Es preciso que se espere al amo.	Muß man? oder man muß auf den Herrn warten.

NB. „Man muß" kann auch durch **hay que** ausgedrückt werden; z. B.

Hay que esperar al amo.	Man muß auf den Herrn warten.
¡No hay que hablar tanto!	Man muß nicht so viel schwatzen!

c) Sollen, im Sinne von „es wird erzählt", „man sagt" 2c., gibt der Spanier mit „**se dice**", „**se cree**" oder „**dicen**", „**creen**" mit darauffolgendem **que**; z. B.

Se dice ó se cree que Don Antonio ha perdido su fortuna toda por la quiebra de su sobrino.	Herr Anton soll sein ganzes Vermögen durch das Falliment seines Neffen verloren haben.
Dicen que fulano ha pegado fuego á su casa, y se cree que lo ha hecho para salir de deudas.	X. soll sein Haus angezündet haben, und er soll es gethan haben, um aus den Schulden herauszukommen.

d) „Sollen", im befehlenden Sinne, wird durch **que** mit dem **Subjuntivo** gegeben; z. B.

¡Que entre!	Er soll hereinkommen!
¡Que salgan!	Sie sollen hinausgehen!
¡Que la den un pedazo de pan!	Sie sollen (man soll) ihr ein Stück Brot geben!
¡Que le den de palos!	Man soll ihm Prügel geben!

---

[1]) Me fué menester oder necesario ist nicht gebräuchlich.

c) In Relativsätzen, die vom Verb „saber" abhängen, wird „sollen" nicht übersetzt, und das Zeitwort im **Infinitiv** gegeben; z. B.

No sé que hacer.	Ich weiß nicht, was ich thun soll.
María no sabe como pasar el tiempo.	Marie weiß nicht, wie sie die Zeit verbringen soll.
No sabemos adonde ir.	Wir wissen nicht, wo wir hingehen sollen.
¿Sabeis en dónde dormir?	Wißt ihr, wo ihr schlafen sollt?

§ 5. **Dürfen** wird entweder durch **tener permiso,** oder **hay permiso** Erlaubnis haben, **ser lícito** oder **permitido** erlaubt sein, oder aber durch **poder** übersetzt; z. B.

¿Hay permiso de entrar? ⎫ ¿Es permitido entrar? ⎭	Darf man eintreten? Ist es erlaubt einzutreten?
Los niños pueden salir.	Die Kinder dürfen ausgehen.
¿Se puede saber lo que Vd. hacia ayer tan tarde?	Darf man wissen, was Sie gestern so spät machten?

§ 6. **Nicht brauchen** wird im Spanischen mit **no tener que, no tener necesidad de, no estar obligado de** oder **á, no es menester,** oder **no hay que** ausgedrückt; z. B.

No tengo que darle á Vd. cuenta.	Ich habe oder brauche Ihnen keine Rechenschaft zu geben.
No tienes que pegar á tu hermanito.	Du brauchst deinen kleinen Bruder nicht zu schlagen.
Aquel jóven no tiene necesidad de trabajar para vivir.	Jener junge Mann braucht nicht zu arbeiten, um zu leben., [gehorchen.
Ni está obligado de obedecer á nadie.	Noch braucht er irgend jemandem zu
No es menester que hables tan alto oder hablar tan alto.	Du brauchst nicht so laut zu sprechen.
No hay que decir cuanto se sabe.	Man braucht nicht alles zu sagen, was man weiß.

§ 7. **Lassen, verlassen** wird mit **dejar** übersetzt; z. B.

¡Dejame en paz!	Laß mich in Ruhe!
No me has dejado trabajar, y ahora no me quieres dejar dormir.	Du hast mich nicht arbeiten lassen und jetzt willst du mich nicht schlafen lassen.
Este vino se deja beber.	Dieser Wein läßt sich trinken.
Aquel padre deja hacer á su hijo lo que quiere.	Jener Vater läßt seinen Sohn machen, was er will.
No dejaré á mis padres.	Ich werde meine Eltern nicht verlassen.

a) **Lassen,** in der Bedeutung von **„veranlassen", „befehlen",** wird sehr häufig mit **„hacer** machen", **„mandar** befehlen" oder **„enviar** senden" gegeben; z. B.

Me hizo esperar en su jardin mas de dos horas. | Er ließ mich mehr als zwei Stunden in seinem Garten warten.
José se hizo hacer un par de zapatos. | Joseph ließ sich ein Paar Schuhe machen.
He mandado hacer un traje para mi niño. | Ich habe für meinen Knaben eine Kleidung machen lassen.
El pintor Courbet era uno de los que mandaron echar por tierra la columna de Vendôme. | Der Maler Courbet war einer von denen, welche die Vendômesäule niederreißen ließen.
¡Envia á decirles, que vengan al momento! | Laß' ihnen sagen, sie sollen augenblicklich kommen!

b) Lassen, in den Ausdrücken „es **läßt sich denken, vermuten, hören** 2c.", wird im Spanischen durch „**poder**" und „**ser**" gegeben; z. B.

Esto se puede concebir ober esto se concibe. | Das läßt sich begreifen, fassen.
Esto no se puede decir. | Das läßt sich nicht sagen.
Era de suponer que . . . . | Es ließ sich vermuten, daß . . . .
Es de prever ober se puede prever. | Es ist vorauszusehen.

c) Die Redeweise: „**Ich habe mir sagen, raten, schreiben lassen** 2c."
übersetzt der Spanier mit:

Me han dicho. | Man hat mir gesagt.
Me aconsejaron. | Ich ließ mir raten.

Vocablos.

El adelanto der Fortschritt in der Arbeit, | adelantar vorschießen, =rücken, =gehen,
el carcelero der Kerkermeister, | admirar bewundern,
el cumplimiento das Kompliment, der Umstand, | asistir beistehen, beiwohnen,
el progreso der Fortschritt in der Wissenschaft, | atenerse sich halten an,
el turno die Reihe, die Folge, | forjar schmieden, erdichten,
la cárcel der Kerker, das Zuchthaus, | en cambio im Austausch, dagegen,
la centinela die Schildwache, | ademas de überdies, außerdem,
la defensa die Verteidigung, | por de pronto vorläufig,
la práctica die Praxis, | tal cual so ziemlich, so so,
la priesa die Eile, | allá dahin, dorthin,
la remuneracion die Belohnung, die Vergeltung, | eclesiástico geistlich, kirchlich (el—),
la vista das Gesicht, der Sinn, | imprevisto } unvorhergesehen, unvorbereitet,
las alforjas der Zwerchsack, Reisesack, | universal allgemein,
 | venir muy al caso sehr gut für den Fall passen.

Ejercicio.

Yo cuando jóven estaba bastante corto de vista, y á treinta pasos no podia distinguir á persona alguna, pero en cambio podia leer y ver las cosas mas finas, poniendo las narices encima. Hoy es otra cosa; sin anteojos de vista cansada (Alters-Brille) ya no puedo leer, pero en recompensa veo á grandes distancias, y sin anteojos, cosas que ántes no podia ver con ellos. Hace treinta años, sabiendo leer y escribir y las 4 especies de aritmética, ya se sabia lo bastante para obtener un buen empleo; hoy en dia es preciso que un jóven, sobre todo un comerciante, sepa ademas de todo esto hablar y escribir tres ó cuatro lenguas vivas, y que tenga conocimientos de geografía comercial, de géneros y de otras muchas cosas. Es verdad, que ántes sabian algunos un poco de latin y griego, pero por eso ya no da nadie nada, y yo por mí no puedo ménos que aprobar esa nueva práctica. Se acordarán Vds., que Lutero, estando ante el tribunal eclesiástico en Worms, para dar cuenta de sus doctrinas, esclamó, la mano sobre la biblia: ¡Aquí estoy, y no puedo ménos, Dios me asista! Todo cuanto Jacobo dijo ante los tribunales en defensa suya puede ser verdad, pero por de pronto le dieron los jueces 6 años de cárcel, y 5 á su cómplice. Él dirá lo que quiera, lo que es el público ya sabrá á que atenerse. La lengua castellana me gusta tanto, que desearia fuese la lengua universal. Este caballo tendrá de 9—10 años, pero no le cambiaria por ningun otro. Me gusta contribuir al bien general, pero que yo trabaje sin remuneracion alguna, esto es lo que no se me puede exigir. Las cuatro de la mañana serian, cuando mi amigo y yo salimos de casa para ir á (la) caza. No sé lo que pensar (§ 4 c); he mandado algun dinero á mi amigo en Dresda, y no me ha contestado aun. Una centinela tiene que estar alerta siempre, puede hasta arrecirse, pero dejar el puesto, esto es lo que no puede. Hay que hacer heno, cuando hace sol. ¡Quieralo el cielo, que los años de aquí en adelante sean mas fértiles y mejores en todo sentido, que los de la decena pasada!

Tema.

Meine Herren, man muß arbeiten, wenn man etwas lernen will, und hier kann man nichts thun, denn der Lärm ist zu groß. Ihr könnt gehen, wenn ihr nicht studieren wollt. Ich kann nicht umhin, deine Fortschritte zu bewundern; du magſt auch ein guter und fleißiger Schüler ſein, dagegen hätte ich es gerne, wenn du mehr friſche Luft ſchöpfteſt (tomar). Iſt es ſchon lange, daß Sie Spaniſch ſtudieren? Es mögen 7 Monate ſein, daß ich an= gefangen habe. Sie werden nun Spaniſch ſprechen können. Ich verſtehe es ſo ziemlich, aber ich kann es noch nicht ſehr gut ſprechen. Ah! (mein) Freund, wenn Sie ſo fortfahren, möchte man Sie in ein paar Monaten für einen Spa= nier halten (tomar). Das wohl nicht (no tanto oder no será tanto), aber bis ich fortgehe, werde ich genug wiſſen, um mich ausdrücken zu können. Beab= ſichtigen Sie denn von hier fortzugehen? Jawohl, ich möchte in einem halben Jahre nach Spanien gehen und dann muß ich Spaniſch können. Darf ich wiſſen, (das) weshalb? Ah, mein Freund, man muß etwas verdienen, wenn man jung iſt (Gerd. oder de jóven) und hier läßt ſich ja nichts mehr machen. Nun, mein Freund, ich ließ mir ſagen, daß es dort nicht beſſer gehen ſoll als hier. Nun gut, ich gehe dahin, ich will (das) Glück probieren und das Eiſen muß man ſchmieden, wenn es warm iſt. Darf man fragen, wo ihr geſtern geweſen ſeid? Jawohl, das mögen Sie wiſſen und ich will es Ihnen auch ſagen, aber da es niemand mehr zu wiſſen braucht, müſſen Sie uns verſprechen, es auch niemand zu ſagen. Dann will ich es auch nicht wiſſen. Aber wir werden dieſes Thema beendigen ſollen, da ich beabſichtige, „die ſechs Wörtlein von Rückert", die ſehr gut für den Fall paſſen, überſetzen zu laſſen und inner= halb einer halben Stunde will ich ausgehen.

Conversacion.

¡Señores, si Vds. gustan! la sopa está en la mesa, y no hay que perder tiempo, son ya mas de las doce. — ¡Ea pues, señores! ¡vamonos! ¡Caramba, las doce y cuarto! no sé que hacer; dentro de 40 minutos ya sale el tren y va ser tarde.

Pues señor, ¿qué quiere Vd. que le haga? (was kann ich dafür?) debieran Vds. haber vuelto del paseo mas temprano. — Pues señores, si nos hemos de ir con el tren de la una, es preciso que nos vayamos sin comer.

En este caso nos comeremos ahora la sopa, y que nos pongan el resto de la comida en unas alforjas para comernoslo en el campo. — ¡Magnífica idea, ea! (wohlan!) ya estamos comiendo para mar- charnos en seguida.

Yo estoy en que (ich bin der Anſicht, daß) nos hemos de divertir á lo grande, pues dicen que las cosas asi imprevistas son las que suelen salir mejor. —

¡Señora, diga Vd. á Juan que coma de priesa y que vaya llenando la bota grande con vino, miéntras tanto irá Vd. á poner

la comida en las alforjas, y que no nos falte nada! — Muy bien
señor, ¡pierda Vd. cuidado, no les faltará nada!
    ¿Pero señores, qué veo? no hay que andar con cumplimientos
ahora, ¡que se sirva cada cual por su turno, y vamonos andando,
si no, va ser demasiado tarde! — Es que la sopa está muy caliente. —
    ¿Dónde están las niñas? — Aun estarán en el jardin.
    ¡Que vengan pues al momento, si no quieren quedarse en casa!
— ¡Señoritas, señoritas! ....
    ¿Qué nos quiere Vd.? — ¡Que hagan Vds. el favor de venir
al momento, papá lo manda!
    ¿Qué hay pues? — Es que todos los señores van ir al campo
juntos, y quieren aprovechar el tren de la una.
    ¡Ea pues, allá vamos! (Wir kommen gleich!)

Die ſechs Wörtlein. (Von Fr. Rückert.)

Sechs Wörtlein nehmen mich in Anſpruch jeden Tag:
Ich ſoll, ich muß, ich kann, ich will, ich darf, ich mag.
Ich ſoll iſt das Geſetz, von Gott ins Herz geſchrieben,
Das Ziel, nach welchem ich bin von mir ſelbſt getrieben.
Ich muß, das iſt die Schrank', in welcher mich die Welt
Von einer, die Natur von andrer Seite hält.
Ich kann, das iſt das Maß der mir verliehenen Kraft,
Der That, der Fertigkeit, der Kunſt und Wiſſenſchaft.
Ich will; die höchſte Kron' iſt dieſes, die mich ſchmückt,
Das iſt der Freiheit Siegel, dem Geiſte aufgedrückt.
Ich darf, das iſt zugleich die Inſchrift bei (de) dem Siegel,
Beim aufgethanen Thor der Freiheit auch ein Riegel.
Ich mag, das endlich iſt, was zwiſchen Allen ſchwimmt,
Ein Unbeſtimmtes (indefinido), das der Augenblick beſtimmt (L. 23).
Ich ſoll, ich muß, ich kann, ich will, ich darf, ich mag,
Die ſechſe nehmen mich in Anſpruch jeden Tag.
Nur wenn Du, o Gott, mich lehrſt, weiß ich, was jeden Tag
Ich ſoll, ich muß, ich kann, ich will, ich darf, ich mag.

Vocablos para "las seis palabritas".

El cerrojo der Riegel,	la corona die Krone,
el corazon das Herz,	la habilidad die Fertigkeit, die Ge-
el lado die Seite,	ſchicklichkeit,
el limite die Schranke, die Grenze,	la inscripcion die Inſchrift,
el sello das Siegel,	la libertad die Freiheit,

la medida das Maß,
la naturaleza die Natur,
adornar zieren, schmücken,
conceder verleihen,
definir das Wesen einer Sache genau
und deutlich beschreiben,

empujar stoßen, treiben,
estampar aufdrücken, stempeln,
nadar schwimmen,
llamar la atencion in Anspruch neh=
men, die Aufmerksamkeit lenken auf
(auch ocupar).

38. Lektion. Leccion trigésima octava.

Die Umstandswörter. Los adverbios.

Die **Adverbien** dienen dazu, bei Zeitwörtern, denen sie gewöhn=
lich nachstehen, die Art und Weise der Thätigkeit, bei Eigenschafts=
wörtern aber, denen sie vorangehen, den Grad der Beschaffenheit näher
zu bezeichnen. Sie sind unbeklinierbar und werden in der Rede ohne
irgendwelche Bezeichnung von Geschlecht oder Zahl angewandt; z. B.

Vienes tarde.

Du kommst spät.

Estos señores no hablan mucho, pero hablan bien.

Diese Herren sprechen nicht viel, aber sie sprechen gut.

Aquella casa es poco grande, pero es muy bonita.

Jenes Haus ist wenig groß, aber sehr niedlich.

Apénas pude salvarme.

Ich konnte mich kaum retten.

Eso está mal pronunciado.

Das ist schlecht ausgesprochen.

Juan es mas hombre que su hermano, pero es ménos hábil.

Johann ist männlicher als sein Bruder, aber er ist weniger geschickt.

NB. Das Wort hombre ist im letzten Beispiel adjektivisch gebraucht.

§ 1. Die Adverbien zerfallen in drei Kategorien, nämlich:

a) Einfache (simples); z. B.

Así, aquí, allí, allá, acá, bastante, poco, mucho, mas, ménos, muy,
tambien, tarde, temprano, bien, mal etc.

b) Abgeleitete (derribados); z. B.

Absolutamente, completamente, fácilmente, generalmente, naturalmente,
personalmente, perfectamente, últimamente etc. und

Schilling, Spanische Grammatik. 16

c) Zusammengesetzte (compuestos) oder sogenannte adverbiale Ausdrücke (frases adverbiales); z. B.

Acaso, á la derecha, á la izquierda, sin embargo, en vez, tal vez, á menudo, de buena gana (gerne), de mala gana (ungerne), por todas partes, por aquí, poco á poco, por último etc.

§ 2.   Die abgeleiteten Adverbien werden aus Adjektiven ge=bildet, indem die Silbe „mente" der weiblichen Form des Adjektivs angehängt wird (L. 17. § 3 u. 5); z. B.

Antiguo alt,	antiguamente in alter Zeit,
bueno gut,	buenamente gutwillig,
comun gewöhnlich, gemein,	comunmente gewöhnlich, [rend,
constante beständig,	constantemente beständig, immerwäh=
continuo zusammenhängend,	continuamente fortwährend,
fácil leicht,	fácilmente auf leichte Weise, leicht,
franco frei, offen,	francamente offen gestanden, offen,
fuerte stark,	fuertemente stark, derb,
feliz glücklich,	felizmente glücklicherweise,
mayor größer,	mayormente besonders, größtenteils,
ordinario gewöhnlich, ordinär,	ordinariamente gewöhnlich (L. 28. [4]).

§ 3.   Folgen sich nun mehrere solcher Adverbien, so wird nur dem letzten derselben die Silbe mente angehängt; die auf a endigenden Formen werden meist vorangestellt, und dadurch der Übergang ins Ad=verb ausgedrückt, was auch den Wohlklang bedeutend erhöht; z. B.

El señor Lang habló docta, concisa y elegantemente. | Herr Lang sprach gelehrt, gedrängt und elegant.

(Also nicht: elegante, concisa y doctamente.)

NB. Gil Blas sagt zwar: noble y generosamente, wohl des Wohlklangs wegen.

§ 4.   Einige Adjektive werden unverändert als Adverbien benutzt, da die abgeleiteten auf mente oft eine andre Bedeutung haben; z. B.

Adjetivos.	Adverbios.	Adverbios derribados.
Alto-a hoch, groß,	laut,	altamente, herrlich, stolz,
bajo-a klein, niedrig,	leise,	bajamente, niederträchtig,
bastante genügend,	ziemlich viel, genug,	bastantemente zur Genüge,
bueno-a gut,[1]	bien gut, wohl,	buenamente gutwillig,
caro-a teuer,	teuer,	caramente auf teure Art,

[1] Ser bueno-a, ser malo-a gut oder schlecht sein (L. 16. § 3).

estar bueno-a wohl, gesund sein, | estar bien wohl, wohlhabend sein,
estar malo-a krank sein, | estar mal in schlechten Verhältnissen sein.

Adjetivos.	Adverbios.	Adverbios derribados.
claro-a klar, hell,	deutlich, klar,	claramente deutlich, ohne Hehl,
cierto-a gewiß, sicher,	gewiß, ja,	ciertamente sicherlich, gewiß,
demasiado-a zuviel,	zu viel,	demasiadamente übermäßig,
derecho-a recht,	geradeaus, recht,	derechamente rechtlich, schnur= stracks,
fuerte stark, kräftig,	kräftig,	fuertemente heftig,
malo-a schlecht, krank,[1]	mal schlecht, übel,	malamente auf schlechte Weise,
primero-a erste,	erstens, vorerst,	primeramente in erster Linie,
pronto schnell,	früh, bald,	prontamente prompt, geschwind, schnell,
recio-a stark, kräftig,	laut, kräftig,	reciamente heftig, derb.

§ 5. Die Steigerung der Adverbien geschieht wie bei den Ad= jektiven, (L. 18. § 1—3) b. h. es wird (wo immer eine Steigerung möglich) dem gesteigerten Adjektiv, nach § 2, die Silbe mente an= gehängt; z. B.

Feliz, mas feliz, el mas feliz, muy feliz, felicísimo-a;
felizmente, mas—, el mas—, muy—, felicísimamente;
antiguamente, mas—, el mas—, muy—, antiquísimamente;
prudentemente, ménos—, el ménos—, muy—, prudentísimamente.

NB. Der relative Superlativ wird sehr oft durch lo mas und lo ménos mit dem Adjektiv gegeben; z. B.

Juan era quien habló el mas doctamente oder lo mas docto de todos.	Johann war der, welcher am gelehrtesten von allen sprach.

§ 6. Unregelmäßige Steigerung haben:

Bien gut, mejor besser, lo mejor, muy bien, bonísimamente ob. óptimamente;
mal schlecht, peor, lo peor, muy mal, pésimamente;
mucho viel, mas, lo mas, muy mucho, muchísimo, máximamente;
poco wenig, ménos, lo ménos, muy poco, poquísimo.

§ 7. Den Adjektiven mit Vergrößerungs= oder Verkleinerungssilben, den sogenannten aumentativos und diminutivos (L. 7.[3]), wird die Silbe mente niemals angehängt; dagegen gibt es einige Adverbien, die eine Vergrößerung oder eine Verkleinerung zulassen, wie z. B.

Cerca nahe,	cerquita etwas näher,
léjos ferne,	lejítos etwas weiter,
solo allein,	solito ganz allein.

Ebensowenig werden Nationaladjektive in Adverbien umgewandelt; statt dessen bildet der Spanier adverbiale Redensarten (frases adverbia- les); z. B.

José viste á la francesa, á la ing- | Josef kleidet sich nach französischer, nach
lesa, á la alemana. | englischer, nach deutscher Mode,

wobei das Wort moda gedacht wird.

§ 8. Die Adverbien, welche im Deutschen auf **„weise"** endigen, werden am besten durch ein Hauptwort mit Präposition, oder durch ein abgeleitetes Adverb mit **„mente"** gegeben; z. B.

Á pares paarweise, | de trecho en trecho streckenweise,
en parte teilweise, | gota por gota tropfenweise,
en masa massenweise, | con ánimo herzhafterweise,
por montones haufenweise, | desgraciadamente unglücklicherweise,
por ober á torrentes in Strömen, | felizmente glücklicherweise,
á cántaros stromweise (in Töpfen), | tontamente dummerweise.

§ 9. Das deutsche **„bald, beinahe"** wird mit **„por poco"** oder **„falta poco para que"**, letzteres immer mit darauffolgendem Subjuntivo gegeben; z. B.

Por poco me rompo, ó me hubiese | Beinahe hätte ich den Arm gebrochen.
roto un brazo. |
Faltó poco para que hubiese pere- | Beinahe wäre ich im Meer umge-
cido en la mar. | kommen.

§ 10. Die deutschen Adverbien **„sogar, selbst"** werden auch mit **hasta** gegeben; z. B.

El señor Muñoz es (una) persona que | Herr Muñoz ist eine Persönlichkeit,
hasta sus mismos enemigos (le) res- | welche sogar (selbst) seine eigenen
petan por su carácter. | Feinde seines Charakters halber
                                       | achten.

Hasta los mismos filólogos no pueden | Sogar die Philologen können nicht
siempre explicar claia y suficiente- | immer klar und deutlich die Ab-
mente la etimología de ciertas | stammung gewisser Wörter erklären.
palabras.

§ 11. Ausdrücke, wie: Ich sage **„ja"**, er antwortete **„nein"**, werden mit "digo que si", "contestó que no" übersetzt.

§ 12. Die Adverbien werden gewöhnlich in sieben Klassen eingeteilt; sie alle hier aufzuzählen hätte jedoch keinen Zweck und geben wir sie nach Bedarf in den Vocablos. Die Einteilung selbst ist folgende:

a) Adverbien des Ortes und Raumes — Adverbios de lugar.

Ahi, aquí, acá, allí, allá, arriba, abajo, fuera, dentro, cerca, léjos, donde, adonde, dedonde, endonde, delante, detras, encima, por todas partes etc. etc.

b) Adverbien der Zeit — Adverbios de tiempo.

Ya, ayer, hoy, ántes de ayer, mañana, pasado mañana, tarde, temprano, pronto, luego, siempre, ahora, nunca, jamas[2]) etc.

c) Adverbien der Art und Weise oder Beschaffenheit — Adverbios de modo ó calidad.

Bien, mal, tal cual, asi, buena-fácil-generalmente, tambien, apénas, de buena gana, felizmente, perfectísimamente, de manera, sobre manera etc.

d) Adverbien der Menge — Adverbios de cantidad.

Muy, mucho[3]), poco, tanto, cuanto, mas, ménos, bastante, demasiado (L. 10. § 11. NB.) etc.

e) Adverbien der Ordnung — Adverbios de órden.

Primeramente, últimamente, por último, ántes, sucesivamente, (nach einander), nunca, por fin, á la derecha, á la izquierda etc.

f) Adverbien des Zweifels — Adverbios de duda.

Acaso, tal vez, quizá (vielleicht, etwa).

g) Adverbien der Bejahung und Verneinung — Adverbios de afirmacion y negacion.

Ya (doch), sí, pues, si tal, que sí, bien, cierto, ciertamente, verdaderamente, no, que no, ya no, no-ya, de ningun modo, de ninguna manera, tambien, tampoco [L. 24[3])], nunca, jamas etc.

---

[2]) **Nunca** und **jamas nie,** sind gleichbedeutend und bedürfen, wenn sie nach dem Verb stehen, einer Verneinung; z. B. Nunca lo he visto oder no lo he visto nunca. Jamas hemos oido tal oder no hemos oido tal jamas. Im Fragesatze aber und im Ausruf heißt **jamas** ohne Verneinung „je"; z. B. ¿Habeis visto jamas (je) que esto se hace así? — ¿Habráse visto jamas hombre mas loco que tu tio?

Jamas nach dem Adverbal **para siempre** hat ebenfalls bejahende Bedeutung; z. B. ¡Me acordaré de aquellos dias para siempre jamas! Ich werde mich jener Tage ewig erinnern!

[3]) Die Adverbien „**muy** und **mucho** sehr und viel" unterscheiden sich dadurch, daß mucho nur beim Zeitwort, muy dagegen bei verschiedenen Wortarten angewandt werden kann; ähnlich verhält es sich mit **tan** und **tanto** so und soviel, **cuan** und **cuanto** wie und wieviel; z. B.

Juan es muy amigo, muy hombre de bien; muy bueno, muy estimado.

Juan es tan „ cuan „ „ „ ; tan „ , cuan „ so gut als geschätzt).

Federico trabaja mucho, pero gasta mucho tambien; su hermano no trabaja tanto, pero tampoco gasta cuanto tiene.

Vocablos.

El gallego der (spanische) Galizier,
el portugues der Portugiese,
el abismo der Abgrund,
el bautismo die Taufe,
el cráneo der Schädel,
el deudor der Schuldner,
el esqueleto das Skelett,
el fanfarron der Prahler,
el jamon der Schinken,
el ómnibus der Omnibus,
el orador der Redner,
el perdon d. Verzeihung, Pardon,
el pontazgo das Brückengeld,
el refran d. Refrain, Sprichwort,
el reis der Reis (portug. Münze = ¹/₂ Ct.),
la bocacalle die Straßenmündung,
la diferencia der Unterschied,
la forma die Form,
la tripulacion die Schiffsmannschaft,
la vanidad die Eitelkeit,
erúdito gelehrt, belesen,
especial-mente speziell, besonders,
explícito klar, bestimmt,

imprudente unklug,
necio einfältig,
ruin schäbig, karg,
solemne-mente feierlich,
apaciguar besänftigen, beruhigen,
murmurar murren, murmeln,
obligar nötigen, verbindlich machen,
obligarse sich verpflichten,
pronunciar aussprechen,
renunciar entsagen,
salvar retten,
tardar (en) zögern (L. 48 § 15),
adonde wohin, wo,
por donde wodurch,
adelante vorwärts,
apénas kaum,
atras zurück, rückwärts,
desgraciadamente leider, unglücklicher=
    weise,
rapidamente schnell,
rara vez selten,
recientemente⁴) kürzlich, neulich,
sucesivamente aufeinanderfolgend.

Ejercicio.

Un proverbio aleman dice: demasiado y demasiado poco pierde todo juego; conque contentemonos con esto por ahora, ya llegaremos poco á poco adonde deseamos. Los hombres erúditos no son siempre los que saben enseñar mejor. El tiempo pasa muy rapidamente ¡empleadlo bien! ¡Pero amigo, hable Vd. mas alto, para que le podamos comprender mejor! Todo lo mas que puedo hacer es hablar mas despacio, pero mas alto no puede ser. Si trabajais bien por la mañana, jugareis por la tarde con el muchacho que llegó recientemente de la Habana. Poco á poco va haciendo mucho frio, y el invierno nos viene encima. El animal que mas se parece al hombre es indudablemente el mono; su esqueleto se diferencia espe-

---

⁴) Das Adverb recientemente kürzlich, neulich wird vor einem Part. pdo. in recien abgekürzt; z. B. El ministro K. ha llegado recientemente de París. Los recien llegados (die neu Angekommenen) comerán en casa del presidente hoy. En casa del vecino tienen un niño recien nacido (neugeboren).

cialmente por las 4 manos que tiene y por la forma del cráneo. Solo á personas poco despejadas les disgusta la comparacion del mono con el hombre, pero tarde ó temprano, Darwin por fin vencerá. ¿Ha hecho Vd. su tema? Desgraciadamente no pude concluirle, y ya no hay tiempo, es demasiado tarde. Isabel II. renunció explícita y solemnemente á todos sus derechos en favor de su hijo, Alfonso XII. El hombre prudente yerra rara vez, el imprudente á menudo, y el necio las mas veces. El otro dia fui de paseo, y vi como las ovejas se echaron al abismo por montones. Mas de una vez logró Colon apaciguar la tripulacion, pero muy luego comenzaron otra vez á murmurar, hasta que por fin se obligaron á esperar aun tres dias, pero si para entónces no se viera tierra, (L. 14. § 3) le echarian á la mar. Felizmente sucedió como Colon preveia; á última hora vieron tierra, y llenos de alegría se echaron á sus piés, pidiendole perdon. Segun las últimas noticias faltó poco para que Don Alfonso, rey de España, se hubiese ahogado al patinar en el estanque del Buen Retiro. ¿Has copiado ya todo? ¡Hombre! en todo⁵) el dia he dejado de escribir cuanto pude, y no sé cuando acabaré. Pues, ¿tanto es? Dispense Vd. no es tanto, pero tan mal escrito que apénas se puede leer.

Tema.

Woher kommen Sie und wohin gehen Sie? so fragte mich letzthin ein Strolch; es war beim Einbruch der Nacht (L. 26. ²). Ich zögerte keinen Augenblick, ihm zu antworten, aber die Antwort war so, daß man ihn aufheben mußte. Dieser Kaufmann hat früher zu viel Krebit gegeben und nun ist er ohne Mittel, denn seine Schuldner bezahlen sehr langsam. In Spanien regnet es gewöhnlich nicht oft, aber wenn es regnet, so regnet es in Strömen. Der Redner vom letzten Sonntag hat klar und deutlich, bündig, gelehrt und elegant gesprochen; er ist einer unsrer besten Redner, ich wenigstens kenne keinen bessern. Kennen Sie den Unterschied zwischen den Adverbien "muy und mucho"? Ich glaube ja; das Adverb "mucho", als solches, kann nur bei einem Zeitworte stehen, dem es folgt; dagegen (pero) steht das Adverb "muy" nie beim Verb und wird andern Redeteilen (partes de oracion) stets vorangestellt. — Sehr gut, aber einige Beispiele würden mir dies alles viel klarer zeigen. — Sehr geehrter Herr! Es ist viel, was man heutzutage von

---

⁵) Nach bem Abjektiv todo ganz, mit einem Substantiv als Zeitbestimmung, bedarf das darauffolgende Zeitwort keiner Verneinung: en toda la noche he podido dormir, die ganze Nacht habe ich nicht schlafen können; en todos los dias de tu vida verás cosa igual, in allen Tagen beines Lebens wirst bu nie etwas Ähnliches sehen; dagegen: no he podido dormir en toda la noche (L. 10. § 2).

einem jungen Kaufmann verlangt; aber es iſt nicht ſehr viel, im Gegenteil, es iſt ſehr wenig, was gewöhnlich bezahlt wird, und Sie werden ſagen: Mein Sohn hat mich ſchon viel, ſogar ſehr viel gekoſtet, aber trotzdem verdient er noch ſehr wenig. Ich ſehe ſchon, du ſtudierſt viel und lernſt ſehr leicht, aber es würde mir nicht leid thun, wenn du auch nicht ſo viel ſtudierteſt. Wo muß ich durchgehen, um am ſchnellſten auf die Poſt zu gelangen? Sehen Sie jenen Mann dort? Gewiß! Nun, ſo gehen Sie (pasar) durch jene Straße, dann gehen Sie links, bis zur nächſten (primera) Straßenmündung und nachher alles gerade aus. Iſt es ſehr weit? Es iſt ziemlich weit, aber in zehn Minuten können Sie dort ſein. Gibt es vielleicht einen Omnibus, der mich bis dahin bringen kann? In zehn Jahren vielleicht, jetzt aber (pero lo que es por ahora) noch nicht, dieſe Stadt iſt in dieſem ſehr zurück. Aber welch ſchlechte Schrift! Verzeihen Sie, aber Sie ſchreiben noch ſchlechter als ich! Es iſt wahr, teilweiſe haben Sie recht, aber ich habe auch haufenweiſe zu ſchreiben. Geſtern wäre ich beinahe zu ſpät auf den Zug gekommen und dieſen Morgen hätte ich beinahe ein Bein gebrochen, ſogar die Eiſenbahnan= geſtellten glaubten mich verloren. Auch die beſten Menſchen haben ihre Fehler. Es iſt leider ſo, ich ſage nicht nein. Haben Sie je einen Menſchen ohne irgend welchen Fehler gekannt?

Conversacion.

¿Dónde está tu hermano? — Ahí está.

¡Díle que venga acá! — Al momento irá allá.

¿Hasta dónde ha leido Vd.? — He leido hasta aquí.

¿Has visto á fulano en alguna parte? — Le vi de léjos, pero apénas le conocí, pues estaba vestido de piés á cabeza como un gran señor.

¿Cuándo vendrá tu tio? — Creo que vendrá mañana temprano, ó á lo mas tardar (ſpäteſtens) pasado mañana.

¿Cuándo has visto á tu abuela? — La vi anoche, y la veré esta noche otra vez.

¿No verdad que está casi siempre enferma? — Sí señor, apénas puede andar, sin embargo está siempre muy amable.

¿Cómo está Vd.? — Estoy muy bien, tal cual, muy mal, peor, mejor, mil gracias, ¿y Vd.?

¡Nunca mejor en mi vida! — Tanto mejor, me alegro.

Este vino es tan malo como el otro; dáme primero un vaso de agua, y luego otro vaso de vino mejor. — ¿No te gustaria comer algo tambien?

Bueno, gracias, tomaré un poco de jamon, pero que sea muy poquito. — Ya sé que comes poco, y no te serviré demasiado .

¡Basta amigo, basta, y hasta sobra (sogar zu viel)!
Mi hermano habrá vuelto probablemente para cuando Vd. haya
acabado ese tema. — Lo sentiria si volviese ántes.
Amigo, poco á poco aprenderá Vd. la lengua castellana perfec-
tísimamente. — Muy bien, con tal que la aprenda no me cansaré
de estudiar.
¿Qué me dice Vd. de Don Juan? apénas se le ve. — ¡Si viera
Vd. que bueno es! ántes de salir de casa me dió ese dinero para
repartirlo entre los pobres.
¿Es verdad esto? — ¡Sí, por cierto!
¿Y su señora es buena tambien? — ¡Buena diferencia hay entre
Don Juan y su señora!
Pues parece á primera vista ser una gran señora. — Ya lo
creo, es muy ricamente vestida, pero á la vez muy necia; enfin lo
del refran . . .
¿Qué refran es este? no recuerdo en este momento. — Pues
dice así: Aunque la mona vista de seda, mona se queda.
¡Bien; hombre, bien! pero ¡cuán[6]) pocas personas hay que se dan
tal como son! — Es verdad, generalmente los que ménos valen son
los que quieren aparentar mas.
¡Yo digo que sí, y nadie dirá que no! — Claro que no, (gewiß
nicht), el mucho lujo y la vanidad andan siempre á pares.
Á propósito de "apénas", ahora que me acuerdo, voy á con-
tarles á Vds. el cuento de

Un Gallego ruin.

En un pueblo de Portugal habia la costumbre de hacer pagar
á cada uno que pasase el puente del lugar un "reis" por cada nombre de bautismo que llevaba. Sabido es (es ist bekannt) que los por-
tugueses tienen generalmente treinta hasta ciento y mas nombres.
Era pues el caso, que al pasar un portugues pasaba tambien un
gallego; estos son muy ruines y conocidos por tales, en cambio los
primeros un poco fanfarrones.

---

[6]) Cuánto (L. 8 § 9), vor Adjektiven in cuán abgekürzt, heißt „wie"; z. B.
¡Cuán poco vino y trigo produce la Suiza! Wie wenig Wein und Getreide erzeugt
die Schweiz! ¡Cuán hermosa es aquella niña! Wie schön ist jenes Mädchen!

El portuguesiño iba pues diciendo sus nombres uno por uno
hasta el número de 30 y tantos, y muy satisfecho pagó el pontazgo
con otros tantos de reis cuantos nombres tenia. El gallego á su vez,
(seinerseits) cuando llegó su turno, dijo: "Supongo que no se me
llevará nada, pues yo apénas me llamu Pedru" (galizische Mundart).

39. Lektion.   Leccion trigésima nona.

Die Vorwörter.   Las preposiciones.

Diese dienen dazu, die Beziehungen der verschiedenen Redeteile unter=
einander näher zu bezeichnen; sie sind unveränderlich und stehen vor
Haupt=, Zahl=, Umstands= und Fürwörtern, sowie auch vor Infinitiven;
z. B.

Me voy á marchar al estrangero.	Ich will nach dem Ausland reisen.
Partí para Madrid en enero de 1853.	Ich verreiste nach Madrid im Ja= nuar 1853.
Pasé por París, y entré en España por Irun.	Ich reiste über Paris und gelangte nach Spanien über Irun.
Despues de 17 dias llegué á Madrid.[1]	Nach 17 Tagen kam ich in Madrid an.
No la vi desde ayer.	Ich sah sie seit gestern nicht.

Die Präpositionen sind entweder einfache oder zusammengesetzte
(simples ó compuestas).

§ 1. Die einfachen Präpositionen sind:

Á nach, in, um, an, auf (vid. § 3).
ante vor, (örtlich) — los tribunales, — todo, — todas cosas.
bajo unter, bei, (Bedingung) — la condicion, — sus órdenes, — pena, — mano,
— tierra, — palabra de honor, — llave, — gobierno tal.
con mit, bei, — Juan, — tigo (L. 21. § 2 B), — ironía, — pena, — peligro,
— perdon de Vd.; café con leche.
contra gegen, (feindlich) — mí, — la suerte, — la muerte, — su persona,
— la ley, — la naturaleza.
de von, aus (vid. § 4 u. L. 6. § 4—8).

[1] Gewöhnlich steht nach ir oder llegar „á"; nach entrar „en" und nach partir „para".

desde seit, von, an, bis, —ayer, —ahora, —el principio, —las siete, —Sevilla hasta ober á Cadiz, —Madrid etc.

durante während, —el dia, —la noche, —la juventud, —dos horas largas, —mi vida.

en in, an, auf, (vid. § 5).

entre zwischen, unter, —nosotros, —el padre y el hijo, —los españoles, —hoy y mañana, —dos luces (bei der Dämmerung).

hácia gegen (Richtung), nach, —el norte, —la puerta, —la ciudad, —la tarde, —las diez, —el mediodia (Mittag und Süden).

hasta bis, soweit als, —Tánger, —las 10, —las 5 de la tarde, —la muerte, —la mar, (b. Adverb. sogar L. 38 § 10).

para um, zu, für, nach, auf, bis, (vid. § 6).

por durch, von, um, für, wegen, auf, zu, (vid. § 7).

segun nach, zufolge, gemäß, wie, laut, —la muestra, —los consejos, —eso, (demnach) —Cervantes, —me han dicho.

sin ohne, außer, —perdon, —comer, —gracia; me robaron mil francos sin mi reloj (elliptisch sin contar mi reloj).

so bei, (statt bajo bei Drohung) so pena de muerte bei Todesstrafe.

sobre auf, über, an, (örtlich und figürlich) —la mesa, —la tierra, —palabra, —política, —filología; vendré sobre las 3 gegen 3 Uhr, sobre la tarde auf den Abend, sobre el rio an dem Flusse.

tras (de) hinter, nach, —el gato corre el perro; —la lluvia sale el sol.

§ 2. Zusammengesetzte oder uneigentliche Präpositionen:

a) Zusammensetzungen mit á.

Conforme á gemäß, —las reglas del arte.

con respecto á hinsichtlich, in betreff, —su conducta.

en cuanto á in bezug auf, —mi no consentirá en ello.

en órden á zufolge, —las leyes.

frente á gegenüber, —mi casa está el palacio.

junto á bei, nahe bei, —ti, —la puerta hay una mesa.

respecto á in betracht oder hinsichtlich, —lo que él dice.

sin atencion á ohne Rücksicht auf, —nadie.

b) Zusammensetzungen mit de.

Acerca de wegen, hinsichtlich, —aquello no sé nada.

ademas de über, außer, —la cadena me robaron el reloj.

á espaldas de hinter, —la casa hay un jardin.

á excepcion de mit Ausnahme von, —2 ó 3 los demas no saben nada.

al cabo de am Ende, nach Verfluß von, —un mes, un año volveré.

al rededor de um — herum, — la iglesia, — del padre, — su tienda.

ántes de vor (Zeitbestimmung), —las 4, —(del) anochecer.

á pesar de troy, —haberselo dicho, —la lluvia saldré.

cerca de bei, nahe bei, —la ciudad, —su majestad.

debajo de unter (örtlich), —tu ventana tiene la perdiz el nido, unter deinem Fenster hat das Rebhuhn sein Nest (Span. Lied).

delante de vor (örtlich), —mi casa hay un gran jardin.

dentro de innerhalb, binnen, —una caja, —dos horas.

despues de nach (Zeit), —un año, —la guerra.

detras de hinter, —la casa, —(del) árbol.

en casa de bei, im Hause von, —Juan hay tertulia.

encima de auf, über, —la casa, —(del) piano, —(del) sofá.

en frente de vorüber, gegenüber, —la iglesia, —Vd.

en lugar de anstatt, —Pedro lo hará Juan.

en vez de anstatt, —pagarme me amenaza, —cantar llora.

en virtud de kraft, —su cargo seines Amtes.

fuera de außerhalb, außer, —la ciudad, —de sí.

por el medio de quer, mitten durch, —la plaza, —(del) jardin.

respecto de bezugnehmend auf, —tus padres, —aquellos documentos.

NB. Bezüglich des richtigen Gebrauchs der Präpositionen muß vor allem auf eine aufmerksame Lektüre und ein gutes Wörterbuch verwiesen werden. (Das Beste mir bekannte ist das v. C. F. Franceson.) Der Erfolg lehrt, daß es bei großem Zeitaufwande von gar kleinem Nutzen ist, auf die Einzelheiten in der Anwendung der Vorwörter einzutreten und folgen hier nur noch einige wichtigere Bemerkungen:

§ 3. Á nach, in, um, an, auf, mit, zu dient zur Bezeichnung des persönlichen Akkusativs; z. B.

He oido decir á Fernando, que él ama á Juana, y ella no deja á Pedro; es steht aber besonders nach Verben der Bewegung und bezeichnet:

a) den Zweck der Bewegung; z. B.

Voy á estudiar, —á leer, —á comer, —á escribir etc.

b) Den Ort und die Richtung der Bewegung; z. B.

Voy al teatro, á casa, al monte; ponerse al balcon, á la puerta, á la derecha, al frente de una casa.

c) Die Art und Weise, wie etwas geschieht; z. B.

Á pié, á caballo, á sangre fria, á la francesa; la mataron á palos, á botellazos, á naranjazos.

d) Die Zeit, wann etwas geschieht; z. B.

Á las ocho, á la tarde, á su llegada, al dia siguiente.

e) Den Beweggrund und das Mittel einer Handlung; z. B.

Lo hice —á ruegos (auf Bitten) de mi mujer. —á propósito de esto; lo dije á fé de caballero, auf Ritterwort, Ehrenwort.

f) Die Entfernung von einem Ort zum andern; z. B.

De Zürich á Winterthur, á Valparaiso, del monte al valle (Thal), á veinte pasos, á tiro de fusil (auf Schußweite).

g) Den Wert oder Preis der Dinge; z. B.

¿Á cuánto (ober á cómo) se vende esto? zu wieviel wird das verkauft?
Á veinte reales la vara, á 2 francos (por) pieza, al 3 por ciento, de tres á cuatro mil duros etc.

h) Á mit einem Infinitiv ersetzt auch den mit si eingeleiteten Nebensatz; z. B.

Á decir la verdad (si he de decir la verdad); á saber yo esto (si yo hubiese sabido esto).

§ 4. De **von, aus,** in der Bedeutung der Richtung von etwas her, bildet in vielen Fällen einen Gegensatz zu á, und bezeichnet außer dem Genitiv des Besitzes und des Stoffes (L, 6 § 4 u. 8.):

a) Zeitverhältnisse; z. B.

De dia, de noche, de ocho á nueve, tags, nachts, von 8 bis 9 Uhr.
De verano ó de invierno, im Sommer ober im Winter.

b) Die Ursache einer Erscheinung oder eines Zustandes; z. B.

No puedo moverme de frio, de miedo, de temor.
Llorar de alegría; ciego de cólera (blind vor Zorn).

c) Den Beruf, das Amt; z. B.

Papá es médico de profesion. — Mein Vater ist Arzt von Beruf.
Don J. estaba de alcalde en Ávila. — Herr J. war als Bürgermeister in Avila.
El ministro Roth está de embajador de la Suiza en Berlin. — Der Minister Roth ist als schweizerischer Gesandter in Berlin.

d) Charakteristische Merkmale oder Eigenschaften; z. B.

La niña de los ojos negros. — Das Mädchen mit den schwarzen Augen.
El muchacho de las narices grandes. — Der Junge mit der großen Nase.
El hombre del sombrero verde está vestido de azul. — Der Mann mit dem grünen Hut ist blau gekleidet.

§ 5. En **in, auf, zu** bezeichnet hauptsächlich:

a) Den Ort und die Zeit; z. B.

Entrar en la iglesia, en la cocina, en el cuarto, en el jardin.
El señor B. vive en Barcelona. La sopa está en la mesa.
Salimos en el mes de julio, y volveremos en octubre²).
Llegaré en veinte y ocho horas á Londres, — de hoy en 8 dias.

b) Die Art und Weise einer Beschäftigung; z. B.

Don Julio negocia en vinos, Don Carlos trabaja en relojes, y Don José se ocupa en escribir una gramática.

²) Bei Daten und Wochentagen wird der Artikel ohne Präposition gesetzt; z. B. Iremos el juéves, el primero de mayo, y volveremos el mártes, el tres de junio.

c) Die Urſache, den Zweck einer Handlung; z. B.

Lo hizo en provecho (zu Nuß und Frommen) de los comerciantes jóvenes.
Hicieron una fiesta en memoria de Lincoln.

b) Eigentümliche Ausdrücke ſind:

De dia en dia von Tag zu Tag.	De tiempo en tiempo von Zeit zu Zeit.
De año en año von Jahr zu Jahr.	De trecho en trecho von Strecke zu Strecke.
De cuando en cuando dann und wann.	De hoy en 15 dias von heute über 14 Tage.

§ 6. Para für, nach, um, zu, auf bezeichnet:

a) Die Beſtimmung und Richtung, unſer deutſches: „**für, zu Gunſten von, nach**"; z. B.

Esta carta es para Don Carlos, dieſer Brief iſt für Herrn Karl.
He escrito este libro para los comerciantes jóvenes.
Pienso partir para Marsella, para Italia, para la Rusia (nach).
Partiré para España en el mes de agosto.

b) Den Zweck, die Abſicht, und ſteht überall, wo ein „**wofür, wozu**" (para que) ausgedrückt iſt; z. B.

Comer para vivir.	Estudiar para saber.
Casa para vender.	Juan no sirve para nada.
Sí sirve, ¿sabes tú para qué?	Gewiß dient er, weißt du wozu?
Será muy bueno para soldado.	Er wird zum Soldaten ſehr gut ſein.

c) Mit para werden **Zeitpunkte und Termine** beſtimmt; z. B.

Lo dejaremos para la tarde, para mañana, para otro dia.
Pagaré para primero de mayo, para agosto, para San Martin.
Don Juan llegará para semana santa (Charwoche).
Esto bastará para todo el año, para siempre jamas (L. 38, 2).

d) Das deutſche „für, im Verhältnis zu" wird ebenfalls mit **para** gegeben; z. B.

Para principiante no lo ha hecho mal.	Für einen Anfänger hat er es nicht ſchlecht gemacht.
Maria es muy alta para su edad.	Maria iſt ſehr groß für ihr Alter.
Para ser tan rico es poco lo que gasta.	(Zum ſein ſo reich) Im Verhältnis zu ſeinem Reichtum iſt es wenig, was er ausgibt.
No le estiman para lo que vale.	Er wird nicht geſchätzt für das, was er wert iſt.

c) Im Vergleich zu wird mit **para con** übersetzt; z. B.

¿Qué soy yo para con tu hermano, y para con vos?	Was bin ich im Vergleich zu deinem Bruder und im Vergleich zu Euch?
¿Qué somos los hombres para con Dios?	Was sind wir Menschen im Vergleich zu Gott?

f) Estar para heißt „**im Begriff, willens** oder **aufgelegt sein, etwas zu thun**" (L. 33, § 10 a); z. B.

Estoy para dejar esto unos dias. ⎫ Voy á dejar esto „ „ ⎬ ⎭	Ich bin willens, daß einige Tage liegen zu lassen.
Estamos para marcharnos.	Wir sind reisefertig.
No estuve para bailar anoche, me sentia mala, pues.	Ich war gestern abend nicht zum Tanzen aufgelegt, denn ich fühlte mich unwohl.

g) Para mit einem **Infinitiv** oder **Part. pdo.** heißt „**um**" und ersetzt oft den Nebensatz mit „**si wenn**"; z. B.

Para decir la verdad, no he comido nada en todo el dia. (Si he de decir la verdad etc.)	Um die Wahrheit zu sagen (wenn ich die Wahrheit sagen soll), ich habe den ganzen Tag nichts gegessen.
Para salir mal, prefiero no meterme en ese negocio.	Wenn ich schlecht dabei wegkommen soll, so ziehe ich vor, mich nicht in das Geschäft einzulassen.
Para aprendido de memoria era bastante difícil esto.	Um auswendig gelernt zu werden, war das ziemlich schwer.

§ 7. Por durch, von, um, aus, wegen, über, auf, für bezeichnet:

a) Die Urheberschaft einer Handlung; z. B.

Las últimas noticias supe por Carlos (durch).
He oido cantar esta aria por Adelina Patti (von).
El mundo fué hecho por Dios. Die Welt wurde von Gott erschaffen.
Esta pieza está escrita por Don Antonio Rubinstein.
Don Quijote de la Mancha por Miguel de Cervantes.

Ausnahmen. Nach Verben, welche eine Empfindung, ein Gefühl, nicht eine Handlung ausdrücken, wird de gebraucht; z. B.

Este muchacho es querido y estimado de sus padres y condiscípulos, y bienquisto de todo el mundo.

b) Den Grund, die **Ursache** einer Handlung, und steht meist auf die Frage „**porqué weshalb**"; z. B.

Voy al baile por complacerles á Vds. (aus Gefälligkeit).
Mi vecino vende su hacienda por falta de dinero (aus Mangel an).
Don Antonio hace muchas veces cumplimientos por ironia.
Por el frio que hace no pude salir hoy (wegen der Kälte).
Si no sale Vd. por bien (gern³), saldrá Vd. por mal (ungern³).

---

³) Adverbiale Ausdrücke mit por sind häufig.

c) Örtliche Beziehungen; z. B.

Don José pasa por la plaza del teatro.	Herr Josef schreitet über den Theaterplatz.
Mi tio viaja por Italia.	Mein Onkel reist in Italien (bereist Italien).
Los gatos andan por el tejado.	Die Katzen treiben sich auf dem Dach herum.
Perdí mi sortija por la calle.	Ich verlor meinen Ring auf der Straße.
El muchacho saltó por encima de la barrera.	Der Knabe hüpfte über den Zaun (Barrière).

b) „**Für**" mit dem Begriffe der Bestimmung oder im Verhältnisse zu (vergl. § 6 a u. b), heißt para, sonst aber wird es meist mit por übersetzt; z. B.

Por dinero baila el perro.	Für Geld tanzt der Hund.
Al señor le tuve siempre por médico.	Den Herrn hielt ich immer für einen Arzt.
Pasar por hombre de bien.	Als (für) Ehrenmann gelten.
Le tengo por tonto, por rico, por pobre, por muy listo.	Ich halte ihn für dumm, reich, arm, für sehr aufgeweckt.
Á mi me tomaron muchas veces por ingeniero, por español.	Mich hielt man oft für einen Ingenieur, für einen Spanier.
Saldré de San Francisco por dos meses.	Ich werde San Francisco für 2 Monate verlassen.
Le prestaré á Vd. este libro por 6 semanas.	Ich werde Ihnen dieses Buch für 6 Wochen leihen.
¿Por cuánto vende Vd. el caballo?	No le vendo por precio alguno.
¿Le da Vd. por tres cientos duros?	Por 300 mil reis = 1680 frs.
¿Le quiere Vd. cambiar por el mio?	No le cambio por ninguno.
Por mí puede Vd. hacer lo que le dé la gana.	Meinetwegen können Sie thun, was Ihnen beliebt.

c) Estar por weist auf eine Handlung oder einen Zustand hin, der noch der Vollendung harrt; z. B.

La casa está por barrer.	Das Haus ist noch zu scheuern, soll gescheuert werden.
Las botas están por limpiar.	Die Stiefel sind noch zu putzen.
Las peras están por madurar.	Die Birnen müssen noch reifen (sind noch unreif).
Ayer estuve por darle de palos á ese infame.	Gestern war ich nahe, oder drauf und dran, jenem schändlichen Menschen Prügel zu geben.

f) Por mit Infinitiv entspricht oft unserm deutschen mit „da" oder „weil" eingeleiteten Nebensatz; z. B.

Por decir la verdad me han insultado.	Weil ich die Wahrheit gesagt habe, hat man mich beschimpft.
Carlos, por ser quien es, no se mete nadie con él.	Weil Karl ist, wer er ist, gibt sich niemand mit ihm ab.
Por haber llovido tanto, ha subido el pan.	Weil es soviel geregnet hat, ist das Brot im Preise gestiegen.
Por malo[1]) le castigaron.	Weil er schlecht war (als Bösewicht), wurde er bestraft.
Por bueno[1]) le premiaron.	Weil er gut war, wurde er belohnt.

g) Por mit Adjektiv und darauffolgendem que bedeutet: **so—auch, wie—auch,** oder es vertritt einen Bedingungssatz, besonders wenn dem Adjektiv ein Hauptwort folgt, oder ersteres gesteigert wurde; z. B.

Por rico que sea, no le puedo estimar.	So reich er auch sein mag, ich kann ihn doch nicht achten.
No quise permanecer mas que cuatro dias allá, por mas que me rogaron.	Ich wollte nicht länger als 4 Tage dort bleiben, so sehr man mich auch darum bat.
La verdad por delante, por grande que sea el error.	Die Wahrheit vor allem, wie groß auch der Irrtum sei.
No puedo amarla por mas honesta que sea.	Ich kann sie nicht lieben, so ehrbar sie auch sein mag (und wenn sie auch noch so ehrbar wäre).
Por poca gana que (yo) hubiera demostrado para ir al teatro, papá me habria llevado.	So wenig Lust ich auch gezeigt hätte, oder wenn ich nur die geringste Lust gezeigt hätte, ins Theater zu gehen, so hätte mich Papa dahin geführt.

Ähnlich verhält es sich mit **con—que;** z. B.

El que gana es rey, con poco que sepa ober por poco que sepa.	Der, welcher gewinnt, ist König, so wenig er auch weiß, oder: wenn er auch noch so wenig versteht.
Aquel tirano con poco ober poquisimo que mejoraria las instituciones del pais, seria considerado un libertador.	Jener Tyrann, wenn er die Institutionen des Landes auch noch so wenig ober nur im geringsten verbesserte, würde als Befreier betrachtet.

---

[1]) Elliptisch, eigentlich por ser malo, bueno etc.

h) Eigentümliche Ausdrucksweisen sind:

Enviar por ⎫ el médico, den Arzt holen lassen, nach dem Arzt senden.
Mandar por ⎪ vino, Wein holen lassen.
Ir por ⎬ pan, queso, Brot, Käse holen.
Venir por ⎭ algo, alguien, Vd., etwas, jemand, Sie abholen.

§ 8. Der Unterschied zwischen **por** und **para** läßt sich kurz so erklären:

Por bezeichnet:	Para bezeichnet:
Ursprung, Grund und Ursache.	**Bestimmung, Zweck und Absicht.**
¿Por quién? durch wen?	¿Para quién? für wen?
¿Porqué? warum?	¿Para qué? wozu, wofür?
Este reloj está hecho por Juan, por mí, durch Joh., von mir.	Este reloj está hecho para Juan, para mí, für Joh., für mich.
Comer por comer, essen um zu essen (da es Essenszeit ist).	Comer para vivir, essen um zu leben (Zweck).
Casa por vender, Haus zum Verkauf (wegen Todesfall 2c.).	Casa para vender, Haus zum Verkauf (gebaut).
Pablo no trabaja por nada, Paul arbeitet nicht umsonst.	Pablo no sirve para nada, Paul taugt zu nichts (zu dumm).
Ir á Madrid por París, über Paris …	Partir para París, nach Paris reisen.
Por la mañana, morgens (adv.).	Para mañana, auf = bis morgen.
Él lo hace por bien, er thut es gut= willig.	Para el bien de todos, für das Wohl, zu gunsten aller.
Estoy por salir, ich bin fürs Aus= gehen.	Estoy para salir, ich bin zum Aus= gehen bereit.
No estoy por esto, ich stimme, oder bin nicht dafür.	No estoy para esto, ich bin nicht dazu da.
Estoy por decirselo, ich stimme dafür, daß man es ihm sage.	Estoy para decirselo, ich bin im Be= griff, geneigt, bereit, es ihm zu sagen.
Con esto bastará por hoy, hiermit wird's für heute genug sein.	Esto bastará para hoy, das wird für den heutigen Tag ausreichen.
Lo hice por[5] complacerles, ich that es aus Gefälligkeit.	Lo hice para complacerles, ich that es ihnen zu lieb.

Vocablos.

El Rin der Rhein,	el coche die Kutsche,
el acompañamiento die Begleitung, das Geleite,	el dibujo die Zeichnung,
el alcalde der Bürgermeister,	el económo der Landwirth,
el alimento das Nahrungsmittel,	el embajador der Gesandte,
	el judío der Jude,

---

[5] In solchen Fällen, wo Beweggrund und Absicht zusammentreffen, entscheidet die persönliche Auffassung.

el marques der Marquis,
el método die Methode,
el nido das Nest,
el océano der Ozean,
el paraiso das Paradies,
el pararayo der Blitzableiter,
el patriarca der Patriarch,
el pellejo der Weinschlauch, die Haut
    (L. 12 la bota),
el precepto die Vorschrift,
el pretexto der Vorwand, d. Ausflucht,
el provecho der Nutzen, Vorteil,
el puerto der Hafen,
el recurso das Hilfsmittel,
el remedio das Heilmittel,
el sentimiento die Empfindung, das
    Gefühl, Bedauern,
el séquito das Gefolge,
el sur (mediodia) der Süden, Mittag,
el norte der Norden (la medianoche),
el este (levante) der Osten,
el oeste (poniente) der Westen,
el noreste der Nordosten,
el noroeste der Nordwest,
el sureste der Südost,
el valle das Thal,

la bandera die Fahne,
la corteza die Rinde,
la chimenea der Kamin, Rauchfang,
la diputacion die Abgeordneten,
la excelencia die Excellenz,
la manía die Manie, die Sucht,
la perdiz das Rebhuhn,
la piel die Haut, der Balg,
la posada das Gasthaus,
la profesion der Beruf,
la tempestad der Sturm, das Gewitter,
afeitar rasieren,
alojar einlogieren,
apreciar schätzen, würdigen,
dirigir leiten, lenken,
insultar beschimpfen, beleidigen,
madurar reifen,
mezclar mischen,
presenciar gegenwärtig, anwesend sein,
ameno lieblich, anmutig,
curioso neugierig,
infame schändlich,
lacónico lakonisch,
mediterráneo(el) mittelländisch(Meer),
sano gesund,
¡buen provecho! wohl bekomm's!

Ejercicio.

¿Á qué fin se marcha el señor Don Antonio á California? Esto es lo que nadie sabe. El otro dia pasó á mi lado sin decir palabra. Debe de estar siempre muy distraido. Si señor, pero es hombre de provecho (tüchtig). Robinson Crusoe no tenia mas recurso que su propia fuerza é inteligencia; su alimento dependia de la caza y de la pesca y las pieles de los animales le servian de vestido. Ántes de la invencion del papel escribieron sobre cortezas de árboles. Segun el precepto de Horacio se debe mezclar lo útil con lo agradable. Estuve el otro dia en uno de los exámenes dé la escuela pública, pero no quedé muy satisfecho, porque, á excepcion de dos ó tres muchachos, los demas no sabian nada, á pesar de haberles dirigido preguntas tan fáciles á contestar. Hay una diferencia muy grande en el método de enseñar: unos, en vez de enseñar á pensar,

hacen aprender de memoria tomos enteros, otros tienen la manía de
hacer escribir por montones, y otros por fin dan reglas sobre reglas
y excepciones sobre excepciones sin ejercicios que vengan al caso.
Mas de cien veces pasé el Guadarrama, bien sea á pié, á caballo,
en coche, con el correo, hasta con el ferro-carril, y á saber yo
entónces lo que ahora sé, no habria vuelto de aquel pais en mi
vida; de verano hace bastante calor, es verdad, pero aquí, si no
llueve ó nieva, que son las tres cuartas partes del año, hace frio
y hiela, y solo durante unas pocas semanas nos calienta el sol. Es
costumbre entre los españoles de no comer nunca nada sin ofrecer
á los presentes. De hoy en quince dias habrá grandes fiestas en
memoria del célebre poeta Lessing. El maltratar á los animales
va contra los sentimientos de todo hombre de corazon, y en algunos
paises hasta contra la ley. Para aprender los verbos muy á fondo
(gründlich) es preciso repetirlos de cuando en cuando. La vida aquí
en este pais se hace de año en año mas cara. Valencia está á
orillas de la mar, en medio de unos campos muy fértiles y amenos,
bajo el cielo mas alegre y el clima mas sano y templado de España; era llamada por los moros su paraiso. De aquí á tres meses
estará la gramática para ser impresa, si es que para entónces se
halla editor. Felipe estudia latin, no por saberlo, sinó para poder
decir que lo ha estudiado; estuve por habérselo dicho. He hecho
muchos viajes por mar, y puedo asegurar que cualquier espectáculo,
por bonito que sea, no tiene comparacion para con una salida del
sol ó una tempestad sobre la mar. Fulano, por ser tan pobre, todo
el mundo le desprecia; el dia que le cayese el premio grande de
la lotería, seria apreciado, hasta por los que hoy apénas le miran.
Habrá que mandar por un médico para Juan, porque parece estar
muy malo. Pues señor, ¡ya no hay para qué! ¿Cómo pues? —
Hombre, por grandes que sean los inventos, y por mucho que
adelante la ciencia, contra la muerte no habrá remedio, y este
ya murió!

Tema.

Es werden einige Herren zum Abendbrot kommen; man muß Brot,
Wein und Käse holen laſſen und Sie könnten einen Schinken aus dem Kamin
herunterholen. Der Menſch kann von (con) Brot und Waſſer, oder von Milch
allein leben. Es iſt eine Fregatte unter engliſcher Flagge in unſerm Hafen

eingelaufen. Gestern abend sahen wir ein Segelschiff unter spanischer Flagge. Mein Onkel ging vorgestern mit meiner Schwester von Rom fort und er wird wahrscheinlich gegen abend oder mit dem Zehn=Uhr=Zug hier anlangen. Jener Jude verkauft Seide zu $1^1/_2$ Franken die Elle; zweifelsohne braucht er Geld, oder die Seide ist nicht viel wert. Köln liegt am Rhein, Zürich am Ufer des Sees gleichen Namens, Madrid am Manzanares, Alicante am mittelländischen Meere und Cadiz am Ozean. Ein deutsches Sprichwort sagt: bei Nacht sind alle Katzen grau. Der Mensch, wenn er vor Zorn blind ist, kann sich sehr leicht unglücklich machen (perderse). Mein Onkel ist Advokat von Beruf, aber er war als Landwirt in Amerika. Jenes Mädchen mit den blauen Augen will sich mit jenem Burschen mit den krausen Haaren verheiraten. Ich schreibe diese Grammatik zu Nutz und Frommen aller derer, welche die Sprache des unsterblichen Cervantes schnell und gut erlernen wollen. Ich will dir etwas anvertrauen, aber nur unter der Bedingung, daß du es niemand sagest. Jene zwei Burschen schlugen sich und am Ende warf einer dem andern einen Stein an den Kopf. Viele Dinge hat der Mensch erfunden, aber bis jetzt (noch) kein Mittel gegen den Tod. Ich werde Sie morgen bei Einbruch der Nacht besuchen. Die Wetterfahne schaut gegen Süden, deshalb ist es so kalt, denn der Wind (aire) kommt von Norden. Die Erde bewegt sich von Westen nach Osten. Die größte Reise, die ich zu Lande gemacht habe, war von Südwest nach Nordost, nämlich (es decir) von Cadiz nach Budapest. Einem meiner Freunde wurden, außer dem Schmucke (las alhajas) seiner Frau, 2000 Franken in Bankbillets gestohlen. Wie war das möglich? Es gingen einige Strolche in sein Haus, unter dem Vorwande, die Kamine und Blitzableiter zu unter= suchen. Er schrieb Brief auf Brief an alle Polizeiposten, aber alles blieb ohne irgendwelches Resultat. Nach den Regeln der Kunst sollte dies auf diese Weise gemacht werden. Nach meinem Dafürhalten wird es morgen, Sonntag, regnen und in diesem Falle werde ich gegen zwei Uhr kommen, um einige Seiten zu kopieren. Dieser Knabe spielt ganz nett (ziemlich gut) Klavier für die Zeit, die er es lernt (L. 16, § 2). Er ist ein tüchtiger Junge. Um so dumm zu sein, wie Pepe, braucht man nicht so lange studiert zu haben wie er; ich war drauf und dran, es ihm zu sagen. Diese Zeichnung ist von Anton gemacht und er macht sie für Herrn Georg. Weil Peter so reich ist, so schätzt ihn jedermann; am Tage, an welchem er nichts mehr hat, wird er von den meisten seiner Freunde verlassen. Don Quixote, so närrisch er auch war, sprach zuweilen sehr klar, gelehrt und beredt. Sancho Panza ritt (ir en) auf seinem Esel, mit seinem Zwerchsack und seinem Schlauch voll Wein, wie ein Patriarch. Wären Sie nicht geneigt, uns jetzt ein Märchen zu erzählen? Fräulein N. erzählt mit viel Anmut; wir wollen sehen, ob sie vielleicht aufgelegt ist, uns etwas zu erzählen. Schönen Dank für die Gunst, die Sie mir erweisen, aber im Vergleich zu Ihnen bin ich nichts (nicht wer, quien) zum Erzählen, und somit bitten wir Sie um einige Märchen des spanischen Kapitäns. Nun gut! Wie Sie wollen (Subj.).

Der Barbier Josephs II.

Der Kaiser Joseph kam eines Tages früher als sein Geleite in einem Städtchen an und logierte sich in einem Gasthause ein. Die Wirtin, welche etwas neugierig war, fragte ihn, ob er vielleicht zum Gefolge des Kaisers gehöre (Impf. Indic.), worauf der Fürst mit nein antwortete (L. 38, § 11). Die gute Frau war aber mit solch lakonischer Antwort wenig zufrieden; sie suchte daher unter irgend einem Vorwand in sein Zimmer zu gelangen, was sie auch erreichte (lograr), und da sie sah, daß er sich rasierte, fragte sie ihn, ob er irgend ein Amt bei seiner Majestät habe. „Ja," antwortete der Monarch, „ich rasiere ihn dann und wann."

Los cinco toros.

El marques de Villahermosa estaba un dia en su hacienda, cerca de un pueblo donde intentaron celebrar una corrida de toros Sabiendo pues los aldeanos que el marques era muy aficionado á toros, resolvieron mandarle una diputacion para rogar á su excelencia que viniese á presenciar dicha corrida. El marques quedó muy satisfecho, y agradeciendo las finas atenciones que le mostraban tener, preguntó que cuántos toros habia (L. 43, § 2). "Excelentísimo señor," constestó el que llevaba la palabra, "habiamos pensado que cuatro; pero si Vuesencia⁶) nos honra con su presencia entónces habrá cinco."

---

⁶) Vuesencia abgekürzt von Vuestra Excelencia.

40. Lektion. Leccion cuadragésima.

Die Bindewörter. Las conjunciones.

Diese sind unveränderlich und dienen dazu, einzelne Wörter, Rede=
teile oder Sätze mit einander zu verbinden oder sie von einander zu
trennen; ihrer Form nach zerfallen sie, wie die Präpositionen, in ein=
fache und zusammengesetzte, ihrer Bedeutung nach aber in so viele Klassen,
als es Arten des logischen Zusammenhanges zwischen den durch sie ver=
bundenen Wörtern und Sätzen gibt. Die spanischen Grammatiker unter=
scheiden folgende neun Klassen:

1. Verbindende — copulativas:

Y und,
ni nicht, nicht einmal, noch,
ni—ni weder—noch,

que daß,
tambien ebenfalls, auch,
tampoco auch nicht, ebensowenig.

2. Trennende — disjuntivas:

ó (vor o oder ho = ú) oder, sonst,
ó—ó entweder — oder,
ya ja, schon,
ya—ya bald—bald,

sea que wenn auch, ob auch),
siquiera wenigstens sei es, oder wenn
auch nur,
ni siquiera nicht einmal.

3. Entgegenstellende — adversativas:

pero aber, jedoch,
mas allein, aber,
solo que nur daß,
solo sí que einzig daß,
sin embargo dessenungeachtet, trotzdem,

sinó sondern, außer,
no—sinó ob. no—mas que nur[1]),
aunque obschon,
bienque obgleich.

4. Vergleichende — comparativas:

como wie, sowie,

asi como sowie,
tal como sowie,

tanto como ebensoviel—als, sowohl—
als,
que als,
segun wie, je nachdem.

5. Folgernde — ilativas:

pues also, mithin, folglich,
por lo mismo eben deshalb,
por lo tanto deswegen,
con que somit, also,

luego als, dann, somit ferner,
de oder por consiguiente demgemäß,
de manera que] so daß, folglich, dem=
de modo que] zufolge.

---

[1]) No viene sinó (oder mas que) dos veces por semana er kommt nur 2 mal
wöchentlich.

6. Fortsetzende — continuativas:

así que sowie als, sobald, so daß,	entre tanto indessen, unterdessen,
á mas de außer,	miéntras que während, so lange als,
ademas de überdies, außerdem,	miéntras tanto währenddessen.

7. Bedingende — condicionales:

si wenn, ob,	como wofern,
cuando wann, wenn, als,	con tal que unter der Bedingung daß,
	wenn nur.

8. Ursächliche — causales:

que denn,	puesto que gesetzt, angenommen daß,
porque denn, weil,	supuesto que vorausgesetzt daß,
pues weil, denn da,	ya que da nun, gesetzt,
	como da.

9. Zweckausdrückende — finales:

que damit,	á fin de que auf daß, damit,
para que damit, daß,	con que womit 2c.

Hieraus ergibt sich, daß ein und dasselbe Bindewort, seiner Be=
deutung nach, in verschiedene Unterklassen gehören kann[2]), und daß eine
große Anzahl teils aus Vorwörtern (prepos.), teils aus Umstandswörtern
(advb.) besteht, wie nachstehendes alphabetisch geordnetes Verzeichnis zeigt:

Alphabetisch geordnetes Verzeichnis der gebräuchlichsten Bindewörter.
Tabla de las conjunciones mas usuales por órden alfabético.

Á causa de wegen, weil, indem,	así pues so nun, also, nun denn,
ademas de außerdem,	así que sowie, sobald als, so daß,
á fin de que (§ 1) damit, auf daß,	así mismo gerade so, ebenso,
al contrario dagegen, im Gegenteil,	aun noch, auch noch,
al punto que sobald als,	aun cuando wenn auch, und wenn
ahora pues nun, nunmehr,	sogar,
á mas de (que) außer,	aunque und wenn auch, obgleich, ob=
á ménos de (que) wofern, wenn nicht,	schon, obwohl,
á no ser außer, es sei denn,	aunque sea und sei es auch.
á no ser así außerdem, sonst,	Bajo condicion (de) que unter der
á no ser que wofern—, wenn nicht,	Bedingung, daß,
ántes de (que) ehe daß, bevor,	bien que obschon, obgleich.
á pesar de que trotz, ungeachtet, ob=	Casi fast, beinahe,
gleich,	como wie, wofern, sowie, da,
así como sowie, sobald als,	como—así wie—so,

---

[2]) Wie z. B. como, vide 4, 7, 8; pues 5, 8; que 1, 4, 8, 9; con que 5, 9.

como quiera que sea sei dem wie ihm
wolle,
como si ob, als ob, wie wenn,
como tambien wie auch,
con condicion de (que) unter der
Bedingung, daß,
con que also, folglich, somit, womit,
con tal que unter der Bedingung,
vorausgesetzt daß, wenn nur,
con todo eso bei alledem, trotz alle=
dem,
cuando[3]) als, da, wann, wenn, so=
bald als,
cuanto—tanto je—desto.
Dado caso que angenommen daß,
de consiguiente demzufolge,
del mismo modo auf dieselbe Art,
de manera que } so daß, folglich,
de modo que }
desde que seitdem,
despues de (que) nachdem,
de suerte que so daß.
É (é oder y) und (L. 13, [4]),
en caso de (que) im Falle daß,
en atencion á (que) in Anbetracht
dessen, daß,
en cambio dagegen (im Austausch),
en consecuencia de zufolge,
en efecto in der That,
en fin endlich, kurz, mit einem Wort,
en suma schließlich, kurz,
en tanto grado que { dermaßen } daß,
{ dergestalt }
en tanto que während, so lange bis,
en tanto } in=, unterdessen,
entre tanto }
en virtud de (que) kraft,
excepto (que) ausgenommen.
Finalmente schließlich,
fuera de (que) außerdem.
Hasta sogar,
hasta que bis daß.

Luego alsdann, somit, ferner,
luego que sobald als.
Mas allein, aber, dagegen,
mas que und wenn auch,
mayormente si oder cuando besonders
wenn oder wann,
miéntras (que) so lange, während
(L. 32, [2]),
miéntras tanto unter=, währenddessen,
mucho ménos viel=, um so weniger.
Ni nicht, und nicht, noch,
ni aun nicht einmal,
ni—ni weder, noch (L. 10, [5]),
ni tampoco nicht einmal,
ni siquiera nicht einmal,
no obstante dessenungeachtet, nichts=
destoweniger, indessen,
no mas que nur, nicht mehr als,
no mas que { por } lediglich um
{ para } (L. 39, § 8),
no sinó nur[1]),
no solo—sinó que tambien nicht nur—
sondern auch,
no—ya nicht mehr.
Ó = ú oder (L. 10, [7]),
ó—ó entweder—oder,
ó si no oder aber.
Para que auf daß, damit,
pero aber, allein, jedoch, dagegen,
pero si wohl aber, allein,
por donde woher, woraus, wodurch,
por causa de wegen,
por eso deswegen, als, weil,
por consiguiente folglich,
por el contrario im Gegenteil,
por lo mismo eben deshalb, darum,
por lo tanto deswegen, folglich,
por—que so—auch (L. 39, § 7 g),
porque weil, denn, damit,
porque no damit nicht,
por último endlich,   [hin.
pues nun, also, da, so, folglich, mit=

---

[3]) **Cuando** erfordert gewöhnlich das Pres. Subj., wenn die Handlung des Haupt=
atzes zukünftig ist; z. B. Se lo diré á tu padre, cuando le vea.

pues que da, weil, denn,
puesto que da, vorausgesetzt, ange=
nommen daß.
Que daß, als, ob, damit, denn, weil,
que si wenn, ob (bei indirekt. Redew.)
(L. 43, § 1).
Salvo außer, ausgenommen,
sea—ó ob—ob, sei es—oder,
sea que sei es daß,
segun (que) wie, sowie, je nachdem,
sí ja, doch,
si wenn ob,
si es que wenn nämlich,
si no sonst, wofern, wenn—, wo nicht,
sinó sondern, außer,
sinó cuando außer wenn,
sin embargo dessen ungeachtet, dennoch,
    doch, jedoch,
sin que ohne daß,

siquiera sei es, wenn auch nur,
solo que   } nur—daß, einzig—daß,
solo si que }
supuesto que vorausgesetzt daß.
Tal como so wie,
tambien auch, ebenfalls,
tampoco auch nicht, ebensowenig
(L. 24, ³),
tan luego que sobald als,
tanto como ebensosehr—, sowohl als,
tanto cuanto ebensoviel als,
todavía immer noch, dennoch), gleich=
    wohl.
Visto que in anbetracht daß.
Y (= é) und,
y si no und wenn nicht, oder aber,
ya schon, doch, bereits,
ya—ya bald—bald,
ya que gesetzt daß, da.

§ 1. Die meisten mit **que** zusammengesetzten Bindewörter regieren den Subjuntivo (vergl. L. 14, § 1); z. B.

Á fin de que aprendais pronto el idioma, os doy lecciones tan largas, aunque no me deis ni siquiera las gracias; ober á fin de aprender pronto etc.	Damit ihr bald die Sprache lernt, gebe ich euch so lange Lektionen, wenngleich ihr mir es nicht einmal dankt.

§ 2. **Ni** vor dem Zeitwort heißt „**nicht**"; steht es nach dem= selben, so muß eine Verneinung vorausgehen; es dient alsdann gleichsam zur Verstärkung derselben, wo es nämlich nicht durch „**und nicht, oder, noch, weder—noch**" übersetzt werden kann; z. B.

Ni esto saben.	**Nicht** einmal das wissen sie.
No saben ni esto.	Sie wissen **nicht** einmal das.
No te daré ni un cuarto.	Ich werde dir **nicht** einen Kreuzer geben.
Ni una sola vez vino á verme.	Er kam **nicht** ein einziges Mal mich zu besuchen.
Juan no quiere leer ni escribir.	Joh. will nicht lesen **und nicht** schreiben.
Carlos se marchó sin comer ni beber.	Karl ging fort ohne zu essen **oder** zu trinken.
Nadie tuvo hambre ni sed.	Niemand hatte Hunger **oder** (noch) Durst.
No puedo comer ni dormir.	Ich kann **weder** essen **noch** schlafen.

§ 3. **Pues** entspricht oft dem deutschen „**aber, denn, etwa, nur, zwar, doch**" und dient zur Verstärkung bei Ausruf=, Frage=, Wunsch= oder Befehlsätzen; z. B.

Carlos pensaba que saldria sin castigo, pues ahora verá lo que se llama mentir.

Karl dachte, daß er ohne Strafe davon käme, aber jetzt wird er sehen, was es heißt, zu lügen.

¡Digaselo Vd. pues!

Sagen Sie es ihm nur!

Pues, ¿tienes tú que salir, aun cuando llueva tanto?

Mußt du denn (etwa) ausgehen, auch wenn es so sehr regnet?

Dice que ya no tiene dinero, y ayer le di un napoleon pues.

Er sagt, er habe kein Geld mehr, und gestern gab ich ihm doch einen Napoleon.

NB. Das deutsche „**doch**" wird indessen auch mit **ya** oder **sí** gegeben; z. B.

Ya se lo dije á Vd. ayer.

Ich sagte es Ihnen doch gestern.

Sí se lo diré, aunque no le gustare.

Ich werde es ihm doch sagen, auch wenn es ihm nicht gefallen sollte.

§ 4. **Que daß, ob,** kann vor dem Subjuntivo ausgelassen werden, wenn das Verb des Hauptsatzes schon den Subjuntivo regiert, ausgenommen nach **dudar,** welch letzteres sehr häufig dem **que** ein **de** voransetzt; z. B.

Dudo mucho de que Antonio entre en este negocio.

Ich zweifle sehr, ob Anton sich in dieses Geschäft einlasse.

La religion manda (que) no hagamos á otros lo que no queremos (que) se nos haga á nosotros.

Die Religion befiehlt, daß wir andern nicht thun, was wir nicht wollen, daß man uns thue.

Espero (que) veas á mi hermano y (que) vuelvas pronto.

Ich hoffe, du besuchest meinen Bruder und kehrest bald zurück.

§ 5. **Que** steht oft nach einem Imperativo statt **para que** oder **porque**; z. B.

¡Dále dinero, que vaya por pan!

Gib ihm Geld, damit er Brot hole!

¡Anda, que no quiero verte!

Geh, (denn) ich will dich nicht sehen!

Vocablos.

El camaleon das Kamäleon,
el cardenal der Kardinal,
el castigo die Strafe, die Züchtigung,
el cólega der Kollege,
el compromiso die Verlegenheit, die Verbindlichkeit, der Kompromiß,
el éxito Erfolg, Ausgang einer Sache,
el fruto die Frucht, der Erfolg, [führt,
el litigante einer, der einen Prozeß

el obsequio die Gefälligkeit,
el recado der Gruß, die Botschaft,
el secretario der Sekretär,
el sentido comun der gesunde Menschenverstand,
la existencia die Existenz, der Vorrat,
la fabricacion die Fabrikation,
convidar einladen,
dar un recado einen Auftrag geben,

disfrutar genießen,
fabricar fabriȝieren,
fiar vertrauen, borgen,
figurarse ſich denken, — einbilden,
hacer un recado eine Kommiſſion machen,
portarse ſich aufführen,
salir con la suya (opinion, voluntad)
    ſeinen Willen durchſetzen,
solicitar verlangen, begehren,

velar wachen, pflegen,
á tiempo ȝeitig, ȝur rechten Zeit,
agradecido dankbar,
descontento } unȝufrieden, mißvergnügt,
malcontento
grave ernſt, ſchwer, wichtig,
próximo nächſt,
(el) prójimo der Nächſte, Nebenmenſch,
torpe ungeſchickt.

Ejercicio.

Los niños pueden reirse y llorar casi al mismo tiempo. En esta ya no hay grandes existencias de seda, pero aunque las hubiera, ese género es poco solicitado hoy en dia. Don Carlos tenia razon en todo cuanto (L. 23 § 4) ha dicho, á no ser en aquello que Vd. sabe. Con que se viene Vd. el domingo á comer conmigo; ¿no verdad? Pues amigo, puede Vd. contar con ello, á no ser que caiga enfermo ó que tenga que ir á Aranjuéz. Anoche, serian las nueve, cuando oimos un gran ruido por la calle, sin que nadie hubiera podido saber de que provenia. El camaleon es un animalito que se pone ya blanco, ya negro, ya verde, segun el objeto sobre el cual se le pone. Quisiera salir, pero no puedo, pues me falta acabar esta leccion. No he visto al embajador de Alemania, pero sí á sus dos hijas. En caso de que el señor García venga á pedirme la firma, le diré muy luego (adv.) que no hay tu tia (daß nichts daraus wird); mas que nunca vuelva á mi casa. Pues así que yo le vea se lo diré, para que no os veais en un compromiso los dos. Felipe me pide dinero prestado; ¿que debo hacer pues? En casos tales es dificil aconsejar á nadie, pero tal como le conozco, se me figura que Vd. pudiera fiarle algo. Aqui te traigo un billete para el concierto del viérnes santo, si es que quieres aprovecharle. Gracias amigo, ya te dije anoche, que de ningun modo iré allá. Estoy seguro que habrá mucha gente, pero ni siquiera una tercer parte entenderá algo de esa música de Bach. Este jóven es muy torpe, no toma nunca nada en la mano, sin que lo rompa. Segun que eres aplicado, te recompensaré. Como no puedo recibir visitas hoy, le convidaré á Vd. para el domingo próximo. Si mi tio me escribe, tambien le contestaré. Puesto que Vd. reconoce su deuda; ¿porqué no me paga? Mi amigo no hace nada para la exposicion, ni yo tampoco. Nada le han dado al pobre en casa del vecino, ni un pedazo de pan. Hoy he recibido siete ú ocho cartas, pero hasta ahora no he leido ni una ni otra. Estuve en Roma, pero no le visto ni al Papa ni al rey, ni tampoco un simple cardenal (L. 5. § 4). Murillo no solo era pintor célebre, sinó tambien escultor y arquitecta. Otto Spamer no solo es célebre editor sinó que tambien autor de muy buena pluma. Quisiera dormir un rato, pero temo no despierte á tiempo. ¡Pierde cuidado! miéntras (que) tú duermas velaré yo, porque si no, no podrias dormir tranquilo pues. Aquel muchacho habla segun lo entiende. Dudo mucho de que mis discípulos todos traduzcan el tema sin falta alguna. ¡Á ver[1]) si concluyes, que nos vamos de paseo! ¡Díselo á Juan que venga en seguida tambien!

Tema.

Es scheint mir, daß ich diese Männer schon irgendwo gesehen habe. Wenn (ich) auch arm (bin), so bin ich doch ehrlich und glücklicher als viele, die Tausende von Thalern besitzen. Ich bin mit Ihnen nicht unzufrieden und Sie können im Hause bleiben, vorausgesetzt, daß Sie thun, was in Ihren Kräften liegt (en su poder). Ich hoffe, daß Sie mich nicht mißverstehen (entender mal). Seitdem wir in diesem Hause wohnen, befinden wir uns viel wohler als früher, als wir an dem See wohnten. Nachdem wir das Feuerwerk gesehen, setzten wir uns zum Nachtessen. Mein Bruder ist krank, folglich konnte er nicht bei uns sein. Dieser Junge hat viel Geist, aber wenig gesunden Menschenverstand. Verachtet niemand, denn alle Menschen sind (wir) Brüder! Der Mensch kann nicht zwei Herren dienen, entweder dient er einem schlecht, oder aber beiden. Jene Dokumente werde ich nicht unterzeichnen und wenn es der Herr selbst befähle (Cond. subj.), denn es handelt sich um etwas Schlechtes. Der Herr Lopez ist ein sehr kluger Mann, nichtsdestoweniger wurde er von seinem Sekretär betrogen. Nicht nur schreibt er sehr gut, sondern er spricht auch sehr elegant und klar. Ich möchte gerne (L. 37. § 2) schlafen, aber ich kann nicht. Diese Farbe ist nicht schwarz, sondern blau. Ich habe die Frau Clara Schumann nicht spielen gehört, wohl aber Madame Essipoff. Unser Buchhalter ist ein sonderbarer Mensch, er geht nie aus, außer bei schlechtem Wetter. Ich würde auf den Uto gehen, vorausgesetzt, daß Sie mit mir kämen. Ich werde alles thun, was Sie wollen, wenn ich nur das nicht abschreiben soll. Ich werde gehen, da mein Vater es wünscht. Da man dich begünstigt, so zeige dich dankbar. Du kannst diesen Nachmittag schon spazieren gehen, unter der Bedingung, daß du zeitig zurückkehrst. Wenn dir das Buch gefällt, so nimm es nur mit nach Hause. Wenn du die Arbeit nicht bald beendigst, so gebe ich

---

[1]) Abkürzung von vamos á ver si wir wollen sehen, laß sehen ob ...

dir nicht einen Kreuzer dafür. So wie ich verstanden habe (tener entendido), will der Vater eine Reise mit uns machen. Ich sagte es Ihnen doch gestern, daß ich nicht ins Theater gehen würde. Die Seidenwaren werden heutzutage sehr wenig verlangt, obgleich sie besser fabriziert werden als früher. Ich zweifle sehr, ob die Seidenfabrikation je das sein wird, was sie früher war. Da ich nichts andres hatte, war ich mit einem Stücke harten Brotes zufrieden. Die gute Sitte ist nicht das Werk der Natur, wohl aber die Frucht einer guten Erziehung. Ich will dieses Thema vollenden, unterdessen können Sie Feder, Tinte und Papier holen. Ich habe Ihnen nichts mehr zu sagen, somit gute Nacht, meine Herren!

Conversacion.

¡Amigo! ¿tiene Vd. tiempo de jugar unas mesas (Partien Billard) conmigo? — No señor, tengo que salir, pero ¡preguntéselo Vd. á mi hermano! puede que él juegue con Vd., en tanto que yo vuelva.

¿Me permite Vd. que lleve este libro á casa? — ¡Llévatelo pues, pero devuélvemelo á tiempo!

¿Puede Vd. decirme cuándo volverá su amo? — No señor, pero se me figura, que no tardará, ya que son los tres cuartos para las doce.

En tal caso haré un recado y volveré muy luego, á fin de que le vea ántes de comer. — Se lo diré cuando venga.

¿No verdad que no es difícil este tema? — Es bastante difícil sí, no obstante yo trataré de traducirle, por mucho trabajo que me cueste (L. 39. § 7 g).

¿Con que Vd. está decidido de dejar el puesto que tiene? — Ya lo creo, despues de haberme tratado como me trataron, no me quedaria ni un dia mas, aunque me diesen lo que me dieran (was immer).

¿Y adónde quiere Vd. irse? — Adonde voy, no lo sé, pero me marcharé, aunque sea al (oder hasta el) fin del mundo.

¡Diga Vd.! ¿Á qué ha traido Vd. ahí ese paquete? — Os he comprado algo para cuando seais mas aplicados.

¿Porqué no deja Vd. salir á Juanito? — Porque se ha portado mal, y no saldrá, á ménos que me pida perdon.

¿Qué es pues lo que ha hecho? — Aunque no sea cosa grave, llevará su castigo para que escarmiente.

Se me figura que es hora de ponernos en camino, si hemos de llegar á casa con tiempo. — ¡Cómo puede Vd. suponer que nos vayamos á marchar ya, cuando no hace media hora que hemos llegado!

Repito que si no nos vamos ahora, va ser muy tarde. — Pues señor, yo creo que nadie tendrá gana de marcharse ya, sin embargo, dirija Vd. la pregunta á los presentes, que si uno ú otro quiere ir con Vd., y verá que nadie está para marcharse ahora.

¡Pues señores, en este caso tampoco habrá cuento hoy! — Pero señor, ya que tan pocas veces nos vamos al campo, dejenos Vd. siquiera disfrutar y respirar el aire libre un momento mas, y en vez de contarnos el cuento en casa, ¡cuán agradable seria, si nos lo contase aqui! con que haganos Vd. el obsequio de principiar, y verá cuanto se lo agradeceremos todos.

¡Vamos! estos muchachos siempre han de salir con la suya (opinion) . . . ¡Ea pues! sentaos y escuchad el cuento que os voy á contar:

La aritmética moderna.

Un abogado hizo la defensa de un litigante suyo ante un tribunal compuesto de tres jueces. El uno de ellos era muy listo, pero los otros dos al contrario eran bastante ignorantes, y así perdió nuestro abogado por fin su pleito. — Uno de sus cólegas quiso con este motivo divertirse, hasta burlarse de su mal éxito que tenia, á pesar de haberse dado tanta pena y de haber tenido un discurso tan largo y á la vez tan brillante como le decia; á lo que repuso:

"Pues señor, si Vd. esperaba otra cosa, le compadezco; porque ante un tribunal de cien jueces, no solo era preciso que asi sucediese, sinó así será miéntras exista tal tribunal." — ¿Qué tribunal de cien jueces es ese del que Vd. habla? replicó uno de los presentes, ¿no eran pues tres?

"Pues señores, la cuenta es muy fácil: uno y dos ceros, ¿cuántos son?" y en diciendo esto se marchó (L. 42. § 8).

41. Lektion. Leccion cuadragésima primera.

Die Empfindungswörter. Las interjecciones.

Die Interjektionen drücken Empfindungen der Freude, des Schmerzes, des Beifalls, der Verwunderung, des Schreckens aus, oder sie werden als Mahnruf zur Aufmunterung benützt; die gebräuchlichsten sind:

¡Á Dios! — Leben Sie wohl, Adieu!
¡Adelante! — Vorwärts!
¡Adelante con los faroles! — Vorwärts mit den Laternen! (span. Redensart.)

¡Ah, pobrecito! — Oh, du armes Geschöpf!
¡Ah, qué desgracia! — Ach, welches Unglück! ob. Mißgeschick!
¡Alto ahí! — Halt da!
¡Anda, vete corriendo! — Geh' schnell, schleunigst!
¡Ánimo, hijo mio, ánimo! — Mut gefaßt, mein Sohn!
¡Arré! ¡el asta el asta! (das Horn!) — Hü! (um Pferde ꝛc. anzutreiben).
¡Ay! ¡ay de mí! — Weh! Weh mir!
¡Ay, qué gusto! — Oh, welcher Genuß!
¡Ba, no será tanto! — Bah, das wird nicht so arg sein!
¡Ba, qué vergüenza! — Pfui, welche Schande!
¡Bendito sea Dios! — Gott Lob und Dank!
¡Bien bien, así me gusta! — So recht, so gefällt's mir!
¡Bien haya, quien en paz descanse! — Wohl dem, der im Frieden ruht!
¡Caramba, esto sí que es caro! — Sapperlot, das ist einmal teuer!
¡Carai! ober ¡Cáscaras! — Potz Wetter!
¡Cáspita! — Potz Tausend!
¡Chito, silencio! ¡que pasa la ronda! — St! still! die Patrouille geht vorbei!
¡Cielos, Virgen Santisima, que oigo! — Um's Himmelswillen, was hör' ich!
¡Cuernos! (Hörner) ¡qué chica! — Potz Tausend! Was für ein (prächtiges) Mädchen!

¡Cuidado con la cabeza! — Achtung auf den Kopf!
¡Desdichada de mí! — Oh, ich Unglückselige!
¡Despacio! — Langsam!
¡Dios mio! ¡qué hago yo! — Mein Gott, was fang' ich an!
¡Ea, hasta la vista! ⎫ — Nun denn,⎫ auf Wiedersehen! (L. 35,²).
¡Ea, hasta luego! ⎬ — Wohlan, ⎭
¡Ea, ánimo! — Wohlan, Mut gefaßt!
¡Eh, holé! — Aufmunterung im Tanz.
¡Fuera! — Hinaus mit ihm!
¡Gracias á Dios! que . . .! — Gott sei Dank, daß . . .!
¡Hé, ola! ¡buen amigo! — He da, guter Freund!

¡Héte, hé aquí! | Siehe da, da ist's! (§ 3).
¡Hola, Gil Blas! | Holla, Gil Blas!
¡Jesús, qué fea! | Jesus, was für eine Häßliche!
¡Mal haya, quien tal diga! | Wehe dem, der das sagt!
¡Manos á la obra! | Frisch ans Werk!
¡Mira lo que estas haciendo! | Sieh da, was du anstellst!
¡O qué desgracia! | Oh, welches Unglück!
¡Oh qué placer! | Oh, welch Vergnügen!
¡Ojalá estuviésemos en casa! | Wollte Gott, wir wären zu Hause!
¡Ojo á Christo, que es de plata! | Aufgepaßt! Aug auf Christus, er ist
  | von Silber.
¡Poco á poco! | Sachte, langsam!
¡Pues bien! | Nun, wohlan!
¡Que Dios haya! | Gott hab ihn selig!
¡Qué lástima! (que) | Wie schade!
¡Quedo, quedito! | Ruhig, still, sachte!
¡So, auch sho! (spr. schoh!) | Oha! (um Pferde ꝛc. anzuhalten).
¡Sús! | Husch, lauf! (um eine Katze zu ver=
¡Toma! | Da! (da haben wir's!) [scheuchen).
¡Valgame Dios! | Gott steh' mir bei!
¡Vamos, ya está mejor esto! | So, jetzt ist das besser!
¡Vaya pues, hasta otro dia! | Nun denn, auf ein andres Mal!
¡Viva la independencia! | Es lebe (hoch) die Unabhängigkeit!
¡Zape! | Husch! (um einen Hund oder eine Katze
  | zu verscheuchen).

§ 1. ¡Ah! ¡ay! ¡o! ¡oh! oh! ach! werden bei Freud' und Leid,
Verwunderung und Entrüstung angewandt; z. B.

¡Ah qué gusto! | Oh, welch' Vergnügen!
¡Ay qué me muero! | Ach, ich sterbe! (vor Leid oder Lust)
¡O qué milagro! | Oh, welches Wunder!
!Oh qué infamia! | Oh, welche Schandthat!

§ 2. Wird „ay" im Sinne von „wehe", oder aber ein Adjektiv
als Interjektion auf eine Person bezogen, so folgt „de"; z. B.

¡Ay de tí! | Wehe dir!
¡Ay de mi hijo! | Ach mein armer Sohn! (armes Kind!)
¡Pobre de mí! | Oh ich Armer, wehe mir Armen!
¡Desgraciada de tí! | Oh du Unglückselige!

§ 3. Haber, reflexiv und in Verbindung mit dem Akkusativ eines
persönlichen Fürwortes, dient ebenfalls als Interjektion. Die Ausdrücke
¡héte! ¡hé aquí! hé allí! ¡hé ahí! entsprechen dem französischen
voici, voilà; z. B.

¡Héteme aquí ya fuera de Oviedo! | Da wäre ich nun außerhalb Oviedo!
¡Hételos allí que vienen! | Da kommen sie ja! (Gil Blas.)

Schilling, Spanische Grammatik.   18

¡Héle ahí la estacion!	Das ist oder wäre also der Bahnhof.
¡Hénos aquí sin quebranto!	Da wären wir ohne Unfall angelangt!
¡Hé ahí, respondió Sancho, lo que	Da haben wir's, erwiderte Sancho,
dije, que tuviese Vd. buena cuenta!	was ich Ihnen sagte, Sie sollten
	recht Obacht geben! (Don Quijote.)

§ 4. Wörter, welche einen Laut nachahmen, zählen ebenfalls zu den Interjektionen; z. B.

¡Dilın, dilin!	Klingling!
¡Paf, chas!	Krach, Plumps!
¡Zis, zas!	Piff, paff, puff!

NB. Zur Einübung der Interjektionen versuche der Schüler Sätze zu bilden.

Vocablos.

El demonio der Dämon,
el desierto die Wüste,
el escriba b. Schriftgelehrte, Schreiber,
el fariseo der Pharisäer,
el honor die Ehre, Würde,
el infierno die Hölle,
el infortunio die Unbill, das Mißgeschick,
el juez der Richter,
el pasagero der Reisende, Wanderer,
el pináculo die Zinne (eines Turmes),
el plato die Platte, das Gericht,
el predicador der Prediger,
el religioso der Klosterbruder,
el sermon die Predigt,
el templo der Tempel,
el término das Ziel, der Ausdruck,
la alabanza das Lob,
la ansia (el) die Angst, Sehnsucht, Begierde, Gier,
la cima der Gipfel,
la codicia die Habsucht, der Geiz,
la colina der Hügel,

la honra die Ehrenbezeugung,
la injuria die Schmähung, Beleidigung,
la justicia d. Gerechtigkeit, Gericht,
la proposicion der Vorschlag,
la tropa die Truppe, der Trupp,
la túnica der Rock (b. Geistlichen),
la vara die Elle, Rute, Gerte,
ayunar fasten,
azotar peitschen, geißeln,
calzar beschuhen,
comparar vergleichen,
crucificar kreuzigen,
excitar anreizen,
espiar ausspionieren,
frecuentar häufig besuchen,
predicar predigen,
suspender aufhängen, absetzen (im Amte), einstellen (die Arbeit),
transportar übertragen, =führen,
fugitivo flüchtig, Flüchtling,
repetidamente wiederholt,
toda suerte aller Arten.

El sermon de los ladrones.

Un fraile predicador que iba un dia á un pueblo, se encontró en el camino con unos ladrones; como nada llevaba que pudiera excitarles la codicia, no le causó susto el encuentro.

Llegaronse los ladrones al religioso y le dijeron: "Supuesto que con vos nada podemos ganar, al ménos nos dareis, padre nuestro, un plato de vuestra cocina, esto es, que habeis de predicar un ser-

mon en alabanza nuestra". Conociendo el fraile, que no tenia otro
recurso, aceptó la proposicion, y les echó un sermon en los térmi-
nos siguientes:

Señores, no puedo daros mayor honra, que la de comparar vuestra vida con la de nuestro señor Jesu-Cristo. Miéntras estuvo en
el mundo padeció mucho: Vosotros tambien padeceis, andando siempre fugitivos. Iba el señor acompañado de sus discipulos: Tambien
vosotros vais en tropas. Frecuentaba los escribas y fariseos: Vosotros tambien frecuentais gentes que no son mejores que ellos. Repetidamente sufria la lluvia, el viento, el frio, calor y toda suerte
de injurias¹): Vosotros vivís expuestos á los mismos infortunios, y
padeceis mil incomodidades. Jesús caminaba descalzo (L. 36. § 2):
Vosotros no vais calzados. No tenia mas que una túnica: Vosotros
creo que no teneis mas vestido que el puesto (was ihr anhabt).
No llevaba sobre sí oro ni plata: Me parece que vosotros no vais
muy cargados de estos metales. Ayunó cuarenta dias en el desierto: Vosotros hareis frecuentemente lo mismo. Fué tentado por
el demonio: Vosotros lo estais continuamente. Fué transportado al
pináculo del templo, y á la cima de una altísima montaña: Á vosotros os lleva el diablo á lo mas alto de las colinas, para espiar á
los pasageros.

Tuvo hambre y sed: Vosotros padeceis muy á menudo las mismas necesidades. Fué despreciado de todo el mundo: Tambien vosotros lo sois. Los judíos buscaban con ansia (eifrig suchen) la
ocasion de prenderle: Otro tanto (Etwas ähnliches) hacen con vosotros las justicias y las tropas. Fué vendido por Judas: Alguno
habrá entre vosotros que lo sea, para vender á los demas. Fué
preso y atado: Algun dia lo sereis tambien vosotros. Respondió
ante Herodes, Anas y Kaifas: Lo mismo hareis vosotros ante vuestros jueces. Fué azotado con varas: Tambien vosotros lo sereis,
si no lo habeis sido ya. Fué crucificado y suspendido entre dos
ladrones: Tampoco tardareis vosotros en serlo. Bajó á los infiernos:
Tambien bajareis vosotros. Despues subió á los cielos: Pero vosotros no subireis, porque habitareis siempre con todos los demonios,
á cuya compañia os enviarán el Padre, el Hijo, y el Espíritu
Santo. ¡Amen!

¹) Las injurias das Ungemach, die bösen Zeiten.

Anwendung der Aussagearten und Zeiten. Empleo de los modos y tiempos.

El Infinitivo.

§ 1. Der **Infinitiv**, die Grundform des Zeitwortes, drückt den Begriff der Thätigkeit oder des Zustandes in der allgemeinsten Weise, ohne Rücksicht auf Person oder Zahl aus, und kann mit gewissen Präpositionen an Stelle konjunktiver Nebensätze gebraucht werden. Wo sich die Person und Zahl nicht von selbst ergibt, wird sie gesetzt; z. B.

Á decir verdad (L. 39. § 3 h).	Si he de decir la verdad.
Á saber yo esto.	Si hubiese sabido esto.
Para aprender algo es preciso estudiar (L. 39. § 6 g).	Si se quiere aprender algo es preciso estudiar.
Por llover tanto no podemos salir.	Porque llueve tanto etc.
Por ser pobre no pudo hacerlo (L. 39. § 7 f).	Porque era pobre etc.
Á no estar yo, (él, Vd., Juan) aquí, se habria quemado toda la casa.	Wenn ich nicht dagewesen wäre, so wäre das ganze Haus verbrannt.
Ántes de abandonar el puesto, nos han de matar.	Bevor wir den Posten verlassen, muß man uns töten.
Con decir que no sabes nada sales del caso.	Dadurch, daß du sagst, du wissest nichts, kommst du aus der Geschichte heraus.
Despues de oir á ambas partes, es como se puede juzgar.	Nachdem man beide Teile gehört hat, kann man urteilen.
Para no ganar nada prefiero hacer algo á mi gusto.	Um nichts zu verdienen, ziehe ich vor, etwas nach meinem Geschmack zu thun.
Por decir la verdad le metieron en la cárcel.	Weil er die Wahrheit gesagt hat, steckte man ihn ins Gefängnis.
No le estimo por hablar tanto.	Ich achte ihn nicht, weil er gar so viel schwatzt.
Sobre no hacer nada, impides á los demas que hagan algo.	Zudem, daß du nichts thust, verhinderst du die andern, etwas zu thun.

NB. Mit „hasta bis, daß" werden alle Infinitive mit viel Eleganz verbunden; z. B.

Preguntaremos hasta saberlo todo.	Preguntaremos hasta que lo sepamos todo.
Pelearé hasta vencer ó morir.	Ich werde kämpfen, bis ich siege oder sterbe.
Se defenderán hasta mas no poder.	Sie werden sich aufs Äußerste verteidigen (bis sie nicht mehr können).

§ 2. Der **Infinitiv mit der Präposition** á steht hauptsächlich nach Verben der Bewegung, sowie nach solchen, die sich mit dem Begriff der Richtung auf ein Ziel verbinden; z. B.

Aprender á trabajar,	arbeiten lernen.
atreverse á criticar,	es wagen zu kritifieren.
comenzar á escribir,	anfangen zu schreiben.
continuar á dibujar,	fortfahren zu zeichnen.
dar á conocer,	zu erkennen geben.
decidirse á partir,	sich entschließen zu verreisen.
echar á llorar,	beginnen zu weinen.
empezar á corregir,	anfangen zu korrigieren.
encargar á ejercer,	beauftragen zu üben.
enseñar á leer,	lefen lehren.
enviar á pedir,	betteln schicken.
ir á buscar,	suchen gehen, holen.
ir á ver,	besuchen, besichtigen.
negarse á vender,	sich weigern zu verkaufen.
probar á cantar,	probieren zu singen.
principiar á jugar,	zu spielen beginnen.
resolver á castigarle,	beschließen ihn zu züchtigen.
venir á ver,	kommen um zu sehen, besuchen.
volver á casarse,	sich wieder verheiraten.

NB. Mit der Präposition **de** werden sehr oft Infinitive verbunden, die von einem Substantiv oder Adjektiv abhängen; z. B.

Él demuestra poca gana de trabajar.	Mi amigo está enfermo de tanto trabajar.
Tengo el honor de saludarle á Vd.	Estoy deseoso de recobrar mi salud.
José tuvo la desgracia de perder su reloj.	Estaré contento de volverle á Vd. á ver.

§ 3. **Ohne Präposition** steht der **Infinitiv** nach unperfönlich gebrauchten Zeitwörtern (L. 26. § 1), sowie nach verschiedenen andern Verben; die gebräuchlichsten sind:

Agradar angenehm sein,	gustar gefallen, mögen,
confesar bekennen, gestehen,	hacer laffen, veranlaffen,
creer glauben,	imaginarse sich einbilden,
deber (de)[1]) sollen, müffen,	intentar beabsichtigen,
dejar[2]) laffen,	llamar heißen, nennen,
desear wünschen,	mandar befehlen, heißen,
determinar (de) beschließen,	oir hören,
dignarse sich herablaffen, geruhen,	parecer scheinen,
esperar hoffen,	pensar (en) denken,
figurarse sich einbilden,	poder können,

---

[1]) Deber de heißt „müffen" im Sinne von vermuten: debe de haber agua en el jardin; debe de helar esta noche.

[2]) Dejar in der Bedeutung von „unterlaffen, aufhören" wird mit **de** gegeben; z. B. ¡Deja de hablar tanto! Hör auf mit Schwatzen!

preferir vorziehen,	saber wissen, verstehen,
pretender behaupten, vorgeben,	sentir fühlen, bedauern, bereuen,
prometer versprechen,	servirse sich bedienen, bemühen,
proponer vorschlagen,	soler pflegen,
querer mögen, wollen, wünschen,	ver sehen 2c. 2c.; z. B.

Parece hacer frio.	Es scheint kalt zu sein.
Convendria poner lumbre á la chimenea.	Man sollte Feuer ins Kamin machen.
Siento mucho no poder venir.	Ich bedaure, nicht kommen zu können.
Seria bueno dejar esto unos dias.	Es wäre gut, das einige Tage ruhen zu lassen.
Esto es ober se llama trabajar.	Das heißt arbeiten.
Esto no me puede convenir.	Das kann mir nicht passen.
Desearia saber si Juan suele venir puntualmente.	Ich möchte gerne wissen, ob Johann pünktlich zu kommen pflegt.
Dejame escribir y no me interrumpas siempre.	Laß mich schreiben und unterbrich mich nicht immer.
Sirvase Vd. tomar asiento.	Belieben Sie gefälligst Platz zu nehmen.

§ 4. Der **Infinitiv** wird im Spanischen auch **substantivisch,** und zwar mit oder ohne männlichen Artikel gebraucht; z. B.

No es tan fácil el escribir ejercicios como parece.	Es ist nicht so leicht, Übungen zu schreiben, wie es scheint.
Amar á su patria es (el) deber de todo buen ciudadano.	Sein Vaterland lieben ist die Pflicht jedes guten Bürgers.
El comer, el beber y el dormir son cosas necesarias para la vida.	Das Essen, das Trinken und das Schlafen sind notwendig zum Leben.
El levantarse temprano es muy bueno para la salud.	Das Frühaufstehen ist für die Gesundheit sehr zuträglich.
En el andar y en el beber se conoce la mujer. (Span. Sprichw.)	Am Gehen und am Trinken erkennt man die Frau.

§ 5. Steht der **Infinitiv** mit dem bestimmten Artikel im Dativ (al), so muß dieser mit **„bei"** übersetzt, oder mit **„als, indem"** aufgelöst werden; z. B.

Al entrar en el puerto de Cadiz vi á mi primo.	Als ich in den Hafen von Cadiz einfuhr, sah ich meinen Vetter.
Partimos al amanecer, y llegamos al anochecer.	Wir verreisten bei Tagesanbruch und langten beim Einbruch der Nacht an.
Al salir de casa me encontré con mi amigo.	Als ich aus dem Hause ging, traf ich meinen Freund an.

§ 6. Die aus einem **Substantiv** und einem **Infinitiv** zusammengesetzten deutschen Hauptwörter, oder die dem substantivisch gebrauchten

Infinitiv folgenden Attribute, werden im Spanischen mit dem Nominativ oder Akkusativ gegeben; z. B.

El comer carne y el beber vino es mejor que el comer patatas y el beber licor.

Das Fleischessen und Weintrinken ist besser, als das Kartoffelessen und Likörtrinken.

El comer siempre comidas fuertes, perjudica al estómago.

Das immerwährende Fettessen (Essen fetter Speisen) schadet dem Magen.

El hablar la gente es lo que me enoja.

Das Gerede der Leute ist's, was mich ärgert.

Al volver la esquina le dieron un navajazo.

Beim Biegen um die Ecke gab man ihm einen Messerstich.

Los viajeros al pasar la frontera fueron registrados todos; oder
Al pasar los viajeros la frontera les registraron todos.

Beim Überschreiten der Grenze wurden die Reisenden alle untersucht.
Als die Reisenden die Grenze überschritten, wurden sie alle untersucht.

Agrada oir el murmurar las fuentes.

Es ist angenehm, das Rauschen der Quellen zu hören.

NB. Satzbildungen sind hier sehr zu empfehlen.

El Gerundio.

§ 7. Das **Gerundium** ist unveränderlich und steht mit **estar** in Verbindung, wie schon (L. 16. § 2) gezeigt, um das Andauernde einer Handlung, unser deutsches „**eben**", „**gerade**" auszudrücken; z. B.

Estoy esperando hasta ver si los marineros quieren cargar los buques.

Ich warte eben, bis ich sehe, ob die Matrosen die Schiffe laden wollen.

Estaba estudiando y trabajando muchas noches hasta las doce y mas.

Ich studierte und arbeitete manche Nacht bis 12 Uhr und länger.

Estabamos paseandonos por el parque de la exposicion cuando vimos al General Moltke.

Wir spazierten gerade im Ausstellungspark, als wir dem General Moltke begegneten.

§ 8. Das **Gerundium** vertritt aber noch weit mehr als der Infinitiv die Stelle des Nebensatzes, der im deutschen durch „**da, als, weil, indem, nachdem, während**" eingeleitet wird (L. 19. [1]); z. B.

Estando enfermo ayer no pude salir.

Da ich gestern krank war, konnte ich nicht ausgehen.

Estando escribiendo una carta á mi tio entró él mismo en mi cuarto.

Als ich einen Brief an meinen Onkel schrieb, trat er selbst in mein Zimmer.

Teniendo malo el pié no puede levantarse.

Weil er einen kranken Fuß hat, kann er nicht aufstehen.

Lo hizo el padre predicador, no pudiendo hacer otra cosa.

Das that der Pater Prediger, weil er nicht anders handeln konnte.

Tomandole por la mano le llevó consigo.	Indem er ihn bei der Hand faßte, nahm er ihn mit sich fort.
Habiendo (yo) concluido esto iremos de paseo.	Nachdem (wenn) ich das beendigt habe, werden wir spazieren gehen.
Enseñando es como se aprende.	Indem man lehrt, lernt man.

§ 9. Das **Gerundium** mit **en** entspricht dem deutschen „indem, sobald" (ähnlich dem Infinitiv mit al § 5); z. B.

En diciendo esto se marchó.	Indem er dies sagte, ging er fort.
Yo haré lo que falta, en acabando esto.	Ich werde das Fehlende machen, sobald ich dieses fertig habe.
En llegando á New-York escribiré.	Sobald ich in New=York anlange, werde ich schreiben.

El participio pasado.[3]

§ 10. Das **Mittelwort der Vergangenheit** ist in Verbindung mit haber stets unveränderlich (L. 13. § 4). In Verbindung mit andern Zeitwörtern hingegen, richtet es sich in Geschlecht und Zahl nach dem Worte, auf welches es sich bezieht (L. 13. § 9 und L. 15. § 1); z. B.

Fernan Caballero ha escrito esta novela tan famosa.	Fernan Caballero hat diesen berühmten Roman geschrieben.
Mi abuela ha sido cogida ayer de una grave enfermedad.	Meine Großmutter wurde gestern von einer schweren Krankheit überfallen.
Las hermanas de Don Luis estando muy ocupadas, no han venido á la tertulia hoy.	Die Schwestern von Herrn Ludwig sind heute nicht in die Gesellschaft gekommen, weil sie sehr beschäftigt sind.

§ 11. Das Partizip steht oft vereinzelt, jedoch nur scheinbar, da man sich die Gerundien siendo, estando oder habiendo sido dabei denken muß; z. B.

---

[3] Das Participio presente fehlt heute der spanischen Sprache ganz und wurde durch das Gerundium ersetzt; von den ehemals auf ante und iente endigenden Formen werden noch mehrere, sei es als Hauptwörter, sei es als Verbaladjektive benutzt; sie sind für beide Geschlechter gleich und bekommen in der Mehrzahl ein s; z. B.

Amante (el) liebevoll, Liebhaber,	oyente (el) der Zuhörer,
condescendiente herablassend,	perteneciente angehörig,
creyente (el) der Gläubige,	sirviente (el ob. la) der Dienstbote,
obediente gehorsam,	viviente lebendig; z. B.
El causa habiente.	Der Schuldige (im Gerichtsstyl).
Berta es muy obediente á sus padres.	Bertha ist ihren Eltern sehr gehorsam.
Leo con gusto autores vivientes ob. vivos.	Ich lese mit Vergnügen lebende Dichter.

Sembrados los trigos podemos hacer un viaje. (Siendo sembrados.)	Wenn das Getreide gesäet ist, können wir eine Reise machen.
Concluido esto iremos de paseo (estando concluido esto etc.).	Wenn das fertig ist, werden wir spazieren gehen.
Acabada la opera fueron juntos á cenar (habiendo sido acabada).	Nachdem die Oper beendigt war, gingen sie miteinander zum Nachtessen.

El Imperativo.

§ 12. Dieser Modus drückt den Befehl, den Wunsch, die Bitte oder die Ermahnung aus; z. B.

¡Vamos! ¡dígamelo Vd. ahora, y no me deje esperar mas!	Wohlan, sagen Sie es mir jetzt und lassen Sie mich nicht länger warten!
¡Acuerdate que no puede ser el que yo te lo diga!	Erinnere dich, daß es nicht sein kann, daß ich es dir sage!
¡Compadeceos de ese pobre enfermo!	Habt Mitleid mit jenem armen Kranken!
¡No me ofendais, si no quereis que me enfade!	Beleidigt mich nicht, wenn ihr nicht wollt, daß ich böse werde!
¡Marchaos muchachos! ¡decid lo que quereis, pero dejadme en paz!	Fort, ihr Burschen, sagt was ihr wollt, aber laßt mich in Ruhe!

NB. Der Imperativ kann auch durch den Infinitiv vertreten werden; z. B.

¡Sentarse señores! statt ¡sientense Vds. señores!	Setzen Sie sich, meine Herren! (Nehmen Sie Platz, meine Herren!)
¡Á ver señores! statt ¡vamos á ver señores!	Lassen Sie sehen, meine Herren!

Vocablos.

El baul der Reisekoffer,
el borrador der Entwurf, die Kladde, das Brouillon (kaufm.),
el creyente der Gläubige,
el ensayo der Versuch, die Probe,
el epitáfio die Grabschrift,
el ingenio d. Genie, Talent, Verstand,
el intento das Vorhaben, der Plan,
el licenciado der Dozent, Lizentiat,
el ministro der Minister,
el misterio das Geheimnis,
el mozo der Bursche, Kellner,
el oyente der Zuhörer,
el parque der Park,
el rededor der Umkreis,
el violin die Violine,
la curiosidad die Neugierde, Merkwürdigkeit,

la enfermedad die Krankheit,
la escalera die Stiege, Leiter,
la fuente der Brunnen, [keit,
la generosidad d. Großmut, Freigebig=
la lápida die Gedenktafel,
la lápida sepulcral der Grabstein,
la lumbre das Feuer, Herdfeuer,
la nota die Anmerkung, Note,
la novela der Roman,
la pisada der Fußtritt, Fußstapfen,
la reflexion d. Überlegung, Widerschein (auch el reflejo),
la sangre das Blut,
apartar von der Stelle bewegen, ab= sondern, abwenden,
averiguar erörtern, erwägen, erforschen,
borrar auslöschen, durchstreichen,
cumplir (con) erfüllen,

desistir de abstehen von,
encargar beauftragen,
experimentar Versuche anstellen,
hurtar stehlen, rauben,
mitigar mildern, stillen,
picar stechen, anbeißen (bei Fischen),
proporcionar verschaffen,
socavar aus=, untergraben,
soplar blähen, wehen, blasen,
usar brauchen, benutzen,
atolondrado unbesonnen,
gracioso anmutig, graziös,

juicioso verständig, umsichtig, besonnen,
lento langsam, schleichend,
malsano ungesund,
obediente gehorsam,
perteneciente angehörend,
precedente vorhergehend,
procedente herrührend,
provechoso vorteilhaft,
reflexivo nachdenkend, überlegt,
ridículo lächerlich,
sediento durstig,
vivaracho außerordentlich lebhaft, hitzig.

Ejercicio.

Aves que andais volando,
Vientos que estais soplando,
Rios que vais corriendo,
Flores que estais creciendo,
¿Qué os importa agora (ahora),
Decid, la blanca aurora?

Villegas.

Á no haberlo experimentado dudaria de la verdad del hecho.
Á no haberlo visto hacer dudaria que lo haya hecho esta niña tan
pequeñita. Juan José pretende no ganar nada con esta obra, pero
ántes de creerlo, necesario será verlo. Adolfo, despues de fastidi-
arme mucho tiempo, desistió de su intento. Con cumplir con nuestro
deber, hacemos lo que es menester. Pedro, para lograr ese puesto,
no dejó de emplear todos los medios posibles. Sobre ser muy lento
exige aun mas salario. No gastemos mas dinero en ese negocio,
hasta ver lo que da de sí (was es abwirft). El casero comenzó por
llamar al criado un ladron, y concluyó por echarle de casa á palos.
Ántes de emplear á uno de esos jóvenes importaria saber, cual de
ellos seria el mas á propósito para esa empresa. Ántes de obrar
es preciso reflexionar. El Papa, segun los periódicos, se dignó recibir la diputacion personalmente. Los mártes suelo ir de tertulia
hasta las once. Hurtar con una mano y dar con la otra no merece el nombre de generosidad. El estar contento es ser rico. El
otro dia estaba oyendo un ¡dilin dilin! durante toda la noche, sin
poder averiguar de donde venia. Sabiendo ya algunas lenguas no
es difícil aprender el castellano. El dibujar y el tocar el piano son

ocupaciones agradables. En llegando á América, lo primero que habeis de hacer es escribirnos. Á decir (la) verdad, me parece ser del todo inútil el dar aquí mas ejercicios sobre las reglas precedentes, habiendo dado tantos ejemplos con las mismas reglas ya. El empleo del Infinitivo, Gerundio, Participio ó Imperativo es tan sumamente fácil, y ademas habiendo empleado estas formas en diferentes ocasiones ya, propongo pues comenzar con la lectura de "Gil Blas de Santillana", no dudando que lo comprenderán Vds. con pocas notas que se den. Si al primer ensayo, que hagamos, se viese que no seria provechoso continuar con dicha lectura, tiempo tenemos de abandonarla; si al contrario vemos que va bien, tanto mejor para nosotros; pero ántes de principiar con dicha obra conviene hacer dos cosas. La primera es: traducir el tema siguiente al castellano, y la segunda: leer despues un cuento que sirve de prólogo á "Gil Blas", y que todo el que es aficionado á lectura filosófica, debiera leer, no conociendole ya. ¡Ea pues, manos á la obra, y cada cual á su puesto!

Tema.

Wenn ich es nicht gesehen hätte, so würde ich es nicht glauben. Wenn er nicht zur rechten Zeit gekommen wäre, so wären die Kinder erstickt. Wenn es nicht zu spät wäre, so würde ich mit Ihnen auf den See gehen. Bevor der Arzt ankam, war der Kranke tot. Bevor ein Brief anlangt, kann ich nicht verreisen. Nach dem Arbeiten läßt sich gut ruhen. Nachdem wir etwas gegessen haben, werden wir die Merkwürdigkeiten dieser Stadt besichtigen. Wenn du thust, was du kannst, so kann man nicht mehr von dir fordern. Wenn du das vollendest, so hast du deine Pflicht erfüllt. Außerdem, daß du langsam arbeitest, ist alles, was du thust, schlecht gemacht. Wenn ich sagen soll, was ich denke, so gefällt mir G.s Aufführung nicht. Wenn du auf die Post gehen willst, brauchst du nicht durch die San Antoniostraße zu gehen. Weil er ein Lügner ist, habe ich ihn bestraft. Hör', mein Junge (¡mira, muchacho!), bevor du dich an den Tisch setzest, wasche dir Hände und Gesicht. Jener Künstler, weil er so arm war, konnte sein Werk nicht vollenden. Ich habe dem Knaben einige Birnen gegeben, weil er mir die Briefe auf die Post getragen hat. Er wird von seinen Lehrern nicht besonders geliebt, weil er gar so viel spricht. Bevor du sprichst, mußt du denken. Das arme Weib hat eben gearbeitet, bis sie nicht mehr konnte. Dieser Narr bildet sich ein, ein berühmter Dichter zu sein. Ich schlage vor, nächste Woche eine Reise in die Berge zu machen. Hast du den Kindern zu arbeiten befohlen? Das Zuvielessen ist ebenso ungesund wie das Zuvielschlafen. Das Zeichnen und das Violinspielen sind angenehme Beschäftigungen. Das Lesen schlechter Bücher ist für die Jugend sehr gefähr=

lich. Das Briefkopieren ist zuweilen sehr langweilig. Beim Sterben sprach mein Freund, Don Viktor, noch einige Worte, die ich nicht verstehen konnte. Als ich gestern abend nach Hause zurückkehrte, sah ich einige Männer eine Leiter hinaufsteigen und in das Haus des Nachbars dringen (entrar); ich ging die Polizei zu rufen und es gelang uns (L. 26, § 2), die Diebe festzunehmen. Wenn wir fortfahren, so zu arbeiten, so werden wir bald unsre Studien be= endigen. Wenn man diese Regeln beobachtet, so kann es nicht viele Fehler geben. Wenn man gewöhnt ist, in einem bessern Klima zu leben, so kann man nicht mehr hier sein. Was machst du da? Ich studiere eben die Anwendung des Infinitivs und des Gerundiums, und offen gestanden, finde ich darin keine Schwierigkeit. Nachdem Napoleon I. halb Europa besiegt hatte, fing er Krieg mit Rußland an, indem er sich stark genug glaubte, die ganze Welt[3]) zu besiegen. Wenn wir bei diesem Geschäft gut wegkommen (salir bien de), werden wir es wohl überlegen, bevor wir uns in ein andres einlassen (meterse). Sobald es Nacht wird, kann man gewisse Straßen nicht mehr passieren. Wenn das Nachtessen zu Ende ist, können wir einen Spaziergang in der Nähe herum machen. Als der russische Kaiser Alexander II. tot war, folgte ihm auf dem Throne sein Sohn Alexander III. Nachdem unsre Neugier befriedigt war, be= dauerten wir, so viel Geld ausgegeben zu haben. Nachdem der Friede wieder hergestellt und die französische Republik gegründet war, wandten die Franzosen alle Mittel an, sie zu erhalten. Nachdem die Rechnung bezahlt war, sagte ich dem Kellner, meinen Koffer auf die Bahn bringen zu lassen. Die herablassende Manier des Ministers wird ihm zahlreiche Freunde verschaffen. Es waren viele Zuhörer, aber wenige Gläubige in der Versammlung. Was verschafft mir das Vergnügen, Sie bei mir (in meinem Hause) zu sehen?

Una palabrita al lector.

(Del "Gil Blas".)

Ántes de leer la historia de mi vida, escucha, lector amigo, un cuento que te voy á contar.

Caminaban juntos y á pié dos estudiantes desde Peñafiel á Salamanca. Sintiendose cansados y sedientos se sentaron junto á una fuente que estaba en el camino. Despues que descansarón y mitigaron la sed, observaron por casualidad una como lápida sepul- cral, que á flor de la tierra (dem Erdboden zu eben) se descubria cerca de ellos, y sobre la lápida unas letras medio borradas por el tiempo y por las pisadas del ganado que venia á beber á la fuente. Picóles la curiosidad, y lavando la piedra con agua, pudieron leer estas palabras castellanas: Aquí está enterrada el alma del licen- ciado Pedro Garcia.

---

[3]) Die ganze Welt = el orbe entero; jedermann = todo el mundo.

El mas mozo de los estudiantes, que era vivaracho y un si es no es atolondrado, apénas leyó la inscripcion cuando exclamó riéndose á carcajada tendida: ¡Gracioso disparate! ¡Aquí está enterrada el alma! Pues qué ¿un alma puede enterrarse? ¡Quién me diera á conocer el ignorantísimo autor de tan ridículo epitafio! Y diciendo esto se levantó para irse. Su compañero, que era algo mas juicioso y reflexivo, dijo para consigo: Aquí hay misterio, y no me he de apartar de este sitio hasta averiguarlo. Dejó partir al otro, y sin perder tiempo sacó un cuchillo y comenzó á socavar la tierra al rededor de la lápida hasta que logró levantarla. Encontró debajo de ella un bolsillo; abrióle, y halló en él cien ducados con estas palabras en latin: Declárote por heredero mio á tí, cualquiera que seas, que has tenido ingenio para entender el verdadero sentido de la inscripcion; pero te encargo que uses de este dinero mejor que yo usé de él. Alegre el estudiante con este descubrimiento volvió á poner la lápida como ántes estaba, y prosiguió su camino á Salamanca, llevándose el alma del licenciado.

Tú, amigo lector, seas quien fueres, necesariamente te has de parecer á uno de estos dos estudiantes. Si lees mis aventuras sin hacer reflexion á las instrucciones morales que encierran, ningun fruto sacarás de esta lectura; pero si las leyeres con atencion, encontrarás en ellas, segun el precepto de Horacio, lo útil mezclado con lo agradable.

43. Lektion. Leccion cuadragésima tercera.

De los modos y tiempos. Continuacion.

El Indicativo. Die bestimmte Aussageart.

Der **Indikativ** ist diejenige Redeweise, welche eine Handlung ent=
weder als Thatsache hinstellt, oder als solche annimmt.

§ 1. Die Verben des „**Denkens** und **Sprechens**", wie z. B.
denken, sagen, erzählen, glauben, meinen, fragen u. s. w. haben
meistens **que** nach sich und regieren, **wenn affirmativ** gebraucht, im
Spanischen den **Indikativ,** während im Deutschen bei indirekter Rede
der **Subjunktiv** in Anwendung kommt; z. B.

La criada dice que la sopa está en la mesa ya.	Die Magd sagt, die Suppe stehe schon auf dem Tische (daß — stehe).
Mi amigo me escribe que aprueba mi plan.	Mein Freund schreibt mir, daß er meinen Plan billige.
Don Pedro asegura que conoce al señor Olózaga personalmente.	Herr Peter versichert, daß er den Herrn Olózaga persönlich kenne.
Dicen que el ministro K. está muy enfermo.	Man sagt, der Minister K. sei sehr krank.
Juan pregunta que si (pag. 266). puede entrar en el jardin.	Johann fragt, ob er in den Garten gehen dürfe.
Supongo que tú se lo permitirás.	Ich setze voraus, du werdest es ihm erlauben.

§ 2. Der Spanier unterscheidet sich aber auch darin vom Deutschen,
daß er **das Verb des abhängigen** Satzes in eine **vergangene Zeit**
setzt, **wenn das Verb des regierenden Satzes in irgend einer Ver=
gangenheit steht;** z. B.

Me decian que el ministro estaba (nicht está) enfermo[1]).	Man sagte mir, daß der Minister krank sei.
Preguntéle de donde venia.	Ich fragte ihn, woher er komme.
Me contestó que venia de la iglesia.	Er antwortete mir, er komme aus der Kirche.
He creido que Vd. era ingles.	Ich glaubte, Sie seien Engländer.
Los muchachos confesaron, que habian robado aquellas manzanas.	Die Knaben bekannten, daß sie jene Äpfel gestohlen haben.

---

[1]) Dem Indefinido allein kann ein Presente folgen; z. B. Me han dicho que
el ministro está oder estaba enfermo, daß er krank sei oder krank war.

Don Alejandro me ha dicho, que su padre habia muerto.

El buen hombre creia que el clima de Madeira le probaria²).

Carlos me dice, decia, oder ha dicho que aquellos libros le gustarian.

Herr Alexander hat mir gesagt, daß sein Vater gestorben sei.

Der gute Mann glaubte, daß das Klima von Madeira ihm zusage oder zusagen werde (würde).

Karl sagt, sagte, oder hat mir gesagt, daß ihm jene Bücher gefielen oder gefallen würden.

El Subjuntivo. Die unbestimmte oder verbundene Aussageart.

§ 3. Der **Subjunktiv** ist die Redeweise, welche das **Bedingte, Beabsichtigte, Gedachte, Abhängige, Mögliche** oder **Gewünschte** ausdrückt, und wird in den meisten Fällen von Wörtern oder Ausdrücken regiert, welche Zweifel, Befürchtung, Bitte, Befehl, Verlangen, Wunsch, Erlaubnis, Hindernis, Hoffnung, Verwunderung oder eine Ungewißheit 2c. bezeichnen; der **Subjunktiv** mit que folgt auch nach den Verben „denken, sagen, meinen, glauben", wenn diese **verneinend** gebraucht werden (L. 14, § 1); z. B.

Dudo que me haya caido el premio grande.

Temo (que L. 40, § 4) no vengan á tiempo, para ir al teatro.

Te ruego que me hagas este favor.

¡Véte! ¡que no te vea!

No pienses que tu suerte pueda mejorarse aqui.

No digo que seas mal chico, pero yo creo que puedes mejorarte.

¡No crea Vd. que Felipe haya hecho esto!

¡No esperes que yo te perdone!

Quiero que busques el libro perdido.

Deseo que mis hijos aprendan tres ó cuatro lenguas vivas.

El casero permite que cojamos flores en su jardin.

Ich zweifle, daß mir das große Los gefallen sei.

Ich fürchte, daß sie nicht zeitig genug kommen, um ins Theater zu gehen.

Ich bitte dich, mir diese Gunst zu erweisen.

Gehe, damit ich dich nicht sehe!

Glaube nicht, daß dein Los sich hier bessern könne.

Ich sage nicht, daß du ein schlimmer Junge seiest, aber ich glaube, daß du dich bessern kannst.

Glauben Sie nicht, daß Philipp das gethan habe!

Erwarte nicht, daß ich dir verzeihe!

Ich will, daß du das verlorne Buch suchest.

Ich wünsche, daß meine Kinder 3 oder 4 lebende Sprachen lernen.

Der Hausherr erlaubt, daß wir in seinem Garten Blumen pflücken.

---

²) Ist die Handlung des Nebensatzes zukünftig, so steht dieselbe im Spanischen im Condicional (Näheres § 17).

Yo les impediré que vayan al baile.	Ich werde es ihnen wehren, daß sie auf den Ball gehen.
Esperamos todos que los papás vivan aun muchos años.	Wir alle hoffen, daß die Eltern noch viele Jahre leben.
Increible parece que Vd. haya vuelto ya.	Es scheint unglaublich, daß Sie schon zurückgekehrt seien.

NB. Decir, im Sinne von „verlangen, wünschen, befehlen", regiert selbstverständlich den Subjuntivo; z. B.

Don Pedro dice que Vd. vaya á su casa (L. 37, § 4 b).	Herr Peter sagt (verlangt), Sie sollen zu ihm gehen.
D. P. dice que Vd. va á su casa.	H. P. sagt (erzählt), daß Sie zu ihm gehen.

§ 4. Der **Subjunktiv** steht besonders nach einem **Ausruf,** oder aber nach **Bindewörtern,** welche Absicht, Zweifel, Wunsch, Befehl, Bedingung u. s. w. einleiten (L. 40, § 1); z. B.

áfin de que seais aplicados.	Os he comprado esto,
ántes que él lo diga!	¡Dilo tú,
á ménos que me pida perdon.	No saldrá,
aunque me lo hayas dicho ayer.	No recuerdo,
bajo condicion que no lo digas á nadie.	Te lo diré,
con tal que los niños no se hayan perdido.	Ménos mal,
como si lo entendiese—iera.	Él hace,
cuando (L. 40, ³) sea tiempo.	Iremos á clase,
dado caso que pague en 30 dias.	Le daré á Vd. los géneros,
en lugar de que (anstatt) escribas ahora!	¡Escribe mañana,
hasta que yo vuelva.	Te quedarás aquí,
¡O jalá, llegase á entender el verdadero sentido!	Te castigo,
para que escarmientes.	No te creo,
por mas que lo afirmes.	Le perdonaré,
puesto que me pida perdon.	¡Quieralo Dios,
que salgamos bien de este negocio!	Compraria un caballo,
si fuese mas rico.	Ya veo las faltas,
sin que Vd. me lo diga.	Les fiaré,
supuesto que tu padre sepa del caso.	Se lo diré,
tan luego que le vea.	

§ 5. Wo indessen ein **Faktum** bezeichnet werden soll, steht auch nach obigen Bindewörtern der Indikativ; z. B.

Voy al teatro, aunque llueve.	Ich gehe ins Theater, obgleich es regnet.
Iré aunque llueva.	Ich werde gehen, wenngleich es auch regnen sollte.
No voy, aunque lo mandas.	Ich gehe nicht, obgleich du es verlangst.
No voy, aunque lo mandes.	Ich gehe nicht, und wenn du es auch verlangen solltest.

§ 6. **Der Subjunktiv mit** que steht ferner nach unperſönlichen Ausdrücken; z. B.

Basta que tú lo digas.	Es genügt, daß du es ſagſt.
Importa que hagas esta visita hoy.	Es liegt daran, daß du dieſen Beſuch heute abſtatteſt.
Es muy estraño que Vd. no sepa del caso.	Es iſt ſehr befremdend, daß Sie von dem Falle nichts wiſſen.
Es justo que sea Vd. premiado por su obra.	Es iſt billig, daß Sie für Ihre Arbeit belohnt werden.
Es menester que vayas á buscar al médico.	Es iſt nötig, daß du den Arzt holeſt.
Es necesario que te enmiendes.	Es iſt notwendig, daß du dich beſſerſt.
Es preciso que salgas de aqui cuanto ántes.	Du mußt ſo bald als möglich von hier fort.

Gebrauch der Zeiten. Empleo de los tiempos.

§ 7. Das **Presente** drückt die Gegenwart eines Zuſtandes oder einer Handlung aus; durch die Verbindung von estar **mit dem Gerundium** aber wird das **Andauernde** einer Handlung ausgedrückt (L. 16, § 2); z. B.

Yo escribo y ella dibuja, miéntras que él está estudiando.	Ich ſchreibe und ſie zeichnet, während er ſtudiert.
Quiero que esteis tocando el piano hasta las cinco.	Ich will, daß ihr bis 5 Uhr Klavier ſpielet.

Das **Presente** wird auch zur Erzählung hiſtoriſcher Begebenheiten angewandt, um denſelben mehr Lebendigkeit zu verleihen (hiſtor. Präſens) und ebenfalls, um zukünftige Handlungen zu bezeichnen, beſonders wenn si vorangeht; z. B.

Camina pues Nuestro Señor al monte Getsémane con la cruz tan pesada á cuestas.	Und ſo ſchreitet unſer Herr auf den Berg Gethſemane mit dem ſo ſchweren Kreuz auf dem Rücken.
Me voy al concierto contigo, si es que vuelves á tiempo.	Ich werde mit dir ins Konzert gehen, wenn du nämlich zeitig zurückkehrſt.
Si no viene Felipe es porque no lo sabe.	Wenn Philipp nicht kommt, geſchieht dies, weil er's nicht weiß.

§ 8. Das **Imperfecto** iſt der Ausdruck der nicht abgeſchloſſenen Vergangenheit und wird gebraucht, wenn von angefangenen, andauernden, im gegebenen Zeitraum unvollendeten und oft wiederkehrenden Handlungen oder Zuſtänden die Rede iſt; z. B.

Schilling, Spaniſche Grammatik. 19

Yo leia, Antonio estudiaba, y Juanito tocaba la flauta.	Ich las, Anton studierte und der kleine Johann spielte die Flöte.
Cuando era jóven me alegraba de cosas que no me gustan ahora.	Als ich jung war, freute ich mich über Dinge, die mir jetzt nicht mehr gefallen.
Ciceron era grande orador.	Cicero war ein großer Redner.

Fallen nun zwei Handlungen zusammen, von denen die eine die andre unterbricht, so wird die **unterbrochene** ins **Imperfecto**, die **unterbrechende** ins **Definido** gestellt (L. 14. § 4); z. B.

| Me paseaba á orillas del lago cuando un niño cayó dentro. | Ich ging am Ufer des Sees spazieren, als ein Kind hineinfiel. |
| Yo estaba escribiendo cuando mi amigo Carlos entró. | Ich schrieb eben, als mein Freund Karl eintrat. |

§ 9. Das **Definido** wird gebraucht, um **vollendete, plötzlich eintretende** oder nur **einmal geschehene, abgemachte Thatsachen** auszudrücken, die in **bestimmten Zeitabschnitten**, wie gestern, vorgestern, letztes Jahr, stattgefunden haben. Man nennt diese Zeit auch die **historische Vergangenheit**; z. B.

Cervantes nació á mediados del siglo diez y seis, y murió en Madrid á principios del siglo diez y siete.	Cervantes wurde in der Mitte des 16. Jahrhunderts geboren und starb in Madrid zu Anfang des 17. Jahrhunderts.
Entregaron la ciudad á los enemigos, pero estos no se atrevieron al principio de entrar en ella.	Die Stadt wurde den Feinden übergeben, aber diese getrauten sich anfangs nicht, hineinzugehen (sie zu betreten).
Llegué á Madrid en 18 de enero de 1853, eran las 5 de la madrugada, y por cierto[3]) que estaba nevando cuanto pudo.	Ich langte den 18. Januar 1853 in Madrid an, es war 5 Uhr morgens und ich erinnere mich genau, es schneite so viel es konnte.
Estuve 15 años en España, y estaba bien.	Ich war 15 Jahre in Spanien und befand mich wohl.
Yo vi esta mañana á tu papá y le hablé[4]).	Ich sah heute früh deinen Vater und habe mit ihm gesprochen.
¿Quién dijo tal?	Wer hat das gesagt?
Juan lo dijo ayer, estando yo presente.	Johann hat es gestern in meiner Gegenwart gesagt.

---

[3]) Redensart, die **„ich erinnere mich genau, sicherlich"** bedeutet.

[4]) Es ist zu beachten, daß der Deutsche in solchen Fällen meistens das **Indefinido** anwendet, weil er eben **kein Definido** besitzt.

§ 10. Das **Indefinido**, die unvollendete Vergangenheit (aus dem Presente des Hilfszeitwortes und dem Part. pdo. gebildet), unterscheidet sich vom Definido dadurch, daß es die Handlung zwar als geschehen, aber die Wirkung derselben und die Zeit, in welcher sie vorfiel, als noch fortdauernd darstellt (L. 13. § 4 NB.); z. B.

He recibido hoy una carta para el médico, pero no le he visto aun, para entregarsela.	Ich habe heute einen Brief für den Arzt erhalten, aber ich habe ihn noch nicht gesehen, um ihm denselben zu übergeben.
Ayer he vendido mi casa y hoy he comprado otra.	Gestern habe ich mein Haus verkauft, und heute habe ich ein andres gekauft.
Muchas cosas nuevas han sido inventadas y descubiertas en el siglo presente.	Viele neue Dinge sind in diesem Jahrhundert erfunden und entdeckt worden.
Hemos vivido 10 años en esta casa y estábamos bien, pero ahora nos vamos á otra parte.	Wir wohnten in diesem Hause 10 Jahre und befanden uns wohl, aber jetzt gehen wir wo anders hin.
He estado aquí 2 horas.	Ich bin seit 2 Stunden hier.

§ 11. Das **Pluscuamperfecto**, die Längstvergangenheit (aus Imperfecto und Part. pdo. zusammengesetzt), drückt eine andauernde Handlung aus, welche einer andern, schon vollendeten, voranging, bewahrt also gleichzeitig den Charakter des Imperfecto, und gilt das dort Gesagte auch hier; z. B.

Habíamos oido la noticia de la guerra ántes que la trajeron los periódicos.	Wir hatten die Nachricht vom Krieg erhalten, bevor sie die Zeitungen brachten.
Yo habia visto en Paris los Nubios ántes que el señor Möller les trajo aquí.	Ich hatte die Nubier in Paris gesehen, bevor sie Herr Möller hierher brachte.

§ 12. Das **Perfecto anterior** die histor. Längstvergangenheit (aus Definido. und Part. pdo. gebildet), wird gebraucht, um abgeschlossene Handlungen zu bezeichnen, welche andern, schon vollendeten, vorausgingen; es bewahrt also den Charakter des Definido, dem es in Verbindung mit gewissen Konjunktionen meistens gegenübersteht; z. B.

Así que hube leido el libro, le devolví.	Sobald ich das Buch gelesen hatte, gab ich es zurück.
Luego que hubimos cenado, nos acostamos.	Sobald wir zu nacht gespeist hatten, legten wir uns zu Bett.
Despues que hubieron apagado el fuego, apagaron la sed.	Nachdem sie das Feuer gelöscht hatten, löschten sie den Durst.

19*

Ya que hube almorzado bien, me puse en camino.	Da ich gut gefrühstückt hatte, machte ich mich auf den Weg.
No bien hubimos oido los cañonazos, descubrimos el fuego.	Kaum hatten wir die Kanonenschüsse gehört, so entdeckten wir das Feuer.

§ 13. Das **Futuro** bezeichnet eine zukünftige Handlung und er=
setzt auch oft unser deutsches **„mögen, wollen** und **sollen"** (L. 37,
§ 2, 3, 4 a); z. B.

Los cantores llegarán mañana, y no hay bastantes casas para alojarles; trataremos pues de hallar donde meterles, y si nada se encuentra, ¿qué haremos?	Die Sänger werden morgen anlangen und es sind nicht genug Häuser da, um sie zu beherbergen; wir wer= den zwar trachten (zu finden wo), sie unterzubringen; wenn sich aber nichts findet, was sollen wir thun?
¿Habrá desgracia mayor que la suya?	Mag es wohl ein größeres Unglück geben, als das seinige?
¡Callarás, muchacho!	Willst du schweigen, Junge!
¡Honrarás á tus padres!	Du sollst deine Eltern ehren!

§ 14. Das **Futuro perfecto,** die vergangen gedachte Zukunft
(aus Futuro und Part. pdo. gebildet), drückt mit Bezug auf die Zukunft
eine vollendet gedachte Thatsache aus; z. B.

Mañana á estas horas ya habrán entrado en esta los cantores de la Suiza entera; y dentro de po- cos dias se habrán desengañado algunos de los que se imaginaban (de) llevarse el premio mayor.	Morgen um diese Zeit werden die Sänger der ganzen Schweiz hier eingetroffen sein, und in wenigen Tagen werden sich einige von den= jenigen enttäuscht haben, welche sich einbildeten, den ersten Preis davon= zutragen.

§ 15. Das **Futuro del Subjuntivo** (Fut. exactum der Lateiner)
vermehrt eigentlich nur den Formenreichtum der spanischen Sprache;
der Begriff der Zukunft liegt ja dem Subjuntivo schon zu Grunde, da
er keine Begebenheit als wirklich existierend, sondern als bloß existieren
könnend, bezeichnet, und es wird das **Futuro del Subjuntivo** ge=
wöhnlich dem Futuro und Condicional del Indicativo, oder dem
Imperativo entgegengestellt, was der Deutsche häufig mit **sollen** um=
schreibt; z. B.

Yo le traeré á Vd. los libros que me dieren ó den.	Ich werde Ihnen die Bücher bringen, die man mir geben sollte.
Él nos lo diria si permaneciere aquí algun tiempo.	Er würde es uns sagen, wenn er noch einige Zeit hier bleiben sollte.

No habria que temer por Juana,
aunque perdiere su voz, pues ha
ganado mucho dinero ya.

¡Haz esto si pudieres ober puedes!
¡Donde fueres, haz lo que vieres!

¡Haga Vd. lo que mas le gustare!

¡Venga lo que viniere!
¡Salga lo que saliere!

Man hätte für Johanna nichts zu be=
fürchten, wenn sie auch ihre Stimme
verlieren sollte, denn sie hat schon
viel Geld verdient.
Mache das, wenn du kannst!
Wohin du gehen solltest, thue was du
siehst!
Thun Sie, was Ihnen am besten
gefällt.
Komme, was da wolle! (kommen sollte)
Entstehe daraus, was da wolle!

§ 16. Das **Condicional** bezeichnet eine Handlung, deren Ver=
wirklichung von einer Bedingung abhängt. Steht nun der **Hauptsatz**
im **Condicional**, so folgt der Bedingungssatz im **Imperfecto,
Pluscuamperfecto, Condicional ober Condicional perfecto
del Subjuntivo.** Es gilt diese Regel auch für die von einem Aus=
rufe abhängigen Nebensätze; z. B.

Compraria libros si tuviese, tuviera
dinero (L. 14, § 3).
Fortuna seria si hallase ober hallara
empleo para Don Alfonso.
Yo habria ober hubiera (L. 14, § 2)
pedido mas salario si hubiese ober
hubiera sabido que el amo me lo
daria.
Habríamos ido á ver los fuegos artificiales, si hubiésemos ober hubiéramos sabido que los habia (§ 2).
Me alegraria que lloviese ober llo-
viera hoy.
Desearia que mis hijos aprendiesen
ober aprendieran algunas lenguas
tambien.
¡Ojalá! ¡(que) nos cayese, cayera,
hubiese ober hubiera caido el premio grande!

Ich würde Bücher kaufen, wenn ich
Geld hätte.
Es wäre ein Glück, wenn ich eine
Stelle für Herrn Alfons fände.
Ich hätte mehr Salär verlangt, wenn
ich gewußt hätte, daß es mir der
Herr gäbe.
Wir würden gegangen sein, das Feuer=
werk zu sehen, wenn wir gewußt
hätten, daß es stattfände.
Es würde mich freuen, wenn es heute
regnete.
Ich wünschte, daß meine Kinder eben=
falls einige Sprachen lernten.
Wollte Gott, daß uns das große Los
fiele, fallen würde, gefallen wäre
ober gefallen sein würde!

§ 17. Das **Condicional Indicativo** wird nach den Verben des
Denkens und Sprechens angewandt, wenn der regierende Satz in
einer Vergangenheit steht und der Nebensatz etwas Zukünftiges
ausdrücken soll (vgl. § 2); z. B.

Vd. sin duda suponia que ellos
vivirian felices.

Sie vermuteten zweifelsohne, daß sie
glücklich lebten (leben würden).

Antonio me dijo que sus padres vendrian esta tarde á vernos.	Anton sagte mir, daß seine Eltern diesen Abend kommen würden, uns zu besuchen.
Mi amigo me prometió que me escribiria desde Havre.	Mein Freund versprach mir, von Havre aus zu schreiben.
Él ha creido que los negocios irian mejor poniendose al frente de la casa.	Er hat geglaubt, die Geschäfte würden besser gehen, wenn er sich an die Spitze des Hauses stellte.
¿No verdad, Vds. habian pensado que yo no acabaria esto nunca?	Nicht wahr, Sie haben geglaubt, ich werde das nie vollenden?

§ 18. Wird nun eine vergangene Handlung als eine bloß wahrscheinliche betrachtet, in Fällen also, wo sich der Deutsche mit „wohl, mögen oder werden" behilft, so wird im Spanischen oft das Condicional del Indicativo gesetzt; z. B.

Vds. pensarian que yo no acabaria esta obra nunca.	Sie dachten wohl oder werden gedacht haben, ich würde diese Arbeit nie vollenden.
La vecina creeria que nos callaríamos á sus intrigas.	Die Nachbarin mochte wohl glauben, wir würden zu ihren Intriguen schweigen.
No se alegraria poco tu amigo al hallar su reloj otra vez.	Dein Freund wird sich nicht wenig gefreut haben, seine Uhr wieder zu finden.
Juan beberia demasiado ayer, cuando tiene dolor de cabeza hoy.	Johann hat gestern wohl zu viel getrunken, da er heute Kopfweh hat.

NB. Daß das „mögen", besonders bei Zeitbestimmungen, mit dem Condicional gegeben werden kann, wurde schon (L. 37, § 2 b) gezeigt; z. B.

Las once y media serian cuando nos acostamos anoche.	Es mag halb zwölf Uhr gewesen sein, als wir gestern nacht zu Bett gingen.
Mi amigo tendria 45 años cuando murió.	Mein Freund mochte 45 Jahre alt gewesen sein, als er starb.

§ 19. Besonders auffällig ist, daß das Pluscuamperfecto, sowie das Condicional perfecto del Subjuntivo im Nachsatze mit dem Condicional del Indicativo vertauscht werden können, wenn es gilt, die Handlung als bloß möglich oder wahrscheinlich darzustellen; z. B.

El buen señor me daba mas dinero del que me daria (statt hubiese ober hubiera dado), si hubiese sabido lo que hay.	Der gute Herr gab mir mehr Geld, als er mir gegeben hätte (haben würde), wenn er gewußt hätte, wie die Sachen stehen.
Juan habló tan mal de mi caballo que le daria (hubiese ober hubiera dado) por poco dinero, si hubiese habido comprador.	Johann sprach so schlecht von meinem Pferde, daß ich es für wenig Geld gegeben hätte (haben würde), wenn sich ein Käufer gefunden hätte.

Apuesto que Gil Blas, á no haber sido tan jóven, no se dejaria (habria, hubiese ober hubiera dejado) engañar de aquel hombre.

Ich wette, daß Gil Blas, wenn er nicht so jung gewesen wäre, sich von jenem Manne nicht hätte be= trügen laffen.

Hieraus ergibt sich, daß das **Imperfecto** und das **Condicional del Subjuntivo,** sowie deren zusammengesetzte Zeiten unter sich ausgetauscht werden können, letztere sogar noch mit dem **Condicional del Indicativo,** ohne daß der Sinn wesentlich dadurch modi= fiziert wird.

Die Zeitenfolge. La sucesion de los tiempos.

§ 20. Mit Ausnahme der bei § 2, 12, 15 erwähnten Fälle stimmt dieselbe mit der deutschen so ziemlich überein; es ist nur beizufügen, daß auf **vergangene Zeiten,** sowie auf das **Condicional del Indicativo** (§ 16) in Konjunktivnebensätzen gewöhnlich das Imperfecto, das Condicional del Subjuntivo oder deren zusammengesetzte Zeiten folgen, und nur das Indefinido und Futuro perfecto haben das Presente del Subjuntivo nach sich; z. B.

Yo sé que eres mi mejor amigo.

Ich weiß, daß du mein befter Freund bift.

Te suplico que veas á mi hijo en Londres, cuando llegues allí.

Ich bitte dich, meinen Sohn in Lon= don zu besuchen, wenn du dort an= langft.

Me alegro que el tiempo favorezca la fiesta.

Ich freue mich, daß das Wetter das Fest begünftigt.

Espero que mi amigo llegue, llegará, haya llegado sano y salvo.

Ich hoffe, daß mein Freund gesund und wohl anlange, anlangen werde, angelangt sei.

Yo creo que este libro seria mejor que aquel.

Ich glaube, daß dieses Buch beffer wäre als jenes.

Desearé que recobres tus fuerzas en las montañas.

Ich wünschte (möchte dir wünschen), daß du deine Kräfte in den Bergen wiedererlangeft.

Yo no volveré hasta que me haya restablecido.

Ich werde nicht zurückkehren, bis ich mich erholt habe.

El amo ha mandado que tú lo hagas.

Der Herr hat befohlen, daß du es thueft.

Él les habrá permitido que le sigan.

Er wird ihnen erlaubt haben, daß sie ihm folgen.

Dudaba de que Felipe diese, diera, hubiese ober hubiera dado este castigo á Juanito.

Ich zweifelte, ob Philipp diese Züch= tigung dem Johann gäbe, geben würde oder gegeben hätte.

Mi padre queria que yo estudiase, estudiara, hubiese ober hubiera estudiado.

Le mandaron que fuese, fuera á Berlin.

Compraria libros, si tuviese, tuviera mas dinero (L. 14, § 3).

Yo habia pedido que Carlos tocase, tocara el piano.

Yo les habria, hubiera ayudado, aunque no me hubiesen, hubieran dado nada.

Mein Vater wünschte, daß ich studiere, studieren würde, studiert hätte.

Sie befahlen ihm, daß er nach Berlin gehe, gehen solle.

Ich würde Bücher kaufen, wenn ich mehr Geld hätte.

Ich hatte gebeten, daß Karl Klavier spiele ober spielen möchte.

Ich hätte ihnen geholfen, wenn sie mir auch nichts gegeben hätten, gegeben haben würden.

Vocablos.

El cuñado der Schwager,
el globo der Globus, die Kugel,
el jefe der Chef,
el nacimiento die Geburt,
el nihilista der Nihilist,
el notario der Notar,
el porvenir die Zukunft,
la bola die Kugel (Billard zc.),
la guardia die Wache,
la mezquita die Moschee,
la peticion die Bittschrift,
la señal das Zeichen, das Merkmal,
añadir beifügen,
avisar anzeigen, benachrichtigen,
conquistar erobern,

dar con algo auf etwas stoßen,
dar en tierra zu Boden werfen,
dar un salto einen Sprung machen,
pegar un brinco einen Satz nehmen,
descifrar entziffern,
detener aufhalten,
escarbar scharren, aufscharren,
inquietar beunruhigen,
obrar handeln, vorgehen,
quitar fort=, wegschaffen, =nehmen,
sacrificar opfern,
ambicioso ehrgeizig,
atónito erstaunt, verblüfft,
estupefacto erstaunt, bestürzt,
detenidamente genau, sorgfältig.

Ejercicio.

Los Fenicios eran los primeros que inventaron la letra. Schiller, Goethe y Lessing eran los mayores poetas de Alemania, Shakespeare y Milton lo eran de Inglaterra, y los españoles creen que Cervantes y Calderon eran y son los poetas mayores que jamas vivieron. Napoleon I. era un soldado muy ambicioso; queria conquistar hasta la Europa entera, pero el invierno ruso, mas fuerte que su ingenio y sus armas, dió en tierra con él (warf ihn zu Boden). Cuando vi los palacios, la plaza y la iglesia de San Marco en Venecia quedé atónito, pero al entrar en la mezquita de Córdoba quedé estupefacto. Uno de mis amigos volvió hoy de su viaje, y asegura que es muy peligroso en este momento el viajar por Rusia. ¿Cómo es esto?

Dice: (que) desde que el emperador Alejandro II. fué matado, todos los viajeros son detenidos y registrados, porque suponen en todas partes nihilistas; entre otras cosas cuenta que un dia le habian llevado (á él) con otro caballero á la guardia, donde fueron examinados y registrados detenidamente, y dice que seria hasta divertido el ver el miedo que demuestran tener al registrar á uno, si no fuese el peligro que uno corre el ser declarado nihilista tambien. Cuando una señora dice de otra, que viste con gusto, entónces quiere decir con esto, que la tal señora viste á su propio gusto, del que cree ser el mejor. Mi cuñado contó que su amigo Tadeo habia hecho muy buenos negocios en Méjico y añadió que otros jóvenes aplicados é inteligentes habrian hecho otro tanto, si hubiesen ido allá. Quiero que el jardinero plante las flores que el vecino le diere. Le avisaremos á Vd. la llegada del vapor tan luego que nos dieren la señal. He oido decir que el jefe de nuestro despacho ha obrado muy mal con mi hermano; se lo preguntaré tan luego que le vea, aunque perdiere el puesto que ocupo! ¡Hombre! yo no creo que haya hecho tal, pero de todas maneras hablele Vd., y salga lo que saliere. El pobre muchacho cree que el clima de Madeira le probaria, pero el médico piensa: haga el enfermo lo que mas le gustare, pues al caerse la hoja morirá. En mi último viaje á la Suiza francesa me encontré en el tren con un antiguo condiscipulo mio, que no habia visto desde 30 años, y no le habria conocido, si él no hubiera contado algunos hechos de nuestra juventud. Esta mañana vi al catedrático B.; me preguntó que si tenia concluida mi obra. Le contesté que, á no haberme tenido que ausentar por algun tiempo, bien pudiera estar acabada ya.

Tema I.

Ich habe immer gedacht, Sie seien ein Spanier, und heute sagt man mir, Sie seien ein Deutscher; ist das richtig? Diejenige Person, die Ihnen gesagt hat, ich sei (§ 2¹) (ein) Deutscher, hat vollkommen recht (muchísima razon), und der, welcher glaubt, ich sei (ein) Spanier, hat auch recht. Wie ist denn das möglich? Ich will es Ihnen sagen: Ich bin ein geborner Deutscher (von Geburt), aber ich habe den größten Teil meines Lebens in Spanien zugebracht und wurde mit der Zeit Spanier. Die Römer waren eine große Nation, sie eroberten den größten Teil der damals bekannten Welt. Wo ist Ihr Herr Papa? Er sagte mir diesen Morgen, er werde seine Kranken besuchen (ir á ver), und ist bis jetzt noch nicht zurückgekehrt. Fürchten Sie nicht, daß ihm etwas zugestoßen sei, da es schon ein Uhr ist? Ich glaube nicht, daß ihm etwas begegnet sei, denn er sagte mir beim Weggehen, daß er heute etwas später als gewöhnlich (que de costumbre) nach Hause kommen werde. Ich wünschte (Cond. subj.), daß er unser krankes Töchterchen besuchte (venir á ver), wenn Sie die Güte hätten, es ihm zu sagen. Ich werde es ihm sagen, sobald er kommt. Ah! da kommt er ja! Unser Nachbar, der Herr Sanchez, war hier, um dich zu holen; er hinterließ (dejar) den Auftrag, du möchtest die Güte haben, baldmöglichst zu ihm zu kommen. Der arme Schulmeister ver= sicherte mich, daß es ihm unmöglich gewesen sei, dem Minister persönlich seine Bittschrift zu überreichen. Die Alten wußten nicht, daß die Erde eine Kugel ist [era od. es[5)]]. Ich fragte den Diener, ob sein Herr schon aus der Stadt zurückgekehrt sei. Der Chef des Hauses versicherte mich, daß er alles für den jungen Mann thun werde, wenn er fortfahre, so fleißig zu sein, wie er es in der letzten Zeit war. Wir haben gehört, daß alle die kostbaren Bücher und Ölgemälde, welche wir Ihnen aus Rom mitgebracht haben, durch das Feuer zerstört wurden; ist das wahr? Jawohl, das ist leider so. Wolle Gott, daß unser Vaterland glücklich aus dieser Gefahr hervorgehe! Der Undankbare ver= langte, daß wir unser Vermögen opferten, um ihn aus seinen Schwierigkeiten zu ziehen. Sobald ich Briefe von meinem Schwager erhalten hatte, beruhigten wir uns über seine Zukunft. Kaum war er in Amerika angelangt, als er sich als Bürger einschreiben ließ. Sobald ich den Brief erhalten hatte, kehrte ich nach Paris zurück. Der Richter verlangte, daß er die Wahrheit sage und wenn es auch gegen seine eigenen Verwandten wäre.

Tema II.

Zwei Studenten, die von Avila nach Salamanca gingen, fühlten sich unter= wegs etwas müde und durstig, und so setzten sie sich an einen Brunnen, der am Rande des Weges stand. Nachdem sie den Durst gelöscht, nahmen sie ein Stück Brot und Käse aus der Tasche; während sie aßen und sprachen, scharrte der eine mit den Füßen den Boden auf, bis er schließlich auf einen Stein stieß (dar con), der gravierte Buchstaben hatte. Es stach sie die Neugierde, und so fingen sie an, mit Eifer die Erde wegzuschaffen, bis sie endlich den Stein aufgedeckt hatten, welcher, der Inschrift zufolge, ein Grabstein zu sein schien. Sie wuschen ihn ab und konnten schließlich folgende Worte lesen: „Hier ruht die Seele des Notars X. Z." Kaum hatte der Ältere von beiden das gelesen, als er einen Sprung in die Luft machte und, aus vollem Halse lachend, ausrief: „Schöne Grabschrift das! wenn es wenigstens hieße (decir): da liegt der Hund eines Notars begraben, aber die Seele! als ob man eine Seele begraben könnte! (¡Vamos!) Ich möchte (denn doch) den so unwissenden Verfasser dieser so lächerlichen Inschrift kennen, um ihm zu sagen, daß er sich das Schulgeld zurückgeben lasse"; und indem er dies sagte, lief er davon. Der andre, obgleich ziemlich jünger, war verständiger und überlegter und sagte zu sich selbst (para

---

[5)] Wo es sich um eine unumstößliche Wahrheit handelt, ist der Indicativ zu gebrauchen und das Presente zulässig. (Vergl. § 2 u. 3.)

consigo): da liegt weder (ein) Hund, noch irgend etwas derartiges (ni cosa que lo valga), da ist (ein) Geheimnis dahinter und der, welcher das geschrieben hat, ist vielleicht pfiffiger als dieser (ese) hochgelehrte Professor in spe (cuando lo sea). Und ohne Zeit zu verlieren, nahm er sein Messer heraus und fing an, den Stein zu untergraben, bis er ihn aufheben konnte. Aber was denkt ihr, das er fand? Anfänglich glaubte er, es sei eine tote Katze, aber nachdem er es genau untersucht hatte, sah er, daß es ein Beutel aus Katzenbalg war. Er nahm ihn hervor (de ahí), öffnete ihn und siehe da 500 pesetas, die er darin fand, mit folgenden Worten: „Du, wer du auch seist, ich ernenne dich zu meinem Erben, als Belohnung für den Verstand und die Geduld, die du zeigtest, den wahren Sinn der Inschrift zu entziffern, und einzig empfehle ich dir, daß du dieses Geld benutzest, um deine Kenntnisse zu bereichern (Gerund.)."

---

44. Lektion. Leccion cuadragésima cuarta.

Die Schriftzeichen. Los signos ortográficos.

Sie heißen: el acento (´); la tilde (˜); la crema (¨) (L. 1, pag. 2).

§ 1. Folgende Wörter haben eine verschiedene Bedeutung, je nachdem sie **mit** oder **ohne** Accent geschrieben werden; z. B.

mit Accent:	ohne Accent:
¿Cómo wie?	Como als wie,
¿cuál welcher?	cual welcher, so, wie,
¿cuándo wann?	cuando wann, sobald, als,
¿cuánto wie viel?	cuanto so viel, als,
¡dá gib!	da er gibt,
dé daß ich gebe,	de von,
¡dí sage!	di ich gab,
¿dónde wo?	donde wo,
él er,	el der,
está ist,	esta diese,
¡hé sieh' da!	he ich habe,
hablé ich sprach (Def.),	hable daß ich — er spreche,
habló er sprach (Def.),	hablo ich spreche,
hácia gegen,	hacia ich that, machte,
mí mir, mich,	mi mein,
¿porqué warum?	porque weil, da,
¿qué was, was für einer?	que daß, welcher,

mit Accent:	ohne Accent:
¿quién wer, welcher?	quien wer, welcher (relat.),
sé ich weiß, sei,	se sich, man,
si ja, sich,	si wenn, ob,
¡sús auf! husch!	sus seine, ihre,
tál so was,	tal ein solcher,
té Thee,	te dich, dir,
tú (de ti, á tí) du (deiner, dir ꝛc.),	tu dein, deine,
¡vé! gehe!	ve er sieht.

Die Präposition á, die Konjunktionen é, ó und ú, sowie sämtliche Fragewörter sind stets accentuiert:

¿Cuándo vendrá Juana?	Wann wird Johanna kommen?
Juana é Isabel han de venir á la ida ó á la vuelta de Madrid ú Ortaleza.	Johanna und Isabella müssen auf der Hinreise oder auf der Rückreise von Madrid oder Ortaleza kommen.

Die Interpunktion.   La puntuacion.

Die Interpunktionszeichen sind:

La coma.	(,)	El punto redondo ob. final	(.).
El punto y coma ob. semicolon.	(;)	El signo de interrogacion	(¿—?).
Los dos puntos ob. el colon.	(:)	El signo de admiracion	(¡—!).

Ferner:

Los puntos suspensivos.	(....)	Die Gedankenpunkte.
El guion ob. signo de division.	(-)	Das Teilungszeichen [1]).
Las virgulillas ob. comillas.	("—")	Die Anführungszeichen.

Diese setzt der Spanier auf gleiche Höhe „so„ oder "so".

El paréntesis.	( )	Die Parenthese.
El asterisco.	(*)	Das Sternchen.
El párrafo ob. parágrafo.	(§)	Der Paragraph.

Ihre Anwendung ist ähnlich wie im Deutschen.

---

[1]) Das Teilen der Wörter geschieht nach Silben; z. B. con-vi-dar, cul-ti-var, car-gar, des-e-char, jar-di-ne-ro, sub-al-ter-no, gra-má-ti-ca. Untrennbar sind die Buchstaben ch, ll und ñ; z. B. ca-chu-cha, ca-llar, ni-ña, Se-vi-lla, Va-lla-do-lid. Wenn zwei Konsonanten zwischen Vokalen stehen, so bleibt der erste beim vorhergehenden Vokal, der zweite kommt zur zweiten Silbe, wenn er nicht l oder r ist; in diesem Falle kommen beide zur letzten Silbe; z. B. al-mi-ran-te, ha-blar, a-fli-gir, po-bre, ne-gro; fe-rro-ca-rril, pá-rra-fo, pe-rro; ist aber der erste Konsonant ein s, so wird stets hinter s abgeteilt, weil s mit darauffolgendem Konsonant nie ein Wort beginnen kann; z. B. Is-la, Is-ra-el, res-pon-der, es-pe-rar; ähnlich bei drei und mehr Konsonanten: siem-pre, en-trar, nues-tro, cons-tar, ins-pi-rar, ins-tru-ir, abs-trac-to.

Ausnahme bilden:

§ 2. Frage= und Ausrufezeichen (L. 3. ⁴) werden am Anfange und am Ende der betreffenden Sätze gegeben, um den Lesenden auf= merksam zu machen, daß er den Ton ändere; es geschieht dies sogar in der Mitte des Satzes, wenn die Frage dort beginnt; z. B.

¿Qué dice Vd. á esto?	Was sagen Sie zu dem?
¡Hombre! bien mirado, ¿vale esto el trabajo que cuesta?	Aber, guter Freund, genau betrachtet, ist das die Arbeit wert, die es kostet?
Pues amigo, ¿se viene Vd. conmigo á Madrid ó no?	Nun, mein Freund, kommen Sie mit mir nach Madrid oder nicht?
¡Dichosa edad y siglos dichosos aquellos, á quienes los antiguos pusieron el nombre de dorados!	Glückliches Zeitalter u. glückliche Jahr= hunderte, jene, welche die Alten die goldenen nannten! (Don Quijote.)

§ 3. Das Komma wird weniger häufig als im Deutschen ange= wandt und fällt aus:

a) In erklärenden Relativsätzen, deren Inhalt eine **not= wendige Ergänzung** des Hauptsatzes bildet; z. B.

El hombre que todo quiere todo pierde.	Der Mensch, der alles will, verliert alles.
La mujer que estaba ayer aquí ha muerto hoy.	Die Frau, welche gestern hier war, ist heute gestorben.
No hay saber humano que todo pueda prevenir.	Es gibt kein menschliches Wissen, das allem vorbeugen kann.

b) Vor abhängigen oder Konjunktivsätzen, unter gleicher Voraussetzung wie oben; z. B.

Mi corazon me dice que no es culpa mia, cuando vosotros me odiais.	Mein Herz sagt mir, daß es nicht mei.te Schuld ist, wenn ihr mich hasset.
¿Quién te manda que salgas á la calle?	Wer heißt dich, auf die Straße gehen?

c) Vor Konjunktionen aller Art, unter derselben Voraus= setzung; z. B.

Juana conjuraba al diablo para que la revelase lo futuro.	Johanna beschwor den Teufel, daß er ihr die Zukunft offenbare.
Besaban las mejillas de su padre cual si quisieran mitigar su dolor. (Don Quijote II.)	Sie küßten die Wangen ihres Vaters, wie wenn sie seinen Schmerz lin= dern wollten.
¡Mirad la tal como va sentada y tendida en su coche, como si fuera una papesa! (Calderon.)	Seht die Berüchtigte, wie sie in ihrem Wagen sitzt und sich (ausstreckt) breit macht, als ob sie eine Päpstin wäre!

Dejó partir al otro, y sin perder tiempo sacó un cuchillo y comenzó á socavar la tierra. (Gil Blas.)

Er ließ den andern weggehen und, ohne Zeit zu verlieren, zog er ein Messer heraus und fing an die Erde aufzugraben.

b) Vor dem zweiten Gliede eines Komparativsatzes; z. B.

No hay cosa mas urgente que escribir al momento.

Es gibt nichts Dringenderes, als sofort zu schreiben.

No hay mejor que decir siempre la verdad.

Es gibt nichts Besseres, als immer die Wahrheit zu sagen.

c) Bildet dagegen der Relativsatz nicht eine notwendige Ergänzung des vorhergehenden Begriffes, so wird derselbe als eingeschobener Satz zwischen zwei Kommas gesetzt; z. B.

El mas jóven de los dos, que era vivaracho y un si es no es atolondrado, apénas leyó la inscripcion cuando exclamó: ¡gracioso disparate! ¡aqui está enterrada el alma! pues qué, ¿una alma puede enterrarse?

Su compañero, que era algo mas juicioso, dijo para consigo: aqui hay misterio, y no me he de apartar de este sitio hasta averiguarlo.

Kaum las der Jüngere von den beiden, der hitzig und ein bißchen unbesonnen war, die Inschrift, als er ausrief: Abgeschmackter Unsinn! da liegt die Seele begraben! wie denn, läßt sich eine Seele begraben?

Sein Gefährte, der etwas vernünftiger war, sagte zu sich selbst: da waltet ein Geheimnis ob, und ich will mich von dieser Stelle nicht entfernen, bis ich es ermittelt habe.

§ 4. Als verstärktes Semikolon, und abweichend vom deutschen, steht das colon (:), wenn auf einen Satz allgemeinen Inhaltes einzelne Sätze folgen, die das Gesagte ergänzen; z. B.

Platon aparece en este momento, acompañado de los filósofos: á vista del sabio (Sócrates) da un grito de dolor, y cubre la cabeza de su manto.

Eran en aquella santa edad todas las cosas comunes: á nadie le era necesario para alcanzar su ordinario sustento tomar otro trabajo que alzar la mano y alcanzar (le) de las robustas encinas, que liberalmente le estaban convidando con su dulce y sazonado fruto. (Don Quijote.)

Plato erscheint in diesem Augenblick, begleitet von den Philosophen; beim Anblick des Weisen stößt er einen Schmerzensschrei aus und verhüllt das Haupt mit seinem Mantel.

In jenem heiligen Zeitalter waren alle Dinge gemeinsam; niemand war genötigt, um seinen gewöhnlichen Lebensunterhalt zu erlangen, sich eine andre Mühe zu geben, als die Hand emporzuheben und denselben von den kräftigen Eichen herunterzulangen, welche ihn freigebig mit ihrer süßen und reifen Frucht einluden.

Das Kolon steht oft auch statt einer Konjunktion, um den Nach=
satz hervorzuheben, oder nach der Anrede in Briefen; z. B.

Carlos hace á veces el tonto para
pagar: claro está, cuando no paga
es porque no quiere ó (porque)
no puede.

Karl spielt zuweilen den Einfältigen
beim Zahlen; es ist klar, daß wenn
er nicht bezahlt, er es nicht thun
will, oder nicht thun kann.

Muy estimado amigo: En contestacion á su atenta, que acabo de recibir,
he de manifestarle á Vd. que me es absolutamente imposible aceptar su
amable invitacion (Einladung) para esta noche, teniendo lecciones hasta las
diez. Celebraré que Vds. se diviertan, y sin mas por hoy quedo suyo afectísimo s. s. y amigo que bien le quiere N. N.

Vocablos.

El abrazo die Umarmung,
el argumento der Beweisgrund,
el auditorio die Zuhörerschaft,
el cadáver die Leiche,
el canónigo der Domherr,
el dolor der Schmerz,
el ejército das Heer, die Armee,
el energúmeno der Besessene,
el escudero der Stallmeister, Schild=
knappe,
el gesto die Bewegung, Gebärde,
el grito der Schrei,
el hombro die Schulter, Achsel,
el manteista der Student, Seminarist,
el novel der Neuling,
el preceptor der Erzieher, Lehrer,
el ama de gobierno die Haushälterin,
die Wirtschafterin,
la bendicion der Segen,
la cartilla die Fibel, das ABC=Buch),
la contorsion die Körperverdrehung,
la costilla die Rippe,
la espuma der Schaum, Geifer,
la estatura die Statur, Körpergröße,
la férula die Rute (Zucht),
la ida die Hinreise u. der Gang nach ...
la imaginacion die Einbildungskraft,
la invitacion die Einladung,
la lógica die Vernunftlehre, Logik,
la materia die Materie, der Stoff,

la mejilla die Wange,
la mula der Maulesel,
la patada der Fußtritt, das Stampfen
mit dem Fuße,
la pausa die Pause,
la prebenda die Pfründe,
la recapitulacion die kurze Wieder=
holung des wesentlichen Inhalts,
la reputacion der Ruf,
la venida die Herreise,
abrazar umarmen,
acomodarse sich fügen, =verdingen,
afligir betrüben,
ahorrar ersparen, sparen,
aplicar, -se anwenden, sich befleißigen,
arengar eine Anrede halten,
argumentar mit Beweisen belegen,
ayudar helfen,
colocar placieren, setzen, stellen,
cultivar bebauen, pflegen,
deparar bescheren, verleihen,
discurrir besprechen,
exhortar ermahnen,
lisonjear, -se schmeicheln, sich rühmen,
montar aufsteigen,
retirar zurückziehen,
separar trennen,
suministrar verschaffen, liefern, geben,
topar zusammentreffen, stoßen auf,
variar ändern, verändern,

zabullir verstecken, eintauchen,
ajeno fremd (nicht eigen),
cristiano-a chriftlich,
escaso fparfam, farg, fnauferig,
extraordinario-a außerordentlich,
extraordinariamente außergewöhnlich,
gordo-a dick, wohlbeleibt,
humano-a menschlich,
infinito unendlich,

íntimo (lo) intim, das Innerste,
peligroso-a gefährlich,
precisado genötigt,
presto bald, schnell,
suficiente-mente genügend,
trágico tragisch, unglücklich,
inmediatamente unmittelbar, sogleich,
urgente bringend (L. 26,a) urgir),
verbal-mente mündlich.

La coma.

La coma es una brevísima pausa, y de tal importancia que, mal colocada, varia muchas veces completamente el sentido de la frase, como puede observarse en el ejemplo siguiente: Tocaba (es traf) á un trágico novel decir á otro en presencia de un cadáver: ¡señor, muerto está! ¡tarde llegamos! — Tal, al ménos, habia sido la intencion del autor del drama; pero en vez de tan solemnes palabras, el auditorio oyó este ridículo apóstrofe (Anrede): Señor muerto, esta tarde llegamos.

Este ejemplo bastaria para probar la necesidad de una buena puntuacion en todo escrito. (Real Academia Española.)

Nacimiento de Gil Blas, y su educacion.

Por el Padre Isla.

1. Blas de Santillana, mi padre, despues de haber servido muchos años en los ejércitos de la monarquía española, se retiró al lugar donde habia nacido. Casóse con una aldeana, y yo nací al mundo diez meses despues que se habian casado. **2.** Pasaronse á vivir á Oviedo, donde mi madre se acomodó por ama de gobierno, y mi padre por escudero. **3.** Como no tenian mas bienes que su salario, corria gran peligro mi educacion de no haber sido la mejor, si Dios no me hubiera deparado un tio, que era canónigo de aquella iglesia.

4. Llamabase Gil Perez: era hermano mayor de mi madre, y habia sido mi padrino.

5. Figúrate allá en tu imaginacion, lector mio, un hombre pequeño, de tres piés y medio de estatura, extraordinariamente gordo, con la cabeza zabullida entre los hombros, y hé aquí la "vera effigies" (das wahre Bild) de mi tio. Por lo demas era un eclesiástico que

solo pensaba en darse buena vida, quiero decir, en comer y en tra-_
tarse bien, para lo cual le suministraba suficientemente la renta de
su prebenda. **6.** Llevóme á su casa cuando yo era niño, y se encargó de mi
educacion. **7.** Parecíle desde luego tan despejado, que resolvió cultivar mi talento. Compróme una cartilla,- y quiso él mismo ser mi
maestro de leer. Tambien hubiera querido enseñarme por sí mismo
la lengua latina, porque ese dinero ahorraria; pero · el pobre Gil
Perez se vió precisado á ponerme bajo la férula de un preceptor,
y me envió al doctor Godinez, que pasaba por el mas hábil pe-
dante que habia en Oviedo. **8.** Aproveché tanto en esta escuela, que al cabo de cinco ó seis
años entendia un poco los autores griegos, y suficientemente los
poetas latinos. **9.** Apliquéme despues á la lógica, **10.** que me en-
señó á discurrir y argumentar sin término. — Gustabanme mucho
las disputas, **11.** y detenia á los que encontraba, conocidos ó no
conocidos, para proponerles cuestiones y argumentos. **12.** Topabame
á veces con algunos manteistas, que no apetecian otra cosa, ¡y
entónces era el oirnos disputar²)! ¡Qué voces! ¡qué patadas! ¡qué
gestos! ¡qué contorsiones! ¡qué espumarajos³) en las bocas! Mas
pareciamos energúmenos que filósofos.

13. De esta manera logré gran fama de sabio en toda la ciudad.
14. Á mi tio se le caia la baba⁴), y se lisonjeaba infinito con la esperanza de que en virtud de mi reputacion presto dejaria de (L. 42. ²)
tenerme sobre sus costillas⁵). Dijome un dia: Hola, Gil Blas, ya
no eres niño; tienes diez y siete años, y Dios te ha dado habilidad.
Hemos menester pensar en ayudarte. Estoy resuelto á enviarte á
la universidad de Salamanca, donde con tu ingenio y con tu talento
no dejarás de colocarte en algun buen puesto. Para tu viaje te
daré algun dinero y la mula, que vale de diez á doce doblones, la
que podrás vender en Salamanca, y mantenerte despues con el
dinero, hasta que logres algun empleo que te dé de comer honra-
damente.

---

²) Und da hätte man uns hören sollen!
³) Schaumblasen im Munde (bei erhitzten Menschen oder Tieren).
⁴) Mein Onkel war außer sich vor Freude. (Wörtlich: der Geifer fiel ihm
herunter.)
⁵) Auf dem Halse haben. (La costilla die Rippe.)

15. No podia mi tio proponerme cosa mas de mi gusto, porque reventaba⁶) por ver mundo: sin embargo supe vencerme, y disimular mi alegría. **16.** Cuando llegó la hora de marchar, solo me mostré afligido del sentimiento de separarme de un tio á quien debia tantas obligaciones: **17.** enternecióse el buen señor, de manera que me dió mas dinero del que me daria (L. 43. § 19) si hubiera leido ó penetrado lo que pasaba en lo íntimo de mi corazon. **18.** Ántes de montar quise ir á dar un abrazo á mi padre y á mi madre, los cuales no anduvieron escasos en materia de consejos. Exhortaronme á que todos los dias encomendase á Dios á mi tio, á vivir cristianamente, á no mezclarme nunca en negocios peligrosos, y sobre todo á no desear, y mucho 'ménos á tomar lo ajeno contra la voluntad de su dueño. **19.** Despues de haberme arengado largamente, me regalaron con su bendicion, la única cosa que podia esperar de ellos. **20.** Inmediatamente monté en mi mula, y salí de la ciudad.

Recapitulacion.

1. ¿Quién era Gil Blas de Santillana, y quiénes eran sus padres?
2. Despues del nacimiento de Gil Blas, ¿adónde se fué Blas de Santillana con su familia, y que hicieron?
3. Bajo estas circunstancias ¿ha sido buena la educacion que pudieron dar á su hijo?
4. ¿Cómo se llamaba ese señor tio, y quién era?
5. ¿Quiere Vd. darme mas señas de su persona y calidades?
6. ¿Qué hizo el señor Gil Perez en favor de su sobrino?
7. ¿Era despejado Gil, cuando niño, y que aprendió?
8. ¿Aprovechó algo con su nuevo preceptor?
9. Despues del latin y griego ¿que es lo que estudió?
10. ¿Le servia de algo la lógica?
11. ¿Con quién discurria y argumentaba pues?
12. ¿Eran aquellos discursos filosóficos?
13. ¿Qué resultado tuvieron estos discursos?
14. Y su tio, ¿que decia á esto, y que es lo que le propuso?
15. ¿Le gustaba á Gil la proposicion esta, y que hacia?

---

⁶) Reventar platzen, in biefem Falle: brennen vor Begierbe.

16. ¿Cómo se mostró á la hora de marcharse?
17. ¿Se afligia el tio tambien?
18. Pero sus padres ¿que hacian estos?
19. ¿Y que le dieron para el viaje?
20. ¿Y luego, que hizo Gil Blas?

NB. Als Übung diene schriftliches und möglichst freies Beantworten obiger Fragen.

---

45. Lektion. Leccion cuadragésima quinta.

—

Allgemeine Bemerkungen. Observaciones generales.

———

Die spanische Sprache hat also elf Redeteile (partes de oracion):

1. **El artículo:** el, la, lo, los, las, uno, una etc.
2. **El substantivo:** el libro, la gramática, el ciudadano, el empleo etc.
3. **El adjetivo determinativo:** este, ese, aquel, mi, tu, su, mio, tuyo, suyo, alguno, ninguno, uno, dos, ciento, mil etc.
4. **El adjetivo calificativo:** bueno, malo, santo, rico, pobre etc.
5. **El verbo:** haber, tener, ser, estar, escribir, dibujar, estudiar etc.
6. **El pronombre:** yo, tú, él, ella, Vd., este, ese, aquel, esto, eso, aquello, quien, cual, uno, otro, cualquiera, quienquiera etc.
7. **El adjetivo verbal y el participio:** amado, querido, impreso, bendecido, afecto, bendito, completo, malquisto etc.
8. **El adverbio:** bien, mal, siempre, nunca, poco, mucho, felizmente etc.
9. **La preposicion:** de, con, en, sin, por, para, ántes de, conforme á etc.
10. **La conjuncion:** y, ó, si, que, porque, ya, pues, como, ademas de, á fin de, á no ser, de modo, puesto que etc.
11. **La interjeccion:** ¡o, oh, ah, hé, hola, Jesús, caramba! etc.

Das Wichtigste über ihre Anwendung wurde bereits behandelt und folgen hier nur noch einige Ergänzungen.

———

Der Artikel. El artículo.

Die deutsche und die spanische Sprache stimmen in der Anwendung des Artikels ziemlich überein; Ausnahmsfälle sind:

§ 1. Der bestimmte Artikel steht im Spanischen (im Deutschen nicht).

a) Vergl. L. 6. § 6 u. 7: La Francia, la Rusia, la Alemania, la Inglaterra, el Perú, el Japon, la Jamaica, la China etc.

b) Bei Zeitbestimmungen (vergl. L. 11. § 7); z. B.

Mi hermana llegará á las 10 de la noche ó el domingo por la tarde.	Meine Schwester wird 10 Uhr nachts, oder Sonntag abends anlangen.
La semana próxima partiré.	Nächste Woche werde ich verreisen.
El año pasado hubo grandes inundaciones.	Vergangenes Jahr gab es große Überschwemmungen.
Son las tres de la tarde.	Es ist 3 Uhr nachmittags.
Las ocho serian, cuando yo llegué.	Es mochte 8 Uhr gewesen sein, als ich anlangte.
Las once están para dar.	Es wird gleich 11 Uhr schlagen.

c) Vor den Namen der vier Himmelsgegenden; z. B.

Hácia el norte, el sur, el este, el oeste, el noreste, el suroeste etc.	Gegen Norden, Süden, Osten, Westen, Nordosten, Südwesten etc.

b) Wenn mit **tener** körperliche Eigenschaften bezeichnet werden; z. B.

Esta niña tiene el pelo negro y la boca chiquita.	Dieses Mädchen hat schwarze Haare und einen sehr kleinen Mund.
Ese muchacho tiene los ojos hinchados.	Dieser Knabe hat geschwollene Augen.
Las chinas tienen los piés muy pequeños.	Die Chinesinnen haben sehr kleine Füße.

e) Wenn zu einem persönlichen Fürworte ein Substantiv als Apposition tritt; z. B.

Yo ober nos la reina, el rey, el emperador, el obispo de	Ich ober wir, Königin, König, Kaiser oder Bischof von ....
Vosotros los suizos y nosotros los españoles simpatizamos en este asunto.	Ihr Schweizer und wir Spanier sympathisieren in dieser Angelegenheit.
Nosotros los pobres somos acaso mas felices que vosotros los ricos.	Wir Armen sind vielleicht glücklicher als ihr Reichen.
Vosotras las mujeres quereis ser amadas, aun cuando no correspondeis al amor.	Ihr Frauen wollt geliebt werden, auch wenn ihr die Liebe nicht erwidert.

f) Vor den Namen nur **einmal** existierender Dinge, sowie vor Stoffnamen als Gattungsbegriffe; z. B.

Dios hizo el sol, la luna, la tierra, y las estrellas.	Gott schuf Sonne, Mond, Erde und Sterne.
El oro es mas pesado que la plata.	Gold ist schwerer als Silber.
El cobre es ménos duro que el acero.	Kupfer ist weniger hart als Stahl.

g) Vor Namen von Eigenschaften, wenn sie als allgemeine Begriffe aufzufassen sind; z. B.

La hermosura y la riqueza no hacen siempre felices.	Schönheit und Reichtum machen nicht immer glücklich.
La codicia es la fuente de todo vicio.	Geiz ist die Quelle aller Laster.
La paciencia y la reflexion hacen fáciles muchas cosas que parecian imposibles á primer vista.	Geduld und Überlegung machen vieles leicht, was beim ersten Anblick unmöglich schien.

h) Vor den Titeln: **Señor, señora, señorito** -a etc., nicht aber in der Anrede, ebensowenig als vor **Don, Doña** (L. 6.[1]); z. B.

El emperador Guillermo llegó ayer, y se marcha hoy con el señor de Bismark.	Kaiser Wilhelm ist gestern angelangt, und verreist heute mit Herrn von Bismarck.
Mi vecino ha ido de paseo con el señor Nuñez.	Mein Nachbar ist mit Herrn Nuñez spazieren gegangen.
¿Le ha visto Vd.?	Haben Sie ihn gesehen?
Sí señor, y tambien vi á la señora N. con la señorita H. y al señorito Pedro, pero á Don Pablo no le vi, ni á Doña Petra[1]).	Ja, mein Herr, und ebenfalls sah ich Madame N. mit Fräulein H. und den jungen Herrn Peter, aber Herrn Paul sah ich nicht, und Fräulein Petra auch nicht.

i) Der bestimmte Artikel steht auch nach dem Verb **dar**, im Sinne von wünschen; z. B.

Dar los buenos dias.	Guten Tag wünschen.
Le doy á Vd. las buenas tardes.	Ich wünsche Ihnen guten Abend.
No nos dió las buenas noches.	Er wünschte uns nicht gute Nacht.
Le doy á Vd. el parabien.	Ich gratuliere Ihnen.
Juan me dió el pésame.	Johann kondolierte mir.
Les daremos la enhorabuena.	Wir werden ihnen Glück wünschen.

j) Der Artikel **lo** steht vor substantivisch gebrauchten Adjektiven (L. 3. § 1); z. B.

Lo bueno, lo bonito y lo grande.	Das Gute, das Schöne und das Große.

---

[1]) Man sagt allerdings: he comprado el Don Quijote (das Buch) y el Apolo del Belvedere (die Statue).

Tritt er aber mit Substantiven, Geschlecht und Zahl angebenden Abjektiven oder Adverbien in Verbindung, so erhalten diese sächliche Bedeutung; z. B.

Todo era grande en él, lo rey, lo militar y lo cristiano, y tambien supo hacerse tratar á lo señor.

Alles war groß in ihm, der·König (das was ihn als König betrifft), der Soldat und der Christ, und ebenso verstand er es, sich als Herr behandeln zu lassen.

En esto se conoce lo bueno que eres.

Darin erkennt man, wie gut du bist.

No puedo decirte lo **atentos** que eran en el baile de anoche los señoritos, y lo **agradecidas** que se mostraron las señoritas.

Ich kann dir nicht genug sagen, wie aufmerksam gestern abend die jungen Herren auf dem Balle waren und wie dankbar sich die jungen Damen zeigten.

José se quejó mucho de lo bajamente que le trató su tio.

Josef beklagte sich sehr über die niederträchtige Art, mit welcher ihn sein Onkel behandelte.

Sé lo bien que Vd. me quiere.

Ich weiß, wie gern Sie mich haben.

§ 2. Der bestimmte Artikel fällt aus:

a) Vgl. L. 6. § 1 u. 2; z. B.

Antonio, Enrique, Gimenez.
San José, San Pablo, Santo Tomás y Santa Teresa.

Anton, Heinrich, Gimenez.
Der heil. Josef, der heil. Paul, d. heil. Thomas und d. heil. Theresia.

b) (L. 12. § 2.)

Carlos quinto, Leo XIII., Luis XVI. y Gregorio XVII.

Karl V., Leo XIII., Ludwig XVI. und Gregor XVII.

c) Beim erklärenden Beisatze (Apposition); z. B.

Madrid, capital de España.
Alejandro III., emperador de Rusia.
Alfonso XII., nieto de Fernando VII. é hijo de Isabel II.

Madrid, die Hauptstadt Spaniens.
Alexander III., Kaiser von Rußland.
Alfons XII., der Enkel von Ferdinand VII. und Sohn von Isabella II.

d) In verschiedenen Ausdrücken, besonders in Verbindung mit **tener** und **mudar** de wechseln, ändern; z. B.

Tengo deseo de ver esto concluido.

Ich habe den Wunsch, dieses fertig zu sehen.

Tenia intencion de ir pronto á España pero mudé de parecer.

Ich hatte die Absicht, bald nach Spanien zu gehen, aber ich änderte den Plan.

Don Fernando mudó de color al verme.

Herr Ferdinand wechselte die Farbe, als er mich sah.

Jacobo tiene honor.

Jakob hat Ehrgefühl.

• Dagegen:

| Yo tengo el honor de saludarle á Vd. | Ich habe die Ehre Sie zu begrüßen. |

c) Casa und palacio stehen ohne Artikel, wenn der Betreffende, von dem die Rede, diese bewohnt oder frequentiert (L. 7. [4]); z. B.

Me voy á casa.	Ich gehe nach Hause.
¡Vamonos á casa de Don Julian!	Gehen wir zu Herrn Julian!
Juan viene ahora de palacio, y va luego á casa de su amigo, el duque de Osuna.	Johann kommt jetzt vom Palast und geht gleich zu seinem Freunde, dem Herzog von Osuna.
Viví mucho tiempo en casa de mi amigo Don Julian Morales.	Ich lebte lange Zeit im Hause meines Freundes, des Herrn J. M.

Dagegen sagt man:

Voy á la oficina á pedir informes sobre la casa Rubio y C[a].	Ich gehe auf das Bureau, um Er= kundigungen über das Haus Ru= bio u. Co. einzuziehen.
Las informaciones que me dieron de la casa arriba expresada no eran muy satisfactorias.	Die Auskunft (Aufschlüsse), die man mir über oben erwähntes Haus gab, war nicht sehr befriedigend.
La vi salir de la casa esquina.	Ich sah sie aus dem Eckhause gehen.
Antonio quiere ir al palacio esta tarde, ya que sus Majestades están en Aranjuéz.	Anton will diesen Abend in den Palast gehen, da Ihre Majestäten in Aran= juez sind.

f) Durch Setzen oder Auslassen des Artikels wird übrigens in vielen Fällen der Begriff wesentlich modifiziert; z. B.

Dar alma Leben geben, beleben.	Dar el alma die Seele (den Geist) aufgeben.
Dar vida das Leben schenken, beleben.	Dar la vida sein Leben hergeben.
Hacer cama das Bett hüten.	Hacer la cama das Bett machen.
Tomar hábito die Gewohnheit an= nehmen.	Tomar el hábito ins Kloster gehen (das Ordenskleid nehmen).

§ 3. Der unbestimmte Artikel fällt im Spanischen aus:

a) Vor den Bruchzahlen $\frac{1}{4}$ $\frac{1}{2}$ (L. 11. [2]); z. B.

Las dos y cuarto, las tres y media, tres libras y media etc.

b) Vor prädikativen Substantiven, welche Amt, Rang, Würde, Beruf, Vaterland, Religion oder Eigenschaften des Geistes und Gemütes bezeichnen; z. B.

El señor Gil Perez era canónigo de aquella iglesia.
El señor R. es embajador de la Suiza en Alemania.
N. N. es sastre, comerciante, buen músico, mal pintor, zapatero viejo etc.
Yo soy español y mi señora es suiza.

Mi cuñado era suizo tambien, pero se ha hecho americano.
El doctor Sangrado pasa por hábil médico.
La ciudad de Ginebra fué declarada heredera del duque de Brunswick.
No ha de ser arquitecta muy hábil el que hizo aquel monumento,
pues parece ser obra de confitero (Zuckerbäcker).
Felipe tiene buena voz, buen carácter y buen corazon.
Don Emilio es católico acérrimo (eifrig), no obstante su mejor amigo
es cura protestante.
¡Pues bien! con tal que sea hombre de bien, á mí lo mismo me da
(so ist mir das gleichgültig). (L. 21. § 4.)

c) Bei erklärenden Zusätzen (Apposition); z. B.

"Fausto", drama de Goethe.	„Faust", (ein) Drama von Goethe.
"El avaro", comedia de Molière.	„Der Geizhals", Comödie von Molière.
"Hamlet", tragedia de Shakespeare.	„Hamlet", Tragödie von Shakespeare.
"El paraiso perdido", poema de Milton.	„Das verlorne Paradies", (ein) Gedicht von Milton.
Sevilla, ciudad en Andalucia.	Sevilla, eine Stadt in Andalusien.
Lope de Vega y Calderon, poetas españoles de primer órden.	Lope de Vega und Calderon, spanische Dichter ersten Ranges.

d) In folgenden Ausdrücken:

Encontrar medio.	Ein Mittel finden.
Hacer seña.	Ein Zeichen geben.
Dar batalla.	Eine Schlacht schlagen.
Poner fin.	Ein Ende machen.
Tener motivo de creerlo.	Einen Grund haben, es zu glauben.
Sin decir palabra se marchó.	Ohne ein Wort zu sagen, ging er weg.

e) Schließlich fällt der unbestimmte Artikel aus vor:

Cantidad de pájaros han muerto con el frio oder de frio.	Eine Menge Vögel sind vor Kälte gestorben.
Cierto abogado suele perder sus pleitos.	Ein gewisser Advokat pflegt seine Prozesse zu verlieren.
Gran número de músicos no llegan á ser artistas.	Eine große Zahl Musiker werden nie Künstler.
¡Otro ejemplo, si Vd. quiere tener la bondad!	Ein andres Beispiel, wenn Sie die Güte haben wollen!
Parte de las obras de Rafael están en manos de particulares.	Ein Teil der Werke Rafaels befinden sich in Privathänden.
Semejante conducta merece desprecio.	Ein solches Betragen verdient Verachtung.
Tal sermon, como el de los ladrones, no hemos oido ántes.	Eine solche Predigt, wie die der Diebe, haben wir früher nicht gehört.
Tamaña quiebra no ha habido en mucho tiempo.	Ein solch' großes Falliment ist seit langem nicht dagewesen.

f) Vor allen Hauptwörtern, denen **tan** oder **mas** mit Adjektiv folgt, wenn der Satz nämlich eine Frage, einen Ausruf, oder eine Verneinung enthält; z. B.

¿Has visto jamas cocinero tan gordo como el de Don Isidoro?	Haft du je einen so dicken Koch gesehen, wie den des Herrn Isidor?
¡Habrá hombre mas fastidioso que el señor G.!	Mag es wohl einen (langweiligeren) widrigern Menschen geben als G.!
No he bebido nunca cerveza tan mala como esta.	Ich habe noch nie ein so schlechtes Bier getrunken, wie dieses da.
Nunca vi niña mas hermosa.	Nie sah ich ein schöneres Mädchen.

Vocablos.

Isidoro Isidor.
El agüero die Vorbedeutung,
el apoyo die Stütze,
el arriero der Fuhrmann, Bote,
el azogue das Quecksilber,
el desprecio die Miß=, Verachtung,
el destino die Bestimmung, das Amt,
el espolazo der Spornstoß, =stich,
el freno der Zaum, Zügel,
el galope der Galopp,   [manden,
el informe die Erkundigung über je=
el matorral das Gebüsch, Gesträppe,
el nieto der Enkel,
el pescuezo d. Nacken, Hals, Genick,
el rosario der Rosenkranz,
el tamaño die Größe,
la aventura das Abenteuer,
la bestia die Bestie,
la casa esquina das Eckhaus,
la consideracion die Rücksicht, Hoch=
    schätzung, Erwägung,
la copa der Kelch, Becher, Hutkopf,
la cuenta die Rechnung, das Korn im
    Rosenkranz,
la dicha das Glück,
la discrecion d. Willkür, Belieben,
la espuela der Sporn,
la faltriquera die Tasche,
la impaciencia die Ungeduld,
la informacion d. Auskunft, d. Aufschluß,
la lanza die Lanze,

la limosna das Almosen,
la oreja das Ohr,
la piedad das Mitleid,
la tragedia die Tragödie,
aguzar zuspitzen,
ajustar anpassen, akkordieren,
alejar entfernen,
alzar auf=, emporheben,
apoyar stützen, auflegen,
apuntar zielen, notieren (in ein Buch),
atemorizar einschüchtern,
azogar verquecksilbern,
cruzar kreuzen,
destinar bestimmen,
estropear verstümmeln,
hartar sättigen,
informar benachrichtigen,
informarse sich erkundigen,
juzgar urteilen, richten,
reparar wieder gut machen,
sobresaltar überrumpeln,
sobresaltarse fürchterlich erschrecken,
sospechar vermuten, argwöhnen,
católico katholisch, Katholik,
cobarde feig, Feigling,
espantadizo erschreckt, scheu,
lastimoso-a jämmerlich, kläglich,
protestante protestantisch, Protestant,
tamaño—a so — solch groß=e,
aprisa (apriesa) schnell, geschwind.

De los sustos que tuvo Gil Blas en el camino de Peñaflor.

1. Héteme aquí ya fuera de Oviedo, camino de Peñaflor, en medio de los campos, dueño de mi persona, de una mala mula, y de cuarenta buenos ducados, sin contar algunos reales mas que habia hurtado á mi bonísimo tio. **2.** La primera cosa que hice fué dejar la mula á discrecion, esto es, que anduviese al paso que quisiese. Echéla el freno sobre el pescuezo, y sacando de la faltriquera mis ducados, los comencé á contar y recontar[1]) dentro del sombrero. **3.** No podia contener mi alegría: jamas me habia visto con tanto dinero junto: no me hartaba de verle, tocarle y retocarle. **4.** Estabale recontando quizá por la vigésima vez, cuando la mula alzó de repente la cabeza en aire[2]) de espantadiza (wie erschreckt), aguzó las orejas, y se paró en medio del camino. **5.** Juzgué desde luego que la habia espantado alguna cosa, y examiné lo que podia ser. Vi en medio del camino un sombrero con un rosario de cuentas gordas en su copa; y al mismo tiempo oí una voz lastimosa, que pronunció estas palabras: "Señor pasajero, tenga Vd. piedad de un pobre soldado estropeado, y sírvase de echar algunos reales en ese sombrero, que Dios se lo pagará en el otro mundo". **6.** Volví los ojos hácia donde venia la voz, y vi al pié de un matorral, á veinte ó treinta pasos de mí una especie de soldado, que sobre dos palos cruzados apoyaba la boca de una escopeta, que me pareció mas larga que una lanza, con la cual me apuntaba á la cabeza. **7.** Sobresaltéme extrañamente, miré como perdidos mis ducados, y empecé á temblar como un azogado[2]). Recogí lo mejor que pude mi dinero; metíle disimulada y bonitamente en la faltriquera, y quedandome en las manos con algunos reales, los fuí echando poco á poco, y uno á uno, en el sombrero destinado para recibir la limosna de los cristianos cobardes y atemorizados, á fin de que conociese el soldado que yo me portaba noble y generosamente. **8.** Quedó satisfecho de mi generosidad, y dióme tantas gracias como yo espolazos á la mula, para que cuanto ántes me alejase de él; pero la maldita bestia, burlandose de mi impaciencia, no por eso caminaba mas apriesa. La vieja costumbre de caminar paso á paso bajo el gobierno de mi tio, la habia hecho olvidarse de lo que era el galope.

---

[1]) Das re am Anfange eines Verbs entspricht dem deutschen „wieder" (L. 48. § 17).
[2]) Aire Luft, Wind, bedeutet auch: Art, Weise, Manier, Anschein, Miene ec.
[3]) Einer der durch Quecksilber vergiftet, Zittern und Zuckungen bekommt.

9. No me pareció esta aventura el mejor agüero para el resto del viaje. Veia que aun no estaba en Salamanca, y que me podian suceder otras peores. 10. Parecióme que mi tio habia andado poco prudente en no haberme entregado á algun arriero. Esto era sin duda lo que debiera haber hecho; pero le parecia que dándome su mula gastaria ménos en el viaje; lo cual le hizo mas fuerza que la consideracion de los peligros á que me exponia. 11. Para reparar esta falta determiné vender mi mula en Peñaflor, si tenia la dicha de llegar á aquel lugar, y ajustarme con un arriero hasta Astorga, haciendo lo mismo con otro desde Astorga á Salamanca. 12. Aunque nunca habia salido de Oviedo, sabia los nombres de todos los lugares por donde habia de pasar, habiéndome informado de ellos ántes de ponerme en camino.

Recapitulacion.

1. ¿Qué dijo Gil Blas al verse ya fuera de Oviedo, y entregado á sí mismo?
2. ¿Y qué es lo quo hizo primero?
3. ¿Le causó gusto el verse libre y con tanto dinero junto?
4. ¿Qué le pasó en medio de su alegría?
5. ¿Qué sospechaba, y qué es lo que vió?
6. Al oir esta voz lastimosa ¿qué hacia, y qué descubrió?
7. Al ver esto tendria miedo de perder sus ducados ¿no verdad? ¿y cómo salió del compromiso?
8. ¿Quedó satisfecho el tal soldado, y le dejó pasar?
9. Pasada esta aventura, ¿se mostró aun tan valiente como al salir de Oviedo?
10. ¿Cómo juzgó entónces el paso que su tio habia dado, mandandole tan solo á Salamanca?
11. Hecha pues esta reflexion, ¿qué es lo que resolvió?
12. ¿Cómo sabia pues por donde pasar?

46. Lektion. Leccion cuadragésima sesta.

Das Geschlecht der Hauptwörter. El género de los substantivos.

§ 1. Männlichen Geschlechtes sind, außer den (in L. 3. § 3 und L. 4. § 1) angeführten Hauptwörtern, noch folgende:

a) Die Namen männlicher Wesen im allgemeinen; z. B.

José, Carlos, el muchacho, el autor, el ebanista, el jesuita, el poeta, el cura, el caballo, el mono, el leon, el espía (Spion), el pirata (Pirat) etc.

b) Die Namen der Völker, Flüsse, Berge, Winde, Himmels= gegenden, Monate und Wochentage; z. B.

El indio, el persa, el chino, el suizo; el Tajo, el Guadiana, el Cáucaso, el Vesuvio, el Guadarrama, el Himalaya; el levante der Osten, Ostwind, el sur der Süden, Südwind, el poniente der Westen, Westwind; el enero, el marzo, el junio, el julio etc.; el domingo, el lúnes, el mártes, el miér- coles etc.

Ausnahmen: La tramontana der Nordwind, la brisa der Nordostwind, la Esgüeva und la Huerva (zwei span. Flüßchen).

c) Die Namen der musikalischen Noten:

El do, re, mi, fa, sol, la, si, do. | Das c, d, e, f, g, a, h, c.

§ 2. Die natürliche Endung für das weibliche Geschlecht ist a, welches nicht allein aus dem Endvokal o gebildet wird, sondern auch den Endkonsonanten **d, l, n, r, s** männlicher Hauptwörter angehängt werden kann[1]); z. B.

El tio der Onkel,	La tia die Tante,
el muchacho der Junge,	la muchacha das Mädchen,
el chico der Kleine,	la chica die Kleine,
el chino der Chinese,	la china die Chinesin,
el indio der Indier,	la india die Indianerin,
el italiano der Italiener,	la italiana die Italienerin,

---

[1]) Einige Substantiva auf e verwandeln dasselbe in a; z. B. el elefante = la elefanta; el monje (Mönch) = la monja (Nonne); el pariente = la parienta; el sas- tre = la sastra; el representante = la representanta (Schauspieler= u. Repräsentant=in); el infante = la infanta; el sirviente = la sirvienta (Diener=in).

el huesped der Gaſt und Gaſtgeber, la huespeda die Gaſtgeberin,
el general der General, la generala die Frau des Generals,
el coronel der Oberſt, la coronela die Frau des Oberſten,
el bailarin der Tänzer, la bailarina die Tänzerin,
el capitan der Kapitän, la capitana die Frau des Kapitäns,
el sacristan der Küſter, la sacristana die Frau des Küſters,
el embajador der Geſandte, la embajadora die Frau des Geſandten,
el pintor der Maler, la pintora die Malerin,
el señor der Herr, la señora die Frau,
el marques der Marquis, la marquesa die Marquiſe,
el Dios Apolo der Gott Apollo. la Diosa Minerva die Göttin Minerva.

Ferner: el aleman-a, el español-a, el ingles-a, el andaluz-a etc. (L. 17 § 4).

§ 3. Weiblichen Geſchlechtes ſind, außer den oben erwähnten:

a) die Subſtantive auf **cion, ad, ud** und einige wenige auf **ez**; z. B.

Accion, atencion, nacion, disputacion, intencion, traduccion-etc.
Amistad, bondad, generosidad, curiosidad, necesidad, fidelidad etc.
Juventud, salud, servitud (Knechtſchaft), virtud, esclavitud (Sklaverei) etc.
Madurez (Reife), pez (Pech), robustez (Kraft, Stärke), sencillez (Einfach=heit, Einfalt).

b) Die Namen weiblicher Weſen im allgemeinen; z. B.
María, Berta, Isabel, la muchacha, la cocinera, la tia, la mona, la yegua, la vaca, la mula, la borrica (Eſelin).

c) Die Namen der Länder, Provinzen, Städte und Dörfer, welche auf **a** endigen; z. B.
La España, la Francia, la Suiza, la Prusia; la Mancha, la Murcia, la Andalucía; Salamanca, Sevilla, Ávila; Ortaleza, Mingoria etc.

Man ſagt alſo:
El Perú, el Tyrol, el Brasil; Toledo fué sitiado (belagert), Chicago ha sido destruido por el fuego; denkt man ſich jedoch das Wort **provincia, ciudad** oder **aldea** (Dorf) hinzu, ſo kann geſagt werden:
Toledo fué sitiada d. h la ciudad de Toledo etc.
Madrid es muy limpia d. h. la villa de Madrid etc.

d) Die Namen der Buchſtaben des Alphabets, weil das Wort **letra** (der Buchſtabe) dabei gedacht wird; z. B.
La a, la b, la c, la ch, la d, la e, la f, la x, la z etc.; ſo ſagt man auch la vocal der Vokal, la consonante der Konſonant.

§ 4. Beſondere Endung für das weibliche Geſchlecht haben folgende Hauptwörter:

Masculino.	Femenino.
El abad der Abt,	La abadesa die Äbtissin,
el actor der Schauspieler,	la actriz die Schauspielerin,
el baron der Baron,	la baronesa die Baronin,
el canónigo der Domherr,	la canonesa die Stiftsdame,
el cantor der Sänger,	la cantatriz die Sängerin,
el conde der Graf,	la condesa die Gräfin,
el diácono der Diakon,	la diaconisa die Diakonissin,
el duque der Herzog,	la duquesa die Herzogin,
el elector der Kurfürst, Wähler,	la electriz die Kurfürstin,
el emperador der Kaiser,	la emperatriz die Kaiserin,
el gallo der Hahn,	la gallina die Henne,
el héroe der Held,	la heroina die Heldin,
el jabalí der Eber,	la jabalina die Wildsau,
el palomino der Täuberich,	la paloma die Taube,
el poeta der Dichter,	la poetisa die Dichterin,
el príncipe der Fürst, Prinz,	la princesa die Fürstin, Prinzessin,
el profeta der Prophet,	la profetisa die Prophetin,
el rey der König,	la reina die Königin,
el sacerdote der Geistliche.	la sacerdotisa die Priesterin.

§ 5. Beiderlei Geschlechtes sind die Namen von Personen und Tieren, deren natürliches Geschlecht sich weder durch die Endung noch durch eine spezielle Wortform[1]) erkennen läßt, sondern durch den Artikel bestimmt wird; z. B.

El und la	Der, die, das	El und la
árabe Araber, =in,	jóven junge Mann, junge Mädchen,	
compatriota Landsmann, =männin,	mártir Märtyrer, =in,	
cómplice Mitschuldige,	organista Orgelspieler, =in,	
homicida Meuchelmörder, =in,	persa Perser, =in,	
indigena Eingeborne,	testigo Zeuge, =in.	

NB. Das Geschlecht einiger Tiernamen läßt sich indessen nicht immer durch den Artikel bestimmen, und in diesem Falle behilft sich der Spanier mit Beifügung der Wörter „macho" (Männchen) und „hembra" (Weibchen); z. B.

El águila der Adler,	el águila macho der männliche Adler,
el milano der Weihe,	el milano hembra das Weihenweibchen,
la liebre der Hase,	la liebre macho das Hasenmännchen,
la golondrina die Schwalbe,	la golondrina macho das Schwalben=
	männchen 2c.

---

[1]) El hombre,	la mujer,	el padrino,	la madrina	b. Taufpate, =in,
el padre,	la madre,	el macho,	la mula	b. Maulesel, =in,
el padrastro,	la madrastra,	el cabron,	la cabra	b. Bock, die Ziege,
b. Stiefvater	b. Stiefmutter	el toro,	la vaca etc.	der Stier, die Kuh.

§ 6. Verschiedener Bedeutung, je nachdem sie mit dem männlichen oder weiblichen Artikel gebraucht werden, sind:

Masculino.	Femenino.
El aroma der Wohlgeruch,	La aroma die Akazienblüte,
el atalaya der Turmwächter,	la atalaya der Wachtturm,
el ayuda der Gehilfe,	la ayuda die Hilfe,
el barba der Alte im Schauspiel,	la barba der Bart,
el bestia der Dummkopf,	la bestia das Tier,
el cabecilla der Parteiführer, Räuberhauptmann,	la cabecilla das Köpfchen,
el calavera der Unbesonnene, Taugenichts,	la calavera der Todtenschädel,
el canal der Kanal, die Meerenge,	la canal die Rinne, Dachrinne,
el capital das Vermögen, Kapital,	la capital die Hauptstadt,
el cólera die Cholera,	la cólera der Zorn,
el cometa der Komet,	la cometa der Papierdrache,
el consonante der Reim,	la consonante Mitlauter, Konsonant,
el corneta der Hornist,	la corneta das Horn (Instrument),
el corriente der laufende Monat,	la corriente die Strömung,
el corte die Schneide, der Stoffcoupon,	la corte der Hof, [Mond,
el creciente der türkische Halbmond,	la creciente die Flut, der wachsende
el cura der Pfarrer,	la cura die Heilung, Kur,
el descendiente der Nachkomme,	la descendiente der Abhang,
el doblez die Falte,	la doblez die Falschheit,
el fantasma das Hirngespinnst,	la fantasma die Vogelscheuche,
el frente die Front, Vorderseite,	la frente die Stirne,
el gallina der Feigling, Hasenfuß,	la gallina die Henne,
el guarda der Wächter, Hüter,	la guarda die Hut, Hüterin,
el guardia der Gardist,	la guardia die Wache,
el haz das Bund, der Büschel,	la haz die Oberfläche der Erde, rechte Seite (bei Tuch),
el justicia der Richter,	la justicia die Gerechtigkeit,
el lengua der Dolmetscher,	la lengua die Sprache, Zunge,
el levita der Levit,	la levita der Männerrock,
el u. la máscara die maskierte Person,	la máscara die Maske, [Mond,
	la menguante die Ebbe, d. abnehmende
el moral der Maulbeerbaum,	la moral die Sittenlehre,
el órden die Ordnung,	la órden d. Befehl, Ordre, Orden,
el parte der Bericht,	la parte der Teil,
el pendiente der Ohrring,	la pendiente der Abhang,
el pez der Fisch,	la pez das Pech,
el recluta der Rekrut,	la recluta die Rekrutierung,
el secante der Malerfirnis,	la secante die Sekante (geomet.),

el trompeta der Trompeter,	la trompeta die Trompete,
el vista der Zollbeamte,	la vista das Gesicht, Sehvermögen,
el vocal der Stimm=geber, =berechtigte,	la vocal der Vokal, Selbstlauter.

NB. Obige Wörter werden am besten durch Satzbildungen eingeübt.

Vocablos.

El accidente der Zufall, das uner=
    wartete Ereignis,
el acreedor der Gläubiger,
el bocado der Bissen,
el corral der Hofraum,
el chalan der Roßhändler,
el defecto der Fehler, Mangel,
el elogio die Lobrede, das Lob,
el juicio der Verstand, die Vernunft,
el meson das Gast=, Wirtshaus,
el. muletero der Maultiertreiber,
el proyecto der Plan, das Vorhaben,
la apariencia d. Aussehen, Anschein,
la atestacion d. Zeugnis, Aussage,
la caballeriza die Stallung,
la confianza das Vertrauen,
la cortesía die Höflichkeit,
la infinidad die Unendlichkeit, Menge,
la maleta der Mantelsack,
la reverencia die Verbeugung,
la tacha d. Fehler, Gebrechen, Tadel,
apelar á sich berufen auf,
conformarse übereinstimmen, sich rich=
    ten nach . . .
considerar betrachten, erwägen,
consultar beraten, um Rat fragen,
desatar losbinden,
embocar aufschwatzen,
empeñar verpfänden, verwickeln,
ignorar nicht wissen,
interesar beteiligen,

noticiar benachrichtigen,
ocurrir in den Sinn kommen, ein=
    fallen, begegnen, sich ereignen,
picarse ärgerlich werden, sich beleidigt
    fühlen,
ponderar rühmen,
protestar feierlich beteuern,
protestar una letra einen Wechsel
    protestieren,
remitir zusenden, übermachen,
remitirse sich stützen, verlassen auf,
replicar erwidern,
representar vorstellen,
suplicar flehen, bitten,
tachar bemängeln, verdächtigen,
tasar schätzen, taxieren,
valuar werten, schätzen,
bello schön, hübsch,
funesto schauerlich, unheilvoll,
moreno braun (schwarz, bei Brot),
profundo tief,
respetuoso ehrerbietig,
sincero aufrichtig, ehrlich,
timorato gottesfürchtig,
de balde umsonst, gratis,
efectivamente in der That,
insensiblemente unbemerkt, unvermerkt,
por supuesto natürlich, wahrscheinlich,
sucintamente kurz gefaßt,
sumamente äußerst.

Lo que pasó á Gil Blas en Peñaflor.

1. Llegué felizmente á Peñaflor, y me paré á la puerta de un
meson que tenia bella apariencia. **2.** Apénas eché pié á tierra,
cuando el mesonero me salió á recibir con mucha cortesia. Él

mismo desató mi maleta y mis alforjas, cargó con ellas, y me condujo á un cuarto miéntras sus criados llevaban la mula á la caballeriza. **3.** Era el tal mesonero el mayor hablador de todo Astúrias, tan fácil en contar sin necesidad todas sus cosas, como curioso en informarse de las ajenas. **4.** Dijome que se llamaba Andrés Corzuelo, y que habia servido al rey muchos años de sargento, y se habia retirado quince meses hacia, por casarse con una moza de Castropol, que era buen bocado, aunque algo morena. Y despues me refirió otra infinidad de cosas, que tanto importaba saberlas como ignorarlas. **5.** Hecha esta confianza, juzgandose ya acreedor (und indem er sich nun berechtigt glaubte) á que yo le correspondiese con la misma, me preguntó quién era, de dónde venia, y adónde caminaba. **6.** Á todo lo cual me consideré obligado á responder artículo por artículo, puesto que cada pregunta la acompañaba con una profunda reverencia, suplicandome muy respetuosamente que perdonase su curiosidad. **7.** Esto me empeñó insensiblemente en una larga conversacion con él, en la cual ocurrió hablar del motivo y fin que tenia en desear deshacerme de mi mula y proseguir el viaje con algun arriero. **8.** Todo me lo aprobó mucho, y no cierto[2]) sucintamente, porque me representó todos los accidentes que me podian suceder, y me embocó mil funestas historias de los caminantes. Pensé que nunca acabase; pero al fin acabó diciendome, que si queria vender la mula, él conocia un muletero, hombre muy de bien, que acaso la compraria. Respondile me daria gusto en enviarle á llamar; y él mismo en persona partió al punto (sogleich) á noticiarle mi deseo.

9. Volvió en breve acompañado del chalan, y me le presentó ponderando mucho su honradez. Entramos en el corral donde habian sacado mi mula. Pasearonla y repasearonla delante del muletero, que con grande atencion la examinó de piés á cabeza. **10.** Pusole mil tachas, hablando de ella muy mal. Confieso que tampoco podia decir de ella mucho bien; pero lo mismo diria (L. 43. § 19) aunque fuera la mula del papa. Protestaba que tenia cuantos defectos podia tener el animal, apelando al juicio del mesonero, que sin duda tenia sus razones para conformarse con el suyo. Ahora bien, me preguntó friamente el chalan, ¿cuánto pide Vd.

---

[2]) Abgekürzt von no por cierto sicherlich nicht.

por su mula? **11.** Yo, que la daria de balde despues del elogio que habia hecho de ella, y sobre todo de la atestacion del señor Corzuelo, que me parecia hombre honrado, inteligente y sincero, le respondi remitiendome en todo á lo que la apreciase su hombría de bien[3]) y su conciencia, protestando que me conformaria con ello. **12.** Replicóme, picándose (ſich brüſtend) de hombre de bien y timorato, que habiendo interesado su conciencia, le tocaba en lo mas vivo (empfindlich)), y en lo que mas le dolia, porque al fin este era su lado flaco; y efectivamente no era el mas fuerte, porque en lugar de los diez ó doce doblones en que mi tio la habia valuado, no tuvo vergüenza de tasarla en tres ducados que me entregó, y yo recibí tan alegre como si hubiera ganado mucho en aquel trato.

Recapitulacion.

1. ¡Vamos! ¿llegó ese gallina á Peñaflor ó no?
2. ¿Fué bien recibido en el meson donde se paró?
3. ¿Qué hombre era ese mesonero tan sumamente atento?
4. ¿Cómo se llamaba, y qué mas sabe Vd. decirme de él?
5. Despues de tantas confianzas, ¿no trató el tal mesonero tambien de saber algo acerca del Gil Blas?
6. ¿Por supuesto que Gil le habrá contestado punto por punto, satisfaciendo su curiosidad?
7. ¿No se le ocurrió á Gil Blas de consultarle acerca de su proyecto, puesto que debia de parecerle un hombre tan de bien?
8. Y el señor Corzuelo ¿qué dijo á todo esto, y qué le aconsejó?
9. ¿Trajo luego á ese muletero consigo?
10. ¿Le gustó la mula y qué es lo que dijo?
11. Y el pobre Gil ¿cuánto le ha pedido?
12. ¿Pues, era ese chalan efectivamente hombre de bien? generalmente no suelen serlo.

---

³) Hombría de bien Rechtlichkeitsſinn, edle Denkungsart, iſt nur in dieſem Ausdrucke gebräuchlich.

47. Lektion. Leccion cuadragésima sétima.

Die Zahl der Hauptwörter. El número de los substantivos.

§ 1. Über die **Mehrzahlbildung der Hauptwörter** ist der L. 4. § 2—5 folgendes beizufügen:

a) Die aus Verb und Substantiv zusammengesetzten Hauptwörter bleiben im Plural unverändert; z. B.

El und los, der und die	Verbos y substant.
azotacalles Bummler, Pflastertreter,	azotar peitschen (calle Straße).
besamanos Hofempfang, Handküssen,	besar küssen.
cortaplumas Federmesser,	cortar schneiden.
guardapiés Fußdecke, =n,	guardar hüten.
mondadientes Zahnstocher,	mondar putzen, schälen.
sacabotas Stiefelknecht,	sacar herausziehen.
sacacorchos Korkzieher,	el corcho der Kork.
sacamuelas Zahnzieher, =reißer,	la muela der Backen=, Stockzahn.
sacatrapos Kugelzieher,	el trapo der Lappen.

Ausnahme:

tirabuzon, -es Pfropf=, Spundzieher,	el buzon der Spund, Briefeinwurf.

b) Folgende Wörter haben im Plural einen doppelten Sinn:

La aguja die Nähnadel,	las agujas die Nähnadeln, die Zeiger einer Uhr.
el alfiler die Stecknadel,	los alfileres die Stecknadeln, das Nadel=geld.
el amo der Herr, Gebieter,	los amos die Herren, Herrschaft.
el ánima der Geist, die Seele,	las ánimas das Abendgeläute.
el anteojo das Fernglas,	los anteojos die Ferngläser, die Brille.
la baqueta der Ladstock,	las baquetas die Ladstöcke, d. Trommel=schlägel.
el conde der Graf,	los condes die Grafen, Graf u. Gräfin.
la corte der Hof,	las cortes die Höfe, das spanische Parlament.
el duque der Herzog,	los duques die Herzöge, Herzog und Herzogin.
la facultad die Kraft, Fähigkeit, Fa=kultät,	las facultades das Vermögen, der Reich=tum, die geistigen Fähigkeiten.

21*

el grillo die Grille,	los grillos die Grillen, Hand= und Fußschellen.
la letra der Buchstabe,	las letras die schönen Wissenschaften,
la manilla das Händchen,	las manillas die Händchen, das Arm= band.
el rey der König,	los reyes die Könige, König und Königin.
el señor der Herr,	los señores die Herren, die Herrschaft,
el tio der Onkel, Bauer,	los tios Onkel und Tante, Bauer und Bäuerin.
la víspera der Vorabend,	las vísperas die Vesper.
el zelo der Eifer,	los zelos die Eifersucht.

c) Folgende Hauptwörter sind nur im Plural gebräuchlich:

Las albricias Geschenk bei einer hohen Botschaft,	las expensas die Unkosten,
los alicates die Kneifzange,	los fuelles der Blasebalg,
las andas die Totenbahre,	los maitines die Frühmesse,
los alrededores die Umgebung, Um= gegend,	los modales das Betragen, die Manier, las nupcias die Hochzeit,
las antiparras die Brille,	las parrillas der Rost zum braten,
las arras das Ehepfand,	los pediluvios das Fußbad,
los calzoncillos die Unterhosen,	los pertrechos die Gerätschaften,
las carnestolendas die Fastnacht,	las pinzas die Zwickzange,
las cosquillas das Kitzeln,	los postres das Dessert,
las despabiladeras die Lichtschere,	las tenazas die Breitzange,
las enaguas der Unterrock,	las tercianas das Wechselfieber,
las entrañas die Eingeweide,	las tijeras die Schere,
las esponsales die Verlobung,	las tinieblas die Finsternis,
las exéquias die Leichenfeier,	las trébedes der Dreifuß,
	los víveres die Lebensmittel.

NB. Als Übung diene hier die Bildung von Sätzen mit obigen Wörtern.

Vocablos.

El arrebato die heftige Gemütsbe= wegung,	el prodigio das Wunder,
el aspecto das Aussehen, der Anblick,	el registro das Verzeichnis, Register,
el u. los brindis der und die Toast=e,	el tono der Ton,
el contorno der Umkreis, Umriß,	el utensilio das Haus=, Küchengerät,
el cuello der Hals, Kragen,	la antorcha die Fackel, Leuchte,
el chafarote der Säbel, Hirschfänger,	la cena das Nachtessen, Abendmahl,
el huevo das Ei,	la habladuría das Geschwätz,
los modales die Manier, Sitte,	la maravilla das Wunder,
el pensamiento der Gedanke,	la respiracion der Athem,
el personage die hervorragende Per= sönlichkeit,	la tortilla der Pfannkuchen,
	la urbanidad die Höflichkeit,
	acercarse sich nähern,

aguantar ertragen, aushalten,
aturdir betäuben, außer Faſſung bringen,
brindar toaſten, anſtoßen,
desembarazar entlebigen, frei=, los=
macen,
encajar aufbrängen, aufhalſen,
excusar entſchulbigen,
interrumpir unterbrechen,
llevar traza ben Anſchein haben,

pasar por el pensamiento in ben Sinn
fommen,
quedar de acuerdo übereinfommen,
reputar halten für, ſchätzen, achten,
trabar anfnüpfen, anbinben,
apresurado eilig,
impertinente läſtig, unverſchämt,
sublime erhaben,
ventajosamente vorteilhaft.

La cena de Gil Blas.

1. Despues de haberme deshecho tan ventajosamente de mi mula, el mesonero me condujo á casa de un arriero que el dia siguiente habia de partir á Astorga. Dijome este que pensaba salir ántes de amanecer, y que él tendria cuidado de despertarme. 2. Quedamos de acuerdo en lo que le habia de dar por comida y macho, y yo me volvi al meson en compañia de Corzuelo, el cual en el camino me comenzó á contar toda la historia del arriero. 3. Encajóme cuanto se decia de él en la villa; y aun llevaba traza de continuar aturdiendome con sus impertinentes habladurias, cuando por fortuna le interrumpió un hombre de buen aspecto, que se acercó á él, y le saludó con mucha urbanidad. Dejélos á los dos, y prosegui mi camino sin pasarme por el pensamiento que pudiese yo tener parte alguna en su conversacion.
4. Luego que llegué al meson pedi de cenar. Era dia de viérnes, y me contenté con huevos. Miéntras los disponian (zubereiten) trabé conversacion con la mesonera, que hasta entónces no se habia dejado ver. Parecióme bastantemente linda, de modales muy desembarazados y vivos. Cuándo me avisaron que ya estaba hecha la tortilla, me senté á la mesa solo. 5. No bien (faum) habia comido el primer bocado, éh aqui que entra el mesonero en compañia de aquel hombre con quien se habia parado á hablar en el camino. El tal caballero, que podia tener treinta años, traia al lado un largo chafarote. 6. Acercandose á mí con cierto aire alegre y apresurado: Señor licenciado, me dijo, acabo de saber (L. 48. § 1) que Vd. es el señor Gil Blas de Santillana, la honra de Oviedo, y la antorcha de la filosofia. ¿Es posible que sea Vd. aquel jóven sapientisimo, aquel ingenio sublime, cuya reputacion es tan grande en todo este pais? Vosotros no sabeis (volviendose al mesonero y á la mesonera)

qué hombre teneis en casa. Teneis en ella un tesoro. En este mozo estais viendo la octava maravilla del mundo. Volviendose despues hácia mí, y echandome los brazos al cuello, "excuse Vd.", me dijo, "mis arrebatos; no soy dueño de mí mismo, ni puedo contener la alegría que me causa su presencia".

7. No pude responderle de pronto (sofort), porque me tenia tan estrechamente abrazado, que apénas me dejaba libre la respiracion; pero luego que desembaracé un poco la cabeza, le dije: Nunca creí que mi nombre fuese conocido en Peñaflor. 8. ¿Qué llama conocido? me repuso en el mismo tono. Nosotros tenemos registro de todos los grandes personajes que nacen á veinte leguas en contorno. Vd. está reputado por un prodigio, y no dudo que algun dia dará á España tanta gloria el haberle producido, como á la Grecia el ser madre de sus siete sabios. Á estas palabras se siguió un nuevo abrazo, que hube de aguantar aun á peligro de que me sucediese la desgracia de Anteo[1]).

Recapitulacion.

1. Despues de vender la mula ¿qué hizo Gil Blas?
2. ¿Se ajustó con el arriero, y adónde fué despues?
3. ¿Era divertida la conversacion que tuvo Gil Blas con Corzuelo al volverse al meson?
4. Llegado al meson ¿que hizo nuestro héroe, y á quién halló?
5. Miéntras que estaba cenando ¿quién llegó?
6. ¿Qué le pasó al pobre Gil con el recien llegado?
7. ¿Y qué respondió Gil Blas á tanto elogio?
8. Y la respuesta del caballero ¿cuál era?

---

[1]) Dieser wurbe von Herkules bei einer Umarmung erwürgt.

48. Lektion. Leccion cuadragésima octava.

Eigentümliche Anwendung einiger Zeitwörter. Empleo particular de algunos verbos.

(Vgl. L. 37. Übersetz. einzelner deutscher Hilfsverben.)

§ 1. Acabar aufhören, vollenden, beendigen, ist regelmäßig.
Acabar á oder de mit Infinitiv entspricht dem deutschen „soeben, gerade, endlich, ganz, nicht genug"; (L. 21. ⁷) z. B.

Acabo de saber que N. saqueó la caja del correo y se escapó.	Ich erfahre soeben, daß N. die Post-kasse plünderte und entwich.
Pronto habré acabado mi trabajo.	Bald werde ich meine Arbeit voll-endet haben.
El vapor acaba de llegar.	Der Dampfer ist soeben angelangt.
Acabamos de comer cuando Julian entró en el cuarto.	Wir waren gerade mit dem Essen fertig, als Julian ins Zimmer trat.
¿Acabaste á comprender esto?	Hast du das endlich begriffen?
No acabé de entenderlo todo.	Ich habe nicht ganz alles verstanden.
No acabó de maravillarse de la simplicidad de aquel muchacho.	Er konnte sich nicht genug verwundern über die Einfalt jenes Knaben.

§ 2. Acertar, erraten, treffen, auffinden (erste Klasse).
Acertar á mit Infinitiv hat die Bedeutung von „zufällig
gelingen, sich zufällig treffen"; z. B.

¿Acertaron Vds. lo que era aquello?	Errieten Sie, was jenes war?
¿Acertarán los niños la casa de los abuelos?	Werden die Kinder das Haus der Großeltern finden?
Acerté á pasar cuando los duques salieron de casa. (Es traf sich zufällig, daß ich vorbeiging, als) od. aber:	Ich ging zufällig vorbei, als der Herzog und die Herzogin aus dem Hause traten.
Á ver, si aciertas á matar la liebre en el salto.	Laß' sehen, ob es dir vielleicht gelingt, den Hasen im Sprunge zu töten.

§ 3. Alcanzar einholen, erreichen, erlangen, herunterlangen.
Alcanzar á mit Infinitiv: Im stande sein, gelingen; z. B.

Por mucho que anduvieses, no nos alcanzarias (L. 39, § 7 g).	Wenn du auch noch so schnell gingest, würdest du uns doch nicht einholen.
¿Quiere Vd. alcanzarme algunas peras del árbol?	Wollen Sie mir einige Birnen vom Baume herunterholen?
No alcancé á persuadirle de la verdad del hecho.	Ich war nicht im stande, ihn von der Wahrheit dieser Thatsache zu überzeugen.

¿Alcanzaste á disuadirle (abraten, ausreden)?	Warst du im stande, gelang es dir, ihn eines beffern zu belehren?

§ 4. Cansarse müde werden, negativ gebraucht, bedeutet, wie no acabar, „nicht genug"; z. B.

La última vez que fuí al Monserrat me cansé mucho.	Das letzte Mal, als ich auf den Monserrat ging, wurde ich fehr müde.
No me cansaba nunca de oirle, pero me cansé en seguida al oir á los demas.	Ich konnte ihn nie genug hören, aber ich wurde gleich müde, als ich die andern hörte.

§ 5. Caer fallen, gefallen, gut anstehen 2c. (L. 33. § 4) hat die mannigfaltigste Bedeutung; z. B.

Caer enfermo—malo—en cama.	Krank werden.
Caer en el chiste.	Den Poffen, Witz merken.
Caer en desgracia.	In Ungnade fallen.
Caerse de la memoria.	Entfallen (aus dem Gedächtnis).
Caer de espaldas.	Auf den Rücken fallen.
Caer sobre alguien.	Über einen hin= oder herfallen.
Caer de sueño.	Vor Schlaf hinsinken.
Caerse de suyo.	Von felbst hinstürzen.
Caerse la cara de vergüenza.	Schamrot werden.
No tener sobre que caer.	Nicht haben, wohin fein Haupt legen.
Se le cae la casa á cuestas (auf den Rücken).	Er hat großen Kummer.
Parece que aquella niña le ha caido á Vd. en gracia.	Es scheint, daß jenes Mädchen Ihnen gefallen hat.

§ 6. Dar „geben", mit einem Hauptwort **„verurfachen"** (L. 33. § 6). Dar en mit Infinitiv bezeichnet das plötzliche Beginnen einer Handlung; z. B.

Da pena oir llorar á ese niño.	Es erregt Mitleid, jenes Kind weinen zu hören.
El ver jugar con leones da miedo.	Mit Löwen spielen zu fehen, verurfacht Furcht.
El niño dió en llorar tan pronto como en reir.	Das Kind verfiel eben fo rasch ins Weinen, als ins Lachen.

§ 7. Dejar, laffen, verlaffen (vid. L. 37. § 7), drückt mit dem **Part. pdo.** einfach die Vergangenheit aus, befonders im kaufmännischen Stil; z. B.

Le dejo á Vd. acreditado en cuenta la suma de 1000 frs.	Ich habe Ihnen die Summe von 1000 Frs. in Rechnung gutgefchrieben.

§ 8. Echar werfen (L. 27. ⁴) hat ebenfalls mannigfaltigste Bedeutung; z. B.

Echar á beber.	Zu trinken einschenken.
„　á correr.	Davonlaufen.
„　á la ober en cara.	Vorhalten, vorwerfen.
„　á llorar.	Zu weinen beginnen.
„　á pasear (á paseo).	Fortjagen, fortschicken.
„　á perder.	Zu Grunde richten, verderben.
„　á reir.	Zu lachen beginnen.
„　de ménos.	Vermissen.
„　dientes, pelo, barba.	Zähne, Haare, Bart bekommen.
„　el cerrojo.	Den Riegel schieben.
„　en tierra.	Unterdrücken, verheimlichen.
„　en vinagre.	In Essig einmachen.
„　la culpa (á).	Beschuldigen, die Schuld wälzen auf.
„　mano á algo.	Hand an etwas legen, nach etwas greifen.
„　mano á alguien.	Jemanden anpacken, angreifen.
„　por tierra.	Niederdrücken, totschweigen,
„　un bríndis.	Toasten, auf die Gesundheit trinken.
„　un cigarro.	Eine Zigarette drehen und anstecken.
„　un trago.	Einen Schluck nehmen.
„　vino al vaso.	Wein ins Glas gießen.
Echarse á dormir.	Sorglos, nachlässig sein oder werden.
„　sobre alguien, algo.	Über jemand, etwas herfallen.

§ 9. Hacer machen. (L. 37. § 7 a und L. 33. § 9).

Hacerse mit Adjektiv heißt „werden"; z. B.

Se hace muy tarde ya.	Es wird schon sehr spät.
Juan se hizo muy rico, y se ha hecho muy orgulloso ahora.	Johann wurde sehr reich und ist jetzt sehr hochmütig geworden.
Esa mujer se me hace cada dia mas insoportable.	Dieses Weib wird mir alle Tage un= ausstehlicher.
Hacerse el tonto.	Den Dummen spielen.

§ 10. Llegar anlangen. Llegar á mit Infinitiv entspricht
dem deutschen „endlich, schließlich".

Llegar á ser heißt „werden"; **llegar á saber** „erfahren"
(L. 34. § 7 NB.); z. B.

Mis amigos llegarán con el tren de las cinco.	Meine Freunde werden mit dem Fünf= Uhr=Zug anlangen.
Gil Blas ha llegado á comprender que no podia continuar su viaje solo.	Gil Blas hat schließlich begriffen, daß er seine Reise nicht allein fortsetzen konnte.

Aquel muchacho llegó á ser el primero de su clase. — Jener Knabe wurde der erste seiner Klasse.

Si llegase á saber quién me echó á perder esto. — Wenn ich erführe, wer mir das verdorben hat.

§ 11. Llevar fortnehmen, fortbringen, forttragen, Gegensatz von traer „herbringen, hertragen" (L. 34. § 9).

Llevar á mal. — Übelnehmen.

Llevar chasco. — In seinen Hoffnungen getäuscht, gefoppt werden.

Llevar de la mano. — An der Hand führen.

Llevar del brazo. — Am Arm führen.

Llevar dinero consigo. — Geld bei sich führen (haben).

Llevar la palabra. — Das Wort führen.

Juan Pistolas llevó medio, el uno, el dos, el tres, el cuatro, el cinco y medio, hasta el seis por ciento al mes ó por semana. — Johann Pistolas nahm ein halb, ein, zwei, drei, vier, 5½, sogar 6% im Monat oder per Woche.

Don Pedro me lleva dos años. — Herr Peter ist zwei Jahre älter als ich.

Don Carlos me lleva 4 dedos. — Herr Karl ist 4 Finger breit größer als ich.

No se llevarán mucho. — Sie werden nicht viel auseinander sein.

Papá se lleva bien con todo el mundo. — Mein Vater verträgt sich gut mit jedermann.

Juan lleva una casaca á la francesa. — Joh. trägt eine Jacke nach franz. Mode.

¡Lleva esto al vecino! — Bringe das dem Nachbar!

¡Llevatelo á casa! — Nimm es mit dir nach Hause!

Quiso llevarme doce duros por la compostura del reloj, pero llevará chasco porque no le compondré[1]). — Er wollte mir 12 Thaler für die Reparatur der Uhr abnehmen, aber er wird sich täuschen, denn ich werde sie nicht reparieren lassen.

§ 12. Meter hineinsetzen, hineinlegen, hineinstellen.

Meterse á hacer algo. — Anfangen etwas zu thun.

Meterse en algo. — Sich in etwas einmischen.

Meterse en un negocio. — Sich in ein Geschäft einlassen.

Antonia quiso meterse monja, y su hermano pensó en meterse soldado. — Antonia wollte Klosterfrau werden und ihr Bruder dachte daran, Soldat zu werden.

§ 13. Oler riechen (vid. L. 28. [3])); **oler á heißt riechen nach. Saber á schmecken nach** (L. 34. § 7, NB.); z. B.

Esto huele á aceite, y sabe á sebo. — Das riecht nach Öl und schmeckt nach Talg.

Aquello olía muy mal. — Jenes roch sehr schlecht.

---

[1]) Der Spanier übersetzt zuweilen das „lassen" gar nicht (L. 37. § 7 c).

§ 14. Poner **setzen, legen, stellen** (L. 34. § 5).

Ponerse á mit Infinitiv, heißt „anfangen, beginnen"; ponerse mit Adjektiv heißt „werden".

¡Ponga Vd. esta carta en limpio!	Schreiben Sie diesen Brief ins Reine!
Ya se pone á jugar el niño.	Das Kind fängt schon zu spielen an.
Carlos se pone serio cada vez que se refiere el caso, y su hermano se pone muy triste.	Karl wird ernst jedesmal, wenn man des Falles erwähnt und sein Bruder wird sehr traurig.
Si no se ponen Vds. á comer, se pondrá todo frio.	Wenn Sie nicht mit dem Essen beginnen, so wird alles kalt werden.

§ 15. Tardar **zögern.**

Tardar en mit Infinitiv kann auch mit „lange nicht" und wenn negativ gebraucht, mit „bald" übersetzt werden; z. B.

¡Cuánto tarda en volver!	Wie lange kommt er nicht zurück!
Pablo no tardará en llegar.	Paul wird bald anlangen.
Tardó mucho en contestar.	Er antwortete lange nicht.

§ 16. Venir **kommen** (L. 34. § 11).

Venir de gleichbedeutend mit acabar de heißt „soeben, gerade"; venir á ser und venir á parar entsprechen ebenfalls dem deutschen „werden"; z. B.

Vengo de ver al enfermo.	Ich habe soeben den Kranken besucht.
Acabo de verle.	Ich habe ihn soeben gesehen.
¿En qué vino á parar tu amigo?	Was ist aus deinem Freunde geworden?
¿Qué fué de él?	Was wurde aus ihm?
Vino á ser el hombre mas infeliz del mundo.	Er wurde der unglücklichste Mensch der Welt.

§ 17. Volver **umkehren, zurückkehren** (L. 28. ²) u. ⁵).

Volver á mit Infinitiv ersetzt in den meisten Fällen das deutsche „wieder, noch einmal", was zuweilen durch die Partikel re vor dem Zeitwort ausgedrückt wird.

Volverse mit Adjektiv heißt „werden", volver en si „wieder zu sich selbst kommen"; z. B.

Volveré mañana para ver como sigue el enfermo.	Ich werde morgen wieder kommen, um zu sehen, wie es dem Kranken geht.
Vuelvo á decirle á Vd. que no puedo dar mas que tres ducados por la mula.	Ich sage Ihnen nochmals (ich wiederhole Ihnen), daß ich nicht mehr als 3 Dukaten für das Maultier geben kann.
Si le volveré á ver otra vez!	Ob ich ihn je wiedersehen werde!

Gil Blas volvió á contar y recontar el dinero dentro del sombrero.

Juan se vuelve loco de alegría si llega á saber que su hijo ha alcanzado lo que tanto deseaba.

¡Cuánto me alegro de volver á verle á Vd.!

Gil Blas zählte sein Geld immer wieder in seinem Hute.

Johann wird närrisch vor Freude, wenn er erfährt, daß sein Sohn das, was er so lange anstrebte, erreicht hat.

Wie freue ich mich, Sie wieder zu sehen!

NB. Zur Übung: Anwendung obiger Ausdrucksweisen in Sätzen.

Vocablos.

El admirador der Bewunderer,
el adulador der Schmeichler,
el apetito der Appetit,
el convite die Einladung,
el cubierto das Besteck,
el dominguillo die Drehpuppe,
el forastero der Fremde,
el instante der Augenblick,
el panegirista der Lobredner,
el pescado der Fisch (=Speise),
el petardista der Betrüger, Gauner,
el truhan der Possenreißer,
la adulacion die Schmeichelei,
la alabanza der Lobspruch,
la apariencia der Anschein,
la barriga der Bauch (Magen),
la demostracion die Erörterung,
la discusion die Diskussion,
la farsa das Possenspiel,
la fineza die Güte, Gefälligkeit, Fein=
  heit, Artigkeit,   [bel,
la hipérbole die Übertreibung, Hyper=
la impertinencia die Unverschämtheit,
la precipitacion die Hast, Eilfertigkeit,
la presteza die Eile, Schnelligkeit,
la trucha die Forelle,
arrojar schleudern, werfen,

arrojarse sich auf etwas stürzen, über
  etwas herfallen,
cesar aufhören,
dar cuenta de alg. cosa Rechnung
  ablegen, mit etwas fertig werden,
dar lugar Gelegenheit bieten,
descuidar unbekümmert, unbesorgt sein,
disfrutar genießen,   [vernachlässigen,
ejecutar ausführen,
engullirse verschlingen,
estrañar befremden,   [treiben,
incitar aufreizen, aufmuntern, an=
malograr verscherzen, versäumen,
notarse sich merken, bemerken,
perder la chaveta den Verstand ver=
delicado köstlich, fein, zart,   [lieren,
excesivo übermäßig, übertrieben,
igual ähnlich, gleich,
ilustre berühmt, hochangesehen,
inmoderado unmäßig,
pegote zudringlich,
real ächt, aufrichtig, königlich,
regalado köstlich,
sobrio nüchtern,
á costa suya auf seine Kosten,
con ober en efecto in der That,
meramente bloß, einzig, nur.

La cena de Gil Blas.

(Continuacion.)

1. Por (L. 39. § 7 g) poca experiencia del mundo que yo hubiera tenido, no me dejaria (L. 43. § 19) ser el dominguillo de sus demos-

traciones, ni de sus hipérboles.²) Sus inmoderadas adulaciones y excesivas alabanzas me harian conocer desde luego que era uno de aquellos truhanes pegotes y petardistas que se hallan en todas partes, y se introducen con todo forastero para llenar la barriga á costa suya; pero mis pocos años y mi vanidad me hicieron formar un juicio muy distinto.

2. Mi panegirista y admirador me pareció un hombre muy de bien y muy real; y así le convidé á cenar conmigo. **3.** Con mucho gusto, me respondió prontamente; y estoy muy agradecido á mi buena estrella, por haberme dado á conocer al ilustre señor Gil Blas, y no quiero malograr la fortuna de estar en su compañia, y disfrutar sus favores lo mas que me sea posible.

4. Á la verdad, prosiguió, no tengo gran apetito, y me sentaré á la mesa solo para hacer compañia á Vd. comiendo algunos bocados meramente por complacerle, y por mostrar cuanto aprecio sus finezas.

5. Sentóse en frente de mí el señor mi panegirista. Trajeronle un cubierto, y se arrojó á la tortilla con tanta ansia, y con tanta precipitacion, como si hubiera estado tres dias sin comer. Por el gusto con que la comia conocí que presto daria cuenta de ella. Mandé se hiciese otra, lo que se ejecutó al instante: pusieronla en la mesa cuando acabábamos, ó por mejor decir cuando mi huésped acababa de engullirse la primera.

6. Sin embargo, comia siempre con igual presteza, y sin perder bocado añadia sin cesar alabanzas sobre alabanzas, las cuales me sonaban bien, y me hacian estar muy contento de mi personilla.

7. Bebia frecuentemente, brindando unas veces á mi salud, y otras á la de mi padre y de mi madre, no hartandose de celebrar su fortuna en ser padres de tal hijo. Al mismo tiempo echaba vino en mi vaso, incitandome á que le correspondiese. **8.** Con efecto no correspondia yo mal á sus repetidos brindis; con lo cual, y con sus adulaciones me sentí de tan buen humor, que viendo ya medio comida la segunda tortilla, pregunté al mesonero si tenia algun pescado. **9.** El señor Corzuelo, que segun todas las apariencias se entendia con el petardista, respondió: tengo una excelente trucha, pero costará

---

²) Wenn ich nur die geringste Welterfahrung gehabt hätte, so hätte ich mich nicht zur Drehpuppe für seine Auseinandersetzungen und Übertreibungen hergegeben.

cara á les que la coman, y es bocado demasiadamente delicado para
Vd. 10. ¿Qué llama Vd. demasiadamente delicado? replicó mi adulador. Traiga Vd. la trucha, y descuide de lo demas. Ningun bocado, por regalado que sea, es demasiado bueno para el señor Gil
Blas de Santillana, que merece ser tratado como un príncipe.

Recapitulacion.

1. ¿No conocia Gil Blas que todo esto era una farsa, y que el
   tal caballero se burlaba de él?
2. ¿Tan bien supo disimular ese truhan?
3. ¿Y qué contestó á ese convite? lo habrá aceptado, ¿no es eso?
4. ¡Vamos! un orador hecho y derecho (ein wirklicher, ausgemachter
   Redner), y una ocasion bien rara para que Gil Blas entrase en
   discusion, cosa que ántes tanto apetecia; ¿ó es que no le dió
   lugar para ello?
5. Pero por fin se sentó á comer ¿no verdad? ¡y no lo habrá
   hecho mal!
6. ¿Y la segunda tortilla? ¿se la comeria (L. 43. § 18) tambien
   sin cesar de burlarse de Gil Blas, y sin que este notase la
   mas mínima cosa?
7. Pero, aunque los españoles sean muy sobrios, me estraña que
   no haya pedido que beber para siquiera echarle un bríndis.
8. ¡Vamos! esto es lo que le faltaba al pobre Gil para perder la
   (chaveta) cabeza completamente; ¿pero se contentó con la
   segunda tortilla?
9. ¿Y qué contestó el mesonero?
10. ¡Vaya una impertinencia del tio³) Corzuelo! ¿y qué le respon-
    dió el panegirista?

---

³) Landleute werden meistens mit **tio** bezeichnet und angeredet; z. B. el tio
Juan era mi lechero; wird aber ein Herr mit **tio** statt señor betitelt, so ist das ein
Ausdruck der Geringschätzung.

49. Lektion. Leccion cuadragésima nona.

Der spanische Satzbau. La construccion española.

Die bisherigen Übungen und Lesestücke haben zur Genüge gezeigt, daß es kaum eine Sprache gibt, deren Syntax einfacher und deutlicher wäre als gerade die spanische; es wickelt sich alles in naturgemäßer Aufeinanderfolge ab und sind auch die Zwischensätze, welche so manche Periode im Deutschen schleppend, unklar und deshalb oft schwer verständlich machen, hier gänzlich unbekannt. Die Grundzüge einer richtigen Satzstellung sind:

1. **Das Subjekt** (el sujeto) steht gewöhnlich voran; ihm schließen sich etwaige Bestimmungen und Erläuterungen an; z. B. Relativsätze, Adjektive 2c.

2. **Das Prädikat, Zeitwort** (el verbo) folgt mit etwaiger adverbialer Bestimmung.

3. **Das Objekt** (el objeto ó régimen) folgt mit etwaigen Bestimmungen oder erläuternden Zusätzen.

Ein solcher Satz bildet eine Periode (un periodo); z. B.

1. El Sujeto.	2. El Verbo.
El buen canónigo	compró recientemente

3. El Objeto.

una cartilla muy linda al niño despejado de su pobre hermana.

Der Hauptbegriff steht voran, die Nebenbegriffe folgen; bei alledem ist die umfänglichste Freiheit gestattet, wenn es sich um den Wohlklang handelt, namentlich in der Poesie: so können z. B. Satzteile, welche besonders hervorgehoben werden sollen, am Anfange des Satzes stehen.

Jeder Schriftsteller hat auch seine eigentümliche Schreibweise, die jedoch in ihrer Eigentümlichkeit nicht von den allgemein gültigen Gesetzen abweichen darf.

Um Mißverständnisse und Zweideutigkeiten zu vermeiden, ist bloß darauf zu achten, daß zusammengehörende Begriffe nicht auseinandergerissen werden.

Bei genauer Beobachtung dieser Vorschrift ist ein Mißverständnis oder eine Unklarheit unmöglich, und jeder deutliche Satz ist auch ein vollkommen richtiger spanischer Satz.

Folgende Periode, die wir in neun verschiedenen Stellungen durchaus richtig und gut ausdrücken können, mag die große Freiheit der spanischen Satzbildung zur Genüge beweisen.

1. **Direkte Wortfolge:** He vendido la mula de mi tio á un chalan de Peñaflor por tres ducados.

2. **Indirekte Wortfolge:** Por tres ducados he vendido la mula de mi tio á un chalan de Peñaflor.

3. **Dritte Form:** Á un chalan de Peñaflor he vendido la mula de mi tio por tres ducados.

4. La mula de mi tio he vendido á un chalan de Peñaflor por tres ducados.

5. La mula de mi tio he vendido por tres ducados á un chalan de Peñaflor.

6. He vendido por tres ducados á un chalan de Peñaflor la mula de mi tio.

7. He vendido á un chalan de Peñaflor la mula de mi tio por tres ducados.

8. La mula de mi tio por tres ducados he vendido á un chalan de Peñaflor.

9. La mula de mi tio á un chalan de Peñaflor por tres ducados he vendido.

Jeder dieser neun Sätze ist vollkommen richtig spanisch, indem die allgemein gültige Regel: zusammengehörende Begriffe wie "**La mula de mi tio,**" oder "**un chalan de Peñaflor**" nicht auseinander zu reißen, inne gehalten und so ein deutlicher Ausdruck vermittelt wurde.

Falsch wären also folgende Ausdrücke:

La mula he vendido de mi tio — á un chalan por tres ducados de Peñaflor etc.

Vocablos.

El bigote der Schnurrbart,
el bribon der Spitzbube, Taugenichts,
el consuelo der Trost,
el enfado der Ärger, Verdruß,
el gasto die Auslage, der Verbrauch,
el gollete der Hals, Kragen,
el hazmereir der Narr, die lächerliche Person,
el mentecato der Thor, Einfaltspinsel,
el orgullo der Stolz, Hochmut,
el taimado der listige Mensch, Schlaukopf,
el traidor der Verräter,

la burla der Scherz, Spott, Possenstreich,
la credulidad die Leichtgläubigkeit,
la espalda der Rücken,
abalanzarse über etwas herfallen,
agitar aufregen, heftig bewegen,
anticipar zuvorkommen,
brillar glänzen,
cargar belasten, fordern,
darse por ofendido sich beleidigt halten, stellen,
desconfiar Mißtrauen hegen, die Hoffnung aufgeben,

humillar bemütigen,	amargo bitter,
relamer-se sich die Lippen ablecken,	estar de inteligencia einverstanden sein,
ergötzen, laben,	estar sobre sí auf der Hut sein,
sonsacar ausfragen, entlocken,	grosero grob,
á costa de auf Rechnung von,	importante wichtig.

La cena de Gil Blas.

(Continuacion.)

1. Tuve particular gusto de que hubiese retrucado[1]) con tanto aire las últimas palabras del mesonero, en lo cual no hizo mas que anticiparseme. Dime por ofendido, y dije con enfado al mesonero: venga la trucha y otra vez piense mas en lo que dice. **2.** El mesonero, que no deseaba otra cosa, hizo cocer luego la trucha y presentóla en la mesa. **3.** Á vista del nuevo plato brillaron de alegría los ojos del taimado, que dió mayores pruebas del deseo que tenia de complacerme, es decir, que se abalanzó al pez del mismo modo que se habia arrojado á las tortillas. **4.** No obstante se vió precisado á rendirse, temiendo algun accidente, porque se habia hartado hasta el gollete. En fin, despues de haber comido y bebido hasta mas no poder, quiso poner fin á la comida. **5.** Oh señor Gil Blas, me dijo, alzándose de la mesa, estoy tan contento de lo bien que Vd. me ha tratado, que no le puedo dejar sin darle un importante consejo, del que me parece tiene no poca necesidad. Desconfíe por lo comun de todo hombre á quién no conozca, y esté siempre muy sobre sí para no dejarse engañar de las alabanzas. Podrá Vd. encontrarse con otros que quieran, como yo, divertirse á costa de su credulidad, y puede suceder que las cosas pasen mas adelante. No sea Vd. su hazmereir, y no crea sobre su palabra que le tengan por la octava maravilla del mundo. Diciendo esto, rióse de mí en mis bigotes, y volvióme las espaldas.

6. Sentí tanto esta burla como cualquiera de las mayores desgracias que me sucedieron despues. No hallaba consuelo viendome burlado tan groseramente, ó por mejor decir, viendo mi orgullo tan humillado.

7. ¡Es posible, me decia yo, que aquel traidor se hubiese burlado de mí! ¡Pues qué! ¿solamente buscó al mesonero para sonsa-

---

[1]) Retrucar (im Billardspiel) von der Bande abprallen und den Spielball treffen. Retrucar con tanto aire so derb zurückgeben.

carle, ó estaban ya de inteligencia los dos? ¡Ah pobre Gil Blas! muerete de vergüenza, porque diste á estos bribones justo motivo para que te hagan ridículo. 8. Sin duda que compondrán una buena historia de esta burla, la cual podrá muy bien llegar á Oviedo, y en verdad que te hará grandísimo honor. Tus padres se arrepentirán de haber arengado tanto á un mentecato. En vez de exhortarme á que no engañase á nadie, debieran haberme encomendado, que de ninguno me dejase engañar. 9. Agitado de estos amargos pensamientos, y encendido en cólera, me encerré en mi cuarto, y me metí en la cama; pero no pude dormir, y apénas habia cerrado los ojos, cuando el arriero vino á despertarme, y á decirme que solo esperaba por mí para ponerse en camino. 10. Levantéme prontamente, y miéntras me estaba vistiendo vino Corzuelo con la cuenta del gasto, en la cual no se olvidaba la trucha; y no solamente hube de pasar por todo lo que él cargaba, sinó que miéntras le pagaba el dinero, tuve el dolor de conocer²) se estaba relamiendo en la memoria del pasado chasco de la noche precedente. Despues de haber pagado bien una cena que habia digerido tan mal, partí con mi maleta á casa del arriero, dando á todos los diablos al petardista, al mesonero, y al meson.

Recapitulacion.

1. Pero Gil Blas ¿qué? ¿no dijo nada, no se dió por ofendido?
2. ¡No habrá tardado el mesonero en traer dicha trucha!
3. ¿Y el huésped, no se alegraria poco (L. 43. § 18) al verse con el pez delante?
4. Y se le comió tambien, ¿no es eso?
5. ¿Pero no se habrá marchado sin decir palabra? porque esto al ménos increible pareceria.
6. ¡Vamos! Este no se burlaba poco de él, pero por fin le dió un consejo que quizá no olvide en toda su vida; mucho lo sentiria Gil Blas ¿no verdad?
7. Y á vista de esto, ¿qué se decia Gil Blas á sí mismo?
8. ¿Qué es lo que temia, y cómo argumentaba?
9. ¿Y qué hizo despues para sosegarse, y cómo pasó la noche?
10. ¿Se levantaria pronto, para salir cuanto ántes del lugar donde tan mal le habia ido?

---

²) que ift hier ausgelaffen (L. 43. § 1 u. 2).

---

50. Lektion. Leccion quincuagésima.

Auszug aus dem Leben des Don Miguel Cervantes.
Compendio de la vida de Don Miguel Cervantes.

(Navarrete.)

Vocablos.

El aplauso der Beifall,
el arcabuz die Büchse, [rat,
el ayuntamiento der Stadt=,Gemeinde=
el bajel das Fahrzeug,
el camarero der Kammerherr,
el cautiverio die Gefangenschaft,
el cautivo der Gefangene,
el cojo der Lahme, Krumme,
el combate der Kampf,
el compendio der Abriß, die kurz ge=
  faßte Erzählung,
el comportamiento das Verhalten, die
  Aufführung,
el corregidor die höchste Magistrats=
  person in den Städten Spaniens,
el descendiente der Abkömmling,
el destino adverso das ungünstige
  Schicksal,
el ensayo der Versuch, die Probe,
el escritor der Schriftsteller,
el estandarte die Standarte, Flagge,
el estrangero der Fremde, das Ausland,
el fallecimiento der Tod, das Ableben,
el favorecedor der Beschützer,
el galeote der Galeerensklave,
el heroismo der Heldenmut,
el hidalgo der Edelmann,
el hospital das Spital, das Hospital,
el matrimonio die Ehe, der Ehestand,
el mérito das Verdienst, der Wert,
el natural der Eingeborne, (indígena),
el nuncio der Nuntius, päpstliche Ge=
  sandte,
el pecho die Brust,

el poema pastoral das Schäfergedicht,
el prelado der Prälat,
el pueblo natal der Geburtsort,
el renombre der Ruf, Ehrenname,
el repartimiento die Verteilung,
el romance die Romanze, das span. Lied,
el soneto das Sinngedicht,
el testimonio das Zeugnis,
el virey der Vizekönig,
la aficion die Neigung, Vorliebe,
la alegoría die Allegorie (bildliche
  Darstellung),
la armada die Kriegsflotte,
la avería der Seeschaden,
la calentura das Fieber,
la carrera der Lauf, die=bahn, Karriere,
la certeza die Gewißheit,
la escuadra de galeotas das Galeotten=
  geschwader,
la galera die Galeere,
las humanidades die Schulwissen=
  schaften,
la inclinacion die Neigung,
la jornada der Tag, das Tagewerk,
la jornada der Schlachttag (milit.),
la paga die Bezahlung,
la parroquia die Pfarre, das Kirchspiel,
la pompa die Festlichkeit, der Pomp,
la relacion die Beziehung, der Bericht,
la rima der Reim, das Reimgedicht,
la sazon die Jahreszeit, Zeit,
la servidumbre die Dienerschaft,
alabar loben, beloben,
aventajar hervorragen,

22*

bautizar taufen,
combatir kämpfen, be=, bestürmen,
constar feststehen, konstatiert sein,
me consta es ist mir bekannt,
estimular anspornen, anregen,
grangear einbringen, einernten,
matricularse sich einzeichnen, immatri=
  kulieren lassen,
presumir vermuten,
publicar veröffentlichen,
regresar zurückkehren,
relatar erzählen, berichten,
señalar bezeichnen, auszeichnen,
socorrer beispringen, beistehen, zu Hilfe
  eilen,
solemnizar feiern, festlich begehen,
apasionado leidenschaftl. eingenommen,
familiar vertraulich, familiär,

hidalgo edelmütig, ritterlich (Ritter),
honorifico ehrenvoll,
honroso ehrenvoll, ehrbar,
inmediato unmittelbar, nächst gelegen,
lijero leicht,
memorable denkwürdig,
oriundo abstammend,
prendado eingenommen,
residente wohnhaft,
valeroso tapfer,
vehemente heftig, voll Kraft,
venidero zukünftig,
victorioso siegreich,
briosamente heftig, feurig,
notoriamente allgemein bekannt,
unánimamente einstimmig,
en atencion á in Hinsicht auf.

Parte primera.

Acaso no hay ningun escritor moderno tan unánimamente ala-
bado por naturales y estrangeros, como nuestro gran Cervantes.

Descendiente de una familia oriunda de Galicia nació Miguel de
Cervantes Saavedra en Alcalá de Henares, y fué bautizado en su
parroquia de Santa María la Mayor el dia 9 de octubre de 1547.
Fueron sus padres Rodrigo de Cervantes, hijo de Juan de Cervantes,
corregidor de Osuna, y Doña Leonor de Cortinas, señora ilustre,
natural, segun parece, del lugar de Barajas.   De este matrimonio
fueron fruto, ademas de Miguel, que fué el último, dos hijas y un
hijo, Andrea, Luisa y Rodrigo.   Es regular (wahrscheinlich) que hiciese
los primeros estudios en su pueblo natal, donde tanto florecian las
letras á la sazon (gerade), pero aunque esto no consta con certeza,
sabemos sí, porque él mismo lo declara, que desde muy niño mani-
festó una grande aficion á todo género de lectura, que le inducia
(L. 33 § 5) á leer hasta los papeles rotos que hallaba en las calles, y
una vehemente inclinacion á la poesía.   Dos años estudió Cervantes
en Salamanca, matriculado en su célebre universidad, y por entónces
ó acaso ántes, estudió gramática y humanidades con el erúdito
Hoyos, quien encargado por el ayuntamiento de Madrid de disponer
P. 211) la pompa con que debian solemnizarse las magníficas

exequias que hizo la villa en 24 de octubre de 1568 por la reina Doña Isabel de Valois, quiso que se ejercitasen en la composicion de las historias, alegorías, letras, en latin y en castellano, que se habian de colocar en la iglesia de las Descalzas Reales, sus discípulos mas aventajados. En la relacion que el mismo Hoyos publicó de la enfermedad, muerte y exequias de la reina, llama á Cervantes "su caro y amado discípulo", y cita diferentes composiciones suyas escritas con aquella ocasion.

Estimulado por el aplauso que alcanzaron estos primeros ensayos, compuso algunas obritas ligeras como "la Filena", especie de poema pastoral, y varios sonetos, rimas y romances de que hizo memoria (erwähnt) en su "Viaje al Parnaso", y que le grangearon el renombre de buen poeta, que ya tenia ántes de su cautiverio.

Poco despues del fallecimiento de la reina, época en que se hallaba Cervantes en Madrid, llegó á la corte, en calidad de nuncio de Su Santidad Pio V., el prelado Julio Aquaviva y Aragon, hijo del duque de Atri, encargado de dar el pésame á Felipe II.

Era este prelado gran favorecedor y apasionado de las letras, y como Cervantes asegura haberle servido de camarero en Roma, es de presumir que se conociesen en Madrid, y que prendado el nuncio del claro ingenio que descubrió en sus composiciones hechas para las exequias de la reina, el célebre discípulo de Juan de Hoyos, y compadecido (britte Klasse) de su escasa fortuna, se le llevase consigo á Roma entre su servidumbre, siendo bastante comun entónces entre la noble juventud española empezar su carrera sirviendo familiarmente á los papas y cardenales, como lo hicieron Don Diego Hurtado de Mendoza, Don Francisco Pacheco, y otros muchos.

No se ajustaba bien sin embargo aquella dependencia doméstica con los hidalgos sentimientos de Cervantes, y en efecto ya en el año siguiente (1569) sentó plaza de soldado en las tropas españolas residentes en Italia, en ocasion la mas feliz para mejorar su suerte en la carrera de las armas si hubiera correspondido su fortuna á su heroismo. Hallóse en diferentes batallas; entre otras es digna de citarse la que tuvo lugar contra los turcos en los mares de Lepanto en 1571, donde Cervantes (á pesar de hallarse muy enfermo y con calentura) dió pruebas de un heroismo tan extraordinario que solo los de su galera (mandaba doce soldados) mataron quinientos turcos y al comandante de la capitana (Admiralschiff) de Alejandría, tomando

el estandarte real de Ejipto. Tres arcabuzazos recibió Cervantes en
la batalla, dos en el pecho y uno en la mano izquierda, que le quedó
estropeada, de lo cual hizo honorífico alarde (ehrenvolle Erwähnung)
el resto de su vida, mostrando (zweite Klasse), en testimonio de su
valor, tan señaladas heridas como recibidas en la mas alta
ocasion que vieron los siglos pasados, los presentes, ni
esperan ver los venideros. Fué tan público y notoriamente honroso su comportamiento en aquella memorable jornada, que cuando
al dia siguiente, hallandose gravemente enfermo de sus heridas en
el inmediato puerto de Petela, adonde se retiró la armada victoriosa
para reparar sus averías, fué Don Juan de Austria á visitar los hospitales, mereció (dritte Klasse) que este ilustre general le acrecentase
(erste Klasse) tres escudos sobre su paga ordinaria, y que en varias
ocasiones mandase socorrerle particularmente, en atencion á sus servicios. —

Habia Don Juan de Austria recomendado al rey muy particularmente el mérito y servicios de su ilustre soldado, y lo mismo el
duque de Sesa, virey de Sicilia, pero todo lo malogró el destino
siempre adverso de Cervantes. El dia 26 de setiembre 1575 se encontró su galera, llamada "el Sol", en que regresaba á España en
compañia de su hermano Rodrigo, valeroso soldado tambien, y de
otros ilustres militares y caballeros, con una escuadra de galeotas,
que mandaba Arnauti Mami, capitan de la mar de Argel, y comba-
tida por tres bajeles enemigos, hubo de rendirse (vierte Klasse) despues
de un reñidísimo combate (verzweifelten Kampf) en el que desplegó
(erste Klasse) Cervantes, como siempre, un esfuerzo á toda prueba.
Quedaron cautivos y fueron llevados á Argel la tripulacion y los
pasageros, tocando á Cervantes tener por amo en el repartimiento
que se hizo al arraez (ein maurischer Schiffskommandant) Dali Mami,
renegado griego, á quien llamaban el cojo, que mandaba uno de los
tres bajeles de veinte dos bancos, que mas briosamente embistieron
(vierte Klasse) y acabaron por rendir (vierte Klasse) á la galera.

Vocablos.

Catalina Katharine,
el alférez der Fähnrich,
los anales die Jahrbücher,
el bronce das Erz,
el caudal das Vermögen,

el comisario der Kommissär, der Be-
auftragte,
el consejero de hacienda der Finanzrat,
el contemporáneo der Zeitgenosse,
el culto der Kultus,

el desempeño die Ausführung, Abwick=
　　lung, Schuldentilgung,
el encargo der Auftrag,
el giro der Wechsel,
el infortunio das Mißgeschick, Unglück,
el memorial die Denkschrift, Bittschrift,
el monstruo das Ungeheuer,
el patriota der Vaterlandsfreund,
el prólogo der Prolog, b. Eingangs=
　　gedicht, =rede,
el proveedor der Lieferant,
el renegado der Renegat, der seinen
　　Glauben verlassen hat,
el socorro die Hilfe, Unterstützung,
el tipo der Typus,
el trato der Handel, Verkehr, Umgang,
la calamidad das Mißgeschick,
la calumnia die Verläumbung,
la cantividad die Gefangenschaft,
la dedicatoria d. Widmung, Zueignung,
el destino d. Schicksal, Amt, Stelle,
la edicion die Auflage,
la época der Zeitabschnitt, die Epoche,
la escala die Leiter, Stufe,
la escena die Scene, Bühne,
la fatalidad das Verhängnis, Miß=
　　geschick,
la flota die Flotte,
la fianza die Bürgschaft,
la gravedad die Wichtigkeit, der Ernst,
　　die Schwere (physik.),
la imprenta die Buchdruckerei=, kunst,
la mala fé die Treulosigkeit,
la merced die Gnade, Gunst,
la miseria das Elend,
la pension vitalicia die Lebensrente,
la porfia der Wettstreit,
la posteridad die Nachwelt,
la prerogativa das Vorrecht,
la publicacion die Veröffentlichung,
la residencia die Residenz, der Wohnort,
la serie die Reihe, Reihenfolge,
la tarea die Arbeit, Aufgabe, Tagewerk,
la tentativa der Versuch,
la variedad die Verschiedenheit,

la veneracion die Verehrung,
acreditar beglaubigen, rechtfertigen,
agravar erschweren,
aplaudir beifällig aufnehmen,
avecindarse sich einbürgern,
consagrar weihen, widmen,
denostar schmähen,
desempeñar verwalten, besorgen, aus=
　　lösen, abwickeln,
dirigir richten, leiten, lenken,
durar dauern, anhalten,
engendrar erzeugen,
exponer aussetzen, auseinander=,
fijar feststellen, begründen,
frustrar zerstören, vereiteln,
hacer gala sich etwas einbilden, sich
　　rühmen,
hacer mencion Erwähnung thun,
ilustrar verherrlichen,
originar herrühren, sich entwickeln aus,
recatarse sich scheuen,
recaudar Steuern einnehmen, einziehen,
recobrar wiedererlangen,
reportar eintragen, einbringen,
reprochar vorwerfen, tadeln,
rescatar zurückkaufen, loskaufen,
residir wohnen,
señorear beherrschen,
solicitar bitten, nachsuchen,
trasladarse übersiedeln,
adverso ungünstig, feindlich,
delicioso herrlich, köstlich, angenehm,
eminente hervorragend,
esforzado mutig, kühn,
estéril unfruchtbar,
fructuoso fruchtbar,
heróico heldenmütig,
horroroso schrecklich,
ináudito unerhört,
ingrato undankbar,
injusto ungerecht,
irresistible unwiderstehlich,
moderno modern, neu,
naval zur See gehörig,
oportuno gelegen, glücklich angebracht,

procedente abstammend, herkommend,
prolijo weitschweifig, allzulang,
proverbial sprichwörtlich,
puro rein,
soberano erhaben, souverän,

subalterno untergeordnet,
tardío langsam, säumig, saumselig,
vacante frei,
vasto weitläufig, großartig,
habitualmente gewöhnlich.

La vida de Cervantes. Parte II.

Cinco años duró la cautividad de Cervantes en Argel, con tal variedad de singulares é interesantes aventuras, que su relacion parece mas una novela que una historia verdadera. Varias veces intentó Cervantes, y estuvo á punto de llevar á cabo el proyecto de recobrar su libertad y volversela á sus compañeros de infortunio, pero frustradas por una irresistible fatalidad sus heróicas tentativas, al paso que le acreditaron mas y mas de esforzado y verdaderamente grande, solo sirvieron para agravar su horrorosa situacion. De ellas hizo mencion Cervantes en su novela del "Cautivo" y en su comedia "Los Tratos de Argel". En fin Cervantes pudo rescatar su libertad en setiembre de 1580, habiendo entregado su madre y hermanos para ello todo el escaso caudal que poseian. Su padre Rodrigo habia fallecido poco ántes.

En medio de una vida tan agitada habia compuesto y concluido para fines de 1583 la "Galatea", novela pastoral, que fué la primera obra que publicó. Dióse á luz el año siguiente 1584, y el autor se casó con la heroina de su novela, Doña Catalina de Palacios Salazar y Vozmediana, de una ilustre familia de Esquivias. Desde entónces, retirado enteramente del oficio de las armas, que tanta gloria le habia reportado como poco provecho, se dedicó en un todo á la carrera de las letras, que sin serle mas fructuosa, debia no obstante ilustrarle infinitamente mas que la de la guerra. Entónces empezó á escribir para el teatro, y sus primeras piezas, los "Tratos de Argel", la "Numancia", la "Batalla naval" y otras fueron muy aplaudidas, mas por desgracia para él, pronto vino á señorear la escena "el monstruo de la naturaleza, el gran Lope de Vega", segun las expresiones del mismo Cervantes, y las comedias de este último quedaron, como las de todos los demas autores, fuera de las (neben) del felice (feliz) Lope, enteramente desatendidas (erste Klasse). Así vivió, dado enteramente al delicioso culto de las letras, residiendo habitualmente en Madrid, aunque avecindado en Esquivias, hasta el año 1588, y como viese que su situacion iba siendo cada dia mas estrecha á pesar de su mérito y de su fama, hubo por entónces de renunciar á aquel ingrato y estéril culto, y de solicitar un destino para mantener á su familia. Acababa de ser nombrado el consejero de hacienda Antonio de Guevara para proveedor de las armas y flotas de las Indias, con la prerogativa de nombrar cuatro comisarios que le ayudasen en el desempeño de tan vasto encargo: uno de los comisarios que nombró fué Miguel de Cervantes, por lo cual se trasladó este inmediatamente á Sevilla, miéntras que su hermano Rodrigo servia ya de alférez en los ejércitos de Flandes, habiendo recobrado tambien la libertad algun tiempo ántes que su hermano. Empezó Cervantes á desempeñar con zelo un destino tan subalterno y ageno de su inclinacion, pero que consideraba como escala para otro mejor, y con efecto, en mayo de 1590 dirigió al rey un memorial en que exponiendo los servicios que habia contraido (leisten) en 22 años sin habersele hecho en ellos merced alguna, suplicaba se dignase conferirle (fünfte Klasse) algun destino en las Indias, de los varios que se hallaban vacantes. La respuesta fué: que buscase Cervantes por acá en que se le hiciese merced.

Diez años duró la residencia de Cervantes en Andalucía, particularmente en Sevilla, donde continuó de comisario con el proveedor, y esta fué la época en que escribió casi todas sus "Novelas", si bien (obgleich) no las dió á luz hasta mucho despues, entre la publicacion de la priméra y la segunda parte del "Quijote".

Sacóle de aquel estado la degracia ó mala fé del mercader Simon Freire de Lima, á quien entregó, para su giro á Madrid, 7000 reales procedentes de lo recaudado en Velezmálaga y su partido (Bezirk), que nunca mas volvieron á parecer, por haber quebrado (erste Klasse) á poco despues el citado Freire. De aquí se originó para Cervantes una serie de calumnias como tambien una larga prision. Libre en fin bajo fianza para presentarse en Madrid, salió de Sevilla hácia el año de 1599 y se retiró á la Mancha, donde le sucedió la hasta ahora desconocida aventura que le llevó á la cárcel de Argamasilla, prision tal vez injusta, pues que Cervantes no solo no se recató, mas hasta como que hizo gala de ella, pero que de todos modos fué felicísima para la posteridad, que le debe la composicion del Quijote, "engendrado en una cárcel", como dice el autor.

En diferentes ocasiones y épocas se halló el desgraciado Cervantes

en la cárcel, las cuales serian acaso demasiado prólijas para el fin
que nos hemos propuesto; pero bastará decir que este gran ingenio
sufrió las mayores calamidades y miserias que haya podido padecer
nadie en este mundo.

En fin, desde el año 1606 fijó ya definitivamente su establecimiento
en Madrid, por estar mas inmediato á Esquivias y á Alcalá, donde
tenia sus parientes.

Á principios de este año, ya tenia concluida la obra del "Don
Quijote", cuando la gravedad de sus males interrumpió sus tareas y
no le permitió componer el prólogo ni la dedicatoria, cosa importan-
tísima para los escritores de aquel siglo, pues una dedicatoria opor-
tuna solia producir una pension vitalicia ó continuados socorros.

Nuestro eminente ingenio pasó pues á mejor vida el sábado 23 de
abril del año 1616.

Tal es, muy en compendio, la historia de la vida de Cervantes,
valerosísimo soldado, escritor eminente y sobre todo hombre puro, honrado, religioso, patriota, tipo acabado de un perfecto hidalgo español.
Sus contemporáneos no supieron apreciarle en lo que valia: no denos-
temos por esto á nuestra nacion, creyendola la sola injusta: todas
tienen iguales ó mayores injusticias que reprocharse, y algunas han
sido mas tardías en repararlas. En cambio, la posteridad ha llevado
mas allá de todos usados límites las muestras de amor y veneracion
á su soberano ingenio, y en esta noble porfía parece como que han
querido competir naturales y estrangeros. En todos los pueblos civili-
zados se han traducido muchas veces sus obras; las ediciones de estas
se han multiplicado hasta un punto ináudito en los anales de la imprenta. El nombre de Cervantes, como los de sus admirables perso-
nages, son tan proverbiales en España como en Rusia, tan familiares
en Italia como en Inglaterra. Ningun escritor de los tiempos moder-
nos ha alcanzado una celebridad tan grande, tan justa, tan universal.

Solo falta que Alcalá, su patria, le consagre algun recuerdo digno
de esta antigua ciudad y de tan ilustre hijo: La capital de la monar-
quia ha pagado ya su deuda de veneracion, erigiendole (L. 20. § 2)
en la plaza de las Cortes, una magnífica estatua de bronce.

Sachregister. Reportorio.

www.ingramcontent.com/pod-product-compliance
Lightning Source LLC
Chambersburg PA
CBHW021109270326
41929CB00009B/795